키에르케고르의 실존사상과 현대인의 자아 이해

기독교 인문
시리즈
003

# 키에르케고르의 실존사상과
# 현대인의 자아 이해

김종두

Holy
WavePlus

다소 과장해서 말하자면 키에르케고르는 덴마크가 낳은 최초의 철학자
이자 최후의 철학자다. 그는 당대의 고독한 "예외자"로서 매스컴과 대중
의 힐난과 조소를 받았다. 그러나 키에르케고르가 죽은 지 약 50년 후,
현대 철학과 신학의 메카로 알려진 독일—덴마크와 국경이 닿아 있다—
에서 그는 가장 주목받는 사상가가 되었다. 20세기를 빛낸 위대한 철학
자들과 신학자들이 발견한 키에르케고르의 반주지주의적 실존사상은
인류 사상사에 일대 전기를 가져다주었으며, 유럽을 위시한 전 세계의
철학 및 신학 사조 전반에 크나큰 변화를 일으켰다.

키에르케고르를 거치지 않고서는 현대 독일 철학과 신학을 이해할
수 없고, 자연히 현대 사상 전반도 이해할 수 없다. 야스퍼스, 하이데거,
마르셀, 사르트르, 카뮈 등을 통해 20세기 철학사상을 이끌었던 실존철
학과, 칼 바르트, 에밀 브루너, 루돌프 불트만 등 동시대 최고의 신학자
들이 발전시킨 변증법적 신학은 키에르케고르의 그늘 아래에서 싹을 틔
웠다. 이 사상가들은 철학계와 신학계에서 초신성超新星과도 같이 우뚝
솟아 무수한 다른 철학자들과 신학자들, 일반 지성인들에게 사상적 길잡

이 역할을 했다. 그리고 이들이 사상적 무대에서 물러난 후 현재까지 이들에 버금가는 철학자나 신학자는 단 한 사람도 출현하지 않았다고 해도 과언이 아니다. 그만큼 키에르케고르의 사상이 현대 사조에 미친 영향은 지대하다.

키에르케고르가 코펜하겐에서 활발한 저술 활동을 전개하고 있었던 19세기 중반이나 그의 사후 수십 년까지도 그의 실존사상에 관심을 기울이는 사람은 거의 없었다. 그러나 오랫동안 냉대를 받아왔던 키에르케고르의 사상은 제1차 세계대전 발발 직후, 갑작스럽게 유럽의 사상가들과 지성인들, 나아가 일반 대중의 시선을 끌기 시작했다. 1930년대의 세계적인 경제공황, 1940년대의 제2차 세계대전을 차례로 겪는 동안 키에르케고르에 대한 관심은 날로 더 높아졌다. 그리고 그 후 장기간 지속된 냉전 체제의 긴장된 분위기와 여러 가지 사건들 속에서 키에르케고르와 그의 영향으로 발전된 실존주의에 대한 열기는 좀처럼 식을 줄 몰랐다.

그러나 1950년대 후반과 1960년대 초에 와서는 실존주의의 영향력이 점차적으로 감소하고, 1970년대 이후부터는 사람들의 기억에서조차 사라져버릴 정도가 되었다. 그래서 현재에 와서는 실존철학 전반과 특히 키에르케고르의 실존사상에 대해서 거론하는 사람이 많지 않은 듯하다.

키에르케고르의 사상이 20세기 초에 돌연 유럽 사상가들과 일반 대중에게 큰 관심의 대상으로 떠올라 반세기 가까이 지속적으로 막강한 영향력을 끼치게 된 배경과 이유는 무엇이었을까? 다양한 여건들과 요인들을 지적할 수 있겠으나, 가장 중요한 요소는 단연 그 당시의 사회적·정치적 상황일 것이다.

제1차 세계대전이 야기한 사회적·정치적 대혼란과 불안정으로 인해 전 유럽인은 극심한 위기의식과 불안감에 사로잡혔다. 그들은 전인투구의 노력으로 당면 문제들의 해결 방안을 마련해야만 했다. 또한 인생과 세상만사에 대해 전례 없는 깊은 반성을 하지 않을 수 없게 되었다. 참혹한 전쟁이 인명과 재산에 가져다준 가공할 피해는 그들로 하여금 자신들의 인격적 가치와 삶의 목적을 재평가해보게끔 했으며, 변화무상하고 무의미할 뿐 아니라 무수한 한계상황과 부조리로 점철된 현실로부터의 탈출구를 모색하게 했다. 그러한 현실 속에서도 자기 자신을 잃지 않고 시시포스Sisyphus적인 불굴의 정신과 투지로 그 안의 모든 난관과 모순성을 헤치고 나가되, 시시포스와는 달리 그러한 현실과의 투쟁이 단순히 투쟁을 위한 투쟁이 아닌 유의미한 투쟁이 될 수 있는 방도는 없는지…. 또 그러한 현실 속에서 발생하는 모든 불합리하며 부정적인 사건들과 현상들을 지금까지와는 전혀 새로운 각도에서 긍정적으로 재평가할 수 있게 해주며 동시에 그들이 사투를 벌이고 있는 자기 자신들의 존재와 삶의 의미도 재발견하게 해주는 어떤 절대적인 "아르키메데스적 기점"Archimedian point을 발견할 수는 없는지…. 그 당시 유럽인들과 타 대륙인들은 그들이 처해 있던 급박한 위기 상황 속에서 이러한 문제들에 대해서 거듭 반성하지 않을 수 없었다.

그러한 암담하고 처절한 여건 속에서 그들은 우주의 본질과 그 속에서 작용하는 제반 원리들과 법칙 등을 캐묻는 형이상학자들의 추상적이며 이론적인 주장들에 대해서 관심을 기울일 만한 심적 여유가 없었다. 대신 그들은 그들 자신의 안위를 위협하는 당면 문제들과 그들 각자의 실존 문제에 대해서 정신을 집중하고 그 해결책을 모색하지 않으면 안 되었다. 키에르케고르와 그의 영향으로 대두된 실존철학이 20세기 초반 이후 수십 년 동안 그들에게 바로 이러한 문제들에 대한 해답을 제시해주는 듯했다.

그런데 1950년대 후반부터 세계정세가 점차적으로 안정을 되찾고 경제적인 여건이 호전되었을 뿐 아니라 첨단과학과 응용기술이 급진전함에 따라 전 세계인의 생활방식에 대변혁이 일었고 그들의 의식 속에서 사회적·심리적 위기감이 점차적으로 사라지는 동시에 키에르케고르와 실존주의 철학에 대한 관심은 식어만 갔다. 1960년대와 1970년대에 이르자 키에르케고르의 사상과 실존주의는 벌써 현실성이 없는 죽은 철학으로만 사람들의 기억 속에 남게 되었다. 그리고 지금 그 누가 키에르케고르와 실존주의에 대해서 관심을 기울이고 있는가?

이러한 상황에서 키에르케고르의 실존사상을 조명하고 평가하는 책을 집필한다는 것은 완전히 시대착오적인 발상처럼 보인다. 그럼에도 내가 그의 사상을 분석하고 평가하는 작업에 착수하게 된 이유는 무엇이었을까?

이 책을 집필할 때 나는 다음과 같은 두 가지 사항을 염두에 두었다. 첫째, 키에르케고르의 실존사상이 비록 하나의 죽은 철학으로만 사람들의 기억 속에 남아 있을 정도로 관심 밖으로 밀려났다 할지라도, 그가 19세기 중반에 덴마크와 유럽 사람들에게 전달하고자 노력한 진정한 자아발견 및 자기 회복의 필요성에 대한 정열적인 메시지는 21세기의 현대인들에게 여전히 유효할 뿐 아니라, 사실 19세기 중엽이나 그 어느 다른 시대보다 바로 오늘날 우리에게 더 유효한 메시지라는 점이다. 칸트의 표현을 빌리자면 그것은 그들이 만사를 제쳐두고 이행해야만 할 지상명령임이 분명하다. 그럼에도 그들은 그것을 완전히 외면하면서 그 이외의 사소한 것들에만 관심을 기울이고 있다.

현대인들은 과거 시대의 사람들보다 더 많은 것을 더 정확하게 알고 있다. 다양한 매체들을 통해 쉴 새 없이 유입되는 정보의 홍수로 두뇌가 마비될 정도다. 그럼에도 그들은 새로운 것을 알기 위해 계속 정보 사냥에 나서야만 한다. 이를 위해 그들은 18-19세기 사람들은 꿈에도 상상 못할 탁월한 기술력과 장비를 동원한다.

그러나 그와 같은 방법으로 확보한 사물과 사건에 대한 극히 풍성하고 정확한 지식에도 불구하고, 아니 바로 그것 때문에 현대인들의 지혜는 과거 어느 사람들보다 더 핍절하다. 그들만큼 세상만사를 좁고 피상적인 눈으로 보는 사람은 과거 그 어느 시대에도 없었다. 과거 어느 시대의 사람들보다 현대인들은 세상만사와 자기 자신을 심각하게 곡해하고 있다.

대부분의 지성인들이 주지하는 대로 현대인들은 과학주의와 기술만능주의 및 물질주의에 완전히 도취되어 있다. 사람들은 유전공학을 위시한 첨단과학이 머지않은 장래에 인류의 모든 문제를 다 해결해줄 것이며 인간은 곧 무병장수할 수 있을 뿐 아니라 어쩌면 두뇌의 정보를 이식해서 영원히 살 수 있을 것이라고 기대하기도 한다. 인생의 문제들을 이처럼 과학을 이용해서 순전히 물질적인 방법으로 해결할 수 있는 가능성이 전망되는 상황에서 굳이 어렵게 정신적인 방법을 동원할 필요가 있겠는가? 내면 세계와 그것에 속한 모든 정신적인 것, 즉 서양 철학자들이 고래로 진眞·선善·미美·성聖으로 지칭해왔던 것에 속하는 숭고한 원리와 이치 및 가치들, 그리고 거기에 뿌리를 내리고 있는 인간의 정신과 인격성, 타인과의 인격적 관계 등 과학이성과 기술이성으로는 전혀 포착하고 취급할 수 없는 초현실적이며 정신적인 것들에 대해 과연 신경을 쓸 필요가 있겠는가?

현대인들은 장밋빛 미래를 내다보는 가운데 내적·정신적인 것들과 담을 쌓고 살아갈 뿐 아니라, 시시각각 사방에서 유입되는 무궁무진한 정보에 완전히 압도되어 TV 프로그램이나 올림픽처럼 쉴 새 없이 선전되는 크고 작은 사건들에 마음을 빼앗기기에 내면의 세계와 자기 자신에 대해 진중하게 반성해볼 동기도 발견하지 못하고 그렇게 할 수 있는 심리적·시간적 여유도 갖지 못한 채 다사다망한 나날을 보내며 살아갈 수밖에 없다. 현대인들은 정신적인 세계를 등지고 자신을 잃었다. 현대인들은 정신계와 진정한 자신을 잃어버린 채 자신 아닌 다른 그 무엇으로 살아가고 있다. 현대인들은 자기 자신을 완전히 곡해하며 과도하게 평가절하하고 있다.

키에르케고르는 세상만사는 그것을 재는 척도에 의해 그 의미와 가치가 결정된다고 말했다. 카우보이는 자기가 모는 소 떼를 통해 자기 자신을 본다. 소 떼를 척도로 해서 자신의 정체와 위상을 가늠하는 것이다. 노예의 주인은 자기가 부려먹는 노예들을 통해 자신을 본다. 노예를 척도로 해서 자신의 정체와 위상을 평가하는 것이다. 인간은 신의 형상대로 지음을 받았다는 성경의 가르침을 따랐던 키에르케고르는 인간을 재는 잣대가 자그마치 **신**이라고 했다. 신을 척도로 해서 인간 존재의 의미와 가치를 평가해야만 한다는 것이었다. 현대인들은 무엇을 잣대로 해서 자신을 재고 있는가? 우리는 자신을 무엇으로 인식하고 있는가?

키에르케고르는 또 말하기를 사람들은 자신들이 소유한 호화 저택의 1층(정신)*psyche*과 2층(영혼)*pneuma*은 비워두고 굳이 지하실(육체)*soma*에서 살기를 선호한다고 했다. 과연 우리는 어느 차원에서 살아가고 있는가? 현대인을 포함한 모든 인간은 자기 자신을 알아야만 한다. 자기 자신이 되어야만 한다. 진정 자기다운 자신으로 아름답고 훌륭한 삶을 살아갈 수 있어야만 한다. 이러한 상황을 고려할 때 자기 자신과 타인의 실존의 문제를 해결하기 위해 각고의 노력을 기울인 키에르케고르의 사상을 새로운 각도에서 재평가해본다는 것은 매우 흥미롭고 가치 있는 작업이 아닐 수 없을 것이다.

이 책을 집필하면서 두 번째로 고려한 사항은 키에르케고르의 방법론과 관계된다. 방금 지적한 바와 같이 그의 사상은 인간의 진정한 자아발견 및 자아실현 가능성을 모색하는 것을 주요 과제로 하는 실존철학이다. 그에 따르면 우리가 실존의 문제를 해결하기 위해서는 플라톤에서 헤겔에 이르기까지의 서양 철학자들이 수백 수천 년 동안 천거해온 주지주의적 방법을 따라서는 안 된다고 한다. 그 이유는 "객관적 사유", 즉 이성의 지적 반성과 각성을 통해서는 실존의 문제도, 그것과 본질적으로 연결되어 있는 진리의 문제도 해결할 수 없기 때문이다.

객관적 사유로 인식할 수 있는 소위 객관적 진리, 예컨대 어떤 수학적 원리는 우리의 실존과는 무관한 진리다. 그러한 진리를 확보함에 있어서 우리는 어떤 주관적 요소도 개입되게 해서는 안 된다. 그러므로 객관적 진리란 우리의 주체성, 우리의 실존과의 관계에서는 어디까지나 중립적일 수밖에 없다. 그러므로 그것은 결코 우리의 삶과 직결되는, 우리를 위한 진리일 수 없다. 우리를 새롭게 하며 우리에게 자유와 기쁨을 가져다줄 수 있는 진리, 실존적 진리일 수 없다.

키에르케고르에 따르면 실존의 문제와 진리의 문제를 해결할 수 있는 사유는 객관적·이성적 사유가 아닌 주체적·실존적 사유다. 주체적 사유는 외부의 세계가 아닌 내면의 세계와 인간의 주체성에 관심을 기울이며 그에 대해 지정의가 합해진 전인의 노력으로 심각하게, "무한성의 정열"Leidenschaft der Unendlichkeit로 진중하게 반성하는 사유다. 그러한 주체적 사유로 확보할 수 있는 주체적 진리가 곧 우리의 실존과 연결되는 진리, 우리를 변화시키며 우리를 살리는 진리다. 실존의 문제에서 객관적 진리, 즉 객관적으로 확실한 사실과 사리에만 집착하고 그것을 절대시하는 반면 내면적이며 주체적인 것, 주체적 진리를 등한시한다는 것은 곧 "비진리"를 따름을 의미한다. 인간 실존의 영역에서 가능한 유일한 진리, 그리고 "최고의 진리"는 주체적 진리다.

그렇다면 주체적 진리란 구체적으로 무엇을 뜻하는가? 키에르케고르의 정의에 따르면 주체적 진리는 곧 인생의 문제와 직결되는 그 무엇이 이성적인 견지에서 볼 때 너무나도 불확실함에도 그것을 내면성의 무한한 정열과 투지로 점유하고 견지하려는 굳은 결의를 뜻한다. 그러므로 그것은 사실과 사리에 대한 객관적인 지식과 관계되기보다 그 무엇에 대한 주관적 태도<sup>das subjektive Wie</sup> 여하와 관계된다. 그러한 의미에서 키에르케고르는 주체성과 내면성, 그리고 면면한 노력과 무한한 정열이 진리라고 했다. 그리고 나아가서는 모험, 즉 신앙의 모험이나 신앙의 비약이 진리라고 했다.

실존과 진리의 문제에서 이성은 전적으로 무력하다. 이 문제들을 해결하기 위해서는 이성의 지력과 사고력을 동원하는 대신 정열과 의지력을 동원해야만 한다. 이성의 점진적인 깨달음을 통해 실현할 수 없는 것을 무한성의 정열과 투지력의 비약<sup>Sprung</sup>을 통해서는 능히 실현할 수 있다.

키에르케고르에 의하면 실존과 진리의 문제에 대한 궁극적인 해결책을 제시해주는 기독교 세계관은 이성의 한계를 초월하는 초합리적인 이치일 뿐 아니라 이성의 견지에서 볼 때 전혀 비합리적이며 부조리한 이치, 거침새와 역설이다. 그것도 상대적인 역설만이 아닌 **절대적인 역설**이다. 그것은 어떠한 이성적 해명도 불허한다. 그러므로 그것을 수락하기 위해서는 이성을 포기해야만 한다. 그리고 "신앙의 순교"를 해야만 한다. 즉 이성을 "십자가에 못 박아야만 한다." 어떤 이성적 근거와 토대도 없이 그야말로 7만 길이나 되는 심해 또는 심연과도 같은 "객관적인 불확실성"으로 과감한 비약을 감행해야만 한다.

키에르케고르의 사상은 이처럼 그가 가장 큰 적수로 여기고 대적했던 헤겔과 여타 주지주의자들의 이성, 로고스의 철학과 전혀 상반되는 파토스의 철학이었으며 과거 기독교 사상가들이 오랫동안 주창해왔던 초超합리론과도 대비되는 극단적인 비非합리론이었다. 그러나 문제는 첨단과학과 사이버 문화의 가두를 달리고 있는 현대인들 가운데 이와 같은 키에르케고르의 극단적인 비합리론을 수락하고 그가 제시하는 이상을 실현할 준비가 되어 있는 사람이 몇이나 되느냐 하는 것이다. 과학이성과 기술이성을 절대시하는 현대인이 키에르케고르의 요청에 따라 이성을 포기하고 비합리적인 차원으로 비약한다는 것을 상상조차 할 수 있겠는가?

사실 그가 주문한 바를 실행한다는 것은 현대인에게뿐만 아니고 그 어느 누구에게도 불가능한 일이다. 이 책의 결론 부분에서 상론하겠지만 그것은 키에르케고르 자신에게도 불가능한 일이었다. 키에르케고르는 그렇게 해야만 한다고 보았고 자신이 그렇게 하고 있다고 확신하고 있었으나 사실 그는 결코 그렇게 하지 않았고 그렇게 할 수도 없었다.

그는 객관적·이성적 사유로는 어떤 인생의 문제를 파악하기도 어렵고 해결은 더더욱 어렵다고 단정했다. 그는 이를 독자들에게 자세하게 설명하며 본래적인 그들 자신과 진리, 그리고 진리 그 자체인 신과 그의 성육신 사건 등에 대한 확실한 이론적 지식을 확보하는 데 급급하기보다 이들을 내면화 또는 실현하기 위해 전인투구의 노력을 기울일 것을 강력하게 요청했다. 가장 중대한 인생의 문제와 관련해서 객관적 진리지眞理智에 연연한다는 것은 곧 비非진리를 뜻하므로 객관적 진리가 아닌 주체적 진리를 전심전력으로 추구해야만 한다는 것이었다. 이는 곧 진리가 객관성이나 확실성이 아닌 주체성과 내면성이며 무한성의 정열과 끈질긴 노력이라는 주장이었다.

그러나 키에르케고르는 어떠한 동기와 이유로, 무엇을 배경으로 해서, 그리고 어떠한 경로와 과정을 거쳐 최종적으로 이러한 결론에 도달하였으며 실존사상 전반을 정립하게 되었을까? 이성의 사고력과 변별력, 판단력과 비판력, 분석력과 반성능력의 도움 없이 순전히 무한성의 정열과 투지력으로 한 것일까? 질적인 비약과 신앙의 모험으로 그렇게 할 수 있었을까?

인간과 진리 및 신의 문제와 여타 궁극적인 인생의 문제들에 대해 다양한 이론들을 개발하고 수많은 저서를 통해 그 이론들을 독자들에게 소개한 키에르케고르는 식물인간이 아닌 정상적인 인간이었다. 그 자신이 고백했듯이 키에르케고르는 "한 실존하는 사유자" 또는 진리와 진실을 추구하는 것을 업으로 하는 비판적인 "변증가"Dialektiker였다. 사실 그는 자신이 헤겔과 여타 주지주의자들에 비해 월등히 더 비판적인 변증가라고 자부했다. 헤겔의 극단적인 합리론은 그의 관점에서 볼 때 너무나도 무비판적이었으며 비합리적이었고 부조리했다. 그는 헤겔의 사변철학에 대한 반동으로 더욱 그럴듯하며 근거가 있고 합리적인 사상을 개발하지 않으면 안 되었다. 그것이 곧 소위 비합리론이었다. 그의 자아이해에 의하면 그러한 자신의 비합리론이 헤겔의 합리론에 비해 월등히 이치에 맞는, 따라서 그것보다 월등히 더 합리적인 사상이었다. 그는 역설적으로 헤겔의 합리론이 비합리론이고, 자신의 비합리론이 합리론이라고 내심 확신하고 있었다. 그처럼 극히 비판적인 사상을 사고력이나 비판력이 없이 오로지 무한성의 정열과 투지로 혹은 신앙의 모험으로 개발하고 주장한 것이라 할 수 있겠는가? 그런 평가는 누구보다 키에르케고르 자신이 거부할 것이다.

키에르케고르가 절대시한 주체적 진리는 그가 상대화한 객관적 진리 없이는 단순히 자의적이며 주관적인 주장에 불과하며 진리와 거리가 먼 비진리일 것이다. 그런가 하면 우리가 객관적 진리를 마음속 깊은 데서 깨닫게 되는 경우 그것이 곧 우리를 변화시키며 우리를 살리기도 하는 주체적 진리, 실존적 진리가 될 것이다.

현대인들의 근본적인 문제가 가치관의 부재에 있다는 데 대해서는 만인이 공감하는 바다. 그들이 진·선·미·성으로 요약할 수 있는 영적·정신적인 것들 또는 "가치들"Werte, values이 객관적으로 존재하되 절대 타당하여 영원히 타당한 원리들과 이치들로, 그리고 절대 숭고하고 아름다운 원리들과 이치들로 실재하고 있다는 점을 내적으로 진정 깊고 뜨겁게 알게 된다면 그들의 사고방식과 생활 양태가 돌변할 것이 분명하지 않을까? 그들은 분명히 이들에 준해서, 참되고 선하며 아름답고 성스럽게 생각하며 행동하게 되지 않겠는가?

키에르케고르가 열의를 가지고 끈질기게 그의 독자들에게 실현할 것을 촉구한 이상 자체는 그 어느 시대의 사람도 간과할 수 없는 숭고한 것이었음이 분명하다. 그리고 앞에서 언급한 바와 같이 그 누구보다 현대인들이 더욱더 그것을 자신들의 이상으로 수락하고 그것을 실현하기 위해 전심전력을 다해야 할 필요가 있다. 그러나 그러한 숭고한 이상의 실현을 위해 키에르케고르가 천거한 방법은 이행 가능성이 매우 희박한, 부적절한 것이라고 간주하지 않을 수 없다. 그의 실존사상이 현대인들에게 전혀 호응을 얻지 못하고 외면당하고 있는 주원인 중 하나는 바로 그가 극단적인 비합리론을 주창하며 실현 불가한 비약을 요청했다는 데 있다고 보아야 할 것이다.

그것이 사실이라면 더욱 현실성 있는 대안은 있는가? 이 점이 바로 우리가 이 책의 후반부에서 규명하고자 하는 바다. 이 책과 함께 기획한 『하이데거의 존재와 현존재』에서 지적한 바와 같이 우리가 키에르케고르의 실존사상 속에서 발견할 수 있는 이러한 문제점은 20세기 최대의 철학자 하이데거의 존재사유Denken des Seins에서도 발견할 수 있다. 하이데거는 자신이 "기적 중 기적"이라고 칭한 존재의 의미를 규명하여 자신의 독자들에게 소개하는 것을 평생의 과제로 삼고 그 과제를 완수하기 위해 대학 교수와 저자로서 수십 년간 혼신의 노력을 다했다.

그러나 그의 높은 명성에도 불구하고 그의 지론을 이해하고 수락하는 사람은 극소수에 불과했다. 하이데거에 따르면 인간이, 원초적인 진리의 빛인 동시에 존재의 원천인 "존재의 의미"를 올바로 이해하고 그 속에서 진정한 자신을 재발견하고 실현할 수 있기 위해서는 과거 주지주의자들이 수백 수천 년 동안 수행해온 "표상적 사유"를 반복하는 대신 "근본적 사유"에 입각해서 존재의 차원으로 "비약"해야만 한다. 그리고 이러한 비약을 위한 이성적 근거나 비약의 결과에 대해서 사전에 확정하거나 예측함이 없이 그야말로 앞뒤를 가리지 않고 무조건적으로 비약해야만 한다.

그러나 현대인 가운데 몇 명이 이러한 요청에 응할 수 있겠는가? 키에르케고르나 하이데거가 주문하는 비약을 감행해야만 한다면 적어도 이를 위한 어떤 공고한 "디딤돌"이 제시되어야만 할 것이며, 그 비약을 통해 당도하게 될 피안에 대한 일종의 "오리엔테이션"도 마련되어야 할 것이다. 인간 실존에 관한 우리의 소신을 현대 지성인들에게 관철시키기 위해서 우리는 『철학적 단편』PhB, 『철학적 단편 후서』UN에서의 키에르케고르와 같이 단도직입적이며 독단적인 태도로 그들에게 접근하기보다 소크라테스처럼 "대화적 변증법"dialogische Dialektik을 통해 그들을 설득시키려고 노력해야만 할 것 같다.

딤Hermann Diem 교수가 지적한 바와 같이 사실은 키에르케고르도 스스로 "간접적 전달의 변증법"이라 칭한 대화적 변증법을 통해 자신의 메시지를 독자들에게 전달하려 했다. 키에르케고르는 대화를 나누는 듯한 문체로 문장을 엮어나가는 가운데 독자들에게 자신이 안중에 두고 있는 다양한 실존 가능성들을 제시하고 그들이 이에 대해 진중하게 반성한 후 스스로의 판단과 결단으로 이중택일 또는 다중택일을 하게끔 그들을 간접적으로, 그러나 강경하고 끈질기게 촉구하려 했던 것이다. 그러므로 여기서 그는 독자들이 사실과 사리를 객관적으로 검토하고 분석하는 "객관적 사유", 즉 이성의 사고력과 변별력을 억제하기보다 오히려 그것을 적극적으로 활성화하고 활용하여 자신이 제시하는 실존 가능성들을 위시한 다양한 문제들에 대해 예리하게 반성해볼 것과 그것들에 대한 자신들의 입장을 취할 것을 독려하되 그들의 면전에서가 아닌 "그들의 등 뒤에서" 간접적으로, 그리고 은근히 그렇게 했다.

『이것이냐 저것이냐』EO와 『인생행로의 제 단계』St. 등의 초기 작품에서는 키에르케고르가 실제로 이러한 전달 방법에 따라 독자들에게 접근한다는 사실을 분명히 알 수 있다. 그러나 그 후 그는 오히려 그러한 쌍방적인 대화적 변증법과는 거리가 먼 단도직입적인 전달 방법으로 독자들에게 자신의 지론을 독단적으로 관철하려 했다. 그가 단도직입적인 방법으로 독자들에게 강변한 바는 인생의 모든 중대사를 해결하기 위해 이성을 포기해야만 하며 무한성의 정열, 그리고 나아가서는 신앙의 모험으로써 객관적 불확실성의 차원으로 과감하게 비약해야만 한다는 것이었다.

　이러한 전달 방법은 복음 전파자들과 목회자들에게는 적절할 수 있겠으나 철학적 사유자가 자신의 소신을 타인에게 전달하고 설득하기 위해 채택하기에는 적합하지 않다. 그런데 키에르케고르는 신의 도움을 바라는 가운데 불신자들에게 복음을 전파하는 전도자나 성령의 내적 조명을 기원하며 신학을 연구하는 신학자의 자격으로 그의 독자들에게 자신의 지론들을 관철하려 한 것이 아니었다. 『철학적 단편 후서』에서 스스로 고백했듯이 그는 그 책과 다른 책들의 저자인 자신을 어디까지나 사리를 예리하게 판별하고 진리와 진실을 규명하는 비판적인 철학자로, 즉 "변증가"로 간주했으며 결코 전지전능하신 신의 장중에 있는 전도자나 신학자로 간주하지 않았던 것이다.

　아무튼 우리가 현대인들로 하여금 비본래적인 자아 이해와 실존양식을 지양하고 진정한 자아 이해와 자아실현에 도달하게 하려는 목적을 달성하기 위해서는 소크라테스와 "심미적 저서들"aesthetical writings의 저자 키에르케고르처럼 간접적 전달의 변증법을 채택하고 우선 그들과 진지한 대화를 나눌 수 있는 장을 마련해야만 할 것 같다. 우리도 키에르케고르와 같이 소크라테스의 유명한 표어 "너 자신을 알라!"gnothi seauton를 내세우고 인간 실존 및 그와 관련된 여러 문제들에 관해 우리의 대화 상대와 함께 반성하며 의견을 교환하는 가운데 서로 협력해서 문제를 파악하고 그 해결 방안을 모색해나가야만 하는 것이다.

　그런데 모든 대화에는 대화의 당사자들이 합의할 수 있는 어떤 실마리가 있어야만 하고 그들을 서로 연결하는 접촉점Anknüpfungspunkt, point of contact이 있어야만 한다. 그들 간에 그러한 합일점이 없는 한 그들은 서로 동문서답만 할 것이며 대화가 의미 있게 이어지는 것은 고사하고 시작되기도 어려울 것이다. 문제는 키에르케고르와 현대 지성인들 간에는 이러한 대화의 접촉점 또는 합일점이 전혀 주어져 있지 않다는 점이다. 앞에서 지적한 바와 같이 이것이 바로 현대인이 키에르케고르의 실존사상에 대해서 그토록 냉담하게 된 가장 큰 이유다. 그렇다면 실존의 문제를 위시한 인생의 중대 문제들을 주제로 해서 현대인들과 유의미하고 결실이 있는 대화를 나누려 할 때 이토록 중요한 대화의 실마리와 접촉점을 우리는 어디에서 찾을 것인가?

다행스럽게도 그러한 대화의 접촉점은 분명히 있다. 아니, 있을 수밖에 없다. 왜냐하면 그들과 우리가 서로 상이한 개성과 기질, 세계관과 가치관을 소유하고 있는 개개인이라 할지라도 우리 모두는 동일한 본성을 지닌 인간이기 때문이다. 우리는 소나 말과 같은 동물과 대화를 나누려 하지 않고 어디까지나 다양하고 탁월한 정신적 잠재력과 능력을 소유하고 있는 인간과 대화를 나누려고 한다. 그들이 비록 진정한 자신을 망각하고 자신 아닌 다른 그 무엇으로 살아가고 있다 할지라도 그들은 여전히 감정, 지성, 의지, 도덕의식, 미의식, 종교의식 등 진정 놀라운 기능들을 소유하고 있는 정신과 인격이다.

우리가 여기서 대화의 접촉점과 출발점으로 고려하는 것은 묘하게도 키에르케고르와 하이데거의 실존주의적 메시지가 현대인에게 관철되는 것을 가로막는 중대한 장애요인으로 판명된 바로 그 개념, **비약**이다. 키에르케고르, 하이데거와 독자들 간의 의사소통을 돕기보다 오히려 그것을 불가능하게 하는 거침새로 작용한 것을 여기서 우리가 대화의 접촉점으로 고려한다는 것은 완전히 말도 안 되는 시도인 것처럼 보인다. 그러나 우리의 의도는 동일한 비약의 개념을 이 두 위대한 사상가들과는 전혀 상이한 맥락에서 도입하여 우리의 대화 상대로 하여금 그에 대해 심각하게 반성해보게 유도하는 데 있으므로 이러한 노력을 무모한 기도로만 볼 수는 없을 것이다.

우리가 대화 상대에게 독려하고자 하는 바는 그들이 사전에 어떠한 지적인 검증과 분석 작업도 전개함이 없이 무조건적으로 "7만 길이나 되는 심해와도 같은" 비이성적인 "객관적 불확실성" 또는 "존재"라는 "심연과도 같은 원근저原根底, abgründiger Urgrund"로[1] 비약하라는 것이 아니다. 그러한 무모하고 무책임한 요구를 가지고 그들에게 다가가기보다 단지 그들이 전혀 의식하지 못하고 있다 할지라도, 또 그들 중 다수는 완강히 부인한다 할지라도 그들 각자는 앞에서 언급한 놀라운 정신적 잠재력들을 소유하고 있는 인격과 정신으로서 본디부터 키에르케고르와 하이데거가 이전의 무수한 위대한 사상가와 더불어 거론한 것과 같은 영적·정신적 세계로 항상 "비약 중"이라는 우리의 소신을 그들에게 전달하고 그들로 하여금 그 진위에 대해서, 그리고 그 의미에 대해서 신중히 반성해볼 것을 제안할 따름이다.

우리의 소신대로라면 인간은 전인투구의 노력과 모험으로 힘겹게 초시공간적인 정신계, 즉 가치의 세계와 진리의 차원으로 비약해야만 하는 것이 아니고 본질상 이미 그 세계와 접촉하며 매 순간 그 세계로 비약 중 또는 초월 중이다. 비약은 과제와 당위가 아니고 현실이다. 바로 그 점이 동물과 인간이 구별되는 가장 중요한 특성이기에 인간을 단적으로 "비약자" 또는 "초월성Transzendenz 그 자체"라 칭할 수 있는 것이다.

그러한 영적·정신적 차원, 진리의 차원으로 비약할 수 있는 능력이 없다면, 그러한 잠재력이 그들의 DNA에 본디부터 새겨져 있지 않다면 인간은 고등 동물이 될 수는 있어도 결코 우리가 이해하는 바와 같은 숭고한 정신과 인격은 될 수 없다. 인간 각자는 타고난 비약자이며, 비약자가 되지 않고는 한 인간이 될 수 없다. 그의 심중에, 그리고 그의 삶에서 매 순간 비약의 사건, 초월의 사건이 일어나고 있다. 현대인들은 세상의 그 무엇에 앞서 바로 이 점을 인식해야만 한다.

이 책 결론 부분에서 자세히 다루겠지만, 우리가 여기서 아무런 이유와 근거 없이 이러한 엄청난 주장을 제기하는 것은 결코 아니다. 그리고 그러한 주장을 우리의 대화 상대가 무조건 수락할 것을 요구하는 것도 아니다. 그보다 그들이 본질상 비약의 사건이며 비약자라는 우리의 이러한 주장의 진위에 대해 사고력과 판단력, 비판력과 분석력 등 그들이 동원할 수 있는 모든 잠재력을 총동원해서 냉철하게 반성해볼 것을 촉구할 따름이다. 그들은 다양한 이유로 말미암아, 특히 과학주의와 기술만능주의에 심취해 자신과 사물 및 세상만사에 대해 예리하고 깊게 반성해볼 수 있는 거리감과 여유를 상실하게 되었다. 이것이 그들의 가장 치명적인 문제점이다.

현대인은 마음의 문을 열고 모든 것에 대해 냉철하게 재반성해볼 수 있는 여유를 가져야만 한다. 세상만사를 과도하게 좁게, 그리고 짧게 보며 성급하게 속단하는 근시안적인 사고방식을 벗어나야만 한다. 폐쇄적인 대신 개방적이어야 하며 독단적인 대신 비판적이어야만 한다. 그리고 맹신자가 아닌 반성자로 거듭나야만 한다. 결코 과학주의적이어서는 안 되며 어디까지나 과학적이어야만 한다.

파스칼은 그 자체의 한계를 아는 철학이 참된 철학이라고 했다. 우리는 과학에 대해서도 그렇게 말할 수 있다. 그 자체의 한계를 인식하는 과학이 참된 과학이라면 과학만능주의 또는 범과학주의는 분명히 비과학적인 사상이다. 현대인의 문제점은 신앙심이 약한 데 있다기보다 그것이 과도하게 강하고 뜨거운 데 있다. 성경에는 "의인은 오직 믿음으로 산다"

라고 기록되어 있다. 루터Martin Luther는 "오직 믿음으로만"sola fide이라고 외쳤다. 그러나 우리가 세계 곳곳의 분쟁에서 가슴 아프게 확인할 수 있듯이 믿음 중에는 사람을 살리는 믿음도 있고 사람을 죽이는 믿음도 있다. 믿음으로, 즉 과학과 물질에 대한 과도한 믿음으로 현대인들은 죽어가고 있다. 과도한 맹신으로 그들 중 다수는 사실 이미 죽어 있다.

현대인들은 진정한 자기 자신으로, 자신다운 자신으로 재기해야만 한다. 비본래적인 자신을 박차고 나와 본래적인 자신으로 우뚝 서야만 한다. 그들은 자신과 세상만사를 완전히 곡해하고 있다. 무엇보다 시급하게 그들은 자신이 과학이성이라는 짧은 잣대로 정의할 수 있는 그러한 단순하고 보잘것없는 존재가 아니라는 사실을 알아야만 한다. 그들의 자아 이해와는 달리 그들은 원자와 분자의 집합체만도 아니고 과학이성과 기술이성만도 아니다. 앞에서 다룬 것처럼 인간은 적어도 원칙적으로는 비약자, 즉 진리의 차원과 빛의 차원으로의 비약자다. 더 과격하게 표현한다면 그들은 본질상 진리의 사건이며 빛의 사건이다.

그들이 이처럼 비약자이며 비약의 사건, 진리의 사건과 빛의 사건이므로 그들의 존재와 실체는 그 어느 척도로도 잴 수 없을 만큼 심오하다. 무한히 심오하며 불가지적이다. 그들은 그들 자신이면서도 스스로 풀 수 없는 수수께끼와 신비다. 아니 인류 전체가 힘을 합해서 노력해도 풀 수 없는 수수께끼이며 신비다. 또한 기적이며 기적 중 기적이다.

너무나도 믿기 힘든 우리의 이 모든 엄청난 주장에 대해 우리의 대화 상대는 당장 강경한 이의를 제기하고 반발할 것이다. 그들은 이 모든 주장이 완전히 사실무근하며 황당무계하다고 반박할 것이다. 그러한 반응을 마주하면 우리가 추진하는 진지한 대화는 전개될 수 없을 것 같다. 그들과 키에르케고르 간에 어떤 대화의 접촉점도 주어져 있지 않듯이 우리와 그들 간에도 그것이 주어져 있지 않는 것이 너무나도 확실해 보인다.

그러나 사실 우리는 그들의 그와 같은 강경한 안티테제를 계산에 넣고 비약의 개념을 접촉점으로 삼으려는 것이다. 왜냐하면 그들의 그러한 반응은 곧 의견과 이견, 이론과 반론, 테제와 안티테제로 이어지는 대화적 변증법의 한 단계일 뿐 아니라 그것은 우리가 여기서 거론하는 바와 같은 비약을 통해서만 가능한 반응이기 때문이다. 그러므로 그들이 그러한 부정적인 반응을 보인다는 것은 우리가 의도한 대화가 이미 열렸음을 뜻하며 그 접촉점은 다름 아닌 "비약"인 것이다.

인간의 정체와 본성에 대한 우리의 주장은 분명히 형이상학적 주장이다. 우리는 여기서 우리 자신과 우리가 생득적으로 소유하고 있는 여러 특성들을 예리하게 관찰하고 분석할 뿐 아니라 그러한 특성들을 소유한 우리가 사물과 우주 및 전 실재 속에서 발휘하는 기능들과 수행하는 활동들을 감안하며 그 속에서 우리가 차지하는 위치와 위상을 총체적으로 평가하는 가운데 그러한 주장을 제기하고 있다. 우리는 우리 자신을 포함한 전 실재와 세상만사를 초월적인 입지점에서 내려다보듯이 우리의 목전에 "표상"해두고 그들 속에서, 그것들과의 관계에서 우리 자신이 무엇임을 식별하고 판단하는 데서 그러한 주장을 제기할 수 있는 것이다.

우리가 타고난 "비약자" 또는 형이상학자가 아니라면 그러한 주장을 제기하는 것은 전혀 불가능할 것이다. 하이데거가 과거의 수많은 위대한 철학자, 특히 칸트에 의지해 역설한 바와 같이 우리 인간은 타고난 형이상학자다. "형이상학은 인간 현존 속의 근본 사건<sup>Grundgeschehen im Dasein</sup>이다. 형이상학은 곧 현존 자신이다."

이러한 주장에 대해서 이의를 제기하는 우리의 대화 상대는 어떠한

가? 그들이 제기하는 반론도 다분히 형이상학적인 주장이다. 그들도 역시 비약자들로서 반론을 제기하는 것이다. 우리의 이론이 근거가 없고 타당성이 없다고 주장하기 위해서는 그들 역시 우리와 동일하게 그들 자신과 전 실재를 초월할 수 있어야만 한다. 사물과 우주 속에 침몰되어 있는 내재적인 입지점에서는 자신과 우주 전체에 대해서 아무런 판단이나 주장도, 아무런 이론이나 반론도 제기할 수 없음은 당연하다. 전체를 알지 못하는 한 그 속의 부분이 무엇이고 어떠한지 분간하거나 판별할 수 없다. 전체와 그 속의 각 부분은 그 전체 위에 위치한 어떤 초월적 입지점에서 내려다볼 때에만 분간하고 인식할 수 있다. 어떤 내재적 입지점에서도 결코 그렇게 할 수 없다.

현대 해석학Hermeneutik의 권위자로 정평이 나 있는 아펠K.-O. Apel의 지적대로 비트겐슈타인이나 그 추종자들과 같은 완강한 반형이상학자들도 자신들이 의식하지 못하는 모종의 형이상학을 토대로 해서만 형이상학 일반에 대해 반론을 제기할 수 있다. 인간은 절대로 형이상학을 회피할 수 없다. 세계 전체를 내다보는 눈을 가진 영과 정신으로서의 자기 자신을 부정할 수 없는 것이다.

우리의 대화 상대가 반론을 제기해올 때, 우리는 우선 이 점을 지적해야 한다. 그렇게 한다면 그들은 그에 대해 어떤 반응을 보일 것이다. 그들이 어떤 반응을 보이든지 그러한 반응 역시 비약자로서 보이는 반응일 수밖에 없다. 이 점을 그들에게 주지시키게 되면 우리와 그들은 비약의 사실 여부 및 그 성격과 관련해서 과거 위대한 사상가들의 견해를 참작하는 가운데 대화를 계속할 수 있게 될 것이다. 그 결과 만약 그들 자신이 비약자 또는 초월성 그 자체임을 자각하게 된다면 우리의 대화는 성공적으로 끝날 것이다. 비약의 개념은 이 대화의 접촉점이자 내용이며 그 목표이기도 하기 때문이다.

이 책의 목표는 키에르케고르, 그리고 사실 소크라테스 이후의 모든 위대한 사상가와 종교인, 교육자의 목표와 같다. 그것은 독자들로 하여금 현실적인 자신과 이상적인 자신에 대해 깊이 반성하게 하면서 그들이 전자를 지양하고 후자를 쟁취할 수 있게끔 독려하고 촉구하는 것이다. 현대인들이 우리의 이러한 노력에 부응해서 진지한 자기반성에 착수할 뿐 아니라 인간의 정체와 본성에 대한 과거 사상가들의 견해들을 비판적인 관점에서 진중하게 "반복"한다면, 그들은 자기 자신들이 단순히 땅과 빵만을 바라보며 "지평적인 삶"을 살아가야만 하는 동물이 아니고 정신계에 속한 진리의 빛을 바라보며 "수직적인 삶"을 살아갈 수 있는 숭고한 영과 정신임을 자각하게 될 것이다. 그러나 방금 지적한 바와 같이 그렇게 자각하게 되는 자신은 그들 자신이면서도 그들이 해명할 수 없는 신비이며 풀 수 없는 수수께끼라는 점도 갈수록 더욱 통감하게 될 것이다. 그렇게 되어 그들이 자기 자신의 정체성에 대해서도 소크라테스처럼 무지의 고백을 하게 될 때 그들은 비로소 자신에 대해서, 그리고 세상만사에 대해 무엇인가 깊고 바르게 알기 시작할 것이다.

그렇게 될 때 그들은 그 무엇보다 바로 자기 자신으로 인해서, 바로 자기 자신 앞에서 숙연해질 것이다. 그리고 그러한 자기 자신을 중심으로 존재하거나 발생하는 우주 만물 앞에서 숙연해질 것이다. 자기 자신과 우주 만물이 지극히 놀라운 신비와 기적임을 갈수록 더 깊이 통감하게 될 것이기 때문이다. 그리고 그들은 그토록 신비롭고 기적적인 자신과 우주 만물이 결코 우연에 기인하지 않았음도 결국에는 깨닫게 될 것이다. 그리고 그들은 칼 야스퍼스와 함께, 자기 자신과 우주 만물을 진정 고귀한 선물Gabe로 자신들에게 하사geben하되 그들 자신이 또한 혼신의 노력으로 스스로 개발하고 완성시켜야만 하는 하나의 과제<sup>Aufgabe</sup>로 하사<sup>aufgeben</sup>한 한없이 고마운 하사자에게 부복하고 감사하기 위해 그를 두루 찾게 될 것이다.

# 차례

| | |
|---|---|
| CA | Kierkegaard, S., *The Concept of Anxiety*, Princeton, 1957. |
| CI | _____, *The Concept of Irony*, New York, 1966. |
| Enzykl. | Hegel, G. W. F., *Enzyklopädie der philosophischen Wissenschaften im Grundriß*, Hamburg, 1959. |
| EO | Kierkegaard, S., *Entweder-Oder*, Wiesbaden, 1955. |
| FT | _____, *Fear and Trembling*, Garden City, 1954. |
| PA | _____, *The Present Age*, London and New York, 1940. |
| PhB | _____, *Philosophische Brosamen*, München, 1976. |
| PV | _____, *The Point of View for My Work as an Author*, New York, 1962. |
| R | _____, *Repetition*, Princeton, 1941. |
| SD | _____, *The Sickness unto Death*, New York, 1954. |
| St. | _____, *Stages on Life's Way*, Princeton, 1940. |
| UN | _____, *Unwissenschaftliche Nachschrift*, München, 1976. |

제1장

# 키에르케고르의
# 사상적 배경

현대 해석학의 대가 딜타이<sup>Wilhelm Dilthey</sup>는 인간이 누구인지 알기 위해서는 역사를 알아야만 한다고 했다. 그리고 오스트리아의 문호 호프만스탈<sup>H. Hofmannsthal</sup>은 우리 자신에 이르는 가장 짧은 첩경은 세계를 한 바퀴 돌아오는 길이라 했다. 인간 일반의 본성과 정체성을 파악하기 위해서 인류사를 되돌아보아야만 하고 인간이 발을 딛고 살고 있으며 인간과 본질적으로 연결되어 있는 주위 환경 및 세계 전체를 알아야만 한다면, 한 개인의 인품과 사상을 이해하기 위해서는 그의 생애 전반과 그가 살던 주변의 시대적·사회적 정황을 알아야만 할 것이다.

키에르케고르의 실존사상을 검토하려는 사람은 이 점을 특별히 유념해야 한다. 왜냐하면 그의 사상은 다른 어느 사상보다 더욱 긴밀하게 그의 생애 자체와 관련되어 있기 때문이다. 그의 사상을 이해하기 위해서는 우선 우리가 쉽게 접할 수 있는 그의 저서들의 내용을 분석해야 한다. 그러나 그 내용들은 단순히 그의 두뇌에서 흘러나온 이론과 학설이 아니고 그의 마음속 깊은 데서, 나아가 그의 삶 자체에서 발원한 체험적인 고백이며 실존적 호소다. 그 안에서 그가 취급하고 해결하려고 시도한 모든 문제는 그 어느 누구의 문제이기에 앞서 바로 자기 자신의 개인적인 문제들이었다. 따라서 그는 『저자로서의 나의 관점』<sup>PV</sup>에서 "나는 나 자신을 이 저서들의 저자라기보다 오히려 독자로 간주한다"라고 서술한다.[1]

오래전에 소크라테스는 아테네의 시민들과 진지한 대화를 나누는 가운데 그들로 하여금 스스로의 관심과 노력으로 진리를 발견하고 특정의 문제들에 대한 해답을 찾아 나서게 하는 쌍방적이며 개방적인 "산파식 교육"을 "반어법"과 "대화적 변증법"을 통해 실시했다. 소크라테스의 산파식 교수법과 "반어적" 사고방식 및 생활 태도 일체를 극히 높이 평가한 "덴마크의 소크라테스", 키에르케고르는 그의 저서들 속에서 독자들과, 동시에 자기 자신과도 일종의 기나긴 대화를 나누는 가운데 쌍방의 진리 발견과 진정한 자기 발견을 위한 "실존적 변증법"을 수행했다. 그는 우선 독자들이 스스로의 반성과 각성을 통해 진리와 자신에 대한 거짓된 지식을 떨쳐버리고 진정한 진리지와 자아 인식에 이르며 순수하고 본래적인 자신, 즉 실존을 쟁취하고 실현함으로써 정신적 병인 "죽음에 이르는 병"에서 치유를 받을 것과 진정 자신다운 자신으로 자유로워지고 구원에 이를 것을 간곡히 촉구했다.

그와 동시에 그는 자기 자신이 개인적으로 당면하고 있던 여러 문제들, 자신이 앓고 있던 마음의 아픔과 영적인 병들을 글로 표현하는 가운데 그것들을 심리적으로, 정신적으로 승화시킬 뿐 아니라 진정한 자기 자신, 즉 신 앞에 서기에 부끄러움이 없는 순수하며 본래적인 자기 자신의 실존을 쟁취하고자 심각하고도 끈질기게 노력했다. 그는 그의 저서들 속에서 가르치는 투의 단도직입적이며 독선적인 언어와 어조로 독자들에게 진리지와 실존지를 일방적으로 전달하려 했다기보다 쌍방적이며 "간접적인 전달의 변증법"으로 독자와 자기 자신을 진리와 진정한 실존에로 설득하며 선도하고 교화하려고 진력했다. 이에 대해 딤 교수는 다음과 같이 평가한다.

키에르케고르는 익명을 통한, 독자들과의 이 대화를 바로 자기 자신과 나누었다. 그의 저작 활동은 동시에 자기 자신의 교화를 위한 것이었다. 비범하게 변증법적인 동시에 시적인 표현력으로 그는 익명의 저자들[=키에르케고르 자신]로 하여금 인간 삶의 제 영역들을 보측步測하게 하는 가운데 신앙인들이 사변적인 세계관과 미적 감각의 삶에서 돌이켜 진정한 실존으로 귀환케 한다. 키에르케고르는 차후에 그의 저작 활동 전체 속에서 하나의 통일된 계획[=신적인 섭리]을 감지할 수 있게 되었던바, 그것이 처음부터 그에게 확정되어 있었던 것은 결코 아니었다. 그가 '섭리'라고 일컫는 것이, 이 저서들이 차례로 저술되는 과정에서, 그를 점차적으로 교화시켰다는 것이다. 그가 익명의 가면을 쓰고 저작한 저서들은 그가 심혈을 기울인, 자기 자신의 삶의 가능성들에 관한 글들인바 그는 여기서 무엇보다 먼저 자기 자신을 실존으로 소환하고 있다.[2]

키에르케고르의 사상은 이처럼 그의 인격과 영혼 깊은 데서, 그리고 현실적인 삶에서 흘러나온 철학이다. 그의 저서들 속에는 독자들의 문제들에 앞서 자기 자신의 개인적인 문제들이 거론되고 그 해결책이 모색되고 있다. 그러한 의미에서 그의 철학은 하나의 "체험적 철학"a lived philosophy이라 할 수 있다.[3] 그것은 단순한 사변철학이 아니고 다양한 심적 갈등과 번뇌, 죄책과 좌절로 계속 신음하며 자기 자신과 사투를 벌이고 있는 인간 키에르케고르가 자신의 모든 문제에서 헤어날 뿐만 아니라, 진정한 자아를 발견하고 쟁취하지 못한 연유로 "죽음에 이르는 병"을 앓고 있는 그의 독자들이 치유를 받게 하기 위한 목적으로 개발한 삶의 철학, 즉 실존철학이다.

실존철학의 본질을 파악하기 위해서는 키에르케고르의 생애(1813-

1855) 전반과 그가 경험한 세 가지 주요 사건들에 대해서 알아야 한다. 이 책의 주목적이 키에르케고르가 지성과 신앙의 관계를 어떻게 이해했느냐 하는 문제를 조명하는 데 있는 만큼 여기서 다른 책들처럼 그의 생애를 소상하게 묘사할 필요는 없다. 그러나 그의 철학이 실존사상인 고로 그것을 거론함에 있어서 적어도 그의 삶에서 일어난 극히 예민한 사건들에 대해서는 비교적 상세하게 언급하지 않을 수 없다. 그 세 가지 사건 중 첫째는 키에르케고르가 일기에 "대지진"이라고 일컬은, 자신의 아버지가 저지른 두 가지 경악할 일에 관해서 처음으로 알게 된 사건이다. 둘째는 약혼녀 레기네 올슨Regine Olsen과의 파혼 사건이고, 마지막 셋째는 코펜하겐의 풍자지 「코르사르」Korsar와의 분쟁이다.

## 1. 키에르케고르의 생애와 사상

### (1) 대지진(大地震)

키에르케고르Søren Aabye Kierkegaard는 1813년에 덴마크의 수도 코펜하겐에서 미카엘 키에르케고르Michael Pedersen Kierkegaard와 그의 두 번째 부인 아네Ane 사이에서 칠 남매 중 막내아들로 태어났다. 미카엘 키에르케고르는 독실한 기독교인이었으며 유복한 모직물 상인이었다. 그는 원래 황량한 유틀란트Jutland에서 양을 치는 가난한 소작인이었는데, 21살 때 코펜하겐으로 이주하여 삼촌의 가게에서 일을 도왔고, 후에는 부유한 모직물 도매상이 되었다.

키에르케고르의 어머니 아네는 원래 첫째 부인의 하인이었다. 그런데 첫째 부인이 결혼 2년 만에 소생도 없이 사망하자 키에르케고르의 아버지가 그녀를 둘째 부인으로 맞았다. 그리고 그들이 결혼식을 올린 지

5개월 만에 훗날 목사가 된 첫째 아들 페터가 태어났다. 혼전 관계로 장남이 태어난 것이다. 이는 기독교 윤리관으로 볼 때 수치스러운 일이었고, 신앙적으로 극히 민감했던 미카엘 키에르케고르는 분명히 깊은 죄책감에 시달렸을 것이다. 아버지의 불길한 예감대로 키에르케고르가 아홉 살이 되기 전에 그의 형 1명과 누나 1명이 세상을 떠났다. 또 키에르케고르가 21살이 되기 전 2년 반 사이에는 다른 누나 2명과 다른 형 1명, 그리고 그의 어머니가 세상을 떠났다. 키에르케고르는 42살에 사망했지만, 그때 당시에는 자신도 33살을 넘기기 전에 요절할 것이 분명하다고 생각했다.

거의 농노에 가까운 신분에서 부유한 상인이 된 아버지로부터 키에르케고르가 받은 신앙적 영향은 대단히 컸다. 그의 내성적이며 우울한 성격과 더불어 탁월한 사고력과 풍부한 상상력 및 표현력 역시 그의 부친으로부터 물려받은 성품과 재질이었다. 그의 아버지는 자녀들이 어릴 때부터 대단히 엄격한 신앙 교육을 했다. 이는 키에르케고르의 일기장 도처에서 발견되는 세세한 묘사를 통해 알 수 있다. 그는 아버지의 엄준한 가정교육에 대해 "나는 어린이가 소유하는 기쁨을 느끼지 못했다",[4] "인간적으로 말한다면 나는 유년기와 청년기를 지나쳐버렸다"라고[5] 표현할 정도였다.

그의 아버지가 82세의 고령으로 사망하기 3년 전, 즉 1835년까지만 해도 키에르케고르는 아버지를 몹시도 존경하고 따랐으며 그를 신앙생활의 모범으로 삼고 있었다. 그리고 18살이 되던 1830년에 아버지의 권고로 코펜하겐 대학 신학부에 입학해서 목사가 될 준비를 하고 있었다. 그러다가 1835년에 와서 키에르케고르는 알 수 없는 어떤 이유로 그의 아버지에게 깊은 환멸감을 느꼈고 점차적으로 그의 영향권에서 벗어나

독자적인 삶을 살기 시작했다. 그리고 그 후 3년간 아버지와 기독교에 대한 반항심에서 수업을 중단하고 젊은이들이 모여드는 파티장과 여러 다른 곳을 쏘다니며 외적으로는 매우 활달하고 명랑한 생활을 했다.

그러나 그때 그는 내적으로 극심한 갈등을 겪고 있었으며 깊은 고독 감과 절망 속에서 어떻게 살아가야 할지 갈피를 잡지 못하고 있었다. 그는 1837년 7월 9일자 일기에 자신이 두 얼굴을 가진 야누스와도 같아서 한 얼굴로는 웃고 다른 얼굴로는 운다고 써놓았다. 당시 상황을 기록한 또 다른 일기를 보자.

나는 방금 한 파티에서 돌아왔는데 내가 바로 그 파티의 주인공이었으며 내 입에서는 계속 위트가 흘러나왔고 모든 사람들이 그 때문에 웃음을 터트렸으며 나에게 찬사를 보냈다. 그럼에도 나는 거기서 뛰쳐나왔다. 지구의 궤도를 한 바퀴 돌 수 있을 정도의 속도로 거기서 뛰쳐나왔다.…그리고 나는 권총으로 자살하고 싶었다.[6]

24살밖에 안 된 청년 키에르케고르는 벌써 생에 대한 권태를 느끼고 있었던 것이다. 설상가상으로 1838년 어느 날 "대지진"과 같은 한 사건이 발생했다. 그의 일기를 살펴보자.

그때에 대지진이 일어났다. 그것은 졸지에 나로 하여금 모든 사실에 대해 새롭고 실수가 없는 해석을 하게끔 강요한 끔찍한 변혁의 사건이었다. 그때 나는 나의 부친의 고령이 신의 축복이 아니라 오히려 저주가 아닌지 생각하게 되었으며, 우리 집안사람들의 특출한 지적인 재능이 우리에게 주어진 이유는 우리 스스로를 갈가리 찢게 하기 위해서가 아닌지도 생각하게 되었다. 그때 나는 부친이 우리 모두보다 더 오래 살아남게 될 불행한 한 인간임과 그의 모든 희망이 함께 묻혀 있는 무덤 위의 한 십자가와도 같은 존재임을 깨닫게 되어 나의 주위에 죽음의 침묵이 감돌고 있다고 느끼게 되었다. 우리 가족 전체가 한 죄책을 지고 있고 하나님의 형벌이 우리 가족 위에 내려지고 있음이 분명하다. 우리 가족은 사라져야만 한다. 하나님의 막강한 손으로 도말되어야만 한다.…내가 내적으로 갈기갈기 찢어져 있었고 행복한 지상의 삶을 누릴 수 있는 아무런 희망도 없었으며, 한 행복하고 안락한 미래에 대한 소망이 없었던지라…그러한 내가 극도의 절망 속에서 한 인간 속의 지적인 측면 외에 아무것도 부여잡지 않고 그것에만 굳게 매달리려 했다는 것이 이상한 일이겠는가? 내가 소유한 상당한 지적인 능력에 대한 생각이 그때 내가 가졌던 유일한 위안이었으며 이념이 나의 유일한 기쁨이었고 인류에 대해서는 완전히 무관심이었다.[7]

"대지진"이 키에르케고르에게 가져다준 충격은 이처럼 이루 말할 수 없이 컸다. 덴마크의 키에르케고르 전문가 브란트[F. Brandt]는 그것과 관련해서 다음과 같이 서술한다.

이 대지진은 그의 전 생애에서 가장 중심적이며 가장 의미심장한 사건이다.…만일 우리가 키에르케고르의 운명을 이해하기 위한 관건으로 단 하나의 사건을 들어야만 한다면 그것은 이 대지진과 그로 말미암은 직간접적인 결과에서 찾아야만 한다는 것이 나에게 확실한 것 같다.[8]

키에르케고르의 아버지는 1838년에 82세의 고령으로 사망하기 얼마

전에 자신이 소년 시절에 있었던 끔직한 사건에 대해서 고백했다. 유틀란트 황무지에서 양을 치던 어느 날, 11살 소년이었던 그는 극심한 가난과 외로움으로 말할 수 없이 큰 고통을 겪고 있는 자신의 처절한 신세를 한탄하며 언덕에 올라가서 큰소리로 신을 저주했다. 그는 그 일을 82세가 되어서도 잊을 수가 없었다.[9] 그는 이 사건으로 말미암아 자신과 자신의 가정에 하나님의 진노가 임하게 되었으며 자신이 영위하고 있는 외적으로 유복한 삶도 신이 그에게 내릴 벌을 위한 하나의 방편이라고 인식하고 있었다.

키에르케고르의 전기 작가들은 일반적으로 대지진이라는 사건이 키에르케고르가 이 고백을 듣고 겪었던 마음의 충격을 뜻한다고 해석한다. 이 고백을 들은 키에르케고르도 형제들의 요절과 어머니의 죽음이 모두 아버지의 죄에 대한 대가로 내려진 신의 형벌이라고 인식했고 그로 말미암아 자신도 요절할 것이라고 확신했던 것이다.

다른 해설자들 중에는 대지진 사건이 그의 아버지가 전처의 하녀였던 자신의 모친을 혼전에 폭행으로 범하여 장남이 태어난 사건을 고백했을 때 키에르케고르가 받은 충격을 가리킨다고 보는 사람들이 있으나 그 해석은 신빙성이 약해 보인다. 아무튼 본디 극히 내성적이며 민감할 뿐 아니라 아버지로부터 물려받은 우울증에 계속 시달렸던 키에르케고르가 이 사건에 대해서 전해 들었을 때에도 말할 수 없이 깊은 충격과 번뇌를 느꼈으리라는 사실만은 부인할 수 없을 듯하다.

1838년을 전후로 해서 그에게 일어난 사건들로 인해 그는 한동안 극단적으로 처절하고 비통한 심경에 사로잡혔고 그야말로 사경을 헤매는 듯한 상태에서 자기 자신과 가족의 문제를 두고 지극히 심각한 신앙적 반성을 하게 되었다. 장기간에 걸친 진지한 명상과 숙고 끝에 그는 마침내 자신과 자신의 가족들이 처한 극단적인 궁지에서 헤어날 수 있는 방책을 발견한 듯하다. 그래서 그는 부친의 사망 2개월 전, 정확하게는 1838년 5월 19일 오전 10시 반에 그의 일기장에 자신이 "말로 표현할 수 없는 기쁨"을 느끼게 되었는데 그 기쁨은 특정 대상으로 인한 것이라기보다 영혼의 내부에서 솟구쳐 나오는 내적인 기쁨, "영혼의 전폭적인 환성"이었다고 기록했다.[10] 그리고 얼마 후 그는 기독교가 모든 문제의 해결책이라는 뜻에서 "기독교가 세상의 모든 문제와 그 해결책을 해석해 준다"고 고백했다.[11]

이처럼 기독교가 자신과 가족의 문제뿐 아니라 전 인류의 문제를 해결해줄 수 있는 방편임을 확신하게 되었으므로 그는 그때부터 사람들에게, 기독교에 대해 전혀 알지 못하고 있는 "이방인들"뿐만 아니라 덴마크 국교 내의 유명무실한 형식적인 기독교인들에게 기독교인이 된다는 것이 진정 무엇을 뜻하며 어떠한 방법으로 참된 기독교인이 되는지를 해명하는 것을 자신의 숭고한 임무와 평생의 과제로 간주하게 된 듯하다. 『저자로서의 나의 관점』[PV]에서 그는 자신이 그 후 얼마 뒤에 저작하기 시작했으며 스스로 자신의 사상 발전의 "전기"라고 묘사한 그의 주저 『철학적 단편 후서』(1846)[UN]가 바로 자신의 그러한 임무와 과제를 해결하려는 목적으로 저작한 책이었다고 지적하고 있다.[12] 그는 자신의 개인적인 심적·정신적 문제를 해결해야만 했거니와 "기독교계 내에 기독교를 도입하여야만 하는 선교사"의 임무도 완수해야 했다.

그는 그러한 자신의 과업을 수행하기 위해서 중단했던 학업을 다시 시작하기로 결정한 듯하다. 그는 덴마크 국교에서 목사로 일하기 위해 필요한 모든 과정을 이수하고 박사학위 논문 「아이러니의 개념」을 완성해서 10년 만에 대학을 졸업했다. 그리고 동일한 이유에서 그는 얼마

되지 않아『이것이냐 저것이냐』(1843)[EO],『반복』(1843)[R],『공포와 전율』(1843)[FT],『철학적 단편』(1844)[PhB],『불안의 개념』(1844)[CA],『인생행로의 제 단계』(1845)[St.],『철학적 단편 후서』등 익명으로 된 다수의 저서들을 비교적 단기간에 차례로 펴냈다. 그리고 그 후에도 그는 도합 21권의 신앙 서적을 출간했다.

자신이 그 누구보다 존경하고 사랑했던 아버지의 끔찍한 과거사로 인해서 한동안 정신적으로 방황하며 방종의 길을 걸었지만, 머지않아 그는 다시금 마음의 평정을 되찾았을 뿐 아니라 자신의 새로운 사명으로 간주한 일들을 적극적으로 추진하기 위해 그처럼 왕성한 저술 활동을 전개했던 것이다. 그를 거의 사경에 이르게 한 불행한 사건들이 그로 하여금 신앙적·정신적으로 지극히 고차원적인 자기반성을 하게 했으며 결국은 유럽과 전 세계의 철학과 신학 사조를 완전히 새로운 방향으로 흘러가게 유도한 다수의 명저들을 창작하게 했다. 죄가 많은 곳에 은혜도 많다는 로마서의 기록이 꼭 들어맞는 상황이었다.

키에르케고르는 "대지진"이 가져다준 크나큰 충격으로 말미암아 자신이 어떠한 심경에 빠져들어 가게 되었으며 최종적으로 어떠한 방식으로 그것에 대처하게 되었는지에 관해서 다음과 같이 서술한다.

나는 너무나도 많은 충격을 받았었기에 대부분의 사람들이 따르는 중도의 삶을 살아갈 수 없음을 분명히 깨닫게 되었다. 파멸과 호색의 길로 뛰어 들어가든지, 그렇지 않으면 종교적인 삶을 절대 유일한 가능성으로 택하든지, 달리 표현한다면 소름 끼칠 정도로 무시무시한 방법으로 세상을 택하든지, 그렇지 않으면 수도원을 택하든지 그중 하나를 선택하지 않으면 안 되었다. 내가 후자를 택하리라는 것과 택할 수밖에 없다는 것은 내

마음속에 이미 정해져 있었다.[13]

어떤 일에든지 미온적이지 않았던 키에르케고르는 자신이 앓고 있던 극심한 마음의 고통을 극복하기 위해 진정 심각한 양자택일의 결단을 내리지 않으면 안 되었다. 그는 유사한 경우에 사람들이 흔히 그렇게 하듯이, 그리고 자기 자신이 짧게나마 실제로 그렇게 했듯이 세상으로 나가서 유흥과 도락으로 하루하루를 보내며 살아갈 수도 있었다. 문제투성이의 자신을 잊고 자신으로부터 도피하는 삶을 살아가는 것이다. 아니면 절체절명의 위기에 직면한 현실적인 자신과 주어진 상황을 직시하는 가운데 모든 문제를 신 앞에 내어놓고 그의 은총으로 해결함을 받기로 결심할 수도 있었다. 이 두 가능성 가운데 그는 후자를 택했다. 개인이 신 앞에 바로 설 때 죄의 문제와 여타 문제들이 해결되어 마음의 평정을 되찾고 진정한 자신으로서의 가치 있는 삶을 살아갈 수 있다고 확신했기 때문이다.

## (2) 레기네 올슨

키에르케고르의 삶과 사상을 근본적으로 새로운 방향으로 전환시킨 또 하나의 중요한 사건은 한 여성과 관련되어 있다. 1837년, 24살의 청년인 그는 한 파티에서 16살 소녀 레기네 올슨을 만나 첫눈에 사랑에 빠진다. 그리고 3년이 지난 1840년에 그는 19살이 된 레기네 올슨과 약혼을 한다. 그러나 1년 후인 1841년에는 갑자기 파혼을 통보했다.

키에르케고르가 그렇게 파혼하게 된 동기에 대한 해석은 다양하다. 그러나 주원인은 역시 아버지의 끔찍한 과거사가 그에게 가져다준 심적·정신적 부담감에서 찾아볼 수 있을 듯하다. 비록 그가 "대지진" 후 정신적 안정을 다소 되찾았을 때 약혼했다고 하지만 그는 아버지의 죄로 인해 자신을 포함한 가족 전체에게 신의 형벌이 과거에도 내렸었고 앞으로도 그렇게 되리라고 믿고 있었음이 분명하다. 즉 자신도 요절하리라고 확신하고 있었던 것이다. 진정으로 사랑했던, 자기 자신보다 "더 존경했던" 한 여인, 게다가 명망 높은 가정에서 태어나서 발랄하기 그지없는 한 여인을 그처럼 저주받고 천성적인 우울증에 시달리는 자신에게 데리고 와서 함께 고통을 받게 할 수는 없는 일이었다. 뿐만 아니라 1835년과 1838년 사이, 그는 그렇게도 사랑하고 존경했던 아버지에게 깊은 환멸감을 느낀 나머지 방탕의 길로 들어서 관능을 탐닉한 경험도 있었다. 그는 그렇게 추한 과거가 있는 자신이 한없이 순결한 레기네 올슨과 하나가 될 수는 없다고 생각했을 것이다.

만약 내가 나의 미래의 아내로서 그녀를 나 자신보다 더 존경하지 않았더라면, 만약 내가 나 자신의 명예 이상으로 그녀의 명예에 긍지를 가지고 있지 않았다면 나는 고요히 그녀와 나의 소원에 따라 결혼했을 것이다. 세상에는 사소한 경력을 숨기고 결혼을 하는 경우가 허다하다. 그러나 나는 그러한 것을 원치 않는다. 만약 내가 그렇게 했다면 그녀는 나의 첩이 되었을 것이다. 그렇게 해야만 한다면 나는 그녀를 차라리 살해해버렸을 것이다. 그러나 만약 내가 나의 심중을 토로해야만 한다면 나는 무서운 일들, 즉 나와 부친과의 관계, 부친의 번뇌, 그의 마음속 깊이 간직되어 있는 영원한 밤, 그리고 나의 과실과 정욕과 방종을 그녀에게 고백할 수밖에 없었을 것이다.[14]

나는 약혼한 다음날 내가 과실을 범했다는 것을 알았다. 나와 같은 참회자, 나의 종전의 경력, 나의 우수, 그것으로 그만이었다. 나는 이때 이루 말할 수 없이 괴로웠다.···만약 내가 참회자가 아니었던들, 내가 종전의 경력이 없었던들, 내가 우수 속에 있지 않았던들, 그녀와의 결합은 내가 지금까지 꿈꾸어본 일이 없을 정도로 행복했을 것이다. 그러나 나는 그녀와 함께하는 행복보다 그녀가 없는 불행이 오히려 더 행복하다고 생각하지 않을 수 없었다.[15]

키에르케고르는 이러한 여러 이유들로 인해서 극도의 심적인 부담감을 안고 있었다. 또한 파혼 당시에는 피를 토할 정도로 심한 결핵을 앓고 있어서 건강 문제 때문에라도 자신이 결혼하기에 적합하지 않다고 판단했을 것이다. 나아가 키에르케고르는 자기 자신을 항상 우수에 잠겨 번민하며 고독한 삶을 살아가지 않으면 안 되는 예외자로 간주했으며 앞에서 살펴본 대로 "대지진" 이후에는 자신이 수행해야만 할 숭고하고 막중한 종교적인 사명이 있다고 확신하고 있었다. 때문에 그는 자신이 "보편적인 것을 실행할 수 있는"to realize the universal, 즉 일반적으로 결혼을 하고 자녀를 낳으며 가정에 충실해야만 하는 윤리적·도덕적 책무를 감당할 만한 상황과 신분이 결코 아니라고도 보게 되었을 것이다. 그러한 맥락에서 그는 "그녀와의 파혼이 하나님과의 약혼을 뜻한다"라고 서술하기도 했다.[16]

이 모든 것이 복합적으로 작용해서, 그러나 아마도 그의 부친의 죗값으로 자신의 가족 위에 내려져 있다고 확신한 신의 형벌에 대한 두려움이 주원인이 되어 키에르케고르는 파혼에 이르게 되었다. 레기네 올슨에 대한 사랑이 식어서가 아니고 오히려 그녀를 자기 자신보다 더 사랑해서 그렇게 했던 고로 둘의 헤어짐과 그 후에 있었던 그녀의 결혼은 분명히 그의 마음에 말할 수 없는 아픔을 가져다주었을 것이다. 그러한 그의 고통을 더욱더 가중시킨 것은 그가 파혼으로 그녀를 평생토록 불행하게 만들었다는 생각이었다. 그는 그녀와 파혼한 것이 마치 함께 급류로 뛰어들게 하고서는 그녀를 홀로 떠내려가게 방치한 것과 같다고 생각했다. 그는 그렇게 함으로써 그녀를 몹시도 불행하게 만들었던 고로 평생 참회자가 되었다고 일기에 적었다. 깊은 죄책을 짊어진 참회자로서 살아가는 한 그녀의 장래에 대해 염려하지 않으면 안 되었다는 것이다.[17]

아무튼 키에르케고르는 부친의 과거사에 대한 심적 부담감과 그와 직결되는 레기네와의 헤어짐으로 인한 말할 수 없이 큰 마음의 고통과 상처를 종교적으로, 그리고 문학적으로 표현하고 승화하게 되었다. "대지진"과 레기네와의 파혼이 그를 극도로 불행한 인간으로 만들었으며 그에게 극심한 아픔을 가져다주었던 것은 사실이다. 그러나 그 사건들을 통해 그는 전에 없이 깊은 신앙적 차원에 도달했으며 신 앞에 단독자로 홀로 서게 되었다. 그는 인간 실존과 구원의 방도에 대해서 진정 깊고 진중한 반성을 하게 되었으며 나아가서 새로운 종교적 사명감을 갖게 되었다. 그는 결국 이 사건들을 계기로 홀로 신 앞에 서서 새로 체험하게 된 신앙을 종교적 사명감 속에서 사상적으로뿐 아니라 문학적으로도 극히 훌륭한 내용의 글로 표현하게 되었던 것이다.

덴마크의 저명한 문학평론가 브란데스[G. M. C. Brandes]가 "문학 중 문학"이라고 칭송할 만큼 미문학적인 견지에서 볼 때도 매우 높은 가치를 소유하고 있는 『이것이냐 저것이냐』를 필두로 홍수처럼 잇달아 쏟아져 나온 그의 저서들은 이처럼 위태로운 두 사건이 발단이 되어 체험하게 된 신앙의 표현이자 그가 의식하게 된 종교적 사명을 완수하는 데 필요한 방편이기도 했다. 그리고 그러한 저술 활동은 그의 마음의 아픔, 특히 레기네와의 헤어짐으로 인한 상처를 진정시켜주는 치유의 효과를 가져다 주기도 했다. 특히 그의 처녀작인 『이것이냐 저것이냐』는 그녀와의 헤어짐으로 인한 고통과 번뇌를 스스로 달래는 가운데 정신적으로 승화시키는 글이라 볼 수 있다.

### (3) 「코르사르」 사건

키에르케고르는 1841년 8월에 레기네와 파혼하고 그해 10월에 독일 베를린으로 떠났다. 유명한 셸링의 강의를 듣기 위해서였다. 그는 원래 1년 반 동안 거기서 체류할 생각이었으나 기대가 컸던 셸링의 강의 내용이 갈수록 진부하게 느껴졌을 뿐 아니라 신경쇠약과 불면증에도 시달리게 되어 4개월 만인 1842년 3월에 코펜하겐으로 되돌아왔다. 그때부터 그는 세 번에 걸쳐(1843, 1845, 1846년 봄) 베를린을 잠깐씩 방문한 일을 제외하고서는 저술 활동에 전념하면서 익명 또는 본명으로단기간 내에 수많은 저서를 펴냈다.

저술 활동을 활발하게 전개하면서 주저인 『철학적 단편 후서』를 출판하기 직전인 1845년 말, 그에게 또 하나의 중대한 사건이 발생한다. 당시 악명 높은 풍자 주간지, 「코르사르」와 사상적인 충돌을 한 것이다. 이 주간지의 한 편집인이 『인생행로의 제 단계』(1845)의 내용을 헐뜯고 비난한 것을 매우 못마땅하게 생각한 키에르케고르가 반박문을 써서 공개하면서 분쟁은 본격적으로 시작되었다. 「코르사르」는 매주 온갖 독필과 캐리커처로 그를 조소했으며 이상한 걸음걸이로 거리를 쩔뚝거리며 지나다니는 코펜하겐의 소크라테스라고 희롱했다. 1846년 여름에 이르자 키에르케고르는 완전히 대중의 조롱거리가 되고 말았다. 사람들은 그를 정신이상자로 취급했으며 짓궂은 아이들이 거리에서 그를 따라다니며 놀려대기까지 했다. 그해 봄에 출판된 그의 주저 『철학적 단편 후서』에 대해서는 아무도 서평을 쓰지 않았으며 키에르케고르 자신의 기록에 의하면 그 책은 50권 정도밖에 팔리지 않았다.[18]

극히 내성적이며 매사에 민감한 데다가 항상 우울증에 시달렸을 뿐 아니라 앞에서 언급한 두 가지 엄청난 사건으로 깊은 마음의 상처가 있는 그에게 이 모든 일은 말할 수 없이 큰 심적 고통과 고독감을 안겨주었다. 또한 이 사건은 키에르케고르가 오래전부터 이미 의심의 눈초리로 보아왔었던 대중매체와 일반 군중을 더욱더 격한 분개심과 조소로 백안시하게 만들었다. 그러한 격렬한 감정은 그의 일기는 물론 『현대의 비판』[PA]을 비롯한 여러 저서들 속에서 신랄한 비판과 질책의 글로 표출되었다.

만약 신문사가 여타 사업장에서 그렇게 하듯이 간판을 내걸어야만 한다면 거기에는 다음과 같은 구절이 적혀 있어야 할 것이다. "여기서는 가장 적은 돈으로 가장 짧은 시간 내에 가장 광범위하게 인간들을 타락시키고 있다".…사람들이 하나님 앞에서 빠져들어 갈 수 있는 가장 저열한 구렁텅이는 '저널리스트'라는 단어로 정의할 수 있다.…내가 만약 아버지로서 농락당한 딸이 있다면 나는 그녀에 대해 절망하지 않고 그녀가 구제될 날을 기다리고 있을 것이다. 그러나 내가, 저널리스트가 되어 5년간 계속 저널리스트로 일한 아들을 가지고 있다면 나는 그를 포기할 것이다.[19]

대중은 허위며 비진리다.[20]

대중은 모든 것이며 아무것도 아니기도 하다. 그것은 세력들 중 가장 위험한 세력인 동시에 가장 무력한 세력이기도 하다.…아무것도 이해하지 못하며 스스로 아무 일도 하지 않는 이 나태한 군중들, 이 관객들은 소일 거리를 찾아내는 데 혈안이 되어 있으며 그 누가 어떤 일을 하는 이유는 대중들에게 요설饒舌, gossip거리를 제공하기 위해서라는 망상에 빠져 있 다.…고전작품을 읽어본 사람은 누구나 다 로마황제들이 심심풀이로 얼 마나 많은 것을 시험해보았는지 알고 있다. 그들과 마찬가지로 대중도 그 들을 즐겁게 해주는 한 마리의 개를 데리고 있다. 여기서의 개는 곧 문학 적 찌끼literary scum[=신문]다.…대중들은 뉘우칠 줄 모른다. 왜냐하면 그 들은 이 개를 소유하고 있기보다 구독하고 있기 때문이다. 그들은 결코 직접 그 개를 풀어 누구를 공격하게 하거나 휘파람을 불어 되돌아오게 하지 않는다. 누가 그들에게 묻는다면 그들은 그 개는 자기들의 것이 아 니라고, 그 개는 주인이 없다고 답한다. 만약 그 개를 죽여 없애야만 한다 면 그들은 말하기를 그 악랄한 개를 제거한 것은 잘한 일이었다, 모든 사 람이 그 개가 죽기를 원했다, 심지어 구독자들도 그것을 원했다고 할 것 이다.[21]

키에르케고르는 「코르사르」와의 격돌로 말미암은 매스컴 일체와 대 중에 대한 증오심과 적대감을 예수와 사도들의 "세상"에 대한 비판과 결 부해서, 잇달아 출판된 자신의 신앙서들 속에서 예리하고 강렬하게 표출 했다. 진정한 기독교인이 되기 위해서는 단독자로서 좁은 길을 걸어가 야 하고 세상과 충돌하면서 멸시와 수난을 받지 않을 수 없다. 기독교인 은 세상을 등지고 예수를 따라 고난의 십자가를 지고 외롭고 험난한 삶 을 살아가야만 한다. 순교자의 자세로 일편단심 하늘나라를 위해서만 살 아가야 하며 모든 세상적인 것을 포기해야 한다.[22] 참된 기독교인이 겪어야만 하는 수난은 육체적이며 외적인 고통을 의미하기보다 영혼의 내적인 고통을 의미한다.[23] 그것은 곧 "직접적인 것" 즉 "세상"을 향해 죽고, "새로운 직접성" 즉 신앙의 차원, 하늘나라를 향해 사는 데 따르는 아픔이다.[24] 그러한 수난은 바로 진정한 기독교인이 맺는 신과의 올바른 관계를 뜻한다.[25]

대중은 허위와 비진리인 반면 주체성, 즉 군중과 격리되고 세상을 등지며 오로지 신 앞에서 홀로 선 단독자the single individual만이 "진리"다. 키에르케고르의 실존사상의 중심은 단독자 또는 개인이다.

나는 종교적인 저자라고 생각했으며 '개인'을 관심사로 삼았다.…인생과 세계에 대한 철학 전반이 [개인에 대한 나의 그러한] 사상 속에 내포되어 있었다.[26]

키에르케고르는 그의 무덤의 비석문에 자신의 삶과 사상을 대표하는 한 마디의 말로서 "개인"이라는 단어가 쓰여 있기를 소원했다.[27]

'개인'이 바로 종교적인 의미에서 이 세대와 전 역사와 인류 전체가 통과해야만 하는 범주category다. 사람들이 그것을 주시하게끔 할 목적으로 이 '개인'이라는 애로隘路를 지키기 위해 버티고 서온 나 자신과 비교할 때 테르모필라이Thermopylae에서 버티고 섰던 그 사람의 자세는 그리 견고한 편이 아니었다. 이 사람의 임무는 군사들이 그 애로를 통과하는 것을 방지하는 데 있었다.…나 자신의 과제는 가능한 한 많은 무리를 초청하고 책동해서 이 애로를 통과하게 하는 데 있다. 어떤 사람도 개인이 되지 않고서는 이 애로를 통과할 수 없다.…'개인', 기독교의 흥망성쇠는 바로 이 범주에 달려 있다.…이 범주가 없었다면 범신론이 절대적인 승리를 거두었을 것이다.…'개인'이라는 범주가 범신론적 혼동을 저지할 수 있는 한 고정점이며 그러한 것으로 남아 있을 것이다.[28]

하나님 앞에서는 군중이 아닌 단독자만 존재한다.[29]

한 인간으로 존재한다는 것은 한 동물로 존재한다는 것과 결코 동일하지 않은데, 동물에 있어서는 개별자는 항상 유(類)보다 열등한 개념이다. 인간은 일반적으로 언급되는 우월한 점들 때문에만 여타 동물들과 구별될 뿐 아니고 개인 즉 단독자가 유보다 더 고차적인 개념이라는 데서 질적으로 구별된다.[30]

키에르케고르가 1846년 이후 자신의 본명으로 저술한 모든 저서는, 이렇게 군중에서 격리되고 세상을 향해 죽었으며 그것을 향해 계속 죽어가고 있는 반면 "하늘나라와 그 의(義)"를 향해서는 살아 있고 그것을 향해 살아가고 있는 신 앞에서 홀로 서 있는 외로운 단독자의 험난하며 좁은, 그러나 영생과 구원에 이르는 진리의 길을 주제로 하는 신앙서들이다. 그리고 그 책들은 그러한 십자가와 수난의 길을 외면하고 넓고 평탄하며 안이하고 안락한 길을 대중들에게 권장하며 기독교인이 된다는 것이 지극히 간단하고 쉬운 일이라고 선전하던 그 당시 덴마크 국교 신학자들을 맹렬히 공격하고 비난하는 내용을 담고 있었다.

수난과 십자가의 좁은 문으로 지나가는 진정한 기독교인은 소수이지만 덴마크의 신학자들이 터놓은 구원과 진리에 이르는 문과 길은 매우 넓고 평탄하므로 거기를 지나다니는 사람들의 수는 대단히 많다. 사실인즉 모든 덴마크 사람들이 다 그 문과 길로 유유히 걸어 지나가고 있다. 덴마크에서 태어나는 사람들은 간단한 세례 의식만 거치면 자동적으로 기독교인이 될 수 있다. 그들은 하등의 수난과 고통을 겪을 필요가 없으며 어떤 십자가도 질 필요가 없다. 자신의 영혼의 문제, 진리와 신앙의 문제를 두고 아무도 진정 심각하고 비장한 반성과 결단을 할 필요가 없다. 덴마크의 기독교인들은 "기독교를 세례 받은 이교getauftes Heidentum로 만들어버렸다."[31]

이처럼 가공할 상황에서 키에르케고르는 자신을 포함한 모든 기독교인이 초대교회의 신앙적 순수성과 진지함을 회복하고 자신을 부인하며 스스로의 십자가를 지고 예수를 따르는 참된 제자가 되어야만 할 것을 촉구하지 않으면 안 되었다. 그는 "기독교 국가에서 기독교를 선포할" 목적으로 활발한 저술 활동을 전개했던 것이다.[32]

키에르케고르는 덴마크 기독교 신자들의 무사안일주의와 형식주의, 세속주의와 절충주의에 대한 궁극적인 책임은 그 당시 교회 지도자들에게 있다고 보고, 자신이 편집한 「순간」Oiblikker, The Instant이라는 소책자 등에서 이들을 맹렬히 비난하며 공격했다. 1854년 1월에 덴마크 국교의 대감독이었던 뮌스터J. P. Mynster가 사망하자 키에르케고르의 은사였고 얼마 후 뮌스터를 이어 새로운 대감독이 된 헤겔주의 신학자 마르텐젠H. L. Martensen은 추도 설교를 통해 뮌스터 감독을 "진리의 증인"으로 높이 추앙했다. 사실 뮌스터 감독은 덴마크 사람들이 모두 존경했던 성직자였으며 특출한 설교가로 손꼽힌 사람이었다. 하지만 키에르케고르는 그가 십자가를 지고 고난의 삶을 살아간 예수의 제자라거나 진리의 증인이라고 생각하지 않았다. 그는 오히려 덴마크 기독교인들이 세상과 타협하고 안일주의와 의식주의에 빠져들어 가게 그들을 오도한 장본인 중 하나가 뮌스터 감독이라고 믿고 있었다. 그래서 그는 마르텐젠의 추도사 내용에 대해 격분하며 「조국」이라는 신문에 그에 대한 반박문을 발표했다. 그 제목은 "뮌스터가 진리의 증인, 진정한 진리의 증인의 한 사람이었던가? 이것이 정말인가?"였다.

　이 반박문과 기성 교회 지도자들을 공격하는 다른 글들은 맹렬한 역공을 야기했고, 그들과 키에르케고르 사이에는 반년 이상의 치열한 논쟁이 전개되었다. 키에르케고르가 뮌스터와 그가 대표하는 덴마크의 형식주의적인 기독교회는 순수하고 본래적인 기독교를 이 세상에서 몰아냈다고 지적하자, 이에 반대하는 마르텐젠과 다른 신학자들은 키에르케고르가 존경스러운 교회 지도자를 중상하고 비방하는 파렴치한이며 영웅의 무덤 위에서 춤추는, 가증스러운 횡설수설가 텔시테스라고 맹비난했다. 그러한 와중에 그는 극심한 심리적 부담감과 신체적 이상(아마도 폐렴)으로 거리에서 졸도했는데 회복하지 못하고 얼마 후인 1855년 11월 11일에 세상을 떠났다.


## 2. 키에르케고르와 헤겔

키에르케고르의 사상을 올바로 평가하기 위해서는 그의 개인적인 삶에서 일어난 사건들과 더불어 그 당시 유럽, 특히 덴마크의 시대사조를 당연히 고려해야 한다. 그 당시 유럽과 덴마크 지성인들을 매료하며 철학계를 지배하고 있던 사상은 헤겔(1770-1831)의 절대적 관념론이었다. 그의 사상을 처음으로 덴마크에 소개한 사람은 하이베르크 J. L. Heiberg 였고, 그가 1820년경에 도입한 헤겔주의가 덴마크의 대학과 지성인들의 세계에서 막강한 영향력을 행사하게 한 사람은 앞서 언급한 마르텐젠이었다.

키에르케고르도 코펜하겐 대학에서 아버지의 뜻에 따라 신학을 공부하면서 헤겔주의로부터 상당한 영향을 받을 수밖에 없었다. 그 당시 그가 쓴 일기에는 다음과 같은 말이 기록되어 있다.

> 나는 그가 철학적 지식, 놀라운 박식, 천재적 눈동자 그리고 그밖에 철학자가 지닐 온갖 덕목을 거의 다 지니고 있다는 점을 서슴지 않고 시인한다. 그것을 단순히 시인할 뿐만 아니고 그에 대해 경탄하기도 한다. 나는 기꺼이 그로부터 배우려고 한다.

앞으로 상론하겠거니와 키에르케고르는 사실 부정적인 의미뿐 아니라 긍정적인 의미에서도 헤겔에게 빚진 바가 많다. 그는 헤겔과 양면적인ambivalent 관계를 유지했다. 즉 그는 평생토록 헤겔의 절대적 관념론 또는 범신론적 합리론에 대항해서 싸웠으나 자신의 실존사상을 전개하는 데 알게 모르게 헤겔의 기본적인 범주들을 활용하기도 했다. 특히 그의 박사 논문 「아이러니의 개념」에서는 헤겔의 긍정적인 영향을 역력히 감지할 수 있다.[33]

## (1) 헤겔의 범신론적 전체론

헤겔의 관념철학은 하나의 범신론적 전체론Holismus, Ganzheitsbetrachtung이며 절대적인 합리론이다. 이 점은 그의 글들 가운데 가장 흔하게 인용되는 다음과 같은 두 구절에서 확연하게 드러난다.

> 참은 전체다[=진리는 전체에 있다, 전체가 곧 진리다]. 그러나 전체는 그

자체의 발전 과정을 통해 비로소 완성되는 그러한 실재다. 절대자와 관련해서 이 점을 서술한다면 그는 본질상 '결과'라고, 즉 그는 [자아 발전의] 종국에 가서 비로소 참된 자신이 된다고 말할 수 있다.[34]

이성적인 것이 실제적인 것이며 실제적인 것이 이성적인 것이다.…요는 우리가 시간적인 것과 지나가는 것 속에서 그 속에 내재하는 실체를, 그 속에 현존하는 영원한 것을 간파하는 데 있다. 왜냐하면 '관념'과 동의적인 '이성적인 것'이 그 본성을 상실함이 없이 외적인 존재의 형태로 객관화함과 더불어 그것은 한없이 다양한 형태와 현상과 양상으로 나타나서 그 핵심을 다채로운 외피로 감아놓기 때문이다.…개념[=개념적 사유]은 그 속에서 내적인 맥박을 탐지하고 이 맥박이 외적인 양상들 속에서도 뛰고 있음을 감지하기 위해 이 외피를 꿰뚫어 보게 된다.[35]

이 두 구절 중 특히 첫째 것에서 우리는 헤겔의 궁극적인 관심사가 진리를 규명하는 데, 즉 사물과 인간을 포함한 전 우주의 정체성과 의미를 밝히는 데 있음을 알 수 있다. 그리고 우리가 규명하고자 하는 진리는 전체, 즉 우주의 전체적인 지평과 그 전체적인 발전사의 맥락 속에서 나타나는 모든 개체적인 사건과 현상들을 낱낱이 지켜보는 가운데 이들로 구성되는 실재 전반이 어떠한 모습을 띠고 어떠한 방향으로 움직이는지, 특히 그 종국이 어떻게 끝나는지를 살펴보아야만 비로소 드러나게 된다는 그의 지론도 이 구절 속에 함축되어 있다.

헤겔은 자신이 거론하는 이 "전체"가 절대자와 직결될 뿐 아니라 사실은 절대자 자신을 뜻하기에 "진리는 전체다"라는 이론을 곧바로 절대자의 "진리", 즉 그의 정체성과 관련해서 적용하고 있는 것이다. 절대자는 처음부터 당장 완전한 모습으로 등장하는 것이 아니고 장구하고 복잡한 변증법적 자기 진화의 과정과 단계를 거쳐 종국에야 비로소 정신 또는 이성으로서의 참되고 본래적인 자신의 모습으로 나타나게 된다. 헤겔은 유신론적 진화론자였을 뿐 아니라 "과정신학"過程神學, process-theology 의 선구자이기도 했다.

헤겔의 변증법적 관념론의 기본 골격은 관념Idee → 자연Natur → 정신Geist으로 구성된 그의 독특한 형이상학적 도식Schema에서 찾아볼 수 있다. 헤겔의 개념과 이론 중 그 어떤 것을 생각하고 취급하든 간에 우리는 그의 변증법과 더불어 이 도식을 항상 염두에 두어야만 한다. 이 도식의 각 단계는 바로 그의 변증법의 세 계기, 즉 정·반·합These, Antithese, Synthese에 해당한다. 이 세 단계들은 물론 변증법적으로 서로 연결되어 있다. 그리고 이 개별 단계들 속에 등장하는 무수한 세부적인 단계들과 계기들, 그리고 이들 속에 등장하는 단계 속의 단계들과 계기 속의 계기들도 예외 없이 필연적으로 서로 연결되어 있다. 그래서 이 모든 크고 작은 단계들과 계기들, 그리고 단계 속의 단계들, 계기 속의 계기들은 각각 정반합의 질서에 따라 한 단계와 계기에서 다른 단계와 계기로, 그리고 이 것에서 다시금 제3의 새로운 단계와 계기, 즉 종합통일과 완성의 단계와 계기로 자연스럽게 이어지게 된다. 그러나 이 종합통일의 계기는 물론 거듭 계속되는 만유의 변증법적 진화 과정의 다음 단계를 위한 출발점, 즉 새로운 하나의 정립These으로 나타나게 된다. 그리고 그것은 그에 맞서 새로 등장하게끔 되어 있는 하나의 반정립Antithese과 필연적으로 연결되고 그들 양자가 맞부딪히는 데서 한 새로운 종합통일의 단계가 다시금 생겨나게 된다.

이와 같은 방식으로 만유는 상기한 기본 도식의 틀 안에서 필연적이고 변증법적인 자기운동의 법칙과 질서에 따라 종합통일과 완성의 단계를 목표로 해서 계속 움직이게 된다. 우주 전체와 그 속의 모든 개별자와 특수 현상들은 이 모든 단계를 거쳐 결국 그들의 궁극적인 종합통일과 완성의 단계로 나아가게 된다. 여기에 등장하는 무수한 개별자와 특수 현상들은 직간접으로 변증법적으로 서로 연결되고 통일되어 하나의 거대한 유기적이며 역동적인 전체를 구성한다. 그들 모두는 자기완성이라는 궁극 목표를 향해 지속적으로 진화하고 발전하는, 생명력과 정신을 겸비한 일종의 유기체로서 범생명All-Leben 혹은 세계유기체Welt-organismus를 형성하는 것이다.

이것이 바로 지속적인 자기 진화 또는 자기완성의 도상에 있는 정신, 이성, 관념으로서의 신이다. 여기서 무수한 개별자와 그들로 이루어지는 전체적인 구성체는 "소아"와 "대아"(헤겔의 용어가 아님)로서 서로 필연적·내적으로 연결되어 있기에 그중 하나가 없는 다른 하나를 생각할 수 없다. 그러므로 헤겔의 사변 체계는 하나의 범신론이라고 보지 않을 수 없다. 때로는 헤겔이 자신의 사상이 범신론이 아니라고 해석한 것은 사실이다. 헤겔은 자신의 사상이 고대 그리스의 엘레아학파에 속한 철학자들(크세노폰, 파르메니데스, 제논 등)과 셸링 및 스피노자가 주창한 범신론과 엄격히 구별되며 결코 후자와 같이 신과 우주, 절대적인 단일성과 상대적인 다수성을 단도직입적으로 완전히 동일시하는 "추상적인" 동일철학Identitätsphilosophie도 아니고 신의 유일성과 절대성을 지나치게 고조한 나머지 신 외의 다른 실재들의 존재를 실제로 인정하지 않는 "무우주론"無宇宙論, Akosmismus도 아니라고 주장했다.[36]

해링Th. Haering과 같은 헤겔 전문가들은 그의 젊은 시절의 신학적인 저서들이[37] 헤겔의 이러한 자기 해석을 뒷받침해준다고 본다. 이들에 따르면 헤겔은 개별자들이 존재론적으로 절대자 속에 흡입되게 하는 범신론도 배격하였으며 양자의 독자성을 지나치게 강조하는 이원론도 배격하는 가운데 양자 간의 중간노선 또는 종합통일을 모색했다고 한다.

그러나 앞에서 인용한 헤겔의 두 명언을 주제로 하는『정신현상학』, 『철학 백과사전』<sup>Enzykl.</sup>, 『법철학 강요』 등 그의 주저들의 내용을 감안하고 그의 사상 전체의 정신을 고려할 때 그는 결코 과격한 범신론과 과격한 이원론 간의 중간노선을 따를 수 없었음이 분명하다. 기독교적인 유신론<sup>Theismus</sup>이 그러한 중간노선이라고 간주할 수 있을까? 비록 그가 형식적으로는 기독교를 옹호하고 변증했다고 하더라도 내용상으로 그렇게 했다고는 결코 볼 수 없다. 그는 오히려 기독교의 세계관을 애써 자기 자신의 체계에 맞게 해석하려고 노력했을 뿐이다.

기독교에서는 신을 절대 초월적인 창조주로 이해하고 변화무상하며 유한한, 시공간 속의 우주 만물을 그의 피조물로 간주하는 반면 헤겔에게 절대자는 위에서 언급한 관념 → 자연 → 정신으로 이어지는 만유의 필연적인 변증법적 자기운동의 과정에 포함되어 있고 이러한 정반합의 단계를 거쳐 지속적으로 완전한 상태로 진화하는 도상에 있다. 절대자가 초월자로서 우주적인 진화 과정을 초월해서 독존하는 것이 아니고 그 속에 내재하고 있을 뿐 아니라 그와 같이 지속적인 자기완성의 과정에 있는 전 실재가 곧 다름 아닌 절대자—그러나 진정한 의미에서의 절대자가 아닌 매우 상대적인 의미에서의 절대자—이며 신인 것이다. 그의 사변 체계는 그러한 신의 자기완성 과정<sup>die Selbstwerdung des Absoluten</sup>에 대한 철학이다. 그의 철학은 합리주의적인 과정의 신학이다.

신과 피조물 간의 절대적인 차이를 어디에서 발견할 수 있단 말인가? 키에르케고르가 왜 그다지도 격앙된 어조로 "신은 하늘에 있고 인간은 땅에 있다"고 외쳤으며 "신과 인간 사이에 절대적인 차이점이 있다"는 점을 거듭 강조하게 되었던가?[38] 헤겔의 신론을 염두에 두고 그렇게 했던 것이 아닌가? 헤겔이 "신과 인간 사이의 질적인 차이를 범신론적으로 철폐했기" 때문에 그렇게 했던 것이 아닌가?[39]

헤겔은 기독교적 관점에서 볼 때 신성모독 그 자체라고 해석할 수밖에 없는 다음과 같은 주장을 서슴지 않고 제기했다.

> 만약 신적인 실체가 인간과 자연의 실체가 아니라면 그것은 전혀 아무것도 아닌 실체일 것이다.[40]

헤겔에게 인간의 신 지식은 곧 신의 자아의식das Selbstbewußtsein Gottes이며 역으로 신의 자아 인식Sich-Wissen은 인간이 소유하고 있는 신 지식이다. 헤겔 자신의 철학에서 완전한 모습으로 체계화되는, 만유에 대한 "절대적인 지식"은 바로 헤겔과 같은 유한자 인간을 통해서 철학적 사유 활동을 전개하는 신 자신이 자신의 본성에 관해서 확보하는 자아의식과 자아 인식이다.

> 신은 자기 자신을 인식하는 한에서만 신이다. 그리고 그의 자아 인식은 인간의 자아의식이며 신 지식das Wissen des Menschen von Gott인바 그것은 또한 신 안에 거하는 인간의 자아 인식이기도 하다.[41]

> 종교는 유한한 정신을 매개로 해서 신적 정신이 획득하는 자아 인식이다. 진정한 의미에서 종교는 인간의 문제가 아니다. 그것은 근본적으로 절대적 관념 자신이 수행하는 최상의 자기 규정die höchste Bestimmung der

absoluten Idee selbst이다.[42]

그러므로 유한자를 매체로 해서 그러한 자아의식과 자아 인식을 확보하기 위해 지속적으로 노력하는 절대자의 사유 활동의 주체도, 그 객체도 엄격히 말해서 신이다. 신이 따로 있는 것이 아니고 유한한 인간들이 수립하고 운영하는 국가 체제가 곧 "이 세상에서의 신의 행보"der Gang Gottes in dieser Welt이며, 국가 체제에 대해서 생각할 때마다 우리가 "특수한 국가들과 특수한 기관들을 고려하기보다 오히려 [국가 체제의] 관념, 즉 이 진정한 신 자신을 생각해야만"die Idee, diesen wirklichen Gott, für sich betrachten[43] 한다면 헤겔과 같은 유한한 사유자가 전개하는 철학적 사유 활동도 바로 "자기 자신을 인식하는 이성"die sich wissende Vernunft[44] 또는 "자기 자신에 대해 사유하는 관념"die sich denkende Idee,[45] 즉 신 자신의 사유 활동이라고 보지 않을 수 없다. 신은 유한자의 철학적 사유를 매개로 해서 정신과 이성인 자기 자신의 본성에 대해서 지속적인 사유 활동과 인식 활동을 전개하는 가운데 영원한 지복을 누리고 살아가는 "사유의 사유"noesis noeseos(아리스토텔레스)라 할 수 있을 것이다. 그래서 헤겔은 신에 있어서는 사유의 주체와 객체가 완전 동일하다는 내용의 아리스토텔레스의 명언을[46] 『철학 백과사전』 최종 구절에서 인용했던 것이다.

## (2) 헤겔의 합리주의

우리는 앞의 54페이지에서 인용한 『법철학 강요』의 문구를 통해서 헤겔이 얼마나 극단적인 합리론자였는지를 여실히 알 수 있다. 그의 확신으로는 이성적인 것이 실제적인 것이며 실제적인 것이 곧 이성적인 것이다. 만유가 이성적인 성질을 띠고 있을 뿐 아니라 만유가 곧 이성이라는 것이다. 철학에서는 이러한 세계관을 범논리주의 또는 범리론<sup>汎理論,</sup> Panlogizismus이라 칭한다.

헤겔에 따르면 절대자는 진정한 자아 발견과 자기완성을 위해 의도적으로—그러나 더 엄격하게 말한다면 자신 속의 필연적인 변증법적 법칙에 따라—장구한 자연사와 인류의 정신사를 전개하고 그것을 통해 지속적으로 자신을 구체적으로 표출하는 가운데 자신의 잠재력과 능력을 검증하고 확인하기도 하며 시험하고 훈련시키기도 한다. 그래서 절대자는 방금 지적한 바와 같이 역사의 종국에 가서 비로소 진정한 자신이 되며 그러한 자신을 개념적으로 확실하게 인식하게 된다. 진정한 자신으로 자유로워지며 자신의 "진리"에, 즉 자기완성에 도달하게 된다. 헤겔의 절대자에게도 진리는 곧 자유를 뜻한다.

만유의 근본과 중심은 관념과 정신이며 로고스와 신이므로 심지어 우리가 일반적으로 물질의 세계로 간주하는 자연도 사실은 그러한 것으로 간주하지 않을 수 없다. 단지 자연은 절대자의 원래적인 모습이 아니고 절대자가 자신을 시공간적인 차원에서 외적으로 표현한 모습일 뿐이다. 그것은 동일한 절대자가 정신으로서의 본래의 모습과 전혀 다른 모습으로, "자신의 개념에 일치하지 않는" 비본래적인 모습으로, 즉 시공간적이며 물질적인 것으로 자신을 표현하는 방법인 것이다. 즉 자연은 절대자 "자기 자신의 다른 모습"das Andere seiner selbst으로서 관념 또는 정신 혹은 이성의 자기외화Selbst-Entäußerung와 자기소외Selbst-Entfremdung의 결과다. 그러므로 자연도 그 근본은 정신이나 그것은 말하자면 "석화된 지능", 혹은 셸링의 표현을 빌린다면 "졸고 있는 지성"이라 할 수 있다.

원래 관념의 상태에서 순수하게 정신적인 것으로 존재하고 있었던 절대자는 자신 속에서 내적으로 작용하고 있는 필연적인 변증법적 법칙에 따라 물질적인 자연으로 자신을 외화하게 되었다. 그런데 그러한 자연이 동일한 변증법적 법칙에 따라 장구한 진화의 과정을 거침으로써 그 속에 원래 표출되었던 시공간적이며 물질적인 것에서부터 최종적으로는 유기적인 것, 즉 생명체가 생성되었고 후자가 더욱더 진화하게 됨에 따라 결국에는 감성뿐 아니라 의식과 지능, 이성과 도덕의지까지 겸비한 정신적인 존재, 인간이 도래하게 되었다. 자연의 목적은 이러한 인간, 유한 정신인 인간들의 도래를 위한 터전과 수단이 되는 데 있었다. 유한한 정신이 자연의 "진리", 즉 그 참뜻, 그 진정한 목적이었던 것이다.

무한한 정신인 절대자는 유한한 정신들인 인간 개인들의 진화 과정과 그들이 형성하는 공동체들의 제반 활동들을 매개로 해서 자아 발견과 자기완성을 계속 추진하게 된다. 그 과정에서 무한한 정신인 절대자는 유한한 정신들과 그들의 공동체를 통해 물질적인 자연의 상태에서 정신으로서의 원래의 자신으로 귀환하게 된다. 정신으로서의 자신의 진정한 모습을 드러내면서 그러한 자신을 분명하고 석연하게, 개념적으로 인식하게 되는 것이다.

그러므로 우리가 인류의 진화 과정에서 추적할 수 있는 모든 인간 특유의 기능들과 능력들 및 인류의 사회사에서 목격하는 모든 정신적인 현상들은 우선 인간 개인들 자신에 속한 속성들로, 또는 그들로 구성된 인간 공동체의 정신적인 자기표현의 결과들로 보이나 사실인즉 그들은 다 절대자가 각각 "주관적인 정신"(인간 개인들의 진화 과정을 통해 자신의 정체를 단계적으로 나타냄과 동시에 자신을 완성시키기도 하는 절대자)과 "객관적인 정신"(인간의 사회 체제와 법질서 등을 매체로 그렇게 하는 절대자)으로서 자기 진화하며 자기완성에 도달하는 구체적인 모습들이다. 따라서 인류의 정신사와 사회사에 등장하는 모든 개인과 그들의 공동체 배후에는 절대자가 궁극적인 주체로 모든 것을 추진하고 통제하고 있다. 인류의 정신사와 사회사의 숨은 주인공은 절대자인 것이다.

이처럼 유한한 정신인 개인 또는 인간 공동체의 사회생활을 매체 또는 터전으로 해서 자기 진화를 계속하는 절대자는 그 진화 과정의 최종 국면에 이르러서는 예술, 종교, 그리고 철학을 통해서 자신의 모습을 절대 순수하게 표현하게 된다. 이 세 영역에서 그는 비본래적인 자신, 즉 자연에서 완전히 돌이킬 뿐 아니라 객관적 정신과 관련된 어떤 현상과도 관계없이 진정 본래적이며 순수한 자기 자신으로, 즉 절대적 정신으로 자신을 드러낸다.

예술은 절대적 정신이 자신의 정체와 본질, 달리 표현하면 자기 존재의 참뜻, 자신의 진리를 우리가 감성적 직관<sup>Anschauung</sup>을 통해 감지할 수 있는 돌, 화판, 색채, 음향, 글자, 언어 등의 물질적인 매체들 속에서 직접적으로 현현하는 방법이다. 절대적 정신이 예술가들을 매개로 하고 다양한 물질적인 소재를 매체로 해서 창출하는 각종 예술 작품 속의 미와 그 아종들인 장엄과 해학 등은 절대자 자신의 구체적인 임재를 뜻한다. 그것은 절대적 정신의 진리가 현현하는 모습이다. 그것은 "빛으로 드러나는 진리"<sup>scheinende Wahrheit</sup>다.

헤겔이 감각적 직관의 감지와 체험의 대상인 예술보다 더 고차원적인, 절대적 정신의 자아현현 방편으로 간주하는 종교는 감정<sup>Gefühl</sup> 및 표상 또는 상상<sup>Vorstellung</sup>의 대상이다. 종교는 절대적 정신을 상징적인 언어와 표현으로 표상한다. 환언하면 절대적인 정신이 인간이 상상력에 의해 구상한 신화와 상징물들을 매체로 해서 자신을 계시하는 방편이 종교다. 그러한 종교는 종류를 막론하고 다 절대자와 유한자 간의 화목과 일치를 내용으로 하고 있다.

신앙<sup>Glauben</sup>을 일종의 지식<sup>Wissen</sup>으로 간주하는[47] 헤겔은 종교의 중요성에 관해서 다음과 같이 서술한다.

> 종교는 유한한 정신을 매개로 한, 신적인 정신의 자기 자신에 대한 지식이다. 그러므로 종교는 그 가장 심오한 의미에서 인간의 문제가 아니고 사실은 절대적인 관념 자신의 가장 고차원적인 [자기] 규정 방법이다.[48]

예술에서 감각적인 직관의 대상으로, 종교에서 감정과 상상력의 대상으로 취급되는 절대적 정신은 철학에서 개념<sup>Begriff</sup>, 즉 개념적 사유의 대상으로 다루어진다. 철학은 그 근본에 있어서 합리적인 신학<sup>rationale Theologie</sup>이며 변신론<sup>辯神論, Theodizee</sup>이다. "철학은 신 이외 다른 것을 그 대상으로 하고 있지 않다. 그러므로 그것은 본질적으로 합리적 신학이며 영구적 예배다."[49] "철학의 궁극적 목적과 관심은 사유와 개념을 실재와 화해시키는 데[=실재의 본질을 개념적 사유로 이론적으로 해명하는데] 있다. 철학은 진정한 변신론이다. [철학사는] 자기 자신을 인식하는 신에 대한 해명이다."[50]

이것이 헤겔의 절대적 관념론의 요지다. 자연사와 인류의 정신사 및 정치사의 숨은 주인공은 로고스, 즉 세계이성이다. "이성이 세계를 지배한다. 세계는 합리적으로 진행되어왔다. 세계사는 세계정신의 합리적·필연적 진행이다. 세계사는 영원한 이성의 산물이다."[51]

자연사와 인류의 정신사는 엄격한 정반합의 변증법적 법칙에 따라 지속적으로 자기 개방과 자기 진화 운동을 거듭하는 세계이성 자신이다. 그러므로 자연과 정신계, 자연사와 정신사 속 어디를 보고 무엇을 보든지, 우리는 항상 로고스와 관계되는 것을 보게 되며 궁극적으로는 로고스 자신을 보게 된다. 그러한 의미에서 합리적인 것이 실제적인 것이며 실제적인 것이 합리적인 것이다.

유한자인 인간은 무한자 또는 절대자인 세계이성의 자기 발전과 자기 진화 과정에 내적으로 참여한다. 절대자는 인간의 진화 과정을 통해서 자기 진화하며 인간의 의식과 정신을 통해서 자기 자신에 대해서 의식하고 인식하게 된다. 그러므로 사물과 사리에 대한 인간의 모든 지식은 신 지식과 관계되는 지식이며 그의 신 지식은 결국 신의 자아 인식이라 할 수 있다.

이처럼 헤겔은 정신과 물질, 사유와 존재, 주체와 객체, 유한자와 무한자를 변증법적으로 동일시하는 동일철학과 극단적인 관념론 또는 범리론을 주창했으며 절대자의 자아의식 및 사유과정을 인간의 그것과 분리하지 않았을 뿐 아니라 궁극적으로는 그것과 동일시했다. 그는 절대자가 인간의 사유과정을 통해 자기 자신에 대해서 사유하는 것으로 보았기 때문이다. 그래서 키에르케고르도 헤겔의 이러한 극단적인 합리주의에 관해서 다음과 같이 피력했다. "절대자에 대한 나의 사유는 내 속에 내재하는 절대자가 하는 자신에 대한 사유다."[52]

헤겔은 그의 『논리학』에서 자신은 "아무런 전제도 없이" "절대적인 시발점"에서 출발하고 "오로지 직접적으로 주어진 것 자체"nur das Unmittelbare selbst를 소재로 해서 자신의 이론을 전개한다고 다짐했다.[53] 그러나 사실그는 이처럼 만유를 이성으로 간주하는 절대적 관념론과 범신론을 대전제로 삼고 또한 절대자가 자신의 진리에 관해서 수행하는 장구한 자기 반성과 자아 인식 과정에 동참하는 인간의 "순수사유"das reine Denken를 절대시하는 극단적인 합리론을 대전제로 삼아 자신의 웅장한 사변 체계를 구축했다.

### (3) 헤겔의 전체주의적 정치철학

"진리는 전체에 있다"라는 표어로 요약되는 하나의 형이상학적인 전체론을 주창한 헤겔은 정치철학적인 전체론도 동시에 주장하지 않을 수 없었다. 위에서 지적한 바와 같이 그에 따르면 법질서, 도덕 관계, 가족 제도, 시민 사회<sup>bürgerliche Gesellschaft</sup>와 더불어 국가 체제는, 인간 공동체를 통해 사변이성과 실천이성, 즉 도덕의지로서의 자기 자신으로 자유로워지고 자신의 진리에 도달하려고 노력하는 "객관적인 정신"der objektive Geist의 모습이다.

헤겔은 국가 체제가 가족 제도 및 시민 사회와 더불어 "인륜"Sittlichkeit에 속한다고 보았는데 당시 대부분의 정치철학자들과는 달리 국가 체제를 시민 사회와 뚜렷하게 구별하였다. 그들은 국가의 주목적이 국민의 소유권과 자유를 보장해주는 데 있다고 보았기에 그것을 시민 사회와 동일시했다. 반면 헤겔은 정치적으로 완전히 체계화되지 않은 시민 사회에 있어서는 개개인이 독립된 요원으로서 스스로를 위한 목적이 되지만 국가 체제에 있어서는 국가라는 전체가 절대적인 목적이 되고 개인은 단지 이를 위한 수단에 불과하다는 이유에서 양자를 서로 구별했던 것이다.

국가 체제에서 법과 도덕질서, 개인과 가족 및 시민 사회가 완전한 하나로 유기적으로 결합되고 통일되어 그 속에서 생활하는 국민들은 제각기 자유로운 한 인격으로 자율적으로 살아가는 동시에 국가 전체 안에서, 그리고 그것을 위해서 그렇게 하게 되는 고로 그들은 서로 어떠한 긴장과 충돌도 없이 완전한 화합과 유대 관계를 이루며 생활할 수 있다. 그러므로 국가는 인간의 모든 "도덕적 이념의 현실화"die Wirklichkeit der sittlichen Idee로 간주할 수 있다.[54]

그러한 이유에서 헤겔은 국가 체제의 기능과 목적을 절대화했다. 국가는 "그 자체에 있어서 합리적인 것das an und für sich Vernünftige이며" 절대적인 자기 목적이다. "이 실체적인 단위는 절대적이며 확고부동한 자기 목적인바 그 속에서 자유가 가장 완전하게 실현된다. 그리고 이 자기 목적은 개인 앞에서 절대적인 권한을 소유하고 있으며 개인의 최대의 의무는 국가의 구성 요원이 되는 데 있다."[55]

국가는 그 자체에 있어서 한 도덕적인 전체이며 자유의 실현을 뜻한다. 자유가 실현되는 것은 이성의 절대적인 목적이다. 국가는 세계 내에서 거하며 그 속에서 의식을 가지고 자아실현을 하는 정신이다—자연 속에서 정신은 단지 자신의 소외된 모습으로nur als das Andere seiner, 잠자는 정신으로als schlafender Geist 자신을 실현하고 있을 따름이다.…국가가 존재한다는 것은 세계 내에서의 신의 보행Gang Gottes in der Welt을 의미하며 국가의 기초는, 의지로서 자신을 실현하는 이성의 힘이다. 국가의 이념에 대해서 생각할 때 우리는 결코 특수한 국가들이나 특수한 기관들을 염두에 두어서는 안 되며 어디까지나 관념, 즉 이 진정한 신 자신을 염두에 두어야만 한다.[56]

이처럼 헤겔은 국가를 절대화하고 신성화apotheosieren 했다. 국가가 절대적인 자기 목적이다. 국가라는 실체 속에 뿌리를 내리고 있고 그 속에 완전히 예속되어 있음에도 불구하고 또한 그 속에서만 참된 자신으로 자유로워질 수 있는 국민 각자는 이 절대적인 목적을 실현하는 데 필요한 매개 수단이다. 개개의 국민은 국가 전체의 보편의지와 공적인 대의명분을 절대 긍정하고 자신의 사사의지와 욕망을 그것에 예속시켜야만 하는바 그렇게 하는 것이 사실은 그들 자신을 긍정하는 길이며 그들 자신의 이익을 도모하는 방법이다.

국가는 국민 각자가 자의로 순응해야만 하는 "현존하는 이성"bestehende Idee이며 그가 뿌리를 내리고 살아가야만 하는 "자아 의식적인 도덕적 실체"selbstbewußte sittliche Substanz다.[57] 국민 각자는 오로지 그러한 국가 체제 내에서만 진정한 자신으로 피어날 수 있고 참된 자유를 누릴 수 있다. 이것은 고기가 물 밖이 아닌 물속에서만 살아갈 수 있고 그 속에서만 자유로울 수 있는 것과 흡사한 이치다.

헤겔은 인류 전체가 그들의 사사의지를 극복하고 개인적인 이해관계를 초월해서 보편적이며 공적인 의지, 즉 도덕의지 또는 실천이성(칸트)을 절대 긍정하는 데서 그들 자신이 실천이성으로서의 진정한 자신으로 자유로워지게 됨을 가능하게 하는 완전한 국가 체제의 수립이 곧 인류의 역사 발전 과정의 궁극 목적과 의미라고 보았다. 인류의 역사 발전 과정을 통해서 인간의 자유의식이 점차적으로 향상되고 강화되는바 세계정신은 바로 이 목적을 달성하기 위해 계속적으로 무수한 개인과 민족들, 그리고 국가들의 매우 사적이며 편협한 이해관계와 욕망을 수단과 방법으로 이용한다. 이것을 가리켜 헤겔은 이성의 간계List der Vernunft라 칭했다. 세계이성인 신은 인류 전체의 보편사Universalgeschichte에 등장하는 무수한 개인과 민족들을 때로는 그들 자신들의 의도와 목적과는 전혀 달리 역사 전체의 발전을 위해 이용한다는 것이다.

세계 역사는 일반적으로 그것의 매 발전 단계에 따라 새롭게 등장하는 지배 국민의 민족정신이나 운명과 밀접하게 결부되어 진전된다. 이 특수 민족은 그 당대에 필요한 세계정신의 매체로서 후자의 궁극 목적의 달성을 위해 수행해야만 하는 사명을 띠고 있다. 이 민족이 맡은 사명을 완수했을 때 그 민족은 더욱더 강력한 다른 민족에 의해서 교체되어 후자가 다시금 세계정신의 뜻을 받들어 세계사의 발전을 위해 활약하게 된다. 한 민족이 다른 민족에게 패배하고 그 주도권을 양도해야만 한다는 것은 그 민족이 소유하고 있던 이념과 대의명분이 새로 주도권을 장악한 그 민족의 그것보다 열등함을 뜻한다. 그러므로 그러한 민족이 패망하고 그보다 월등한 민족이 세계의 지배권을 장악한다는 것은 세계사의 발전을 위해서는 하나의 당연지사다. 세계사Weltgeschichte는 그 배후에서 모든 것을 계획하고 조정하며 추진하는 세계정신이 자신의 궁극 목적을 실현하기 위해 역사에 등장하는 세계 각 국민들의 이념과 이상의 정당성을 시대에 따라 늘 새롭게 판결하고 결정하며 그에 따라 한 국민을 패망시키고 새로운 국민이 주도권을 인수받게 하는 세계법정 Weltgericht이다.

그러한 연유에서 헤겔은 민족 간의 무력행사를 정당화했고, 고대 그리스의 헤라클레이토스를 따라 전쟁이 발전의 아버지라고 했다.

이처럼 헤겔의 정치적 전체주의는 개인을 국가라는 전체와 실체, 절대적인 목적과 현존하는 이념 속에, 그리고 세계사 전체의 흐름 속에 침몰되고 흡수되게 했다. 개인은 한 국가나 세계사에 연차적으로 등장하는 수많은 국가를 통해 절대자가 추진하는 원대한 이상의 실현을 위한 부수적인akzidentell 수단과 방편에 불과하다. 국가가 절대적인 의미에서 주主며 개인은 그것에 예속된 종從에 불과하다. 개인은 항상 국가와 세계사 전체라는 대大를 위해서 존재하며, 이 대를 위해서는 개인 또는 열등한 국민이라는 소小는 항상 희생될 준비가 되어 있어야만 한다.

## (4) 보편과 개체

헤겔이 국가 전체와 그 속의 개인, 그리고 개인과 개인이 맺는 관계의 유기적이며 합목적적인 성격을 고조한 것은 사실이며 따라서 그가 개인의 독자성과 자율성을 완전히 간과하고 묵살했다고는 볼 수 없을 것이다. 그리고 그가 개별적인 예술가들, 종교인들, 철학자들 그리고 정치인들과 영웅들의 독자적이며 자율적인 활동을 통해서 절대자가 자신의 원대한 세계사적 목적을 계획하고 추진한다고 보았다는 점도 잊어서는 안 될 것이다.

그러나 그가 개인의 정체성과 위상을 항상 국가라는 전체의 테두리와 보편적인 세계사라는 전체적인 흐름 속에서 이해하고 정의했다는 사실은 부인할 수 없다. 그는 전체와 개체의 관계에서 전체에 지나친 비중을 두었기에 개체는 개체로서의 역할을 제대로 할 수 없게 되었다. 개체의 특수성과 자율성이 그만큼 간과되고 묵살될 수밖에 없었다. 여기서 개인은 거대한 기계 속의 한 부품과도 같이, 또는 모래사장의 한 모래알같이 세계 또는 세계사라는 무한한 전체 속에 매몰된, 극히 미미한 부분으로 전락할 수밖에 없는 위험성에 노출되어 있었다.

헤겔은 극단적인 국가주의자였다. 그리고 역사의 발전을 위해서 개인과 열등한 국민들은 희생되어야만 한다고 본 권력만능주의자였다. 그는 헤라클레이토스의 후계자였으며 니체와 히틀러의 선구자이기도 했다. 한 철학사가는 헤겔을 다음과 같이 평가한다.

[헤겔의] 이러한 정치관에 있어서 두 가지 사항이 눈에 띈다. 그 첫째 것은 전체가 개인들과의 관계에서 차지하는 우위다. 그와 같이 해석되는 국가에서는 자유가 불가능하다.…국가가 구현하는 것으로 간주되는 개별

과 보편 간의 종합통일은 [후자의 견지에서] 일방적으로 추진되는 것이기에 그것은 진정한 종합통일이라 할 수 없다. 이 관계는 한쪽, 즉 유일자 das Alleine[=절대자]가 우위를 차지하는 헤겔의 형이상학에서와 동일하다. 여기에서 우리는 헤겔의 사고방식에 있어서의 한계를 직면하게 된다. 이 철학자는 인간 개별자들이 그들의 공동체와 맺는 관계를 한 유기체의 지체가 그 전체와 맺는 관계와 완전히 동일한 것으로 간주한다. 그러나 전체와의 관계에서 인간은 한 생물학적인 유기체의 부분들보다 더 자유로운 위치에 있다. 그가 전체 속에 들어 있는 것은 사실이다. 그러나 그가 인간이기에, 그리고 인간보다 낮은 존재의 계층에서보다 더 많은 자유가 허용되는 더욱 고차적인 한 존재의 계층이 그와 더불어 형성되기에 그는 더욱더 다방면적인 능력의pluripotenter 소유자가 되는 것이며 생물학적인 영역에서와 같이 전체가 그에게 전능한 위치에 있는 것이 결코 아니다. 그가 맺는 국가와의 관계는 어떤 생물학적인 유기체에 있어서보다 더 정교한 관계다. 그리고 둘째로 눈에 띄는 것은 헤겔에 있어서 국가는 어떠한 형편에서도, 그것이 비록 기형적인 것일지라도, 긍정되어야만 한다는 점이다. 가장 추악한 사람도 사람이며 가장 추악한 국가도 한 신이라는 것이다.[58]


## 3. 키에르케고르와 반헤겔주의적 선구자들

헤겔 철학은 1813년생인 키에르케고르가 청년기로 접어들 때까지도 독일 학계를 완전히 장악하고 전성기를 누리고 있었다. 그러나 그가 1830년에 17세의 나이로 코펜하겐 대학에 입학해서 1840년까지 머무는 동안

에는 벌써 독일 내외 학자들 간에 헤겔주의에 대한 치열한 논쟁이 진행
중이었다. 그들은 찬반 양 진영으로, 혹은 좌우익 linke und rechte Hegelianer
의 분파로 갈라져 서로 첨예하게 대립했다. 괴셸Göschel, 다우브Daub 등이
헤겔주의의 우익으로 헤겔 사상을 유신론적인 의미로 해석하고 옹호했
다. 루게Ruge, 브루노 바우어Bruno Bauer, 포이어바흐Feuerbach, 슈트라우스
Strauss 등은 좌익 또는 신헤겔주의자Junghegelianer로 그것을 무신론적·유
물론적인 의미로 해석하고 따랐다. 그리고 마르크스와 엥겔스 등은 후자
와 유사하게 헤겔의 변증법적 방법의 타당성을 시인하면서도 그것을 사
용하여 헤겔의 관념론과 상반되는 유물사관을 발전시켰다.

## (1) 후기 셸링과 트렌델렌부르크

헤겔과 동일하게 절대적 관념론을 주창하면서도 방법론적인 면에서 헤
겔과 대립하였고, 잦은 입장 변화로 인해서 철학의 프로테우스Proteus der
Philosophie라는 별명이 붙은 셸링F. W. Schelling, 1775-1854은 만년에 가서 논
리학과 형이상학, 개념과 존재를 독단적으로 동일시한 헤겔의 입장을 신
랄하게 공격했다. 독일관념론의 창시자 요하네스 피히테J. G. Fichte의 아들
임마누엘 피히테I. H. Fichte, 1796-1879도 관념론적·기독교적인 견지에서 헤
겔의 범리론Panlogizismus과 범신론을 비판했다. 그는 인격적이며 초월적
인 신, 그리고 개인의 자율성과 존엄성에 대해서 강경하게 주장했으며
칸트의 정신에 따라 개념적 사유와 감각적 경험의 중요성을 동시에 감
안할 것도 역설했다. 또한 아리스토텔레스의 경험론적 실재론을 높이 평
가한 트렌델렌부르크F. A. Trendelenburg, 1802-1872도 헤겔이 "순수사유"를 통
해 수립한 사변적 관념론을 맹렬히 비판했다.

이 사상가들의 반헤겔주의적 운동은 키에르케고르가 아직 대학에 있

을 때와 저작 활동 초창기에 활발하게 일어나고 있었다. 키에르케고르의 저서 대부분에서 직간접으로 표출되는 반헤겔적인 주장과 이론을 검토함에 있어서 우리는 그 당시의 이러한 상황을 감안해야만 한다.

키에르케고르는 1841-1842년 겨울 학기에 베를린 대학에서 셸링의 강의를 들었다. 이 강의에서 그 당시 66-67세의 셸링은 자신의 후기 작품 『세계사』Die Weltalter에 제시한 다양한 이론들에 대해서도 직간접으로 소개했음이 틀림없다.[59] 『세계사』의 첫 권인 "신화 입문"Einleitung in die Mythologie의 둘째 부분에서 그는 소위 부정적 철학과 긍정적 철학negative und positive Philosophie 간의 차이점에 대해서 논한다. 부정적인 철학은 플라톤과 특히 근세 합리주의자들이 그들의 사상 체계를 수립하기 위해서 채택한 합리주의적 접근 방법이다. 이성이 자체적으로 전개하는 논리적·사변적 사유 활동, 즉 변증법을 통해 사물의 본질과 정체성을 규명할 수 있다는 전제하에 이들은 외부 세계에 존재하는 실제적인 것을 순수하게 경험하고 인식하는 대신 그것을 완전 무시해버리거나 혹은 그 풍만한 내용에서 어떤 본질적인 요소만을 추상해내어 실물과 다른 대상들의 의미를 파악하고 정의하려 했다. 그들은 외부 실물들에서 추상해내는 보편 개념을 공통분모로 해서 그들을 도매가로 취급해왔던 것이다. 즉 그들은 사물의 실제적인 존재Dasein, existence의 의미를 인간이 이성으로 간파하게 되는 그 본질Wesen, essence에서 발견할 수 있다는 생각에서 전자를 후자로 환원시켰다.

합리주의적 접근 방법이 이처럼 사실을 사실 그대로 경험하고 취급하는 대신 이성의 분석 작용과 개념화 작용을 통해 그것을 추상적으로 처리해버리는 취약점을 보이는 만큼 그것을 부적합하고 부정적인 접근 방법으로 간주할 수밖에 없다는 것이 셸링의 주장이었다. 그래서 그는 실재를 추상적이며 환원주의적인 방법이 아닌 다른 방법으로, 더욱 순수하게 포착하고 더욱 사실적으로 기술할 수 있는 길을 모색하게 된 것이다. 그는 자연과 역사 속에 나타나는 모든 현상과 정황을 경험론적으로 주의 깊게 고찰하고 그 내용을 긍정적으로 평가하는 "긍정적인 철학"을 발전시켜야 할 필요성을 느꼈다.

셸링이 이처럼 존재와 본질을 구별할 뿐 아니라 전자를 후자보다 더 중요한 것으로 간주했다는 점에서 어떤 철학사가들은 그의 후기 사상이 키에르케고르, 니체, 하이데거, 사르트르 등 실존주의자들의 사상과 유사한 면을 보인다고 해석한다. 셸링이 노년기에 이르러 다분히 신비주의적인 경향을 보이며 전적으로 시적인 표현도, 순수하게 형이상학적인 표현도 아니면서 양자에 접근하는 독특하고 모호한 언어로 자신의 세계관을 전개하는 모습은 과거 2500년의 서양 철학 전통을 "본질의 형이상학"Wesensmetaphysik으로 비판하고 존재를 경건한 자세로 "거룩한 자"das Heilige로 숭배하고 노래하는 후기 하이데거의 신비주의를 연상시켜준다는 평가도 있다.[60]

셸링은 『세계사』에서 헤겔이 합리주의적인 방법으로 진리의 체계를 구축하려고 시도하는 "부정적인 철학"을 대표하는 인물로 보고 그를 신랄하게 비판한다. 헤겔도 그 이전의 합리주의자들과 마찬가지로 본질과 존재, 이론적으로 가능한 것과 현실적으로 실재하는 것을 완전히 혼동했다. 순수 사변이성이 지적인 직관 혹은 추상작용Abstraktion을 통해 획득하는 그 어떤 대상, 예컨대 신이나 돌, 인과율에 대한 보편개념 등은 현실적으로 존재하는 사물들 속에 실재로 구현되어 있거나 그들과 관련해서 타당할 수도 있고 그렇지 않을 수도 있다. 헤겔은 우리가 이성의 사유 활동을 통해 존재하거나 타당할 수 있다고 추리하는 이러한 개념과 원리들을 필연적으로 실재하는 것으로 오인했기에 단순히 "순수사유의 자기운동自己運動"에 따라 하나의 거대한 형이상학 체계를 발전시킬 수 있었던 것이다.

신 존재에 대한 기존의 증명에 관한 그의 반론에서나 헤겔의 순수사유에 대한 그의 지속적인 공격에서 드러나듯이 키에르케고르는 위와 같은 셸링의 헤겔 비판에 공감하고 그것을 자신의 저서에 그대로 반영했다.[61] 헤겔의 합리주의적 방법으로는 우리가 구체적인 개물과 개인의 차원에 침투할 수 없고 자유의지와 결단으로 이루어지는 인간의 도덕 행위는 물론이거니와 자연 속에서 발생하는 운동 현상도 설명할 수 없다. 자연계와 정신계에서 존재하거나 발생하는 이 모든 사실과 현상들을 설명하기 위해서 우리는 전혀 새로운 접근 방법과 사유의 범주를 필요로 한다.

이처럼 키에르케고르가 헤겔의 부정적 철학에 대한 셸링의 비판에 전적으로 동조했다 할지라도 셸링의 모든 것에 동의한 것은 아니었다. 키에르케고르는 셸링이 과거인들의 신화와 종교, 신비주의와 계시관들을 종합해서 독자적으로 발전시킨 "긍정적 철학"의 내용에는 결코 동의할 수 없었다. 그것은 정상인의 온건한 감각으로는 결코 이해할 수도, 수락할 수도 없는 신비주의로 일관하는 접신론적接神論的·범신론적 종교철학이었기 때문이다.

키에르케고르는 그 당시의 반헤겔주의자들 중 특히 트렌델렌부르크로부터 매우 큰 영향을 받았음이 분명하다. 그는 "트렌델렌부르크에게 내가 얼마나 많은 혜택을 입었는지는 믿을 수 없을 정도다. 내가 수년간 구상해놓은 것을 표현할 도구를 나는 그로부터 전수받게 되었다"라고 기록하기도 했다.[62] 실제로 트렌델렌부르크는 아리스토텔레스 전문가로서 헤겔의 사변적 관념론을 아리스토텔레스의 실재론과 유사한 경험론의 견지에서 비판했다. 그러한 그의 헤겔 비판이 키에르케고르의 여러 저서들과 그중 특히 『철학적 단편 후서』에 반영되어 있다.[63]

헤겔은 자신의 사상 체계를 전개할 때 그 어떤 것도 전제함이 없이 절대 새로운 출발점에서 착수한다고 선포했다. 그러나 사실 그는 아무런 전제나 선입견 없이 출발한 것이 아니고 순수사유를 절대시하는 합리주의를 하나의 대전제로 하고 사유 활동에 임했다. 단지 그는 그것이 하나의 전제임을 의식하지 못했을 따름이다.

헤겔이 논리학에서 순수 사변이성에 의한 개념 분석을 통해 제반 이론들을 전개하고 있다면 그가 최초의 분석 자료로 삼는 그 개념은 그가 사전에 실재하는 사물로부터 추상해낸 것이다. 그러므로 논리적 개념 분석은 적어도 추상화 작용을 전제로 하고 있다. 이 사실을 의식하지 못한 채 그는 자신이 분석하는 개념을 절대 "직접적인 것"das Unmittelbare, 즉 최초의 소여所與로 간주했으며 그러한 개념이 그것이 표시하는 실물의 실체를 순수하게 그대로 드러낸다고 보았다. 그는 개념과 존재를 혼동했던 것이다. 그래서 그는 논리학과 형이상학을 동일시하게 되었다. 이것은 분명히 하나의 독단론이다.

헤겔은 그의 변증법에서 반정립이 함축하고 있는 부정성Negation이 만유의 발전 과정의 생명이라고 보았다. 그는 부정성의 역동적인 힘을 대단히 긍정적인 것으로 간주하고 그 무엇보다 중시한 것이다. 그러나 그가 부정성의 힘이라고 부르는 것은 사실 실제적인 힘이라기보다 우리의 마음속에서 일어나는 사물에 대한 생각의 움직임과 관계되는 추상적인 힘에 불과하다. 우리는 마음속에서 여러 가지 개념들을 서로 대조하고 비교하는 데서 그들에 대한 우리의 생각을 정리하고 새로운 개념을 만들어내게 된다.

예컨대 헤겔은 논리학에서 세상의 그 어디에서나 "존재"하고 있는 모든 대상과 필연적으로 관계를 맺고 있는 존재라는 가장 보편적인 개념을 출발점으로 해서 그와 관련된 다수의 다른 개념을 연역법적으로 추출해낸다. 그렇게 함에 있어서 그는 존재 다음으로, 그것과 대립되나 또한 필연적으로 연결되는 무Nichts를 생각해내게 된다. 그리고 존재 또는 유와 무를 서로 연결시키고 대조하고 비교하는 과정에서 생성Werden의 개념을 유도해낸다. 유에서 무로, 무에서 유로 진행하는 움직임이 바로 생성이기에 그 양자에서 후자를 연역할 수 있다는 것이 헤겔의 주장이다.

그러나 여기서 생성이란 개념과 결부된 운동은 분명히 논리적인 연역 과정에서 발생하는 생각 속의 움직임이며 실제적인 움직임과는 무관하다. 실제적인 생성과정을 설명하기 위해서는 마음속 생각의 움직임을 분석해서는 안 되며 우리 마음 밖의 시공간 속에서 야기되는 물질적인 것과 접촉을 가져야만 한다. 그런데 헤겔은 이 점을 무시하고 생각 속의 움직임과 외부 세계의 실제적인 움직임을 동일시하는 우를 범했다.

헤겔은 논리학과 형이상학을 동일시했으며 스피노자를 따라 유한자가 "순수사유"를 통해 "영원의 관점에서"sub specie aeternitatis 무한자인 신의 본질과 속성을 그대로 투시할 수 있으며 그의 영원한 뜻을 파악할 수 있다고 보았다. 그러나 유한자의 사유 활동을 통해 유한자가 무한자의 절대적인 차원에 이를 수 있다는 생각은 분명히 하나의 거대한 논리적 비약이다.

키에르케고르가 1846년에 『철학적 단편 후서』를 집필할 때 트렌델렌부르크의 이러한 반헤겔적인 견해를 참작했음이 분명하다. 그 이듬해인 1847년에 그가 트렌델렌부르크만큼 많은 것을 알려준 철학자는 아무도 없다고 고백한 사실을 통해서도 그 점을 충분히 짐작할 수 있다.[64]

## (2) 낭만주의

키에르케고르가 독일 낭만주의<sup>Romantik</sup>로부터도 많은 자극과 영향을 받았다는 사실은 아무도 부인할 수 없다. 낭만주의는 고전주의<sup>Klassik</sup>와 계몽주의<sup>Aufklärung</sup>에 대한 반동으로 대두되었다. 독일의 낭만주의는 18세기 말엽과 19세기 초엽에 아우구스트 슐레겔<sup>August Schlegel</sup>, 프리드리히 슐레겔<sup>Friedrich Schlegel</sup>, 노발리스<sup>Friedrich von Hardenberg Novalis</sup>, 틱<sup>Ludwig Tieck</sup>, 휠덜린<sup>Friedrich Hölderlin</sup> 등 다수의 문인들의 저작 활동에서 비롯된 새로운 사상적인 움직임이었다. 그리고 그것은 피히테, 셸링─상기 문인들은 셸링을 자신들의 이념을 대변해주는 "낭만주의의 철학자"로 간주했다─, 슐라이어마허<sup>Friedrich E. D. Schleiermacher</sup>뿐 아니라 간접적으로는 실러<sup>Friedrich Schiller</sup>의 작품들과 괴테의 『파우스트』에서도 감지할 수 있다.

고전주의는 안정과 질서, 규범과 조화를 추구했으며 계몽주의는 이성주의와 과학주의를 표방했고 과거비판적이며 현실주의적인 동시에 미래지향적이며 낙관주의적인 경향도 보였다. 이와는 대조적으로 낭만주의는 현실적이며 통상적인 것에 환멸과 권태를 느끼고 규범과 틀에 매인 생활을 조소하며 항상 이상적인 것과 무한한 것, 깊고 신비로운 세계를 동경하고 추구했다.

이러한 성향에 따라 낭만주의자들은 현실적이며 통상적인 것에 대해서 초연한 자세를 보이는 가운데 글과 이론에서뿐 아니라 기본적인 마음가짐과 생활방식에서부터 극히 반어적인<sup>ironical</sup> 성향을 보였다. 즉 그들은 "모든 것을 [초연한 자세로] 관망하며 모든 한계, 따라서 자기 자신의 예술성과 도덕성과 독창성의 한계도 무한히 초월하려는 마음가짐"으로 창작 활동과 현실 생활에 임했다.[65]

모든 낭만주의자의 공통된 특징은 옹색하고 경직된 합리주의에 대한 경멸심이었다. 좁은 이성의 안목으로 논리적·수학적 방법에 따라 사물을 분석·연구하는 방법으로는 그 본질과 정체성을 순수하게 그대로 인식할 수 없다. 그렇게 한다 함은 사물을 그 내부에서 직접적으로 인식하는 대신 그 외부에서 간접적으로 접근해서 인간 자신이 끼고 있는 이성이라는 왜곡된 렌즈를 통해서 그릇되게 봄을 의미한다. 그렇게 함으로써 우리는 그 진의를 주관주의적으로 환원시키게 된다.

인식의 대상을 있는 그대로, 그 풍만하고 다양하며 깊은 의미를 가감함이 없이 순수하게 그대로 인식하기 위해서는 이성을 통해서보다 심미적인 감각과 직관적인 내감內感, innerliches Gefühl으로 그것과 직접적인 접촉을 가져야 하며 그들을 직관적으로 체험해야 한다. 이러한 이유에서 낭만주의자들은 이성을 통한 접근 방법인 간접적·추상적 사유diskursives Denken 또는 개념적·표상적 사유begrifflich-vorstellendes Denken의 가치를 대단히 경시했고 그것과 대조되는 감성적·심미적·지적 직관을 통한 직접적이며 내적인 접근 방법의 우위를 주장했다. 그들은 직관적인 체험으로 대상에 접근하려 했고 창의력과 상상력을 동원해서 그들이 직관적으로 체험한 바를 개성 있고 특색 있게 표출하려 했다.

니체와 레싱Gotthold Ephraim Lessing 및 슈펭글러Oswald Spengler의 표현을 빌린다면 고전주의자들과 계몽주의자들이 "아폴로적 기질"das Apollinische을 띠고 있었다면 낭만주의자들은 "디오니소스적 기질"das Dionysische을 지니고 있었다고 할 수 있다. 그러한 이유에서 이들은 로고스보다 감성과 파토스, 상상력과 의지를 인간이 소유하고 있는 더 탁월한 기능으로 보게 되었으며 이들을 동원해서 무한대로 개방되어 있는 새롭고 아름답고 오묘한 무엇, 심오하며 신비롭고 환상적인 무엇을 향해 "무한성의 정열로"(키에르케고르) 계속 더 나아가려고 했다.

낭만주의자들은 세상만사를 편협한 과학이성의 척도나 상식적인 산정법으로 판단하고 평가하며 틀에 박힌 삶을 하루하루 영위해가는 소시민들이 속물일 뿐이라고 평가했다. 그들은 소시민의 일상적인 진부한 삶을 박차고 모험가나 유랑인처럼 아직 개발되지 않은 새롭고 이색적인 세계를 찾아 나섰던 것이다.

형식보다 특색을, 보편보다 개성을 더 중요시한 낭만주의자들에게는 개인적인 자유가 인간에게 가장 소중한 것이었다. 그리고 정확하고 확실하며 규범적인 것을 의도적으로 회피하며 항상 규정되어 있지 않은, 오묘하고 신비스러운 그 무엇에 관심을 기울인 그들 자신의 성향 속에는 다분히 양면성Ambivalenz의 기질도 발견할 수 있다. 그들의 반어적인 표현 양식과 생활 태도에서 드러나는 대로 그들은 극히 예리하고 비판적이면서도 소박하고 순수한 것을 사랑하는 원시주의적 경향을 보이기도 하는 것이다.

낭만주의자들은 또한 현실적인 것과 현대적인 것에 환멸을 느끼고 미개척지와 이상향을 찾아 방랑하면서도 그 이상향은 문명과 문화의 발전을 통해 미래에 도래할 것이라고 기대하지는 않았다. 그들은 황금시대가 과거에 있었던 것으로 보고 과거의 실낙원을 찾아내려 했다.

문화인들은 의식과 지성, 도덕성과 책임감을 소유하고 있다. 그러나 그 대가로 긴장과 갈등과 소외의 문제로 계속 번민하며 불만스러운 하루하루를 보내야만 한다. 이와는 대조적으로 고대 선사시대인들은 비록 지적인 비판력과 도덕적인 감수성은 없었으나 문화인이 안고 있는 심리적·도덕적 부담감이 없이 평화와 안정감 속에서 살았다. 의식과 도덕성을 소유하면서도 스트레스 없이 자유롭게, 평온하게 살아갈 수 있는 방도는 없는가?

낭만주의자들은 이러한 이상으로 과거의 실낙원을 동경하면서도 원시인으로 전락하기를 원하지 않고 문화인으로 살아가기를 원했을 뿐 아니라 평범한 소시민적인 문화인보다 차원 높고 민감한 초현대인이 되려고 했다. 그들은 일면 과거지향적이면서도 또 다른 한편으로는 미래지향적이었다.

니체는 독일인이 다른 특질들과 더불어 이러한 양면성을 지니고 있다는 의미에서 타고난 디오니소스적 타입의 인간이며 전형적인 낭만주의자들이라고 생각했다. 그는 『선과 악 저편에서』*Jenseits von Gut und Böse*를 통해 독일인들이 "젊은 동시에 늙으며 지나치게 노숙한 동시에 지나치게 미래적인 것으로 충만해 있고⋯그들은 그저께와 모레에서 온다. 그래서 그들에게는 아직 오늘이 없다"라고 서술하고 있다.[66]

우리는 키에르케고르의 일기를 통해서 그가 20대 초반에 독일 낭만주의에 대해 깊은 관심을 가지고 그것을 주창하는 문인들과 철학자들의 작품을 탐독했으며 그들로부터 많은 자극을 받았다는 사실을 확인할 수 있다. 키에르케고르는 원래부터 전형적인 낭만주의자들의 심리 상태를 특징짓는 우울증과 반어적인 태도를 보였고 누구 못지않은 풍부한 상상력과 문학 감각을 가지고 공상적인 것을 생각해내어 재치 있고 흥미롭게 묘사하는 데 적지 않은 취미를 가지고 있었다. 이러한 그의 기질로 인해서도 그가 낭만주의자들과 즉각적인 유대감을 느꼈다고 볼 수 있다.

그러나 그가 이들에게 관심을 보이게 된 더욱 중요한 동기는 사상적인 차원에서 찾아볼 수 있다. 즉 그들의 반이성주의, 파토스와 의지력의 선호, 무한성과 이상에로의 지향, 개인의 자유와 독자성에 대한 절대적인 관심, 미감각과 내감을 통한 직관적 체험 방법에 대한 신념, 인간의 자율적인 자아실현에 대한 지속적인 촉구 등이 그것이다. 그는 이들 낭만주의자들이 그 당시 독일뿐 아니라 전 유럽을 휩쓸고 있던 헤겔주의에 급제동을 걸 수 있는 힘을 가지고 있다고 확신했다.

헤겔의 절대적 관념론은 낭만주의가 지양하고 초월하려고 노력했던 과거 계몽주의 시대의 극단적인 합리론과 유사하게 세상만사를 이성의 척도로 재고 규정할 수 있다고 보았다. 사물과 인간은 물론이거니와 신의 본질과 속성까지도 그렇게 할 수 있다고 보았기에 헤겔은 이들 전반에 대한 절대적인 지식absolutes Wissen, 즉 절대적인 이론적·개념적 지식을 확보하고 그들에 대한 하나의 거대하고 확고한 사변 체계를 구축하려 꾀했던 것이다. 사변이성이 침투하지 못할 어떤 신비롭고 기이한 차원도 없고 그렇게 심오하며 오묘한 대상도 없다. 헤겔에 따르면 모든 현실적인 것이 합리적이며 모든 합리적인 것이 현실적이다. 또한 만유를 단적으로 이성 또는 정신이라고 볼 수도 있다.

헤겔의 사상 속에서도 낭만주의적인 요소를 찾아볼 수 있다고 보는 학자들도 있다. 그러나 그의 사변적 체계 전반을 고려할 때 그는 분명히 낭만주의자들이 추구한 모든 것과 전혀 상반되는 것들을 주창했다고 보지 않을 수 없다. 헤겔은 절대적인 관념론과 합리론 및 수구주의적 윤리관과 정치철학을 앞에서 이끌었다. 그러나 낭만주의자들은 줄곧 인생과 세상의 모든 것의 무한한 심오성과 신비성을 고조하고, 인간이 인위적으로 제정한 모든 도덕적·사회적 제도와 체제, 이성적으로 개발하고 정립한 모든 사상적 틀과 체계를 뛰어넘거나 파괴하면서 무한성의 차원으로 무한히 나아가려고 계속 진력하지 않았던가?

프리드리히 슐레겔에 따르면 낭만주의는 일종의 초월적인 익살극transzendentales Possenspiel을 연출한다. 그의 지적대로 낭만주의는 인간이 설정한 어떠한 경계선과 울타리도 최종적인 것으로 보지 않고 익살꾼의

가볍고 초연한 자세로 그것을 뛰어넘어 순전히 개방적인 태도로 이상적이며 완전한 것을 찾아 계속 나아가는 특징이 있다.

### (3) 키에르케고르의 낭만주의 해석

### 1) 슐레겔의 『루신데』와 키에르케고르의 『이것이냐 저것이냐』

낭만주의는 인간 이성을 절대시한 합리주의와 계몽주의Aufklärung가 쇠퇴한 후 영국에서 시작해서 프랑스를 거쳐 독일과 유럽 전역에까지 확산된 철학적·문학적 사조로서 그것의 특수한 성격과 복잡한 변천사로 인해서 그 본질을 정확하게 정의한다는 것은 매우 힘든 작업이다. 이는 키에르케고르도 인정한 바다.[67]

그러나 앞서 지적한 바와 같이 낭만주의가 계몽주의나 고전주의와는 달리 다분히 비합리주의적이며, 현실을 조소하고, 비현실적인 이상의 세계와 공상의 세계를 동경하고 추구하면서 인간의 삶과 사유를 제한하는 모든 유한한 것들, 모든 규범과 법칙, 질서와 체제를 초월하여 무한하고 심원한 것을 갈구하는 성향을 띠고 있었음은 분명하다. 계몽주의와 고전주의가 규범과 법칙, 질서와 체계를 중시한 반면 낭만주의는 "모든 경계를 뛰어넘으려는 성향",[68] 무한성Unendlichkeit에로의 무한한 지향과 노력으로 특징지어져 있었다.

키에르케고르는 낭만주의의 성격을 알기 위해 탐독한 몰벡Ch. Molbech의 『현대 덴마크의 시에 관한 강의』에서 낭만주의의 특징에 대한 다음과 같은 구절을 인용한다.

낭만주의의 본질적인 또는 필연적인 실체는 감상적이거나 기사도적이거나 불가사의한 요소가 아니다. 낭만주의와 현대 예술 주류의 기본적인 조건은 그보다 무한성, 물리적인 장애물들로부터의 자유, 상상력의 발휘, 이상적인 것의 직관, 정서의 풍성함과 깊이, 이념 위주의 사고력 등에서 찾아볼 수 있다. 낭만적인 것이라 하면 그것은 곧 경계境界가 없는 아름다움 또는 아름다운 무한성인데 그러한 것이 있는 것과 똑같이 장엄한 무한성도 있다고 장 폴Jean Paul은 선포한다.[69]

키에르케고르의 해설가들 가운데는 낭만주의가 헤겔, 기성 덴마크 국교와 더불어 그가 평생토록 대항해서 싸운 세 주요 적수들 가운데 하나였다고 보는 자들도 있다.[70] 키에르케고르 자신도 『이것이냐 저것이냐』에서 그가 인간 실존의 3단계 중 하나이며 지양하고 초월해야만 하는 단계로 간주한 "미적 실존"은 곧 낭만주의자들의 전형적인 사고방식과 생활양식을 뜻하는 것으로 해명하고 있다.

그러나 그가 여기서 주안점을 두고 있는 낭만주의는 자신의 일기에서 언급한 정신주의적 낭만주의가 아니고 독일 낭만주의의 원조 프리드리히 슐레겔(1772-1829)의 작품 『루신데』*Lucinde* 속에 비친 매우 저속한 낭만주의다. 그것은 이 작품 속의 남자 주인공 율리우스Julius와 여자 주인공 루신데의 "낭만적인" 사랑과 삶을 이상화하고 있는, 다분히 감각주의적이며 탐미주의적眈美主義的인 낭만주의다. 키에르케고르는 슐레겔의 낭만주의와 그것을 특징짓는 그의 아이러니에 대해서 『아이러니의 개념』[c]에서 비교적 소상하게 다루고 있다.

낭만주의자들 가운데는 슐레겔이 『루신데』에서 묘사하는 그러한 감각주의적·탐미주의적인 자들도 있었으나 인간 이성의 한계와 현실을 초월하고 참되고 순수한 것, 본래적이고 이상적인 것을 찾아 무한대로 계속 나아가려고 진력한 극히 정신주의적이며 이념중심적인 낭만주의자들도 많았다. 사실인즉 대부분의 낭만주의자들은 후자의 부류에 속한 이상주의자들이었다. 그 대표자로 우리는 앞서 언급한 피히테, 셸링(낭만주의의 대변자), 슐라이어마허, 횔덜린 등을 들 수 있다.

슐레겔은 『루신데』에서, 남편을 버리고 자신과 공개적으로 동거한 도로테아 파이트Dorothea Veit와의 애정 관계를 묘사한 것으로 알려져 있다. 도로테아는 그 당시 저명한 유태계 철학자 모세스 멘델스존Moses Mendelssohn의 딸이었다. (프리드리히 슐레겔과 함께 낭만주의를 주창한 그의 동생 아우구스트 슐레겔의 처 카롤리네 슐레겔도 자신의 남편을 버리고 젊은 철학자 셸링과 동거함으로써 큰 스캔들을 일으켰다.)

말런J. D. Mullen에 따르면 키에르케고르는 그의 초기 저서 『이것이냐 저것이냐』 중 "유혹자의 일기"라는 주제를 가진, 1권 Ⅷ장에서 순결한 처녀를 극히 지능적이며 계획적인 방법으로 유혹하는 어떤 젊은 남자의 심리 상태를 묘사할 때 『루신데』의 남자 주인공인 율리우스Julius의 탐미주의적·감각주의적인 생활 철학을 염두에 두고 있었다고 한다.[71] 즉 "이 작품이 『이것이냐 저것이냐』의 첫 권에서 우리가 찾아볼 수 있는 낭만적·반어적 생활관romantic/ironic life view의 형식과 내용을 위한 표본이 되었다"는 것이다.[72]

『루신데』의 율리우스도, 『이것이냐 저것이냐』의 젊은 유혹자 요하네스도, 그리고 그와 더불어 소개되고 있는 돈 후안, 네로, 칼리굴라 등을 포함한 여타 인물들도 다 감각적인 탐미주의자들로서 어떠한 사회적인 인습과 도덕적인 규범에도 매임이 없이 어떤 우월한 위치에서 현실을 내려다보듯 관망하며 초연한 자세를 취한다. 그렇게 하는 가운데 거기서 펼쳐지는 모든 것을 조소하면서도 그들은 그중 자신의 감성적 욕구와 미의식을 자극하는 감각적·미적인 것들das ästhetische을 찾아 마치 나비가 꿀을 위해 이 꽃에서 저 꽃으로 배회하듯 한 대상에서 다른 대상으로 계속 유랑하며 자유분방한 삶을 살아간다. 『이것이냐 저것이냐』에 대한 말런의 평가를 살펴보자.

> 그 형식에 있어서 제1권은 '아라베스크'(화려한 아라비아풍)하며 슐레겔의 『루신데』보다 무한히 더 우월하다. 그 내용에 있어서 그것은 슐레겔의 낭만주의의 모든 주제를 다 내포하고 있다(아이러니, 피동성, 반항심, 생의 단편화the fragmentation of life, 사랑을 통한 구제 등). 거기에다 『이것이냐 저것이냐』에는 낭만주의적 인물들로 가득 차 있다. 즉 유랑하는 유대인, 돈 후안, 파우스트, 네로, 바이런, 의적義賊 그리고 낭만주의의 더 일반적인 주제들도 그 속에 충만하다. 죽음의 염원, 배반당하는 처녀, 정통주의와 '군중'에 대한 증오, 헤겔주의의 배격, 우월성의 징표가 되는 멸시. 최종적으로 그 속에는 낭만주의적 성격의 특징들 즉 우수적優秀的·냉소적·기지적機智的·내성적·감성적·권태적·자포자기적·회의적·상상적 성격, 그리고 영리함 등을 발견할 수 있다.[73]

말란추크Gregor Malantschuk는 키에르케고르가 『이것이냐 저것이냐』와 『인생행로의 제 단계』 등에서 "미적인 것들"이라고 칭하는 것은 곧 시간적인 것들이라고 풀이한다.[74] 『이것이냐 저것이냐』 1권에 등장하는 인물들은 다 "하늘의 것", 즉 영적이고 정신적인 것들은 완전히 등지고 "땅의 것", 즉 물질적이며 감각적인 것들에 심취해서 살아가는 감성주의자들이다. 이 저서의 전체적인 문맥으로 보아 "das ästhetische"라는 표현은 "미적인 것"으로 해석하기보다 고대 그리스 사상과 칸트의 『순수이성비판』에서와 동일한 의미로 "감각적인 것"으로 번역하는 편이 더 바람직한

듯하다.[75]

## 2) 감각주의와 낭만주의

위에서 지적한 대로 키에르케고르와 낭만주의와의 관계를 조명함에 있어서 우리는 18세기 후반에서 19세기 초반에 독일에서 활약한 낭만주의자들 가운데는 『아이러니의 개념』과 『이것이냐 저것이냐』 1권에서 다루어지는 감각주의적·세속주의적 낭만주의자도 있었으나 정신주의적 낭만주의자들의 수가 월등히 더 많았다는 사실을 잊어서는 안 된다.

『루신데』의 저자 슐레겔도 사실은 그 당시 사회 관습과 윤리와 도덕을 완전히 부정하고 자신의 에로스적 욕망과 미감각만을 충족시키는 데 초점을 맞추어 자유분방한 삶을 추구한 저속한 감각주의자로 낙인을 찍기에는 정신적인 것들을 너무나도 중시하였다. 그가 낭만주의자의 사고방식을 특징짓는 아이러니의 특색을 "세상만사를 두루 조망하는 가운데 모든 제한된 것들과 심지어 자기 자신의 예술과 윤리 또는 독창력까지를 무한히 초월하려는" 사고방식에서 발견할 수 있다고 보았다는 점에 대해서는 앞에서 지적한 바 있다. 그는 사망 직전에 낭만주의자로서의 자신의 사상적 발전 과정을 되돌아보며 직접 해명해주기도 했다. 그의 회고에 따르면 그는 다음과 같은 사상적 발전 단계를 거쳤다.

① 1788-1798: 어두운 가운데서의 동경과 추구.

② 1798-1808: 예술적·철학적 구성욕構成慾, Gestaltungstrieb과 그로 말미암은 우주적인 자아自我에 관한 철학의 수립.

③ 1808-1818: 1808년 가톨릭교회로 개종함과 더불어 교회의 교리들 앞에서의 이성의 순종과 굴복.

④ 1818-1828: 교회의 권위에 대한 순종과 더불어 신비적인 개인 생활.[76]


키에르케고르가 자신의 박사논문 「아이러니의 개념」에서 소크라테스의 아이러니를 취급한 후 낭만주의의 아이러니를 분석하고 평가할 때와 『이것이냐 저것이냐』에서 낭만주의적·반어적 생활방식, 즉 미적 실존양식을 묘사할 때 그가 주안점으로 둔 것은 주로 『루신데』에 비친 감각주의적 낭만주의였다. 그가 「아이러니의 개념」에서 "피히테 후의 아이러니"라는 주제로 슐레겔과 더불어 피히테, 셸링, 슐라이어마허, 틱, 호프만Ernst Th. A. Hoffmann, 졸거Karl W. F. Solger 등 그 당시 저명한 독일 문인들과 철학자들의 낭만주의도 거론한 것이 사실이나 셸링과 휠덜린 등, 낭만주의의 진수를 가장 순수하게 보여준 사상가들과 문인들의 관점은 이 작품들에서 그가 낭만주의라고 간주한 사조의 범위에서 제외한 듯하다.

여기서 키에르케고르는 낭만주의의 기본적인 성향을 그 아이러니컬한 사고방식과 언어에서 발견할 수 있다고 해석하고 있다. 그는 심지어 낭만주의와 아이러니를 동의어로 사용하기까지 한다.

아래의 논의에서 나는 '아이러니'와 '아이러니스트'라는 표현을 줄곧 사용하게 되겠으나 나는 그 대신 '낭만주의'와 '낭만주의자'라는 표현을 사용할 수 있었을 것이다. 양자는 동일한 의미를 지니고 있다.[77]


키에르케고르가 비록 이 인용구에서는 낭만주의와 아이러니를 동일시하고 있으나 같은 책의 다른 문맥에서와 다른 저서에서는 아이러니 가운데 낭만주의자들이 구사한 부정적이며 매우 이기주의적인 것도 있거니와,[78] 고대 아테네의 소크라테스가 사용했고 키에르케고르 자신이 권장하는 것과 같은, 매우 긍정적이며 고차원적인 아이러니도 있다는 점을 분명히 하고 있다. 그러한 긍정적인 아이러니는 대화의 상대방으로 하여금 현실적인 자아를 극복하고 진정한 자신을 실현하게끔 유도하는 수단으로 사용되기에 그것은 실존적으로 의미심장한 아이러니라는 것이다.[79]

키에르케고르는 이러한 아이러니를 인간 실존의 3대 단계, 즉 미적 단계, 윤리적 단계, 종교적 단계 중 첫째와 둘째 단계 사이의 중간단계 Konfinium에서 개인이 비교적 저속한 미적 실존을 부정하고 더 고차원적인 윤리적 실존을 실현하기 위해 취하게 되는 사고방식과 생활 태도로 간주하고 있다. 이와는 대조적으로 유머Humor는 윤리적 단계와 종교적 단계 사이의 중간단계에서 실존자가 전자의 차원에서 후자의 차원으로 상승하기 위해 취하는 태도와 자세라고 한다.[80]

키에르케고르의 정의에 따르면 모든 아이러니의 특징은 "현상이 본질이 아니고 본질과 상반되는 것이라는 데서",[81] 즉 "본질과 현상 간의 불일치"에서[82] 발견할 수 있다고 한다. 그러한 아이러니 중 대표적인 것은 "실행적 아이러니"executive irony( =시치미 떼기, 체하기, 가장, dissimulation)인데 그 누가 내심으로 생각하는 것과 완전 상반되는 표현으로, 그러나 상대방이 자신의 본심을 충분히 알아차리게끔 그 무엇에 대해 묘사하는 경우 여기서 "본질"이라 할 수 있는 그의 생각과 "현상"이라 할 수 있는 그 표현이 서로 불일치한다. 예를 들어 한국군에서 지능지수가 그리 높지 못하고 행동이 민첩하지 못한 병사를 가리켜 고문관이라고 하는데 이러한 표현법이 실행적 아이러니에 속한다 할 수 있을 것이다.

키에르케고르는 이러한 실행적 아이러니 외에 또한 "사변적 아이러니"speculative irony( =비판적이며 냉소적인 익살, 풍자)와 "더 특수한 의미의 아이러니"irony *sensu eminentiori*( =사상적·사회적 현실 전반에 대한 부정과 비판 또는 "무한한 절대적 부정성"infinite absolute negativity)[83] 등 다양한 부류의 아이러니가 있다고 본다.[84]

이들 중 키에르케고르가 중시한 것은 물론 특수한 의미의 아이러니였다. 그에게 중요한 것은 단순히 아이러니컬한 표현법이 아니었고 어디까지나 개별적인 실존자의 사고방식과 생활양식과 관계되는 아이러니였다. 키에르케고르에 따르면 아이러니는 "하나의 실존적 개념 Existenzbestimmung이므로 그 누가 그것을 단순히 하나의 어법으로 간주한다거나 한 저자가 자신이 왕왕 아이러니컬하게 표현할 수 있다는 것을 다행한 일로 고려한다면 세상에서 그것보다 더 우스운 것은 없을 것이다. 진정으로 아이러니를 소유한 자는 그것을 평생 소유하게 되며 아무런 형식에도 매임이 없이 그렇게 하게 된다. 왜냐하면 그것은 그 사람 속의 무한성Unendlichkeit을 뜻하기 때문이다."[85]

아이러니의 본질에 대한 키에르케고르의 더욱 적절하고 정확한 정의는 다음 두 부분에서 발견할 수 있다.

아이러니는 율법과도 같이 하나의 요구인데 그 이유는 그것이 현실을 배격하고 이상을 요구하기 때문이다.[86]

아이러니는 제한하고 한정시키며 국한시킨다. 그렇게 하는 데서 그것은 진리와 실재, 그리고 내실을 드러나게 한다. 그것은 견지하고 벌하며 그렇게 하는 데서 그것은 확고한 자세와 일관성을 조장한다. 아이러니는 엄중한 교사와도 같은데 그 의미를 알지 못하는 자는 그것을 두려워하지만

그것을 아는 자는 그것을 사랑한다.[87]

### 3) 키에르케고르의 낭만주의적 경향

지금까지 고찰한 모든 상황을 감안할 때 우리는 슐레겔의 『루신데』를 원숙기 슐레겔이나 여타 낭만주의자들의 사고방식과 이념을 대변해주는 작품으로 간주한 듯한 키에르케고르의 견해에도 문제가 있고 횔덜린을 위시한 대부분의 낭만주의자들이 인간의 발전사와 근대 인간의 자아 이해에 대해 가졌던 견해에 대한 말런의 해석에도 문제가 있음을 알 수 있다. 이 점은 앞에서 소개한 슐레겔의 자화상을 통해서도 분명히 드러나거니와 셸링과 슐라이어마허 및 횔덜린의 사상을 일견하는 데서 더욱더 확실해진다.

이들 중 어느 사상가가 어떤 우월한 위치에서 세상만사를 관망하듯 하감下瞰하는 가운데 눈 아래에 있는 모든 것을 조소하고 비판하되 단순히 비판을 위한 비판을 일삼았으며 구체적인 내용이 없는 막연한 이상만을 동경하기만 했다고 할 수 있겠는가? 그들은 모두 인류를 위해 가장 숭고하다고 스스로 확신한 특정의 정신적인 이념과 이상을 표방했으며 이에 대한 자신의 깊은 소신을 당당한 이론 체계 또는 아름다운 시가로 표현했다.

낭만주의의 대변자로 알려져 있는 셸링은 독일 관념론을 발전시킨 3대 사상가들 가운데 한 사람이 아니었던가? 그는 주체와 객체, 실제적인 것과 이상적인 것, 자연과 정신을 "절대적 무차별"absolute Indifferenz인 절대자 안에서 하나로 보는 "동일철학"Identitätsphilosophie을 주장한 극단적인 유심론자가 아니었던가?

그리고 슐라이어마허는 전문적인 신학자 겸 철학자로서 신이 존재한다는 점을 강력하게 주장하되 신은 결코 세계와 분리된 초월계에서 독존하는 것이 아니고 어디까지나 세계 안에 내재하지만 그가 세계와 그 속의 존재자들과 동일하지는 않다는 "만유재신론"Panentheismus, 즉 초월신론과 범신론 간의 중도노선을 따르는 한 새로운 신관을 주창하지 않았던가? 그는 그러한 신은 결코 단순한 사유의 대상일 수 없고 어디까지나 직감과 체험의 대상이라고 보았다. 종교의 본질에 대한 그의 유명한 정의에 따르면 그것은 절대자에 대한 "절대적인 의존 감정"ein schlechthinniges Abhängigkeitsgefühl이다.

휠덜린으로 말한다면 그는 시인이었으므로 그의 작품들 속에서는 어떠한 철학적인 이론과 체계를 찾아볼 수 없으리라고 추측할지 모른다. 말런이 『히페리온』의 내용과 관련해서 개진한 것으로 그의 사상 전반의 내용을 간파할 수 있다고 볼지 모른다. 그러나 사실은 전혀 그렇지 않다. 그는 뚜렷한 세계관을 소유하고 있었을 뿐 아니라 확고한 신관도 소유하고 있었다.

휠덜린은 수많은 시가를 통해 자신이 신봉한 자연신, "거룩한 자연"die heilige Natur을 아름답게 찬미하였으며 그 도래를 열정적으로 갈망하며 기원했다. 휠덜린으로부터 지대한 영향을 받았으며 21세기가 낳은 최대의 사상가로 인정을 받는 하이데거도 그를 "거룩한 자연"의 숭고함과 아름다움을 노래하며 그 도래와 임재를 염원하는 시인으로 소개한다. 하이데거는 자기 사상의 주제인 존재를 휠덜린의 "거룩한 자연"을 염두에 두고 "거룩한 자"Das Heilige라 칭하기도 했으며 그의 사상 전반을 대단히 긍정적으로 평가하고 그것을 대폭 수용했다.[88]

하이데거는 그의 대학 학창 시절에 그가 "시인 중 시인"으로 극찬한 휠덜린의 시문을 처음 접했을 때 그것은 마치 마음속에 지진과 같은 충격을 가져다주었다고 고백한다.[89] 하이데거는 그의 후기 저서에서 다음과 같이 설명한다.

> [하이데거 자신과 같은] 사유자는 존재의 음성에 순종하여 그가 필요로하는 언어를 발견하려고 노력하는바 그 언어를 통해서 존재의 진리가 표출된다.…[휠덜린과 같은] 시인의 언어도 동일한 근원에서 온다.…사유자는 존재를 묘사하고 시인은 거룩한 자에 대해서 진술한다.[90]

이처럼 근대의 철학과 신학 및 문학에서 가장 큰 영향력을 행사한 사상가들의 반열에 속한 이 세 인물은 결코 감각주의적인 사상을 표방하지 않았다. 그들은 단순히 실낙원에 대한 막연한 향수에 젖어 그것을 감상적으로 동경하면서 노래만 한 것이 아니었다. 그들은 확고히 정립된 정신주의적 체계 위에 서 있었으며 인류 전체가 자신들의 이념과 이상에 따라 진정 숭고하고 아름다운 삶을 살아갈 것을 지속적으로 독려했다. 그들은 소크라테스와 마찬가지로 "현실을 부정하고 이상을 요구했으며" 결코 부정적인 아이러니가 아닌 대단히 긍정적인 아이러니를 구사했다.

하이데거에게 그렇게도 많은 영향을 끼친 낭만주의는 그의 사상을 승계하고 그것을 바탕으로 해서 현대 신해석학Neuhermeneutik을 발전시킨 하이델베르크 대학의 가다머Hans-Georg Gadamer에게도 적지 않은 자극을 주었다. 그가 그의 주저 『진리와 방법』Wahrheit und Methode에서 드로이젠J. G. Droysen, 랑케L. von Ranke, 슐라이어마허, 딜타이 등 낭만주의자들과 그들의 영향을 받은 사상가들이 인류의 정신사와 문화사를 되돌아보며 그것을 있는 그대로 재구성하고 과거의 문화물들을 창작자의 관점에서 객관적으로 해석하려고 노력해야만 하며 결코 해석자의 주관성이 개입되어서는 안 된다는 점을 강조했다는 이유로 그들의 해석학을 자신의 "대화적·변증법적 해석학"의 관점에서 신랄하게 비판하고 있는 것은 사실이다.[91] 그러나 그는 또 한편으로 자신의 사상이 "낭만주의적 정신과학 전통에서 출발했다"는 사실을 실토하기도 했다.[92] 이 모든 점을 고려할 때 낭만주의자들이 단순히 "미적인 실존"을 추구하며 감각주의적으로, 이기주의적으로 살아간 저속한 사상가들이 아니었음을 확실히 알 수 있는 것이다.

상술한 바와 같이 낭만주의는 그 복잡한 역사적 배경과 그것을 주창한 사상가들과 문인들의 상이한 기질과 색깔로 인해 아무도 그 본질을 정확하게 한정할 수는 없다. 그러나 키에르케고르가 1836년 3월에 읽고 그의 일기에 그 일부를 인용한 몰벡의 강의서에서도 언급했듯이 낭만주의의 근본적인 기조는 인간의 자율성과 독창성을 제한하는 모든 것, 즉 질서와 법칙, 관습과 규례, 한계와 체계를 박차고 정신적으로 무한한 것과 이상적인 것을 향해 끝없이 나아가려는 성향에서 발견할 수 있으며 로고스 대신 파토스와 감성, 그리고 상상력과 의지력을 중시하며 분석 활동 대신 직관을 고조하고 매우 비판적이며 양면적인ambivalent 경향에서 찾아볼 수 있다.

브린턴C. Brinton에 따르면 괴테는 비록 엄격한 의미에서 낭만주의자가 아니었고 그 당시 낭만주의 운동의 대변자들과 줄곧 충돌했지만 그의 "『파우스트』는 그 자체에 있어서, 낭만주의적 주제들을 정리해서 보여주는 하나의 탁월한 개요다. 합리주의의 둔탁함과 협소함에 대한 반항…, 더 큰 것etwas mehr과 무한한 것에로의 지향…, 속물 즉 융통성이 없는 속인에 대한 조소, 원시주의(그레첸의 순결), 양면성 또는 반대 감정 병존ambivalence('오호라, 나의 심장에는 두 영혼들이 살아 있도다!')."[93]

브린턴은 에머슨[R. W. Emerson]과 여타 19세기 미국 초절주의자超絶主義者, transcendentalists의 사상도 일종의 낭만주의였다고 본다. 그에 따르면 그 특색은 다음과 같은 점에서 드러난다.

> 18세기의 합리주의자들의 입장에 대한 경멸심과 직관, 정신, 감수성, 상상력, 신앙, 측량 불가한 것, 무한한 것, 표현 불가한 것에 대한 찬양.[94]

낭만주의의 특색으로 우리는 여기에다 극히 개인주의적 성향도 포함시켜야만 할 것이다.[95] 이러한 것들이 낭만주의의 근본적인 특색이라면 키에르케고르의 실존사상 속에서도 우리는 낭만주의적 요소들을 다분히 발견할 수 있다. 그것들을 열거하자면 강력한 비합리주의, 무한성에로의 무한한 노력, 신과 신앙계 및 인간 실존의 신비에 대한 부단한 역설, 로고스의 경시와 파토스의 중시, "질적 비약"과 신앙의 체험을 통한 고차원적 "직접성"의 삶에로의 지향, 이론과 교리에 대한 증오와 패러독스에 대한 편애, 인간의 독자성과 개별성에 대한 절대적인 강조, 양면적이며 "변증법적인" 사고방식과 언어, 그리고 그와 관련된 아이러니와 유머의 애용 등이다. 이 외에도 그의 자유와 불안의 개념, "순간"과 역사에 대한 이해, 그리고 나아가서는 그의 인간론 전반에서도 우리는 강력한 낭만주의적인 기조를 감지할 수 있다.

그러한 이유에서 네덜란드 암스테르담에 있는 자유대학의 자우더마 S. U. Zuidema 교수는 키에르케고르의 실존사상을 이해하기 위해서는 그의 개인적인 삶과 더불어 특히 낭만주의를 알아야만 한다고 설파한다.

우리가 살고 있는 시대를 이해하고자 하는 사람에게는 키에르케고르의 기본적인 개념들에 대한 인식이 필수적이다. 이 개념들의 근원은 키에르케고르 자신의 생애와 내적으로 결부되어 있으나 그 위력과 내용은 그의 개인적인 삶의 테두리를 훨씬 뛰어넘는 [광활한 지평에서 유래한다.] 낭만주의와 변증법이 여기서 지배적인 위치를 차지한다.[96]

정통 칼빈주의적 입장에서 키에르케고르의 사상을 매우 신랄하게 비판하는 자우더마는 키에르케고르의 문제점이 인간의 본질, 시간, 역사, 순간, 역설, 자유, 죄타락, 불안 등 인간 실존의 근본적인 문제들을 성경의 가르침에 따라 거론하고 그 해결책들을 모색하기보다 오히려 세속적인 낭만주의의 이상과 이념에 따라 그렇게 했다는 데 있다고 평가한 것이다.

제2장

키에르케고르의 실존 개념

## 1. 본질(essentia)과 실존(existentia)

실존이라는 용어는 "existentia"라는 라틴어에서 유래했는데 서양 철학자들은 그것을 "essentia"라는 용어와 대비되는 개념으로 사용해왔다. 문자적으로는 "essentia"가 사물의 본질[ousia, Wesen, essence]을 뜻하는 반면 "existenia"는 사물의 존재 또는 실재[on, Existenz, existence]를 뜻하는 고로 이 두 용어들의 의미는 매우 단순해 보인다. 그러나 철학적인 견지에서 볼 때 그들의 의미는 극히 함축적이기에 몇 마디의 말로 쉽게 정의하거나 설명할 수 없다. 사실인즉 서양 철학사는 이 두 개념에 대한 개별 사상가들의 해석사라고 할 수 있을 만큼 그들은 철학적으로 극히 심오한 중심 개념들이다.

20세기 최대의 철학자 하이데거는 플라톤에서 니체에 이르기까지의 과거 서양 철학사를 "본질의 형이상학"[Wesensmetaphysik]의 역사라 불렀다. 그만큼 과거 사상가들은 본질을 존재 혹은 실재 또는 실존보다 월등히 중시해왔다. 그들이 실체[ousia], 관념[idea], 형상[eidos], 보편자[universalia] 등의 명칭으로 불렀던 이 본질은 초시공간적이며 영원불변하고 절대적이다. 그러한 본질이 있고 그다음으로 그것을 각각 나름대로의 방식으로 구현하는 구체적인 개별자들이 시공간적인 차원에 실재하는바 이들은 변화무상하며 상대적이다. 인간에게 중요한 것은 이처럼 변화무상하고 상대적인 개별자의 차원, 현상계를 초월하고 그 이면에 뿌리박고 있는 영원불변하며 절대적인 본질을 이성의 안목으로 순수하게 투시하여 그것을 척도와 목표로 해서 사유하며 행동하는 것이다. 이것이 곧 플라톤주의의 지론이었다면 플라톤 이후 아리스토텔레스에서 니체까지의 "서양 철학사는 플라톤 철학에 대한 일련의 각주에 불과했다."[1]

서양 철학사에서 플라톤적 관념론을 거부하고 경험주의적 사상을 주창한 철학자들이 없었던 것은 아니다. 우리는 아리스토텔레스와 아퀴나스, 그리고 특히 영국의 베이컨, 로크, 흄 등 경험주의자들 또는 경험주의적 경향을 띤 철학자들을 무수히 찾아볼 수 있다. 하지만 전체적으로 볼 때 서양 철학사의 주류를 이루었던 것은 역시 플라톤주의, 그리고 그와 유사한 관념론이었다.

그러한 관념철학과 본질의 형이상학이 생철학자 니체와 실존주의의 원조 키에르케고르에 이르러 비로소 본격적인 도전을 받게 되었다. 또한 그들로부터 지대한 영향을 받은 19세기 및 20세기 생철학자, 실용주의자, 실증주의자, 신실증주의자, 실존주의자 등은 플라톤주의 전통과 완전히 결별하고 비현실적이며 추상적인 원리와 관념 대신 현실적이며 구체적인 것, 개별적인 것과 특수한 것, 정적이며 항구적인 것 대신 역동적이며 생동적인 것, 한마디로 "essentia"보다 "existentia"를 오히려 중시하며 나아가서는 로고스 대신 파토스, 바꾸어 말하면 "아폴로적인 것"보다 "디오니소스적인 것"을 오히려 선호하는 제반 이론들을 제기하게 되었다. (이와 관련해서 매우 흥미로운 점은 하이데거가 플라톤주의를 완강하게 거부한 니체의 생철학도 일종의 형이상학, 즉 "권력에로의 의지의 형이상학"Metaphysik von dem Willen zur Macht이었으며 따라서 그것도 역시 본질의 형이상학에 속한다고 해석했다는 사실이다. 니체는 재래 플라톤주의와 싸우되 근본적인 플라톤주의적 틀 속에서 싸웠다는 것이다.)[2]

이들 반관념론자들 중 특히 실존주의자들은 과거 관념론자들과는 달리 형이상학보다 윤리관이나 인간론에 역점을 두고 사유하였기에 본질보다 실재를 중시했으며 그들이 중점적으로 거론한 실재는 존재자 일반의 실재가 아닌 인간의 실재, 즉 그 실존이었다. 인간 실존이 그들의 주요 관심사였던 것이다. 인간의 실존이 무엇이며 그것을 어떻게 실현하느냐 하는 것이 그들의 중심 문제였다.

여기서 인간의 실존이 무엇이냐 하는 질문은 시공간 속에서 현실적으로 살아가는 우리 개개인의 정체성이 무엇이냐, 그러한 우리가 도대체 누구냐 하는 질문이다. 무수한 난관과 한계상황으로 가득 찬 구체적인 삶 속에서 그들과 싸우며 매 순간 힘겹게 살아가는 현실적인 우리는 누구며 모든 내외적인 문제를 극복하고 우리가 궁극적으로 성취하고 실현해야만 하는 이상적인 우리는 누구인가? 우리는 어떤 방법으로 현실적인 자아를 탈피하고 이상적인 자아를 쟁취할 수 있는가? 이러한 질문에 납득할 만한 해답을 제시하는 것이 실존주의자들의 주요 과제였다. 그들의 해답은 무엇이었던가?

실존주의자들이 공통적으로 역설한 바는 인간이 동물과 달리 단순히 많은 본보기 가운데 하나의 개체가 아니라는 점이었다. 인간의 가장 근본적인 특징은 그가 만인에게 공통되는 형상 또는 본질, 즉 인간성을 소유하고 있다는 데서 발견할 수 있다기보다 그가 자율성과 독창력을 소유한 하나의 인격체로서 만인에게 공통된 그러한 인간성을 나름대로의 방식으로 실현해나가는 데서 발견할 수 있다. 또 그가 자기 자신을 자신의 독특한 양식으로 만들어나가는 데서 발견할 수 있다. 실존주의자들 가운데는 무신론자와 유신론자, 기독교인과 비기독교인 등 다양한 부류가 있으나 그들은 모두 인간 실존을 인간의 본질 또는 인간성이라는 한 공통분모로 환원시킬 수 없다는 데 의견을 같이하고 있다. 그들의 공통된 지론은 인간이 개성과 독자성을 소유한 절대 특수한 개별자로서 자율성과 독창력을 지닌 지극히 숭고한 인격이라는 것이었다. 바로 그러한 뜻에서 키에르케고르는 "단독적인 개인은 [인간 일반이라는] 보편자보다 더 고차원적이다"The single individual is higher than the universal라고 선포했으며,[3] "인간은 일반적으로 언급되는 제반 종류의 우월성으로 인해서만 여타 동물류와 구별되는 것이 아니고 개인, 즉 단독적인 개인이 [인간이라는] 종 이상the single individual is more than species의 존재라는 데서 그들과 질적으로 구별된다"라는 점을 역설했던 것이다.[4]

니체도 인간은 자신의 자율성과 창의력으로 자신을 만들어가는 능동적인 존재라는 뜻에서 인간이 "아직 확정되지 않은 채 있는 동물"noch nicht festgestelltes Tier이라고 주장했다. 그리고 사르트르Jean Paul Sartre는 그의 저서 『실존주의는 휴머니즘이다』Existentialism is a Humanism에서 "본질이 실존에 앞서기보다 오히려 실존이 본질에 앞선다"라는 유명한 문구를 남겼다.

플라톤과 그 이후의 서양 철학자들이 수천 년 동안 주장해왔듯이 인간의 본질이 영원 전부터 이미 확정되어 있고 이 세상에 태어나는 모든 개인이 그들 모두에게 공통된 인간의 이데아, 즉 인간의 본질 또는 형상eidos을 덧입음으로써 곧 실제적인 인간이 되는 것은 아니다. 인간의 본질이 인간 개개인의 실제적인 삶과 실존과정에 앞서 이미 확정되어 있는 것이 아니다. 그 정반대로 무엇이라고 한정하고 정의할 수 없는 개인들이 있고 그들이 실제적인 실존과정에서 나름대로의 방식으로 자신의 정신적 잠재력과 능력을 총동원하여 자신을 만들어나가는 데서 비로소 그의 본질이 점차적으로 확연하게 드러나게 된다. 그러한 의미에서 본질이 실존에 앞서기보다 오히려 실존이 본질에 앞선다고 할 수 있는 것이다.

하이데거와 더불어 20세기의 가장 중요한 두 독일 철학자로 손꼽히는, 현대 실존주의 철학의 대부 야스퍼스Karl Jaspers도 인간 실존의 특성을 방금 언급한 세 사상가들과 매우 유사하게 이해했다. 그가 하이데거와 키에르케고르로부터 지대한 영향을 받았다면 그것은 그 어디에서보다 그의 실존 개념에서 가장 현저하게 드러난다고 할 수 있다. 그에 따르면 인간 실존은 다음과 같은 특징을 지니고 있다.

① 실존은 정적인 본질Sosein이 아니고 존재능력Seinkönnen이다. 나는 이미 나를 소유하고 있지 않고 나 자신에게 이르는 과정에 있다. 실존은 항상 자신이 되느냐 않느냐 하는 양자택일의 기로에 서 있다. 오로지 비장한 결단으로만 나는 나 자신이 될 수 있다.

② 키에르케고르가 피력한 바와 같이 실존은 자기 자신과 스스로 관계를 맺고 있다는 사실과 자신을 존재하게 한 하나의 절대적인 힘과도 관계를 맺고 있음을 아는 자다. 실존은 자유다. 그러나 실존은 초월자 없이 존재하지는 않는다.

③ 실존은 다 각기 개별자와 자아로서 다른 그 무엇으로도 대리할 수 없고 대치할 수도 없다. 개인은 언어로 표현할 수 없는 존재다individuum est ineffabile. 실존은 무한성을 지닌 개별적인 사물이 아니고 스스로 성취해야만 하는 하나의 과제로서 무한한 그러한 실재die Wirklichkeit, die als Aufgabe ihrer selbst unendlich ist다. 나는 오로지 결단을 통해서 나 자신이 될 수 있다. 실존이 참된 존재 가능성을 선택한다는 것은 초월자 앞에서 참된 자신이 됨을 의미한다.

④ 실존은 역사적이다.

⑤ 실존은 오로지 타 실존과 교류를 통해서만 자신이 될 수 있다. 고립된 독존으로서는 자아가 결코 자아가 될 수 없다[이 점만은 키에르케고르가 매우 등한시한 대목이다].

⑥ 실존에 대한 지식을 소유하는 데서 내가 진정한 실존을 성취할 수 있는 것은 아니다.

⑦ 실존은 은사로 주어진 것이기에 그 정체는 근본적으로 감추어져 있을 수밖에 없다.[5]

인간 각자는 자기 자신이면서도 자신이 누구인지 알 수 없고 타인은 더욱더 알 수 없다. 그는 자기 자신의 주체성이면서도 자신의 주인은 아니다. 자신의 존재의 근원도 아니며 그 목적도 스스로 설정한 것이 아니다.

그러한 이유에서 개인은 자기 자신에게 신비와 수수께끼로 남아 있을 수밖에 없다. 특히 그가 지속적으로 자신을 새로운 자신으로 만들어가는 도상에 있고 그렇게 해야만 할 필연성을 띠고 존재하는 만큼 타인뿐 아니라 개개인도 자기 자신의 본질을 파악할 수 없고 정의할 수도 없다. "만약 실존철학이 인간의 실존이 무엇임을 안다고 주장한다면 그것은 실존철학의 와해를 의미할 것이다."[6]

이것이 실존주의자들의 공통된 견해라면 그들은 처음부터 해결할 수 없는 난제, 하나의 아포리아*aporia*를 주제로 해서 철학적 사유에 임한 셈이다. 그들의 중심 문제는 인간 실존이 무엇이며 그것을 어떻게 실현할 수 있느냐 하는 것이지만 이는 오로지 개개의 실존자들과 나아가서는 인류 전체가 실제적인 실존 과정에서 미래에 점차적으로 해결해야 할 문제다. 인류의 역사가 지속되는 한 그에 대한 확실한 답변은 가능하지 않으며 그것이 종결되게 되는 그 언젠가에 비로소 가능하게 될 것이다. 진리는 전체에 있다는 헤겔의 주장이 여기서 타당한 이론이 아니겠는가? 그런데 인류의 역사가 언젠가는 종결될는지 혹은 영원히 지속될는지는 아무도 알 수 없다. 그렇다면 인간의 실존성, 즉 그의 정체성에 대한 질문은 원칙적으로 개인은 물론이거니와 인류 전체가 힘을 합해도 해답할 수 없는 난제가 아닌가?

물론 실존주의자들이 이 점을 의식하지 못했던 것은 아니다. 사실인즉 그들은 처음부터 이 점을 공공연하게 시인하면서도 역설적으로 인간 실존의 비밀을 파헤쳐서 현대인에게 전달하고 이들 각자로 하여금 그것을 실현하게끔 촉구할 목적으로 인간의 실존성에 관한 연구에 착수했으며 그에 관한 수많은 전문 서적을 펴냈고 무수한 이론과 학설을 제시해왔다.

인간 실존이 무엇인지 모르면서 그들은 어떻게 실존주의라는 철학을 정립하고 주창하려는 것인가? 실존주의자들은 원칙적으로 불가능한 것을 가능하게 하려고 시도해왔음이 분명하다. 실존주의는 말하자면 아포리아와 역설의 힘으로 지탱되어왔다. 인간이 자기 자신과 타인에게 신비와 수수께끼라면 그의 본성에 대해 완전 침묵을 지켰어야만 하지 않았던가? 그에 대해 아무런 이론을 제기하지도, 아무런 책을 저작하지도 않았어야만 했던 것이 아닌가?

아무튼 실존주의는 우주의 기본 원리들과 법칙들에 관한 형이상학이 아니고 인간 실존에 관한 철학이다. 진정한 인간, 즉 단순히 이성만이 아닌 지정의와 여타 다양한 요소와 기능들뿐 아니라 육체도 소유한 자로서 시공간적인 현실 속에서 자신에게 다가오는 무수한 난관과 난제에 맞서 싸우며 무엇보다 자기 자신과 힘겹게 싸우는 가운데 매 순간 희로

애락을 체험하며 살아가는 구체적인 개개인에 관한 철학이다. 또한 그것은 그러한 자아가 비본래적이며 거짓된 자신을 탈피하고 본래적이며 이상적인 자신을 재발견하고 회복할 것을 촉구하며 그에게 그렇게 할 수 있는 구체적인 방도를 제시하는 철학이다.


## 2. 길레라이에에서의 사색

앞에서 우리는 키에르케고르가 그 어떤 지적인 호기심이나 사변적 충동에서보다 바로 자신의 삶에서 발생한 몇몇 구체적인 사건들로 인해서 개인적으로 겪어야만 했던 극심한 심적·정신적 갈등과 번뇌 때문에 진정 신중한 신앙적 자기반성을 하게 되었고 그와 더불어 깊은 철학적 사유 활동도 전개하게 되었다는 사실에 대해서 개략적으로 살펴보았다.

그러므로 키에르케고르의 실존사상은 결코 그가 머리를 굴려서 발전시킨 추상적인 이론 체계라고 할 수 없다. 그것은 어디까지나 극히 심각한 개인적인 문제들과 그야말로 사투를 벌이지 않으면 안 되었던 인간 키에르케고르가 그러한 자기 자신의 문제들을 해결하기 위한 방편으로 개발한 하나의 생활철학이다. 그가 자기 자신의 개인적인 문제들에서 헤어나기 위한 목적으로 심혈을 기울여 모색하고 개발한 해결책과 치유책이 수많은 타인에게도 적용될 수 있는 문제 해결의 방책이 되었던 것이다.

그의 실존철학의 취지와 방향이 무엇인지는 그가 22살의 젊은 대학생일 때 쓴 일기에서도 확연히 드러난다. 이 일기는 그가 1835년 여름방학에 코펜하겐을 떠나 덴마크 북부에 위치한 길레라이에Gilleleje라는 아름다운 마을로 여행을 가서 그곳에 있는 어떤 바위 위에서 파도가 넘실

거리는 바다를 바라보며 느꼈던 점을 적은 것이다.

그해 8월 1일자로 된 이 일기는 아직 "대지진"이 발생하기 전에 쓴 글이었다. 그즈음 그가 적은 일기 내용을 살펴보면 그는 전공하기로 결심했던 신학보다 철학과 문학에 더 큰 관심을 기울였던 것 같다. 그리고 그당시 벌써 자신이 진정으로 존경했던 부친과 그의 신앙관, 그리고 나아가서는 정통 루터주의 신학 및 당시 유행하던 합리주의 신학에 대해 환멸감과 회의를 느끼게 되었던 듯하다.

이로 말미암아 정신적인 동요를 느꼈음이 분명한 그는 그 당시 자신의 집안에 불시에 잇달아 발생한 비운으로 크나큰 충격을 받기도 했다. 앞서 밝힌 바와 같이 키에르케고르는 1832년부터 불과 3년에 걸쳐 그의 세 형제자매가 요절하고 그의 모친이 별세하는 것을 뼈아프게 목도해야만 했다.

이 모든 일들로 인해서 그의 마음은 대단히 복잡해졌으며 비탄과 절망으로 가득 차 있었음이 분명하다. 그래서 그는 박사학위를 위한 국가시험을 바로 얼마 앞두고서도 여행을 떠나게 되었다. 마음의 안정을 되찾고 생각을 정리하기 위해서, 또한 자신이 당면한 제반 실존적 난제들을 해결하기 위해서였다.

아름다운 길레라이에 바위 위에서 카테가트Kattegat 해협의 푸른 바다를 바라보며 자신의 복잡한 문제들에 대해 깊은 사색에 빠져 있던 키에르케고르는 마침내 이들을 해결할 수 있는 방책을 발견하게 되었다고 확신했다. 사람들이 그의 실존사상의 탄생으로 받아들이는, 그곳에서의 사색의 내용은 다음과 같다.

나에게 진정으로 필요한 것은 내가 무엇을 알아야만 하는지에 대해서보다 내가 무엇을 해야만 하는지에 대해 분명히 인식하는 것이다. 다만 모든 행동에는 일정한 이해가 선행해야만 한다는 점은 시인하는 바다. 문제는 나 자신을 이해하는 데 있으며 하나님이 진정으로 내가 무엇을 하기를 원하시는지를 인식하는 데 있다. 문제는 나를 위해 참된 진리를 발견하는 데 있으며 내가 위해서 살고 죽을 수 있는 이념idea을 발견하는 데 있다. 소위 객관적인 진리를 발견한들 무슨 소용이 있겠으며 모든 철학 체계들을 다 연구하고, 필요하다면 그들 모두를 비판하며 각 체계 속에서 모순들을 지적한들 무슨 소용이 있겠는가?⋯내가 만약 기독교의 의미를 설명할 수 있으되 그것이 나를 위해서, 나 자신의 삶을 위해서, 더욱 깊은 뜻을 지니고 있지 않다면 그것이 무슨 소용이 있으랴!⋯내가 아직도 인식의 불가피성을 인정하고 있음과 사람들이 지식으로 타인에게 영향력을 행사할 수 있음은 부인하지 않는다. 그러나 지식은 나의 삶 속으로 옮겨져야만 한다. 바로 이 점이 내가 지금 가장 중요한 사항으로 시인하는 바다. 그것이 바로 나의 영혼이 마치 사막이 물을 갈망하듯 갈구하는 바다. 그것이 바로 내게 결핍한 것이다. 그러한 이유로 나는 마치 집 한 채를 빌리고 가구와 세간을 장만했지만 삶의 희로애락을 함께할 임은 발견하지 못한 자와도 같은 형편에 있는 것이다. 내게 결핍한 것은 참으로 인간다운 삶을 산다는 것이다. 그러므로 나는 나의 사상을 결코 나 자신의 것이 아닌 것 위에, 즉 객관적이라고 하는 것 위에 건립하지 않고 나의 존재의 가장 깊은 뿌리와 맺어져 있는 것 위에, 즉 그것으로 인해서 내가 신적인 것에 뿌리박고 있으며 비록 온 세계가 무너진다 할지라도 함께 무너지지 않는 것 위에 세울 것이다(진리란 한 이념을 위해 사는 것이 아니고 무엇이랴?).

내가 무엇을 발견했는가? 나는 내가 발견하고자 한 나 자신을 발견하지 못했다.…사람은 무엇보다 먼저 자기 자신을 알아야만 한다*gnothi seauton*.

한 사람이 그의 삶에서 평화와 의미를 발견하기 위해서는 그는 이처럼 먼저 자신을 내면적으로 알아야만 하며 자신의 길을 발견해야만 한다.

물론 우리가 이 일기문에서 그의 사상에 관한 모든 것을 엿볼 수는 없다. 그러나 적어도 그가 그 당시부터 어디에 관심의 초점을 두고 사색하며 생활했는지는 충분히 가늠할 수 있다. 그의 가장 큰 관심사는 자기 자신이 위해서 살고 죽을 수 있는 진리, 자기 자신을 위한, 즉 자신의 내적 평화와 구원을 위해 필요한 진리 또는 이념을 알고 그것을 실천하고 생활화할 수 있는 자신이 되는 데와 그러한 진리 안에서 자기 자신을 발견하고 실현하는 데 있었다. 『철학적 단편 후서』의 표현을 빌리자면 그는 "객관적인 진리"가 아닌 "주체적인 진리"를 알고 실천하는 것이 그가 안고 있었던 인생의 모든 문제의 해결방책이라고 확신하게 되었다. 주체적인 진리가 그를 자유롭게 해줄 수 있다는 믿음이었다. 주체적 진리 또는 실존적 진리는 키에르케고르 자신과 만인에게 자유와 구원을 의미할 것이었기 때문이다.

이 일기문에서 키에르케고르의 실존사상의 기조를 발견할 수 있다면 우리는 또한 그 속에서 그의 새로운 사고방식의 양면적 성격도 감지할 수 있다. 키에르케고르 자신이 여기에서나 그의 저서 전반에 걸쳐 거듭 역설하는 바와 같이 그의 사상은 분명히 앎과 깨달음의 철학이 아니고 행함의 철학이다. 로고스의 철학이 아니고 파토스의 철학이다. 논리적 사유에 근거를 두기보다 "질적 비약"과 신앙의 모험으로 기독교의 기본 교리들을 과감하게 수락하고 내면화하는 동시에 외적으로 표현하는 데 역점을 두는 사상이다.

그러나 또 한편으로는 이 일기문에서—그리고 그의 저서 전반에서—그는 깨달음과 앎, 이해와 인식의 필요성과 중요성을 무엇보다 강조한다. 그는 자기 자신을 위해 있는 진리, 자신의 영혼의 자유와 구원과 관계되는 진리를 알고자 하며 자기 자신에 대한 앎을 갈구한다. 그래서 그는 소크라테스의 유명한 표어 "너 자신을 알라"를 자기 자신의 표어로 삼고자 하는 것이다. 그러므로 키에르케고르의 철학은 알고 보면 앎의 철학, 깨달음의 철학이다. 그리고 앎, 참된 앎을 타인에게 알려주려고 노력하는 철학이기도 하다.

그런데 그의 철학은 진리와 자아에 대한 참된 앎을 추구하는 철학인바 여기서 그가 뜻하는 앎이란 추상적 앎, 이론적 앎을 뜻하지는 않는다. 그것은 우리가 우리의 인격의 중심에서부터 아는 깊고도 뜨거운 앎이다. 세상에서 그러한 깊고 뜨거운 앎, 곧바로 행동과 생활로 직결되는 그러한 진정한 앎만큼 귀한 것은 없다. 그러한 앎은 곧 자유와 구원을 뜻하며 인생의 중대한 문제들을 해결하는 데 필요한 관건이라고 할 수 있다.

과연 우리는 그러한 진정한 앎을 확보할 수 있는가? 확보할 수 있다면 어떠한 방법으로 그렇게 할 수 있는가? 이것이 키에르케고르의 기본적인 질문이다. 이 질문에 답하는 것이 그의 수많은 저서의 내용이다. 그가 심혈을 기울이며 그 많은 저서를 차례로 저술하여 세상에 발표한 이유는 그 내용을 아는 것이 독자들에게 생사의 문제라 할 만큼 중요했기 때문이다. 또한 진리와 자신에 대한 진정한 지식을 확보하는 것이 세상의 그 무엇보다 급선무이며 중대사이기 때문이다.

키에르케고르에 대해 여러 사상가들과 일반 대중이 의식적으로 주장하고 가르친 것과는 달리 인생의 문제는 알고 보면 앎의 문제다. 우리가 검토하고 있는 이 일기문 초두에서 키에르케고르는 아는 것이 문제가 아니고 행동과 실천 방법이 문제라고 서술하는 듯하다. 그러나 그 전체 문맥을 살펴보면 진리와 자신에 대한 진정한 앎이 자기 자신과 만인에게 가장 중대한 일이라는 점을 고조하고 있음을 알 수 있다.

만약 앎이 중요한 것이 아니고 행동과 결과 또는 그 어떤 다른 것이 그보다 더 중요하다면 그것이 무엇임도 알아야만 하며 그들이 왜 그다지도 중요한지, 그들이 어떠한 방법으로 현실화될 수 있는지 등에 대해서도 알아야만 한다. 그러므로 역시 앎이 중요하며 무엇보다 더 중요한 일임이 분명하다. 그 모든 것을 우리의 중심에서부터 순수하게 바로 알고 뜨겁게 알면 아는 대로 행하고 실천할 수 있을 것이기 때문이다.

우리가 이들에 대해 전혀 모르고 그 무엇을 우연히 또는 기계적으로, 아니면 억지로 행한다면 우리의 행동은 그다지 가치가 없는 행동이 될 것이다. 우리가 행하는 바가 무엇인지에 대해, 그 근거와 영문과 목적 등을 분명히 알고 그렇게 할 때 우리의 행동은 진정 가치 있고 훌륭한 행동이 될 것이다.

키에르케고르는 이 일기문과 그의 저서 전반에 걸쳐 앎과 행동, 사유와 신앙, 인식과 투지 또는 정열과의 관계에 대해서 줄곧 이중적 태도를 취하고 있다. 즉 여기서 나열된 서로 대조되는 두 개념들 가운데 전행하는 것은 부정하거나 경시하고 후행하는 것만을 긍정하며 중시하는 듯하면서도 또 한편으로는 양자 모두가 중요하다는 점을 암암리에 혹은 공공연하게 시인하는 것이다.

예컨대 그는 극단적으로 반헤겔적인 자신의 진리관과 신앙관 등을 소개하는 『철학적 단편』과 『철학적 단편 후서』에서 이성의 사유로는 진리에 이를 수 없으며 신앙의 차원에도 이를 수 없음을 무엇보다 강조한다. 이를 위해서는 이성 또는 오성을 포기해야만 한다는 것이다.[7] "신앙은 지식이 아니며 자유에 의한 행위와 의지력의 표현이다."[8]

그런데 그는 진리와 신앙과의 관계에서 이처럼 지성Wissen 또는 이성, 그리고 그것을 통한 사유 활동Denken의 무위를 주장하면서도 그것의 필요성을 역설하기도 한다. 진리와 신앙의 차원을 향한 실존과정에 있어서 사유 활동 또는 변증법, 상상력, 감정, 그리고 무엇보다도 정열이 총동원되며 이들 중 아무 요소도 결여해서는 안 된다는 것이다.

실존과정에 있어서는 이 모든 요소들이 동시에 발동되어야만 한다. 실존과정과 관련해서는 사유 활동이 결코 상상력과 감정보다 더 우월한 위치에 있지 않다.[9]

주체적[=실존적] 사유자는 상상력, 감정, 변증법을 필요로 하되 정열과의 실존적 내면 관계에서in Existenz-Innerlichkeit mit Leidenschaft 그들을 필요로 한다.[10]

주관적 사유자의 과제는 자기 자신의 실존을 이해하는 데sich selbst in Existenz zu verstehen 있다.…주관적인 사유자는 실존하는 자다. 그러나 그는 또한 사유하는 자이기도 하다.[11]

주관적인 사유자는 실존적인 차원을 향해 나아가는 변증가Dialektiker 다. 그는 [지성과 신앙 간의] 질적인 차이를 견지하기 위한 사유의 정열 Gedankenleidenschaft을 소유하고 있다.[12]

## 3. 헤겔의 전체주의와 기독교적 인간관

철학사적으로 볼 때 키에르케고르의 실존사상은 단적으로 헤겔의 절대적 관념론과 범논리주의에 대한 항의인 동시에 그의 환원주의적 인간관에 대한 반명제이기도 하다.

> 여기 덴마크에서 [헤겔의] 사변 체계에 대해서만, 항상 사변 체계에 대해서만 거론할 그 무렵 [나 키에르케고르의] 익명의 작품들은 '개인'이란 범주로 사변 체계에 강타를 가하려 꾀했다.[13]

헤겔의 인간관은 상술한 그의 합리주의와 보편주의의 견지에서 이해해야만 하며 그의 정치철학 및 역사철학의 관점에서 이해해야만 한다. 그에 따르면 우주의 근본은 이성이며 인간도 이성, 즉 이론이성과 실천이성, 사유 능력과 도덕의지다. 이성이 인간을 인간 되게 하는 가장 중요한 요소이며 만인의 공통분모이기도 하다. 이성이 곧 인간의 본성, 인간성을 뜻한다.

절대자와 마찬가지로 유한한 인간도 본질상 이성과 정신이지만 현실적으로는 그러한 "자신의 개념에 완전 일치하지 않기에" 장구한 자아 발견과 자기완성의 과정을 거쳐 결국은 이성으로서의 자신이라는 "진리"에 도달해야만 한다. 그의 인간성이 지속적으로 계발되고 연마되며 완성되어야만 하는 것이다.

우리 인간은 감성적 기호와 본능적 욕구에 따라 자의로나 비합리적으로 생각하거나 행동해서는 안 된다. 그렇게 하는 대신 만인에게 보편타당하며 객관적인 사유와 행동의 척도에 따라 합리적으로 생각하고 행동해야만 한다. 그렇게 할 때 우리는 금수와 질적으로 상이한 숭고한 인간답게 바로 생각하고 행동하게 될 것이다. 그러므로 개인이라고 하면 우리는 곧 그에게 고유하며 특수한 면들, 즉 그의 개성과 독자성을 생각하기보다 그가 만인과 공유하고 있는 보편적인 측면을 생각해야만 한다. 그의 인간성, 즉 이성과 지성, 도덕성을 생각해야만 한다.

헤겔은 이처럼 모든 개인이 공통분모로 공유하는 인간성의 중요성을 과대하게 부각시킨 나머지 그들 각자가 특유하게 소유하고 있는 개성과 특수성을 간과하고 묵살했다. 그 무엇으로도, 그 누구로도 대치할 수 없는 유일무이하며 전무후무한 개개인의 독자성과 인격성을 그대로 고려하는 대신 오히려 경시하고 과소평가했다.

헤겔은 그의 『정신현상학』 서문에서 진리는 전체에 있다는 점을 강조하면서 전체 속에서 차지하는 개인의 위치와 역할에 대해 다음과 같이 서술한다.

정신의 보편성이 그와 같이 강화되고 개별성은 당연히 그만큼 더 무의미하게 gleichgültiger 되어버린 이때, 그리고 보편성이 그 충만한 범위와 적립된 풍만 속에서 유지되고 그것이 이것을 또한 요구하기도 하는 이때에, 정신의 총체적인 역사役事에 있어서 개인의 활동에게 배당되는 역할은 단지 미미한 만큼…개인은 그만큼 자기 자신을 잊고 그가 될 수 있는 만큼 되려 하며 할 수 있는 만큼 하려 해야만 한다. 그는 자기 자신으로부터 그만큼 덜 기대하고 덜 요구해야만 하며 사람들도 그로부터 그만큼 덜 요구해야만 한다.[14]

그리고 그는 자신이 "지상에서 보행하는 신 자신"이라고 간주했던 국가와 개인과의 관계에 대해서는 다음과 같이 피력했다.

개인은 국가의 실체적인 삶에 그 근거를 두는 것이며 후자에 참여하는 데서 그 의미를 획득하게 된다. 후자를 떠나서는 개인은 우연하다 akzidental.[15]

그러한 이유에서 헤겔은 개개인이 신과 절대 특수한 인격적인 관계를 맺을 수 있다는 점에 대해서는 전혀 의식하지 못하고 있었다. 대신 그는 만인이 그들 모두에게 공통되며 보편타당한 접근 방법으로, 즉 이성적인 사유와 자기반성으로 세계이성인 절대자에게 나아가고 그를 인식하며 그와 관계를 맺는다고 보았다.

헤겔은 "단독적인 개인이 절대자와 절대적인 관계"를 맺을 수 있고 맺어야만 한다는[16] 사실은 간파하지 못했다. 개개인이 절대자와 절대 특수한 "나와 당신"I-Thou의 인격적인 관계를 맺을 수 있는 숭고한 위치에 있다는 점은 알지 못했다. 그래서 키에르케고르는 헤겔의 인간관을 다음과 같은 말로 극렬하게 질타하고 조소하기까지 했다.

사변철학의 견지에서는 우리는 단독적인 개인을 도외시해야만 한다.[17]

사변철학은…한 단독적인 개인, 즉 사유의 대상이 될 수 없는 그러한 개인은 경시해야만 한다.…사변철학은 개인에게 다음과 같이 이야기해야만 한다. "이것[=단독적인 개인]을 위해 시간을 낭비할 필요가 있는가? 잊어버리라. 개인이 된다는 것은 무無가 됨을 뜻한다. [인간 일반의 본성인 이성의 법칙에 따라] 사유하라. 그렇게 한다면 그것은 당신이 인간으로 존재함을 뜻한다. '[이성으로] 사유한다. 그러므로 나는 존재한다*Cogito ergo sum*.'"
그러나 이것은 거짓말이다. 단독적인 개인이 가장 고상하며 단독적인 개
인이 된다는 것이 가장 고상한 일이다.[18]

아리스토텔레스와 헤겔과 같이 인간을 "이성을 가진 동물"*zoon logon
echon*로 간주한다는 것은 인간을 완전히 그릇되게 보는 것이다. 인간은
이성 이상의 숭고하고 심오한 존재일 뿐 아니라 인간성이라는 그의 종
개념種概念으로 그 개인적인 인격성을 획일화해서 평가할 수 없다. 그는
동물과 달리 많은 본보기들 가운데 하나만이 아니기 때문이다. 개개인은
각각 인간성이라는 공통분모로 환원시킬 수 없는 절대 특수한 개성과
인격성을 소유하고 있을 뿐 아니라 자신에게 주어진 영적·정신적 잠재
력과 창의성에 따라 지속적으로 자신을 만들어가는 그러한 능동적이며
창조적인 존재며 무한한 정신적 가능성을 지닌 존재다. 인간 각자는 자
신의 그러한 가능성과 잠재력에 따라 자신을 만드는 만큼 자기 자신이
된다.

인간은 로고스라기보다 오히려 파토스다. 더 정확하게는 무한성과
영원성이다. 아니 신비와 수수께끼다. 자우더마는 이에 대해 다음과 같
이 표현한다.

각각의 인격체는 다 건널 수 없는 경계로 둘러싸여 있다. 우리 각자는 은
닉된 인간*homo absconditus*이다. 우리는 감춰져 있고 고독하며 [종잡을 수 있
는] 그림자가 없다.[19]

그러므로 인간 실존에 대한 어떤 이론 체계도 결코 가능하지 않다.[20]

인간은 결코 진공관과도 같은 추상성의 차원에서 공전하는 "순수사유"의 "자기운동"으로 환원될 수 없다. 왜냐하면 그는 시공간과 현실 속에서 구체적으로 실존하는 특정의 개별자이기 때문이다. 그는 현실 속에서 실제적으로 발생하는 무수한 한계상황 속에서 지성만이 아닌 지정의와 여타 기능들과 능력들 및 육체가 합해서 구성된 전인적인 자신의 전폭적인 노력으로 그들과 대결하여 싸우며 매 순간 공포와 안도감, 절망과 소망, 죄책감과 자유를 체험하는 가운데 힘겹게 살아가는 개인이다.

그러므로 개인을 인간성이라는 공통분모로 획일화할 수 없고 인간이라는 종種의 이름하에 도매가로 취급할 수 없다. 그의 인격적인 존엄성과 절대적인 가치를 그 어떤 이유로도 유린할 수 없다. 개개인은 그 어느 타인으로도, 그 무엇으로도 대치할 수 없는 유일무이하며 전무후무한 인격이다. 이 점을 가장 확연하게 보여주는, 앞서 이미 인용한 키에르케고르의 글을 다시금 살펴보자.

인간은 일반적으로 언급되는 제반 종류의 우월성으로 인해서만 여타 동물류와 구별되는 것이 아니고 개인, 즉 단독적인 개인이 [인간이라는] 종 이상의 존재라는 데서 그들과 질적으로 구별된다.[21]

바로 그러한 의미에서 사르트르가 키에르케고르의 인간관에 따라 본질이 실존에 앞서기보다 실존이 오히려 본질에 앞선다고 설파한 것이다. 기독교적 신앙의 관점에서 무엇보다 고려해야만 할 사실은 개인이 신과 관계를 맺되 절대 특수한 인격적인 관계를 맺는다는 점이다. 그 누구도 그를 대신해서 신 앞에 설 수 없고 그를 대신해서 신을 내적으로 체험하며 교제할 수 없다. 개개인은 각각 절대 독특한 자신만의 방법으로 신 앞

에 홀로 서 있는 단독적인 개인이다.[22]

앞서 살펴보았듯이 헤겔은 이 점을 인식하지 못했다. 개별적이며 특수한 것보다 보편타당하며 객관적인 것을 항상 절대시한 헤겔은 단지 만인이 만인에게 공통되며 신에게도 타당한 사유의 법칙에 따라 신 앞에서 자기반성을 하는 가운데 자신과 진리를 알아야만 하며 그들 모두에게 공통된, 보편적인 도덕적 원칙과 규범에 따라 타인과 신 앞에서 행동하고 살아가야만 한다고 볼 따름이었다. 그는 "단독적인 개인이 보편적인 것보다 더 고차원적이다"라는[23] 사실을 깨닫지 못했다. 그는 오히려 시종일관 만인이 개인적이며 사적인 것을 완전히 지양하고 보편적이며 공적인 것을 절대 긍정하고 따라야 한다고 강조했다.

또한 헤겔은 개개인이 단순한 이성, 즉 사변이성과 실천이성만이 아닌, 무한한 잠재력과 독창성을 지닌 영과 인격으로서 사변이성과 실천이성이 결코 미칠 수 없는 지극히 심오한 영적 차원, 거룩함의 차원에 뿌리를 내리고 살아간다는 점과 그러한 개개인이 그 차원에서 절대자와 각기 특수한, 절대 특수한 인격적인 관계를 맺는 가운데 그 앞에 바로 서서 각기 특유한 자신만의 방법으로 지속적으로 자신을 만들어가야만 한다는 점도 인식하지 못했다.

헤겔의 사변 체계에서와는 달리 기독교에서는 개인을 결코 전 실재와 온 사회와 온 국가라는 "전체"의 견지에서 추상적으로 보고 평가하지 않으며 인간성이라는 보편성의 잣대에 맞춰 도매가로 취급하지도 않는다. 하나님은 잃어버린 한 마리의 양을 잃어버리지 않은 99마리의 양보다 더 귀하게 여기신다는 예수의 말씀이 가르쳐주듯이 기독교는 그 어떤 명목으로도, 그 어떤 방법으로도 인간 각자의 유일무이한 독자성과 주체성을 평가절하해서는 안 됨을 그 무엇보다 강조한다. 기독교는 개인을 어디까지나 단독적인 개인 자신으로 심각하게, 절대 심각하게, 그리고 매번 지극히 특별하게 취급한다. 헤겔과 같이 전체와 보편을 절대시하고 개별자와 특수한 자를 상대화한다는 것은 곧 이교사상paganism을 뜻한다.

헤겔의 사변 체계 속에서 개인은 무한히 방대한 우주 전체와 그 장구한 발전사라는 전체, 그리고 무수한 개인으로 구성된 국가와 사회라는 전체 속에 흡입되고 매장될 수밖에 없다. 나아가 개인은 사私와 소小로서 후자의 궁극적인 목적이 성취되는 과정에 필요한 수단과 방편에 불과한 고로 그의 인격적 존엄성과 가치가 상대화될 수밖에 없다. 개인은 모든 사물과 타인들과 완전히 구별된 한 특수한 인격으로서의 나Ich 혹은 너Du가 아닌 그 무엇Es으로 전락할 수밖에 없는 것이다. 결과적으로 그는 자율적으로 사유하고 행동하며 자신의 행동에 대해 책임을 지는 도덕적인 주체라기보다 절대자의 자기 진화 과정이라는 전체적인 흐름 속에서 모든 다른 개별자들과 더불어 필연적인 변증법적 법칙에 따라 함께 표류하는 한갓 "객체" 또는 매개 수단으로 취급될 수밖에 없다.

헤겔의 "세계사적인 변증법에 있어서 개인들은 인간성이라는 [보편자] 속에서 사라지게 된다. 구체적인 것을 위한 새로운 확대경이 발견된다 할지라도 이러한 변증법에서는 너와 나와 같은 실존하는 개인은 결코 발견될 수 없다."[24] 여기서는 전체가 절대적인 의미를 띠게 되며 개인이라는 부분은 극히 상대적이며 무의미한 존재로 취급되지 않을 수 없다는 것이다.

헤겔의 철학은 보편성과 전체에 관심을 집중시키는 반면 "키에르케고르의 철학 전체는 '개인'이라는 범주에 주의를 집중시킨다."[25] 키에르케고르는 다음과 같이 기록했다.

실존하는 한 개인이 무엇이란 말인가? 현대인들은 개인은 너무나도 미미한 존재라는 생각에 젖어 있다. 이것이 바로 현대에 있어서 특별히 부도덕한 점이다. 모든 시대가 다 그들의 특유한 폐풍을 드러낸다. 지금 우리시대의 폐풍은 정욕과 향락과 관능주의가 아니고 개인을 범신론적으로 극히 경멸하는 풍조다.…모든 사람이 더불어서 무엇인가 도모하며 세계사적인 맥락에서의 '전체'라는 것에 현혹되고 있다. 아무도 실존하는 개인이 되려 하지 않는다. 아마도 그러한 이유에서 그렇게도 많은 사람, 심지어 헤겔의 철학 속에서 의심스러운 점을 발견하는 사람들까지도 그에게 기대를 걸고 따르는 것이리라. 사람들은 자신이 실존하는 하나의 개인이 되면 자신이 흔적도 없이 사라지게 되어 비판적인 학술지나 세계사에 대한 사변가들은 물론 일간지들도 그를 거들떠보지 않게 될 것을 두려워한다.…누군가 헤겔을 포기한다면 아무도 그에게 편지 한 장 띄우지 않을 것이다.…나폴레옹이 아프리카로 진격했을 때 그는 병사들에게 4천 년의 과거가 피라미드 꼭대기에서 그들을 내려다보고 있음을 상기시켰다. 우리는 이 사건에 대해 읽기만 해도 마음이 부풀어 오르게 된다. 사기를 고취하는 그의 말을 듣는 순간 가장 비겁한 병사도 영웅으로 변하게 되었을 것이 분명하다. 세계가 6천 년 전부터 존재하고 있고 하나님도 세계만큼 오랫동안 존재해오셨다면 6천 년의 과거가 하늘로부터 실존하는 개인을 내려다보고 있는 것이다. 이 사실도 감격스러운 일이 아닌가? 그러나 현대인들은 단체로서는 용감하나 개인으로서는 비열하고 비겁하다.[26]

기독교에서는 개인, 단독적인 개인, 신 앞에 홀로 서 있는 단독적인 개인이 가장 "기본적"essential이며 "결정적"decisive인 범주다. 키에르케고르의 실존사상은 개별자에 관한 철학이다.[27] 더 정확하게는 그것은 신 앞에 홀로 서 있는 개별자에 관한 철학이다. 키에르케고르는 다음과 같이 기록했다.

> [기독교가] 문제시하는 것은 [개인의] 주체성이다. 진리가 있다면 우리는 그것을 바로 이것에서 발견할 수 있다. 객관적으로는 그것이 결코 존재하지 않는다. 진리가 오로지 한 사람 속에서만 발견될 수 있다고 할지라도 그것은 [다른 어느 데서가 아닌] 바로 그 사람 속에서만 발견될 수 있다. 그래서 이 한 사람으로 인한 하늘[=하나님]의 '기독교적' 기쁨은, 객관적인 실체들로서 기독교적인 견지에서 볼 때 크게 의미가 없는 세계사와 체계에 대한 기쁨보다 크다.[28]

이 구절은 키에르케고르가 앞서 언급한 잃어버린 양에 관한 예수의 말씀을[29] 염두에 두고 쓴 글이다. 하나님은 인간들을 막연하게 무리로만 보지 않고 한 사람 한 사람을 개인으로 보고 상대한다. 그가 비록 무한자이며 우주의 대 주재라 할지라도 그는 지극히 작은 한 인간도 홀대하지 않고 친아버지와 선한 목자로서 잃어버렸다 되찾은 이 한 마리의 양에게 하듯이 인격적으로 대하고 품어주며 보살펴준다. 개개인 한 사람 한 사람을 일일이 눈동자처럼 귀하게 보살펴준다. 이것이 예수의 가르침이다. 왜냐하면 "하나님에게는 무리가 존재하지 않고 오로지 특수한 개인들만 존재"하기 때문이다.[30] "그[=하나님] 앞에서 개인은 결코 [인간이라는 보편개념] 이면에 감추어져 버리지 않는다."[31] 즉 하나님 앞에서는 "단지 하나의 질적인 개인quality-individuality밖에 존재하지 않는다. [인생의] 모든 문제는 다 이것과 관계되는 문제다."[32]

## 4. 군중과 개인

인간은 동물과는 달리 단순히 인간이라는 종의 한 본보기가 아니다. 그는 종 이상의 숭고하고 심오한 개인, 단독적인 개인이다. 자율성과 독자성, 창의력과 잠재력, 투지력과 정열, 영성과 인격성을 소유한 개인이며 자신의 삶 속에서 발생하는 수많은 난관과 시험 앞에서 자신에게 주어진 그러한 정신적 능력들과 잠재력들을 총동원하여 유일무이하며 절대 특수한 개인으로서의 자신을 잃지 않기 위해 계속 투쟁하는 가운데 실존하는 개인이다.

그러므로 헤겔이 주장한 바와는 달리 인간은 우주와 그 발전사라는 전체 또는 사회와 국가라는 "실체"Substanz 속에 매몰되어 피동적으로 살아가야만 하는 무의미하고 우연한 개체가 결코 아니다. 그리고 군중 속에 파묻혀 아무런 독자성과 주체성이 없이 하루하루를 진부하게 살아가야만 하는 미미한 존재도 아니다. 인간은 종 이상의 개인, 특수한 개인이므로 단순히 수많은 군중 속의 한 개체로서 군중과 하나가 되어 그들의 장단에 맞추어 춤을 추며 의식 없이 살아가는 한갓 세인世人, der Gesellschaftsmensch일[33] 수 없다.

우리 인간 각자는 단독적인 개인, 신 앞에서 홀로 서 있는 단독적인 개인이기에 우리는 우리에게 닥쳐오는 모든 난관과 시련을 헤치고 주위 환경이나 우리 자신과 싸우는 가운데 우리 자신을 지속적으로 만들어가야만 한다. 신 앞에서 부끄러움이 없는 참되고 이상적인 우리 자신으로 만들어가야만 한다. 우리 자신의 역사를 열어가야만 한다.

우리 각자가 이처럼 독자적으로 자신을 만들어나가야 하며 자신의 역사를 열어가야 하는 자율적인 정신이기에 우리는 또한 우리 자신의 행동에 대해서, 그리고 우리 자신의 인품에 대해서 책임을 져야만 한다. 우리는 우리 자신의 행동에 대한 책임을 주위 환경이나 주위 사람들에게 전가하려 해서는 안 된다. 개인의 엄중한 가치는 다음에 인용한 키에르케고르의 글들에서 확인할 수 있다.

> 기독교는 개별적인 주체에 말할 수 없이 큰 비중을 둔다. 그것은 오로지 그 개별적인 주체만을 상대하기 원하며 각 개인을 독자적으로 상대하기 원한다.[34]

> 인간이 오로지 신 앞에서, 그리고 엄청난 노력과 엄청난 책임 의식 속에서 온전히 자기 자신, 즉 개별적인 인간, 특수한 개별적인 인간이 된다는 것이 기독교적 장렬壯烈, heroism이다. 기독교적 장렬은 결코 추상적인 인간관에 의해 기만을 당하거나 세계사를 가지고 놀이를 하는 데 있지 않다.[35]

> 우리가 유의해야만 할 첫째 사항은 모든 인간은 다 개인이라는 점과 그들이 자신을 개인으로 의식해야만 한다는 점이다. 만약 인간들로 하여금 아리스토텔레스가 동물의 범주라고 칭하는 것, 즉 군중으로 모여들게 만든다면 이 추상적인 것[=군중]은 절대적인 무無보다 더 하찮은 것으로, 가장 무의미한 개인보다 더 보잘것없는 것으로 판단되는 대신 의미 있는 그 무엇으로 간주되기에 이른다. 그래서 이 추상적인 것이 급기야 신이 되기까지 한다.[36]

> 만약 군중이 악 자체the Evil며 혼동이 우리를 위협하는 것이라면 구원은 오로지 한 가지에서만 발견할 수 있는바 그것은 곧 단독적인 개인이 되

는 데와 하나의 근본적인 범주인 '바로 저 개인'이라는 생각 속에서 발견할 수 있다.[37]

개인은 종교적인 견지에서 볼 때 현세와 인류의 역사와 인류 전체가 반드시 거쳐야만 할 범주다.[38]

'개인'은 결정적인 기독교적 범주이며 그것은 기독교의 미래를 위해서도 역시 결정적인 범주일 것이다.[39]

'개인', 이 범주에 기독교의 성쇠가 달려 있다.[40]

그래서 키에르케고르는 심지어 자신의 무덤 앞에 비석이 세워진다면 거기에 "그 개인"이란 글자만 새겨지기를 소원한다고까지 했다.[41]

개인이라는 범주와 전혀 상반되는 군중이라는 범주는 평준화levelling의 명목하에 개인으로 하여금 자신의 무한한 존엄성과 가치, 그리고 그와 더불어 자신의 무한한 책임감도 완전히 망각하게 만드는 하나의 "괴물과 같은 추상성"이며[42] 개인의 자율성과 독자성을 철저하게 마비시키는 "추상적인 유령"이다.[43]

개인을 비본래적이며 거짓된 속인으로 전락시키는 군중은 "모든 것인 동시에 아무것도 아니며 가장 위험한 세력인 동시에 가장 미미한 세력이다."[44] 군중은 "그 개념에 있어서 벌써 비진리다. 왜냐하면 그것은 개인을 전혀 회개하지 않고 무책임하게 만들거나 그렇지 않으면 적어도 그의 책임을 극소화함으로써 그의 책임감을 약화시키기 때문이다."[45] 그래서 키에르케고르는 심지어 "군중은 비진리이며",[46] 단독적인 개인은

"영원한 진리"라고[47] 기록하기도 했다.

우리는 지금 다른 모든 것에 대해서는 관심을 기울이고 있으나 참된 자기 자신에 대해서는 별다른 관심을 보이지 않는 시대에 살고 있다. "자기 상실이 가장 큰 피해임에도 불구하고 그것이 마치 아무것도 아닌 것처럼 세상에서 아주 조용히 이루어지고 있다. 다른 어떤 것의 상실도 이만큼 조용히 이루어질 수는 없다. 다른 어느 것의 상실, 예컨대 한쪽 팔, 한쪽 다리, 5달러, 한 아내※ 등의 상실에 대해서는 사람들이 반드시 관심을 기울인다."[48] "군중들에게 에워싸이고 세속적인 일들에 심취해 세상의 생활방식에 대해서 더욱더 눈이 밝아진 [비본래적인 삶을 영위하는] 사람은 자신을 잊고 신이 지어주신 자신의 이름도 잊고 살아가고 있으며 자신을 신뢰하려 하지 않고 자신이 되는 것은 너무나도 위험부담이 많은 것으로 간주하고 있다. 그들은 타인들과 똑같이 되는 것, 즉 하나의 복제물a copy, 하나의 숫자, 하나의 군중인a mass man이 되는 것이 훨씬 더 쉽고 더 안전하다고 간주하고 있다."[49]

개인은 "군중이라는 유령"에서[50] 헤어나 진정으로 자유롭고 자율적인, 그러나 그만큼 더 막중한 책임 의식을 소유한 단독적인 개인으로 홀로 서야만 한다. "기독교의 이념은 '개인'이라는 범주로 흥하거나 쇠한다. 이 범주가 무시되는 곳에 범신론이 완전히 개가를 올리게 되었다.… '개인'이라는 범주야말로 범신론적 혼동을 저지할 수 있는 확실한 방책이며 앞으로도 그러할 것이다."[51]

그러나 개인이 개인으로 올바로 서기 위해서는 자신의 존재의 원천이며 원형인 신 앞에서 바로 서야만 한다. 그와 올바른 관계를 맺어야만 한다. 왜냐하면 "한 인간을 인간 되게 하는 것은 사실 오로지 신과의 관계에서만 가능하기"[52] 때문이다. 그리고 역으로 "인간은 진정한 자기 자신에게로 돌아섬과 더불어 필연적으로 신에게로 돌아서게 되기도 한다."[53]


## 5. 신 앞에 홀로 선 단독자: 아브라함과 헤겔

전체주의자 헤겔은 개인이 전체와 보편이라는 범주에 매몰되게 했고 국가와 사회라는 실체 앞에서 그를 극히 무의미하며gleichgültig 우연한 akzidentell 존재로 격하시켰다. 그러나 기독교에서는 독자 이삭을 신에게 제물로 바치기 위해 모리아 산을 올라가 신 앞에서 단독적인 개인으로 홀로 서서 그와 "두려움과 떪으로" 절대 특수한 인격적인 관계를 맺었던, 아브라함을 모든 개인의 귀감으로 간주하고 있다.

아브라함은 신 앞에서 바로 서기 위해 인간의 보편적인 것, 즉 인간 사회 속에서 보편적으로 타당한 윤리적인 것, 윤리적인 척도를 "목적론적으로 보류했다"teleologically suspended.[54] 하나님 앞에서 신앙인으로 바로 서는 것이 사람들 앞에서 도덕인으로 바로 서는 것보다 무한히 중요함을 알고 있었기 때문이다. 하나의 절대적인 목적telos인 신의 뜻을 준행하기 위해 그는 인간 사회에서 보편타당하게 적용되는 윤리와 도덕을 "목적론적으로 보류"한 것이다.

그러나 그것을 완전히 폐기한 것은 결코 아니었다. 그가 한순간도 중단함이 없이 독자 이삭을 사랑하되 자기 자신보다 더 사랑했다는 점을 통해 그의 삶에서 타인과의 윤리적인 유대 관계가 대단히 중요한 의미를 계속 띠고 있었음을 명백히 인식할 수 있다. 헤겔에게는 전체와 보편이 절대적인 범주였으나 아브라함에게는 개별과 특수가 전체와 보편 이상의 탁월한, 절대 탁월한 범주였다. 아브라함이 모리아 산상에서 보여준 기독교적 "신앙이란 곧 단독적인 개인이 보편적인 것보다 더 중요하다는 역설逆說이다.…단독적인 개인이 단독적인 개인인 한 그는 절대자와 절대적인 관계를 맺고 있다."⁵⁵

모리아 산상에서 절대자와 절대적인 관계를 맺음으로써 아브라함은 기독교적 신앙의 본질이 무엇임을 가장 확연하게 보여주었다. 그의 행위는 첫째 신을 절대화하고 신 외의 모든 것은 다 상대화하는 그러한 행위였으며, 둘째 단독적인 개인으로서 절대자 신 앞에 홀로 서서 그와 절대 특수한 인격적인 관계로 영교靈交하는 그러한 행위였다.

아브라함은 사람과 올바른 관계를 맺고 사람들 앞에서 올바로 서기를 원하는 데 급급한 도덕인만이 아니었다. 대신 그는 신과 절대적인 관계를 맺고 오로지 그의 뜻에만 따라 행동하기 원하며 그 외 다른 모든 것은 단지 상대적이며 부차적인 것으로 간주하는 그러한 신앙인이었다. 그는 신의 명령 앞에서 자신에게 가장 귀한 것까지 서슴지 않고 내어줄 각오가 되어 있었던 "신앙의 용사"였다.

기독교의 신 앞에는 오로지 아브라함과 같은 개개인만 존재한다. 그는 그러한 개개인과 매번 가장 특별한 인격적인 "나와 너의 관계"Ich-Du-Beziehung를 맺기 원한다. 예수는 하나님이 개개인들의 아버지로서 그들의 "머리의 털까지 세신다"라고 할 만큼 그들을 세심하게 보살핀다고 가르쳤다.⁵⁶ 그리고 상술한 대로 하나님은 잃어버리지 않은 99마리의 양들보다 잃어버린 한 마리의 양을 더 사랑한다고 가르치기도 했다. 도덕적인 견지에서 볼 때는 모리아 산상에서의 아브라함의 행동은 흉측한 살인 행위다. 그러나 종교적인 견지에서 볼 때 그것은 거룩한 제사 행위였다.⁵⁷ 그는 인간 사회에서 통용되는 보편적인 윤리의 기준의 적용을 보류하고 이삭을 죽여 신에게 제물로 바치려 함으로써 기독교에서는 종교적인 차원이 윤리적인 차원보다 더 높은 차원임을, 절대적인 차원임을 여실히 보여주었다.

국가의 안녕을 위해 자신의 딸 이피게네이아Iphigeneia를 제물로 신에게 바친, 그리스 신화에 나오는 비운의 영웅 아가멤논Agamemnon의 경우에는 도덕적인 것이 보류되지 않았다. 그가 비록 자신의 딸을 사랑해야만 하는 의무를 무시하고 그녀를 죽여 제물로 바쳤다 할지라도 그는 국가를 위한 대의명분을 위해서 그렇게 했기에 그 행동은 여전히 보편적인 윤리의 기준과 일치하는 도덕적 행위였다.

그러나 아브라함이 이삭을 죽여 신에게 제물로 바치려 한 행위는 인간 사회의 공익과 관계되는, 어떤 도덕적 행위가 결코 아니었다. 그것은 이삭을 향한 그의 일상적인 도덕적 임무, 즉 그를 사랑해야만 하는 임무보다 더 고차원적인 그 어떤 도덕적·사회적 임무(예컨대 국가에 대한 충성심)로 인해서 수행한 행위가 아니었다. 그의 행동은 인간 사회의 보편적인 기준으로는 인준될 수도 없었고, 이해될 수도 없었던 전적으로 개인적이며 절대 특수한 행동이었다. 모리아 산상에서 아브라함은 다수의 인간들 앞에 서 있지 않았고 어디까지나 신 앞에 홀로 서 있었다. 거기서 그는 오로지 신과 독대하고 있었다.

신앙은 단독적인 개인이 한 인격으로서, 유일무이하며 전무후무한 한 인격으로서 절대자와 맺는 그러한 절대 특수한 관계다. 그러한 이유에서 신앙은 통상적인 방법으로 타인에게 전달하거나 설명할 수 없는 패러독스일 수밖에 없다. 이에 대해 키에르케고르는 『공포와 전율』FT에서 다음과 같이 말한다.

신앙은 [보편타당한 이성적 척도로 인식할 수 있는] 보편적인 것으로 매개될 수 없다. 왜냐하면 신앙이 그렇게 될 수 있다면 그것은 곧 신앙의 말소를 뜻할 것이기 때문이다. 신앙이 그러한 패러독스라면 단독적인 개인은 타인에게 자신의 신앙을 전혀 납득시킬 수 없다.…믿음의 용사는 타인에게 도움을 줄 수도 없다.…이 방면에서 협력이란 절대 생각할 수 없다.[58]

신앙의 용사는 오로지 자기 자신에게 맡겨져 있다. 그는 타인에게 자신을 이해시킬 수 없는 고통을 통감하고 있다. 그러나 그는 타인을 교육하려는 헛된 욕망을 갖지 않는다.…진정한 신앙의 용사는 어디까지나 증인이며 교사가 아니다.[59]

신앙의 좁은 길을 걷는 자에게는 그를 충고할 수 있는 사람이 아무도 없다. 그리고 아무도 그를 이해하지 못한다. 신앙은 경이다. 그러나 아무 인간도 그것에서 제외되어 있지 않다. 왜냐하면 모든 인간의 삶을 연결하는 것은 정열인바 신앙은 일종의 정열이기 때문이다.[60]

모리아 산상에서의 아브라함의 행위는 모든 면에서 비합리적이며 absurd 패러독스적인 행위였다. 그러한 이유에서 그는 자신의 행동을 타인들에게 결코 해명할 수 없었다. "그래서 아브라함은 말이 없었다. 그는 사라에게도, 엘리에셀에게도, 이삭에게도 말을 하지 않았다."[61] 아브라함은 "비합리적인 것을 [믿는 신앙의] 힘으로 행동했다"he acts by virtue of the absurd.[62]

이것은 오래전에 테르툴리아누스Tertullianus가 남긴, "나는 불합리하기 때문에 믿는다"Credo, quia absurdum라는 명언을 상기시켜주는 구절이다. 하나님은 아브라함에게 분명히 독자 이삭을 통해 하늘의 별과 같이 많은 후손들이 태어나리라고 약속했다. 그러나 하나님은 그에게 모리아 산에서 이삭을 제물로 헌납하라고 명했다. 그렇다면 하나님이 그에게 약속한 바는 어떻게 성취될 수 있다는 말인가?

그의 마음속에 그러한 의구심이 계속해서 일어났음이 분명했으나 그럼에도 아브라함은 인간 이성의 판단을 보류하고 하나님의 신실하심과 전지전능하심을 절대 신뢰했다. 전혀 비합리적인 신앙의 비약을 통해 하나님의 약속을 믿는 가운데 이삭을 제물로 바치기 위해 칼을 빼어 들었다. 인간의 계산법으로는 절대 불가능한 것이 하나님에게는 가능하다는 점을 굳게 믿었기 때문이다.

"그는 비합리적인 것의 힘으로 믿었다. 왜냐하면 모든 인간의 계산법은 벌써 오래전에 그 기능을 중지한 상태였기 때문이다."[63] 이처럼 "신앙은 사유 활동이 중지되는 바로 그 지점에서 출발한다."[64]

신앙의 용사 아브라함은 자기에게 가장 귀한 것, 아니 자기 자신보다 더 귀한 것으로 아끼고 사랑하던 것을 하나님에게 내어줄 각오로 모리아 산을 등정했고 칼을 빼어 들었다. 그는 "무한한 포기"infinite resignation를 감행했던 것이다.[65]

그와 동시에 그는 또한 이삭을 통해 그의 후손이 하늘의 별처럼, 바다의 모래처럼 무수해질 것이라는 하나님의 약속을 계속 굳게 믿고 있었다. 그는 무한한 포기와 신앙이라는 "이중적인 운동"double movement을 질적 비약을 통해 동시적으로 감행했다. 그는 자기 자신에게 가장 귀한 것과 자신에게 있는 모든 것을 하나님의 뜻에 따라 완전히 포기함과 더불어 자신이 포기한 그 모든 것을 되돌려 받을 수 있다는, 인간적으로 볼 때 전혀 비합리적인 확신을 계속 견지하고 있었던 것이다. 그리고 그는 그의 믿음대로 그 모든 것을 실제로 되돌려 받았다.

> [무한한] 포기 행위와 더불어 나는 모든 것을 다 버린다.…그러나 신앙을
> 통해서 나는 아무것도 버리지 않는다. 그와 정반대로 신앙으로 나는—겨
> 자씨만큼의 신앙을 소유한 자는 산들도 움직일 수 있다고 한 [예수의 말
> 씀의] 뜻 그대로—세상의 모든 것을 얻게 된다.…믿음으로 아브라함은
> 이삭을 포기하지 않았고 믿음으로 그는 이삭을 얻었다.[66]

여기서 신앙인의 무한한 포기란 결국 그가 세상적이며 유한한 모든
것과 완전히 단절함을 의미한다. 성경적으로 표현하면 그것은 "세상을
향해 죽는 것"이다.

그처럼 완전히 포기한 세상을 그는 신앙을 통해 완전히 되찾게 된
다. 세상적이며 유한한 것과 전혀 새로운 관계를 맺게 된다. 즉 신을 바
라보며 절대자와 절대적인 관계를 가지며 시간적이고 유한한 것과 관
계를 맺되 긍정적인 관계를 맺게 된다. 신과의 새로운 관계로 말미암아,
전적으로 부정한 세상을 완전히 새로운 시각에서 새로운 의미로 재평
가하고 재긍정하게 된다. 과거에 경험한 모든 것을 새로운 관점에서 "반
복"Wiederholen, repetition하게 된다.

## 6. 자아 발견과 죄의식

성경의 가르침에 따르면 창조주는 인간을 그의 형상으로 만드셨다. 그
러므로 인간이 자신의 정체성과 위상을 이해하기 위해서는 자기 존재의

원형인 신을 알아야만 한다. 자그마치 절대자와 무한자인 신을 척도로 해서 그는 자기 자신의 존재의 의미와 가치를 원래적으로 순수하게 인식할 수 있기 때문이다.

이 자아는 바로 신 앞에서의 자아가 됨으로써 한 새로운 성질과 특성을 소유하게 된다. 이 자아는 이제 단순히 인간적인 자아만이 아니고—내가 오해받지 않기를 희망하면서 사용하고자 하는 한 용어로 표현한다면—신학적인 자아the theological self, 즉 직접적으로 신 앞에 서 있는 자아다. 자신이 신 앞에 존재한다는 사실을 의식하는 데서, 신을 [자신의 가치를 측량하는] 척도로 삼는, 한 인간적인 자아가 되는 데서 자아는 얼마나 무한한 실체reality를 얻게 되는가! 세상의 모든 것은 그것을 측량하는 척도와 질적으로 동일하며 그것의 질적인 척도가, 윤리적으로 볼 때, 그 목표다. 척도와 목표가 바로 그 무엇의 정체성을 정의하는 것이다.…자아의 [실존적 가치]는 자신의 척도에 비례해서 높아지는바 신이 그 척도일 때 그것은 무한히 높아진다. 사실은 신에 대한 인식이 깊으면 깊을수록 자아는 그만큼 더 [숭고한] 자신이 될 수 있으며 자아 [인식이 깊으면 깊을수록] 신에 대한 인식도 그만큼 더 깊어지게 된다.[67]

키에르케고르의 이 진술은 한 사상가, 아니 한 인간이 인간 일반에 대해서 할 수 있는 가장 의미심장한 명언임이 분명하다. 키에르케고르가 대변하는 기독교의 중심 교리는 바로 이러한 엄청난 인간의 위상과 존엄성에 대한 가르침이다. 인간은 신의 형상으로 지음을 받아 신 앞에 홀로 서서 그와 절대 특수한 개인적·인격적인 관계를 맺게 되어 있는 단독자며 따라서 무한히 숭고한 만큼이나 무한히 심오한 "신학적인 자아"다.

그러나 인간은 죄로 말미암아 그러한 자아를 상실하고 망각하게 되었다. 그러므로 그는, 인간을 위해 성육신해서 세상에서 고난의 삶을 살다가 인류의 죄사함을 위해 십자가에서 돌아가신 신인ᵻ人 예수 그리스도의 사랑과 은총을 믿음으로 수락하고 그 안에서, 그리고 그 앞에서 진정한 자기 자신을 재발견하고 진정 자신다운 자신으로 자유로워져야만한다. 그러한 본래적이며 이상적인 자신, 즉 "하나님이 거룩하심과 같이거룩한" 그러한 자신으로 영원히 복된 삶을 신 앞에서 살아가야만 한다. 이것이 성경이 인류에게 선포하는 복음의 내용이다.

우리는 인간과 신의 관계를 인간과 그리스도의 관계로도 표현할 수있다. 왜냐하면 신이 구체적인 인간의 모습을 띠고 우리들 가운데 나타나신 이가 곧 그리스도이기 때문이다. "그리스도에 대한 인식이 깊으면깊을수록 우리 자신에 대한 [인식]이 그만큼 더 깊어지게 된다. 질적인측면에서 볼 때 한 자아의 [정체성과 위상과 가치]는 [그것을 가늠하기위해 사용하는] 자기 자신의 기준에 따라 결정된다.…신이 인간의 목표와 기준이 된다는 말은 오로지 그리스도 안에서만 타당하다."[68]

개인이 신 앞에서 홀로 서게 될 때 "신의 거대한 무게the enormous weight of God를 통감하게 되는데 그것이 그를 높이는 만큼 그를 또한 내리누르기도 한다."[69] 거룩하신 신 앞에서 그는 자신의 원형이신 신을 척도로 해서 그야말로 무한히 높은 자신의 위상과 존엄성을 인식하게 된다. 그러나 그가 자신의 원형이신 신의 성스러움의 척도로 현실적인 자신을 판단하고 평가할 때 그는 자신이 얼마나 비천하고 추악한지도 알게 된다. 그리고 자신이 자율성과 독자성으로 특징지어진 정신이며 인격체이므로 그러한 자신의 죄악성을 그 어떠한 타인에게도 전가할 수 없음을 깨닫게 된다. 그가 그렇게도 무거운 죄책감을 느낄 수 있는 이유는 거룩하신 신 앞에서 그의 형상으로 지음을 받은 자신의 원래적이며 이상적인 모습을 발견할 수 있기 때문이다. 또는 신인인 그리스도를 만나 그 앞에서 이상적인 우리와 현실적인 우리 자신을 바라볼 수 있기 때문이다. 따라서 "그리스도에 대한 우리의 인식이 깊어지면 깊어질수록 우리 자신에 대한 인식이 그만큼 더 깊어지게 된다.…그러나 우리 자신에 대한 인식이 깊어지면 깊어질수록 죄의식도 그만큼 더 강하게 된다."[70]

전체와 보편을 절대시하고 개별자와 개인을 경시하는 헤겔의 사변철학에서 보면 인간 각자는 "'하나'[=절대자] 속으로의 자기 분산self-dispersal, 또는 보편에로의 자기 침몰self-submerge"로[71] 인해서 자신의 과오와 죄악을 민감하게 의식할 수 없고 그렇게 할 필요도 없다. 그러나 개인 각자가 신 앞에 서 있다는 사실을 무엇보다 중요한 교리로 가르치는 기독교에서 보면 개인은 그가 범한 죄의 육중한 무게를 두려움과 떪으로써 그대로 통감하고 의식하지 않을 수 없다.

"죄는 단독적인 개인의 범주다.…사변철학의 견지에서 우리는 단독적인 개인을 경시해야만 한다. 그러므로 사변철학의 견지에서는 죄에 대해 오로지 피상적으로만 이야기할 수 있다."[72] 그러나 "기독교는 바로 이것으로, 즉 죄에 대한 가르침으로 시작한다. 그리고 그와 더불어 그것은 단독자에 [대한 가르침으로] 시작한다."[73]

기독교는 "군중을 완전히 단독적인 개인들로 분열시켜"[74] 재판관이신 신 앞에 각각 개인으로서 홀로 서게 만든다. "재판하는 일은 그 어떤 심각성과 진실성을 띤 사건이라서 아무리 많은 사람이 재판을 받는다 할지라도 매번 개개인이 재판을 받게 된다."[75]

키에르케고르의 독특한 죄악론에 따르면 인류의 조상 아담과 하와만이 원죄를 범한 것이 아니고 그들의 후손 각자가 다 원칙적으로 그들과 동일한 방법으로 원죄를 범한다고 한다. 즉 "아담이 죄로 그의 순수성을 상실한 것과 같이 모든 인간은 다 동일한 방법으로 그의 순수성을 상실한다."[76]

아담도 그의 후손 각자도 다 한 개인인 동시에 인류 전체와 더불어 인간성이라는 공통분모를 공유하고 있다. 그러므로 아담과 마찬가지로 그의 후손 각자도 개개인은 본질적으로 전 인류에게 연결되어 있고, 역으로 전 인류는 본질적으로 개개인에게 연결되어 있다. 아담과 그의 후손들은 자신과 인류 전체와의 관계에서 완전히 동등한 입장에 있다.

"인간은 개인인바 그러한 그는 자기 자신인 동시에 전 인류다. 그래서 전 인류는 개인에게, 개인은 전 인류에게 참여한다.…매 순간 개인은 자기 자신이면서도 전 인류다."[77] 따라서 "인류의 역사가 계속됨에 따라 개인이 지속적으로 새로 출발하게 되며, 그가 자기 자신이면서도 인류 전체이기에, 그의 그러한 새 출발로 인해 인류 전체의 역사가 지속적으로 새로 시작된다."[78]

아담과 그의 후손들이 이처럼 자기 자신이면서도 전 인류를 대표하므로 그들 각자가 범하는 죄악은 그들 자신에게만 아니라 전 인류와도 관계된다. 인간성의 경우와 같이 선행과 악행의 경우에도 아담과 그의 후손들은 완전히 동일한 입장에 있다. 그래서 아담이 사사로이 범한 원죄가 자신뿐 아니라 인류 전체에게 치명적인 영향을 끼친 것과 똑같이 그의 후손들이 범하는 "자범죄"自犯罪가 인류 전체에게 악영향을 주는 원죄가 된다. 그러므로 아담뿐 아니라 인류 전체가 지속적으로 원죄를 범하고 있다고 보지 않을 수 없다.

정통 신학적인 견지에서 볼 때 매우 심각한 문제점을 노출하고 있는 이 원죄론과 더불어 키에르케고르는 또 다른 한 이색적인 이론을 제기했다. 그에 따르면 아담이 범한 죄의 출처는 다른 그 무엇이 아니고 죄 자체라는 것이다. 그는 다음과 같이 기록했다.

> 죄는 한 죄로 세상에 들어왔다Sin came into the world by a sin ...죄는 그것 자체를 전제로 한다sin presupposes itself [79]

> 자유가 그것 자체를 전제하는 것과 똑같이 죄도 그것 자체를 전제한다. 자유와 마찬가지로 죄도 그것에 선행하는 그 무엇으로 설명될 수 없다. [80]

키에르케고르는 여기서 성악설性惡說을 주장하는 것 같은 인상을 주고 있으나 그의 의도는 단지 아담이 범한 죄가 그의 본성에 내재하고 있었던, 죄를 범할 수 있는 잠재성으로 인해 저질러졌을 수밖에 없었다는 점을 지적하는 데 있다. 선악과를 따 먹지 말라는 신의 명령을 들었을 때 그는 그 명령을 준수해야만 함을 알면서도 그것이 먹음직도 하고 보암직도 하며 뱀이 이야기한 바와 같이 그것을 먹으면 눈이 밝아지고 선과 악을 알게 되어 하나님과 같이 될 수 있을 것도 같아서 그것을 따 먹고 싶은 욕망을 마음속에 갖게 되었다. 그러한 욕구를 마음속에 가졌다는 것은 그가 벌써 악한 성향을 지니고 있었음을 뜻한다. 그러한 성향에 따라 그는 신의 명령을 실제로 거역하게 되었다. 그러한 의미에서 죄는 죄로 세상에 들어왔다고 할 수 있는 것이다. [81]

키에르케고르는 이러한 기본적인 것들 외에 죄악이 세상에 어떻게 들어왔는지에 대해서 심리학적인 차원에서 더 세부적으로 설명한다는 것은 전혀 불가능하다고 본다. "[죄타락은] 심리학이 설명할 수 없는 그 무엇이다. 왜냐하면 죄타락은 질적인 비약이기 때문이다." [82]

## 7. 죽음에 이르는 병: 절망

### (1) 절망의 본질

기독교의 중심 교리에 의하면 모든 인간은 죄로 말미암아 죽음에 이르는 중병을 앓고 있다. 죄로 말미암아 인간은 다 진정한 자신을 상실하고 비본래적이며 거짓된 자신으로 살아가고 있기에 그는 의식·무의식적으로 매 순간을 "절망"despair 속에서 보내고 있다. 절망이 곧 죽음에 이르는 병이다.

앞서 살펴본 대로 인간의 본질에 관한 키에르케고르의 정의에 따르면 인간은 무한성과 유한성, 시간성과 영원성 간의 종합이며, 그 속의 이 두 상이한 요소들을 서로 연결하는 "제3의 긍정적인 요소"는 정신이라고 할 수 있다. 사실 그는 인간을 단적으로 정신이라 칭할 수 있다고 본다.

그렇다면 정신이란 무엇인가? 이에 대해 키에르케고르는 정신이란 자아를 뜻하며 "자아는 자기 자신과 맺는 관계a relation that relates itself to itself"라고 대답한다.[83] 인간은 하나님의 형상대로 지음을 받았으며 지성과 반성능력을 소유한 자이므로 원칙적으로는 정신과 자아로서의 자기 자신의 정체와 위상에 대해서 분석하며 반성하는 가운데 진정한 자신이 누구임을 바로 인식하고 그렇게 인식한 바에 충실한 삶을 살아가게끔 되어 있다. 그가 시간성과 영원성, 유한성과 무한성으로 구성되어 있고 그래서 금수와 신 간의 중간영역에 위치하고 있는 한 "중간존재"Inter-esse 라 할 수 있는 고로 그는 중간존재로서의 자신 속의 이 두 요소에 충실할 뿐 아니라 이들을 서로 이상적인 방법으로 연결시키고 매개함으로써 전자가 "무한화"infinitizing 되고 후자가 "유한화"finitizing 되게 하려는 노력을 기울이기까지 하게끔 되어 있다.[84]

그러나 그는 신과 금수 간의 중간존재이므로 본질상 자기 자신의 본성과 위상을 곡해하고 진정한 자신을 상실한 채 비본래적이며 거짓된 자신으로 살아갈 위험성에 항상 노출되어 있다. 인간과는 달리 신은 모든 면으로 완전한 무한자이며 절대자인 고로, 그리고 동물은 의식과 자유가 없고 아무런 정신적인 이상과 소망도 없는 고로, 어떠한 내적 긴장과 갈등도 경험함이 없이 각각 현재적인 자기 자신으로 만족하며 여유 있는 삶을 살아갈 수 있다. 그러나 인간은 양자 간의 중간존재이며 판단력과 자유의지를 소유하고 있기에 항상 긴장감과 불안감을 가지고 살아갈 수밖에 없다. 인간에게는 진정한 정체성을 망각한 채 단순히 동물로서, 또는 단순히 영혼으로서 자기 자신을 인식하고 그렇게 살아가려고 할 위험성이 상존한다. 그래서 그는 감성적 기호와 본능적 욕구에 따라 시간성에 속한 것들만 추구하며 영원성에 속한 것들과는 무관한 동물로서 완전히 세상적인 삶을 살아가고자 하든지, 그와는 정반대로 자신 속의 영원성과 무한성만을 고려하며 시간성과는 무관한 도피주의적인 삶을 살아가려고 한다. 그런 경우 인간은 진정한 자기 자신이라기보다 비본래적인 자신으로 살아가는 것이다. 진정한 자기 자신을 망각하고 상실한 채 비본래적인 자신으로, 특히 동물로 살아갈지도 모른다는 우려로 인해서 그는 알게 모르게 매 순간 긴장과 불안을 느끼게 되는 것이다.

인간이 이처럼 시간성과 영원성으로 구성된 중간존재라는 자신의 존재를 분명히 인식하지 못하거나 인식하고도 그것에 부합한 진정한 자신으로 살아가지 못하는 경우 그는 의식·무의식적으로 내적 갈등과 좌절감을 느끼게 되며 정신적인 절망 속에서 살아가게 된다.

그러므로 인간에게 중요한 과제는 중간존재로서의 자신을 바로 인식하고 유한성과 무한성 모두에 충실을 기하는 데 있다. 더 정확하게는 양자의 의미에 대해 심각하게 반성하는 가운데 그들을 이상적인 방법으로 서로 연결시키며 매개하는 일에 총력을 기울이는 데 있다. 또 유한한 것을 무한화하며 무한한 것을 유한화하기 위해 최선을 다하는 데 있다. 이를 위해서 그는 물론 원래적인 자아와 현실적인 자아에 대해서, 자신의 "본적지"와 "현주소"에 관해서 지속적으로 반성하고 평가해야만 한다. 그렇게 하는 가운데 그는 지속적으로 현실적인 자아를 초월하고 이상적인 자아를 회복하려고 노력해야만 한다.

인간은 이와 같은 방식으로 시간성과 영원성으로 구성된 중간존재로서의 자기 자신을 반성과 평가의 대상으로, 그리고 실현과 완성의 대상으로 목전에 두고 바라보는 가운데 그 어떤 다른 것이 아닌 이 대상, 즉 자기 자신과 지적·도덕적으로 관계를 맺고 살아가게 된다. 그렇게 하는 가운데 그는 자신 속의 두 상반되는 요소들이 방금 언급한 그러한 이상적인 방법으로 서로 매개되는 데 총력을 기울여야만 한다. 키에르케고르에 따르면 그러한 지속적인 자기 성찰과 자기 발견, 자아실현과 자기완성의 주체와 객체가 바로 "자기 자신과 맺는 관계"라 할 수 있는 우리 인간 각자다.

인간이 앓고 있는 죽음에 이르는 병인 절망은 그가 자기 자신과 본래적인 방식으로 관계를 맺는 대신 비본래적인 방식으로 그렇게 하는 데서 비롯된다. "절망은 자기 자신과 관계를 맺는, 종합 관계에 있어서의 불일치 관계misrelation를 뜻한다."[85]

그러나 절망은 인간이 자기 자신과 맺는 관계에서의 불일치 관계를 뜻함과 동시에, 필연적으로 그를 창조한 창조주와의 불일치 관계를 뜻하기도 한다. 왜냐하면 그는 자신과 관계를 맺음과 더불어 창조주와 관계를 맺지 않을 수 없기 때문이다.[86] "절망에 있어서의 불일치 관계는 단순한 불일치 관계만이 아니고 자기 자신과 맺는 관계에 있어서의 불일치

관계이자 타자[=창조주]에 의해 정립된 그 관계에 있어서의 불일치 관계이기도 하다."[87]

그러므로 절망의 종류가 다양하더라도 그 공통점은 개인들의 자아가 자기 자신과 맺는 관계, 그리고 창조주와 맺는 관계에서의 불균형에 기인한다는 데서 발견할 수 있다. 동물들이 절망에 빠질 수 없는 이유는 그들이 영혼이나 정신을 소유하지 않고 있어 창조주 앞에 단독자로 설 수 없기 때문이다. 그들은 자기 자신들 및 창조주와 어떠한 영적·정신적 관계도 맺을 수 없기에 자기 자신과 창조주와의 관계에서 어떠한 불일치와 불균형도 의식할 수 없다. 따라서 그들은 어떠한 불안감이나 절망감도 없이 만족한 삶을 살아갈 수 있는 것이다.

그러나 인간은 유한성과 무한성으로 구성되어 있다. 달리 표현하면 인간는 "일면 동물과, 또 한편으로는 신적인 존재와 친족 관계kinship에 있다."[88] 그러한 두 요소들을 그의 정신이 매 순간 연결시키고 매개하는 데서 그는 진정한 자신이 되게끔 되어 있되 그를 창조한 신 앞에서, 그리고 그와의 지속적인 관계에서 그렇게 하게끔 되어 있다.

자기 자신과 맺는 관계를 뜻하는 인간이라는 정신 또는 자아는 절대적인 의미에서가 아닌 상대적인 의미에서 자신과 맺는 관계다. 왜냐하면 "인간은 파생되고 정립된 관계a derived, established relation이기 [때문이다]. 즉 그는 자기 자신과 관계를 맺되 그렇게 함과 더불어 또한 타자[=창조주]와도 관계를 맺는 그러한 관계"이기 때문이다.[89]

인간 속의 그러한 두 요소가 그의 정신에 의해 올바른 방법으로 균형 있게 연결되지 않는 경우 그는 필연적으로 불균형을 감지하고 내적인 불안감과 절망감을 통감하게 된다. "만약 그가 시간적인 것과 영원한 것으로 구성되어 있지 않다면, 그는 절망할 수 없을 것이다.…인간이 빠

져 있는 절망은 시간적인 것과 영원한 것 간의 불일치 관계에서 비롯된
다."[90]

그러므로 어떻게 보면 인간이 절망이라는 중병을 앓을 수 있다는
것은, 본질적으로 절망할 수 없는 동물들 앞에서 소유하고 있는 특권이
라 할 수 있다. "이 병을 앓을 수 있는 가능성은 인간이 동물 앞에서 가
지는 우월성인바 이 우월성은 그의 직립적直立的 보행과는 전혀 상이한
방법으로 그를 동물과 구별한다. 왜냐하면 그것은 그의 무한한 수직성
垂直性 또는 숭고성, 즉 그가 정신임을 지시하기 때문이다. 이 병을 앓을
수 있다는 것이 동물 앞에서 인간이 가지고 있는 우월성이며 이 병에
대해서 의식할 수 있다는 것은 자연인 앞에서 기독교인이 가지는 우월
성이다. 그리고 이 병에서 고침을 받을 수 있다는 것은 기독교인의 축
복이다."[91]

## (2) 절망의 유형

키에르케고르는 절망의 본질을 두 가지 기본적인 관점에서 분석한다. 첫
째로 그는 인간이 유한성과 무한성으로 구성되었다는 사실을 고려하는
가운데 절망이 무엇임을 해명하며,[92] 둘째로 인간은 자아를 의식하는 존
재라는 점을 염두에 두고 그렇게 한다.[93]

## 1) 유한성과 무한성 간의 불균형

인간은 유한성과 무한성으로 구성되어 있고 제3의 긍정적인 요소인 정
신 또는 자아가 이들을 서로 이상적인 방법으로 균형 있게 연결시키
고 관련지음으로써 그가 진정한 자신으로 형성되는 실존적·역사적 자
기완성의 과정이 전개된다.[94] 그러나 그가 유한성에 속한 것들, 즉 시간

적인 것과 세상적인 것은 완전히 무시해버리고 무한성에 속한 것들, 즉 영적·정신적 요소들만을 절대시하고 염세주의적으로 또는 신비주의적으로 살아가기를 원한다면 그의 "자아는 추상적인 무한화abstract infinitizing 또는 추상적인 고립abstract isolation 속에서 환상적인 삶을 살아가게 되고 진정한 자신이 없이 살아갈 뿐 아니라 갈수록 그것에서 멀어지게 된다.…비록 신과의 관계라 함은 무한화를 뜻하나 이러한 환상 속에서의 무한화는 한 개인으로 하여금 자신의 존재의 기반을 완전히 상실하게 하여 그는 그야말로 도취 상태에 빠지게 된다."[95]

영적인 차원만을 중시하고 인간 세상을 무시해버리는 가운데 신비주의적으로 살아가는 광신자들은 자신의 인식과는 전혀 달리 절망 속에서 살아가고 있으며 죽음에 이르는 중병을 앓고 있다. 한 개인이 영적인 세계와 자신 속의 무한성과 영원성을 망각하고 시공간적인 세계와 자신 속의 유한성과 시간성만을 의식하고 그에 대해서만 정신을 집중하게 되는 경우에도 물론 절망 속에서 살아갈 수밖에 없다. "그러한 개인은 사람들의 무리에 에워싸이고 온갖 종류의 세속적인 일들에 도취되며 세상에서의 처세 방법들에 대해 갈수록 더 예리해지게 되므로 결국 자기 자신을 잊게 되어 신이 의도하신 자신의 이름도 잊게 된다. 그리고 그는 자기 자신을 믿으려 하지 않으며 자신이 되는 것을 너무나도 위험한 것으로 간주하고 타인들과 같이 되는 것, 즉 하나의 복제물copy, 하나의 숫자, 군상 중 한 사람a mass man이 되는 것을 그보다 월등히 더 안전한 것으로 간주하게 된다."[96]

이러한 종류의 절망은 사람들이 전혀 눈치채지 못하고 지나가는 절망이다. 그러한 절망을 안고 살아가는 자는 모든 면으로 성공한 사람일 수 있고 주위 사람들이 그를 절망과는 전혀 무관한 자일 뿐 아니라 심지어 모범적인 인간으로 간주할 수도 있다. 그러나 그가 진정한 자기 자신으로 살아가는 것은 아니다. 그는 자신이 없는 사람이며 특히 신 앞에서 자신을 소유하지 못한 사람이다.[97]

## 2) 자아의식과 절망

인간이 소유하고 있는 자아의식의 관점에서 절망의 특성을 분석해보자. 첫째 유형은 한 개인이, 자기 자신이 정신이며 자아라는 사실과 자신 속에 영원성이 심겨져 있다는 사실을 의식하지 못하는 데 따르는 절망이다. 그러한 절망 속에 살아가는 자는 자신이 절망 속에 빠져 있다는 사실조차 의식하지 못한다. 그는 무의식적으로만 절망을 느끼고 있을 따름이다. 이러한 사람들은 영원성과 무한성으로 특징지어진 정신으로서의 숭고한 자기 위상을 의식하지 못하고 주로 동물로서의 자신으로 살아간다. 영적·정신적 삶을 영위하는 대신 감각주의적이며 세속주의적인 삶을 살아간다.

인간은 본질적으로 육체와 영혼, 유한성과 무한성으로 구성되어 있고 제3의 긍정적인 요소인 정신이 이 양자를 서로 연결시켜 진정한 자신으로 구체적으로 생성해가게끔 되어 있다. 인간은 본질상 육체와 영혼, 정신의 세 가지 상이한 요소들로 구성되어 있으나 대부분의 사람들은 자신을 그중 가장 열등한 요소인 육체로만 인식하고 동물과 같이 세상에 속한 물질적인 것만을 추구하며 자신답지 않은 처절한 삶을 살아간다. 비유 삼아 말한다면 그들은 3층으로 된 호화 저택에서 살아가게 되어 있으나 2층과 3층은 비워두고 굳이 지하실에서 살아가기를 고집한다. 그리고 그 누가 그들에게 가장 높고 가장 훌륭한 최상층으로 옮길 것을 권유하면 분개할 정도로 지하실에서 사는 것을 사랑한다.[98]

건물 이야기가 나왔으니만큼 헤겔과 같은 관념론자들과 여타 사상가들이 스스로 건립한 거대한 사상적 건물을 두고 생각해보자. 그들은 어떠한 건물을 건축해서 그 속 어디에서 살기를 원했던가? 그들은 전체와 보편, 우주의 역사와 사회 체계 등은 절대적인 의미를 지닌 것으로 간주했으나 개인으로서의 그들 자신과 타인은 매우 경시하는 경향을 보였다. "한 사상가가 거대한 건물, 즉 한 체계, 실존 전반, 세계 역사 등을 다 그 자체에 포괄하는 한 체계를 건립한다. 그러나 그의 개인적인 삶을 고려할 때 우리는 놀랍게도 그가 이 거대한, 돔이 달린 궁정에 실제로 거주하지 않고 그 옆에 있는 오두막 아니면 개집 또는 기껏해야 사찰의 숙소에서 살고 있다는 끔찍하고도 우스꽝스러운 사실을 발견하게 된다."[99]

헤겔과 같은 철학자들은 개인으로서의 자기 자신과 여타 인간들을 우습게 보았다. 마찬가지로 대부분의 평범한 사람들은 영혼과 정신으로서의 자신을 우습게 보고 있을 뿐 아니라 자신이 영혼과 정신 또는 자아라는 사실조차 의식하지 못하고 있다. 그래서 그들은 그들이 미처 의식하지 못하는 가운데 매 순간 정신적인 절망 속에서 살아가는 것이다.[100]

절망의 본질을 인간의 자아의식의 관점에서 분석해볼 수 있는 두 번째 유형은 의식적인 절망이다. 어떤 개인이 자신이 영혼과 정신이라는 사실과 자신 속에 영원성이 심겨져 있다는 사실을 인식하고 있으며 나아가서는 자신이 절망 속에 있다는 사실도 의식하고 있다 할지라도 그가 진정한 자신이 되기를 거부하거나 오로지 자신의 힘으로만 진정한 자기 자신이 되려고 하는 데서 비롯되는 절망이다.

자기 자신이 정신임을 희미하게나마 알고 있고 절망 속에서 살아감도 의식하고 있는 개인이라 할지라도 그는 자신의 나약함으로 인해서 진정한 자기 자신이 되기를 거부하고 계속 절망 속에서 살아가게 된다.

외관상 그는 줄곧 세상적인 어떤 것에 대해서 절망하며 그 대상에 대해서만 이야기하는 것 같이 보인다. 그러나 그의 마음 중심에서는 사실 자기가 영원한 것들, 즉 영적이고 정신적인 것들을 회피하고 거부하며 순전히 시간적이며 세상적인 것을 위주로 살아간다는 데 대해서 절망하고 있다. 왜냐하면 "절망한다 함은 영원한 것을 상실함을 뜻하기" 때문이다.[101]

이러한 자는 자신의 연약함으로 인해서 시간적인 것과 감각적인 것을 선택하는 대가로 영원한 것을 상실하고 그와 더불어 자기 자신을 상실하고 있다는 사실에 대해 깊이 절망하게 된다. 그리고 그는 영원성과 자아를 상실할 수밖에 없는 자신의 나약함에 대해서도 절망하게 된다.

한 개인이 나약함으로 인해서 영원성을 의식적으로 자신의 것으로 점유하고 자신의 삶 속에서 현실화하지 못하는 데서 오는 절망을 "여성적인 절망"이라 한다면, 진정한 자신이 무엇임을 알고 그러한 자신이 되려고 노력하되 순전히 자력으로 그렇게 하려고 노력하는 그러한 개인이 체험하게 되는 절망은 "남성적인 절망" 혹은 "스토아적인 절망"이라 할 수 있다.[102]

이러한 절망 속에 빠져 있는 자들은 자신 위에 그들을 창조한 그 어떤 존재가 있다는 사실을 부인하고 독자적으로 자기완성에 이르려고 노력한다. 그러나 이들이 자력으로 진정한 자신이 되려고 노력하면 할수록 그들은 완전한 자신으로부터 더 멀어지게 됨을 발견하게 된다. 그들의 존재의 원형이신 창조주를 바라봄이 없이 무엇을 척도와 목표로 해서 자신을 완성하려고 노력할 수 있겠는가?[103] 이들은 전적으로 자기 자신들의 통치자가 되기만을 원한다. 그러나 사실 그들은 나라 없는 왕과도 같고 공중에 누각을 짓는 자들과도 같다.[104]

## (3) 죄책(guilt)과 죄악(sin)

키에르케고르는 인간이 절망에 이르는 병을 앓되 신 앞에서 그렇게 하는 것을 죄라고 규정한다. 인간이 신 앞에서 절망을 느끼게 될 때 그의 절망은 더욱더 심화된intensified 절망일 수밖에 없다. 그러한 의미에서 죄는 심화된 또는 악화된aggravated 절망이라 할 수 있다.[105]

심화된 절망, 즉 죄는 죽음에 이르는 병이나 그것이 인간을 죽게 만들지는 않는다. 사실 "절망의 고통은 바로 죽을 수 없다는 데 있다."[106] 절망으로 말미암은 극도의 처절함은 죄인으로 하여금 죽음을 희망 사항으로 바라보게 하지만 그에게는 그러한 희망도 없다. 죽음이라는 최종적인 희망도 없는 그러한 상태가 곧 죽음에 이르는 병인 절망인 것이다. 그는 영원히 계속 죽어가고 있어야만 한다. 그는 죽으면서도 죽지 않는 그러한 "고통스러운 모순"tormenting contradiction을 영원히 겪어야만 한다.[107]

심화되고 악화된 절망인 죄악은 오로지 신 앞에서 의식할 수 있다. "초월성의 종교"인 기독교가 아닌 "내재성의 종교"에서는 사람들이 죄책에 대해서는 알고 있으나 죄악에 대해서는 모르고 있다. "기독교를 이교와 가장 결정적으로, 질적으로 구별하는 것은 특히 죄의 개념, 죄에 관한 가르침이다. 이것이 또한 기독교가 매우 일관성 있게 이교도들과 자연인은 죄가 무엇임을 알지 못한다고 주장하는 이유다. 사실 기독교는 죄가 무엇인지 보여주기 위해서는 신으로부터 계시가 주어져야만 한다고 주장하고 있다."[108] "누구도 독자적으로 죄가 무엇이라고 설명할 수 없다. 그 이유는 그가 바로 죄 가운데 있기 때문이다."[109]

소크라테스도 인간이 도덕적인 잘못을 저지를 수 있다는 사실은 알았으나 죄를 범할 수 있다는 데 대해서는 전혀 몰랐다. 그에 따르면 인간은 어디까지나 참된 것을 알지 못하는 고로 부덕한 행동을 저지를 뿐이며 알고도 고의로 그렇게 하는 것은 아니다. 부덕은 무지에서 오는 것이며 참된 지식은 곧 덕행을 뜻한다는 것이다. 그러나 그는 인간이 참된 것을 알고도 그의 심령에 깊이 새겨져 있는 악한 성향으로 인해서 아는 바를 실행하지 못하거나 심지어 실행하려 하지 않게 되는 경우가 너무나도 많다는 사실을 깨닫지 못했다. 키에르케고르의 지적대로 "죄는 지력이 아닌 의지력에 그 뿌리를 가지고 있다. 그리고 의지력의 부패가 개인의 의식에 영향을 준다."[110] 소크라테스는 이 점을 미처 깨닫지 못했던 것이다.

### (4) 치유의 은총과 최악의 절망

그렇다면 모든 인간이 앓고 있는, 죽으려야 죽을 수 없이 영원히 죽어가야만 하는, 이 끔찍한 죽음에 이르는 병에서 어떻게 치유를 받을 수 있을까? 기독교에서는 신앙으로만 그 병에서 고침을 받을 수 있다고 가르친다. 그렇다면 신앙이란 무엇을 뜻하는가?

키에르케고르의 정의에 따르면 "신앙은 자아가 자기 자신이 됨에 있어서, 그리고 자기 자신이 되기를 원함에 있어서 투명하게 신 안에 거함 rests transparently in God을 뜻한다."[111] 또 "신앙은 [자아가] 자기 자신과 관계를 맺고 자기 자신이 되려 함에 있어서 그를 창조한 힘을 투명하게 의지함"을 뜻한다.[112]

이교에서는 인간이 자력으로 선을 행하고 덕을 쌓음으로써 그 공로로 죄사함을 받고 구원에 이른다고 가르친다. 여기서는 덕과 죄가 서로 상반되는 개념으로 인식된다. 그러나 기독교에서는 "죄의 반대는 덕이 아니고 신앙"이라고 가르친다.[113] 성경에는 "무엇이든지 믿음에서 나오지 않는 것은 죄"라고 기록되어 있다.[114]

절망 속에서 신음하는 개인은 그리스도 안에서 자신을 계시하시는 신을 통해 자신이 죄인임을 발견함과 동시에 그가 하사하는 죄사함의 은총을 믿음으로써 비로소 죽음에 이르는 병에서 고침을 받을 수 있게 된다. 그리스도 안에서 자신의 존재의 원형이시며 그 척도이신 신을 발견하고 죄사함의 복음을 수락함으로써 그는 신의 척도와 빛으로 자기 자신을 재발견하게 되고 자기 자신 및 신과 본연의 올바른 관계를 맺게 된다. 그래서 그는 죄에서 비롯된, 이 관계에 있어서의 불균형과 불일치의 문제를 근본적으로 해결할 수 있게 된다.

그러므로 죄인이 그리스도를 통해 스스로를 계시하신 신 앞에 올바로 서서 자신의 죄를 깨닫고 신이 제안하는 죄사함의 은총을 믿음으로 수락하는 것이 그를 위한 유일한 구제책이며 치유책이다. "왜냐하면 그는 오로지 자아가 투명하게 하나님 안에 거할 때만 건전해질 수 있고 절망에서 자유로워지게 되기 때문이다."[115]

죄사함에 대한 성경의 가르침은, 죄에 대한 교리와 마찬가지로 이성적으로는 전혀 납득이 가지 않는 역설이다. 그러므로 여기서 개인은 신앙으로 그것을 수락하느냐, 아니면 그것의 비합리성으로 인해 "거리낌"offense을 갖고 그것을 거부하느냐 하는 양자택일의 기로에 서게 된다. 죄사함의 약속을 받고도 그것을 수락할 수 없는 데 따르는 절망은 위에서 언급한 제반 부류의 절망보다 더 심각한 절망이다. "죄인이 죄사함의 [거부로 인해] 절망하는 경우 그것은 마치 그가 곧장 신에게 나아가서 '아니오! 죄사함은 없소. 그것은 불가능하오'라고 외치는 것과도 같다. 그것은 육박전과도 같다."[116]

죄와 죄사함, 그리고 더 나아가서는 신의 성육신에 관한 기독교 교리는 이성적으로는 납득할 수 없는 역설들이므로 아무도 그것을 자연스럽게 순순히 받아들일 수는 없다. 누구도 이들로 인해 실족失足할 위험성에 직면하지 않고서는 신앙의 차원에 도달할 수 없다. 그들이 실족의 원인을 제공하기도 하는 만큼, 자신이 죄인이라는 사실을 인식하고 죄사함의 은총을 수락하려는 자는 거부냐 수락이냐 하는 양자택일의 상황에서 그만큼 진중한 실존적 결단을 감행해야만 한다. 기독교 진리는 만인에게 인간의 논리로 쉽사리 전달하고 납득시킬 수 있는 그러한 범상한 이론들이 결코 아니다. 기독교의 모든 교리는 인간의 상식과 이성적 판단을 완전히 뛰어넘는 비합리적인 역설들이다. "거리낌의 가능성은 말하자면 신이 인간이 자신에게 과도하게 접근하는 것에서 자신을 보호하려는 장치다."[117]

그러나 거리낌으로 인한 절망보다 더 심각한 또 하나의 절망 또는 죄가 있다. 그것은 곧 성령을 훼방하는 죄sin against the Holy Spirit다.[118] 예수께서는 말씀하시기를 모든 다른 죄는 사함을 받을 수 있으나 성령을 훼방하고 거역하는 죄만은 이 세상과 오는 세상에서도 사함을 받지 못한다고 했다.[119]

성령을 훼방하는 죄는 성육신, 죄, 죄사함 등에 관한 신 계시에 대해 거리낌을 갖지도, 그것을 수락하지도 않는 가운데 그것을 고려의 대상에서 완전히 배제하는 행위다. 그것은 기독교를 "긍정적으로" 거부하고 그 가르침을 비진리라고 선포하는 행위다. 거리낌의 죄를 하나님에 대한 방어전이라 한다면 성령을 훼방하는 죄는 거리낌의 "긍정적인 형태"로서 그것은 신에 대한 "공격전"이라 할 수 있다.[120]

제3장

# 인간 실존의 여러 단계

키에르케고르는 『이것이냐 저것이냐』, 『인생행로의 제 단계』, 『철학적 단편 후서』 등에서 신 앞에 선 단독자인 인간의 자아실현의 과정과 모습을 세 가지 상이한 단계로 구분하여 논했다. 그것은 바로 미적 실존, 윤리적 실존, 종교적 실존이다. 물론 종교적 실존의 단계를 "종교성 A"와 "종교성 B"의 단계로 구분해서 취급했으므로 인간의 실존을 네 단계로 구분했다고도 볼 수 있다. 또한 키에르케고르는 미적 단계와 윤리적 단계 사이에 "아이러니의 단계"라는 중간영역이 있고 윤리적 단계와 종교성 A의 단계 간에는 유머의 단계라는 중간영역이 있다고 했다.[1]

이러한 인간 실존의 여러 단계 중 미적 단계는 가장 저차원적인 단계이며 종교성 B의 단계는 가장 고차적인 단계다. 그러나 이들 중 후행하는 단계가 선행하는 단계에서 자연스럽게 발전되는 것은 결코 아니며 한 단계에서 다른 단계로의 상승은 오로지 "질적인 비약"을 통해서만 가능하다.

소크라테스나 헤겔과 같은 로고스의 철학을 주창한 주지주의자들은 인간이 자기반성과 깨달음을 통해 저차원적인 실존 단계에서 더 고차적인 것으로 점진적으로 나아갈 수 있다고 보았다. 인간이 자기 자신이 누구이며 자신이 뿌리를 내리고 있는 진리가 무엇인지를 진정 깊이 깨닫게 되면 아는 바를 실행하지 않으려야 않을 수 없다는 이유에서 그들은 그러한 주장을 했던 것이다.

이들과는 달리 파토스의 철학을 주창한 키에르케고르는 이성을 통한 단순한 지적인 자기반성과 자아 인식으로는—비록 한 개인이 자신의 현실적인 실존양식을 지양하고 더욱 본래적인 실존양식을 실현할 수 있는 가능성에 대해서는 상정할 수 있다 할지라도—그가 그렇게 이론적으로 생각하는 바를 자동적으로 현실화할 수 있는 것은 결코 아니라고 보았다. 그렇게 할 수 있기 위해서는 지성만이 아닌 지성, 감정, 의지력, 상상력, 그리고 특히 정열이 동원되어야만 하며 이들이 합해서 이루어진 전인의 전폭적인 노력과 질적인 비약이 감행되어야만 한다.

순수사유의 자기운동에 불과하며 두뇌 속에서 공전할 뿐 실제와는 무관한 사변적인 변증법 또는 양적 변증법을 통해서는 인생의 그 어떤 문제도 해결할 수 없다. 오로지 개인이 "무한성의 정열" 또는 "정열의 무한성"으로 전인격적으로 감행하는 실존적 변증법 혹은 질적 변증법을 통해서만 그의 도덕적·종교적 자기 초월의 문제가 해결될 수 있다.


## 1. 미적 단계

미적 단계에서 살아가는 사람들의 실존방식에 관해서는 앞에서 낭만주의의 본질을 논하는 과정에서 이미 언급한 바 있다. 그리고 키에르케고르가 사용한 "미적"이라는 형용사는 *"Aisthesis"*(감성)sense-perception라는 그리스어에서 유래한 단어로 그것은 아름답다는 의미보다 고대 그리스 철학자들과 칸트에서와 같이 감각적이라는 의미를 내포하고 있다는 점에 대해서도 이미 지적했다.

미적 단계에서 살아가는 자는 감각주의자들이다. 그들은 모차르트의 가곡 "돈 조반니"의 주인공 돈 후안의 사고방식과 생활 태도로 현실에 임하며 하루하루를 유흥과 도락으로 보내는 가운데 순전히 쾌락주의적으로 살아간다. 그들은 그 무엇에도 내적으로 매임이 없고 아무것에도 자신을 내어줌이 없이 나비가 이 꽃에서 저 꽃으로 꿀을 찾아다니듯 각 순간이 그들에게 제공하는 쾌락을 최대한으로 만끽하며 끝없이 유동적인 삶을 살아간다.

이러한 미적 실존의 단계에서 생활하는 자들은 그 어떤 윤리적 규범이나 종교적 계율에도 구애를 받지 않을 뿐 아니라 그 무엇에 대해서도 심각하게 반성하고 분석함이 없이 순전히 감성의 기호에 따라 매사에 즉흥적으로 대처한다. 자신들의 주위에 직접적으로 전개되는 것들을 오는 그대로 보고 직감적으로 평가하며 대처하되 물론 감각주의적·쾌락주의적인 관점에서 그렇게 한다. 그러므로 그들의 실존방식은 "반성 없는 직접성"으로 특징지어져 있다고 할 수 있다.

이처럼 하루하루를 감각주의적·쾌락주의적으로 살아가며 쾌락의 대상과 출처를 계속 번갈아가며 향락의 "윤작"輪作, Wechselwirtschaft을 계속하는 자들의 말로는 무엇인가? 그것은 권태요 불안이며 우수다. 그리고 절망이다. 이 점은 로마의 황제 네로의 삶에서 확연히 드러난다. 그는 황제의 영광과 권력을 소유한 자로서 "왕자적인 쾌락"을 누릴 수 있었으며 그의 머리에 떠오르는 온갖 도락과 향락을 마음대로 누릴 수 있었다. 그러나 그 결과로 그에게 따른 것은 권태와 불안과 우수였다. "네로의 본질은 우수였다."[2]

자신의 마음속으로 깊이 파고드는 공허감과 권태, 우수와 불안을 해소하기 위해서 네로나 칼리굴라 황제는 또 다른 도락과 쾌락의 대상을 찾아내어 그것으로 위로를 받으려 했다. 그러나 그렇게 하면 할수록 그들은 더 큰 권태와 불안을 느꼈다. 그래서 그들은 결국 깊은 절망에 빠져들어 가게 되었다. 이처럼 심미적 단계에서 감성적 기호와 쾌락의 노예가 되어 살아가는 개인들은 모두 이들과 같이 결국에는 절망의 쓴잔을 들게 된다. "미적인 삶을 살아가는 모든 자들은, 그들이 그것을 의식하든 못 하든 간에 다 절망 속에 빠져 있다."[3]

그러나 절망이 반드시 부정적인 측면만을 지니고 있는 것은 아니다. 왜냐하면 완전히 절망에 빠진 자는 인생의 모든 것과 자기 자신을 재점검할 기회를 가질 수 있기 때문이다. 그리고 진정한 자기 자신을 발견하며 영원성으로 특징지어진 자기 자신을 선택할 수 있는 기회가 주어질 수 있기 때문이다. 그래서 키에르케고르는 절망을 명령한다.

그러므로 내 혼을 다하고 사고력을 다해 절망하라![4]

절망하라! 절망을 선택하라!…우리가 절망하게 될 때 우리는 다시 선택하게 된다. 여기서 우리가 선택하는 것은 우리 자신이다. 우리가 우리 자신을 선택하되 직접성으로서의 우리[=감성으로서의 우리]나 우연한 개인으로서의 우리 자신이 아닌, 영원성으로 특징지어진 우리를 선택하게 된다.[5]

우리는 절망 속에서 비로소 과거의 삶에 대해 반성하고 비판하며 그것을 부정하는 가운데 새롭고 참된 삶을 희구하는 아이러니컬한 자세를 취할 수 있게 된다. 우리의 실존은 미적 단계와 윤리적 단계 사이의 중간 영역인 아이러니의 차원에 도달하게 되는 것이다. 여기서 우리는 "이것이냐 저것이냐", 즉 감각적인 삶이냐 윤리적인 삶이냐 하는 선택의 기로에 서게 된다. 후자를 선택함으로써 우리는 윤리적인 단계에 진입하게 되고 더욱더 본래적인 우리 자신을 회복하게 된다.


## 2. 윤리적 실존

감각주의적인 미적 실존을 부정하고 윤리적인 실존을 긍정함으로써 우리는 그 어떤 다른 것이 아닌 바로 우리 자신을 선택하게 된다. 순전히 동물로 살아가는 거짓되고 저속한 우리 자신을 부정하고 정신과 자아 또는 주체성으로 숭고하게 살아가는 참된 우리 자신을 선택하게 되는 것이다.

미적인 실존방식으로 살아가는 자에게는 사실 진정한 선택이라는 것은 없다.[6] 왜냐하면 그가 추구하는 미적인 것, 즉 감각적인 것은 그 자체가 악이 아니고 "중립적인 것"Indifferenz이기 때문이다.[7] 그리고 그는 미적인 것을 선택하기보다 미적인 것의 노예가 되어 완전히 피동적으로 살아가야만 하기 때문이다. 진정한 선택이란 오로지 윤리적인 실존과의 관계에서만 가능하다.[8]

이것이냐 저것이냐 하는 양자택일의 기로에 서서 우리가 이처럼 "절대적인 선택"을[9] 통해 미적인 실존을 배격하고 윤리적인 실존방식을 절대 긍정하며 수락하는 데서 진정한 우리 자신을 선택하고 참된 우리 자신이 될 때 그러한 우리 자신만큼 고귀한 것은 세상에 아무것도 없다. 이에 대한 키에르케고르의 설명을 살펴보자.

한 인간이 [윤리적인 실존을] 선택할 때 그러한 선택은 그의 인품에 영원히 소실되지 않는 장엄과 품위를 부여하게 된다.…우리 주위의 모든 것이 정숙해지고 별빛 찬란한 밤과도 같이 엄숙해져 있을 때, 그리고 우리의 영혼이 전 우주에 홀로 있을 때 우리의 영혼 앞에는 단순히 한 특출한 인간만이 나타나 보이는 것이 아니고 영원한 힘 그 자체가 나타나 보이게 된다. 그 순간 그야말로 하늘 문이 열리고 우리의 자아는 자신을 선택하게 된다. 더 정확하게는 우리의 자아가 자신을 영접하게 된다. 우리의 영혼은 어떤 육안도 볼 수 없고 영원히 잊히지도 않는, 세상에서 가장 숭고한 것을 보게 된다. 그 순간 우리의 인격은 영원토록 유효한 작위 수여를 경험하게 된다. 그로 말미암아 우리가 과거의 우리 자신 외에 다른 누군가가 되는 것은 아니며 우리 자신이 되는 것이다.…비록 어떤 사람이 가장 훌륭한 인격의 소유자라 할지라도 그가 자기 자신을 선택하지 않는 한 그는 아무것도 아니며, 그 반대로 가장 보잘것없는 인격의 사람이라 할지라도 만약 그가 자신을 선택했을 경우 그는 모든 것을 소유한 자라고 할 수 있다. 왜냐하면 한 사람의 위대함은 이러한 사람 혹은 저러한 사람이 되는 데 있지 않고 자기 자신이 되는 데 있기 때문이다. 모든 사람은 원한다면 그렇게 될 수 있다.[10]

미적 실존의 단계에서 살아가는 자들은 세상의 그 무엇에 대해서도 신중을 기하지 않는다. 자기 자신에 대해서도 마찬가지다. 그들은 무한한 가능성의 세계에서 그들을 즐겁게 하는 그 어떤 하나의 대상에 찰나적으로 관심을 기울인 후 그다음 순간 또 다른 대상으로 이동해간다.

이와는 달리 윤리적 실존 단계에 도달한 자들은 자기 자신과 세상만사에 신중을 기하며 자신에게 맡겨진 의무와 사명을 성심성의껏 준행하며 살아간다. 그들은 인간의 삶을 규정하는 제반 사회적·윤리적 규범들을 철저히 준수하며 사회와 가정에 충실하다.

미적 실존을 영위하는 자들을 꿀을 찾아 이 꽃에서 저 꽃으로 계속 이동하는 나비에 비교할 수 있다면 윤리적 실존을 영위하는 자들은 자신의 임무에 절대 충직한 꿀벌에 비교할 수 있다. 그래서 이들은 가족 관계에 대해서도 전혀 상반되는 견해를 표명하게 된다. 전자는 결혼을 연애의 무덤으로 간주하므로 그것을 회피하며 계속 새로운 사랑을 찾아 유랑하는 반면 후자는 결혼을 신이 제정한 성스러운 제도로 확신하고 평생토록 한 상대의 배우자로서 결혼일의 기쁨과 감격을 죽는 날까지 되새기며 일편단심 충절을 지켜 성실하게 살아간다.

윤리적 실존의 단계에 이른 자들은 무엇을 하든 감성적 기호를 따라 행동하지 않고 어디까지나 실천이성의 지상명령(칸트), 즉 양심의 소리에 따라 행동하려고 최선을 다하며 그 어떤 형편에서도 내적 균형을 잃지 않고 합리적으로 대처하려고 노력한다. 그리고 그들은 지조와 정직, 성실과 충절을 그 무엇보다 중시한다.

그러나 이들은 윤리적·사회적 규범과 제도를 절대시하는 가운데 철두철미하게 그것에 준해서, 아니 그것에 매여서 행동하며 살아가려고 최선을 다하게 되므로 그들의 삶에서는 미적 실존을 특징짓는 직접성과 자발성을 찾아보기 힘들다. 그리고 그들은 매사에 합리적으로 대처하려고 노력하는 로고스의 사람이므로 그들에게서 파토스를 찾아보기란 힘든 일이다.

그보다 더 큰 문제점은 그들이 표방하는 이상과 현실적인 자신 사이에 존재하는 엄청난 괴리에 있다. 그들이 고차원적인 윤리적 이상에 따라 숭고하고 고결하게 살려고 노력하면 할수록 그들은 자신들의 실제적인 삶이 그러한 이상에서 너무나도 소원함을 더 깊이 통감하게 된다. 양심과 의무의 윤리를 주창한 칸트도 지상명령이 우리 각자에게 시달하는 바는 도덕적으로 완전해지는 것, 달리 표현하면 신과 같이 거룩해지는 것이라고 했다. 그것은 우리가 세상에 사는 짧은 기간 내에는 전혀 불가능하다. 그것이 가능하기 위해서는 육체의 사후에도 우리의 영혼이 영원히 살아 무한한 기간 동안 자기완성의 훈련을 계속해야만 한다. 칸트는 바로 그러한 이유에서 인간 영혼의 불멸을 "요청"하게 된 것이다. 즉 도덕의식의 내적 요구와 소신에 따라 인간의 영혼이 불멸할 수밖에 없다는 결론을 도출하게 된 것이다.

윤리적 실존이 자신의 삶의 이상으로 삼고 있는 도덕률은 칸트가 지적한 바와 같이 너무나도 준엄하다. 세상의 그 누가 신과 같이 거룩해질 수 있겠는가? 그와 같이 엄격한 도덕률을 의식하면 할수록 윤리적 실존은 자신의 무력함과 나약함을 더 깊이 자각하고 깊은 비탄에 빠지지 않을 수 없다. 그래서 윤리적 실존은 결국 참회에 이르게 된다. 따라서 "참회는 최고의 윤리적 표현이다."[11] 키에르케고르는 다음과 같이 기록했다.

> 세 가지 부류의 실존적 영역이 있다. 미적·윤리적·종교적 영역…윤리적 영역은 단지 하나의 통과 영역이며 그것의 최고 표현은 하나의 부정적 행위인 참회다. 미적 영역은 직접성의 영역이며 윤리적인 영역은 요구의 영역(여기서의 요구는 너무나도 무한하기에 개인은 항상 파산한다)이고 종교적 영역은 성취의 영역이다.[12]

실존자가 절대적인 윤리적 요구 앞에서 "파산"하게 될 때 그는 자신의 처지와 심경을 유머로 표현하게 된다. 유머는 윤리적 실존이 절대자와 그의 준엄한 요구 앞에서 자신의 한계성을 통감하며 취하는 자기표현 방법이다. 유머인은 이상과 현실 간에 존재하는 갈등으로 인해 신음하는 자로서 자신의 내적 문제들을 직설법으로 표현하지 않고 유머로써 표현한다. 즉 그는 이들을 완전히 무시해버리지도 않고 노골적으로 정죄하지도 않으며 그 앞에서 오로지 "미소를 지을"lächeln 따름이다.[13] 그렇게 하면서도 그는 내심으로는 아이러니인Ironiker 이상으로 자신의 참담한 현실을 통절히 느끼며 그것을 초월하고 이상을 실현하려고 혼신의 노력을 기울이게 된다.

인간 실존의 윤리적 단계와 종교적 단계의 접경에 거하는 유머인Humorist은 윤리인의 실존 단계를 이미 거친 자이지만, 아직 종교인의 단계 A와 특히 종교인의 단계 B, 즉 기독교인의 단계에는 미치지 못한 상태에 있다. 그러므로 그는 자신 속에서 발견하는 지극히 심각한 영적·정신적 문제, 즉 본래적이며 이상적인 자신과 현실적인 자신 간의 불일치의 문제를 항상 깊이 의식하고 그것을 극복하기 위한 진지한 노력을 경주하게 된다.

그는 인간 앞에서뿐 아니라 신 앞에서도 완전해야만 하는 숭고하고 엄준한 도덕적 요청과 종교적 계율을 인식하면서도 그것을 충족시키거나 준수할 수 없기에 마음속 깊은 데서 죄의식을 통절하게 느끼지 않을 수 없다.

아이러니는 "본질과 현상" 간의 불일치, 내적인 현실과 외적인 현실 간의 불일치를 드러낸다. 그 반면 한 개인은 유머를 통해서 자신의 본성 속의 영원한 잠재력과 자신의 현실성 간의 불일치를 [표출한다]. 그가 윤리적인 요구를 충족시켜야만 하는 어려움을 감지하게 될 때 이러한 불일치에

대한 [의식은] 더욱더 심화되게 된다.[14]

유머라는 단어는 영어에서 유래했는데 원래는 의학적인 용어로서 체액體液을 뜻했지만 나중에는 기질temperament, 성질disposition, 기분mood 등을 뜻하게 되었으며 최종적으로는 우리가 일반적으로 이해하는 현대적 의미, 즉 익살이나 익살스러운 표현을 뜻하게 되었다. 그러한 영어 어원에서 유래한 이 용어는 독일 낭만주의에게는 "아픔에서 유래하는 익살이며 진지에 근거를 둔 농담"diejenige Komik, deren Vater der Schmerz ist, der Scherz, der auf Ernst gegründet ist을 뜻했다.[15] 키에르케고르도 바로 이러한 뜻에서 그 용어를 사용한 듯하다.

유머인은 윤리적 단계와 종교적 단계 사이의 중간영역에 머물고 있다. 따라서 그가 비록 도덕적으로 극히 민감하며 자신의 내적인 갈등을 아픔으로 체험하고 그것을 해소하기 위해 진지하게 노력한다 해도 그는 아직 신앙의 결단으로 자신의 문제를 해결할 수 있는 단계에는 이르지 못한 상태다. 그래서 그는 그의 아픔을 익살과 농담으로 표현하는 것이다. 칠십 평생을 피땀을 흘리며 진지하게 노력한다 할지라도 이상적인 자신을 실현하지 못하고 영원한 구원을 누릴 수 없는 상태에 있는 초라한 현실적인 자신이기에 그는 짧은 생애에서 지금까지 그를 위해 도모한 모든 헛된 노력과 결단에 대해서 미소 짓지 않을 수 없고 그러한 상태에 있는 자기 자신에 대해서도 그렇게 하지 않을 수 없다. 그래서 그는 인생 전반의 무상과 자기 자신의 현실적인 모습에 대해서 내적인 아픔과 애수로, 그리고 익살로 표현하게 된다.[16] "유머[인]은 죄책의식Schuldbewusstsein에 관해서 총체적으로 반성한다."[17]

## 3. 종교적 실존

### (1) 종교성 A

윤리적 단계와 종교적 단계, 특히 종교성 A의 단계 사이의 경계는 매우 유동적이다. 한 개인이 "자기 긍정"Selbstbehauptung을 통해서, 즉 자력으로 현실적인 자신을 극복하고 진정한 자신을 선택함으로써 자기완성에 이르려는 변증법적 운동을 지속적으로 전개하는 데서 윤리적 실존자의 특징을 발견할 수 있고, 신과 올바른 관계를 맺기 위해 실존자가 신 앞에서 자기 자신을 완전 무無로 간주하고 완전히 그만을 의지하는 "자기 파기"Selbstvernichtung에서 종교성 A에 속하는 실존자의 모습을 발견할 수 있는 것은 사실이다.[18] 그러나 종교성 A 또는 종교성 B에서 윤리적인 것이 상대화되거나 무효화되는 것은 결코 아니다. 그렇게 되는 것이 아니라 정반대로 그것이 이 두 영역에서 더 엄격하게 요구되고 강조된다.

"윤리적인 것은 절대적이며 영원토록 가장 고차원적인 것이다."[19] 그러므로 "윤리적인 것은 모든 인간에게 부여된 최대의 과제."[20] 그리고 윤리적인 것은 실존자가 신과 맺는 관계의 표현이기도 하다.[21]

그리고 방금 지적한 대로 윤리적 실존도 결국은 자신이 지향하는 이상에 도달하지 못한 채 죄책감과 참회로 자신의 과거를 되돌아볼 수밖에 없기에 참회를 "최고의 윤리적 표현"이라 할 수 있으나 죄책감과 참회는 또한 엄연히 하나의 종교적인 범주라는 사실도 고려해야만 한다.[22]

그러한 이유에서 키에르케고르는 『철학적 단편 후서』에서 다음과 같이 서술한다.

『인생행로의 제 단계』는 [실존 단계에 관한] 삼분설로 인해서 『이것이냐 저것이냐』와 구별된다. 미적 단계, 윤리적 단계, 종교적 단계 등 실존의 3

단계가 있다.…그러나 이러한 삼분설에도 불구하고 이 저서[=St.]에서도 전적으로 이것이냐 저것이냐의 [양자택일이 요청되고 있다.] 그 이유는 여기서 윤리적 단계와 종교적 단계는 본질적으로 서로 관련되어 있기 때문이다.[23]

그는 또한 일기에도 "[실존과정에] 3단계들이 있음에도 불구하고 단 하나의 '이것이냐 저것이냐'만 있다"라고 기록했다.[24]

『철학적 단편 후서』 자체에서도 키에르케고르는 윤리적 영역을 하나의 독립된 영역으로 취급하면서도[25] 그것을 또한 종교성 A의 영역에 포함시켜 함께 취급하기도 한다. 그래서 그는 이 저서에서 "윤리적·종교적인 것"에 대해 언급하고 있는 것이다.[26] 종교성 A뿐 아니라 종교성 B도 윤리적인 것을 항상 그 자체 속에 내포한다. 진정한 종교인은 윤리적인 삶을 이미 거친 자이며 그러한 삶을 현실적으로 영위하고 있는 자이기도 하다.[27] "결심은 윤리적인 전제들 위에 건립된 종교적인 인생관의 [표현]이다."[28]

종교성 A는 "내재성의 종교성"Religiösität der Immanenz이라고도 부를 수 있는바 그것은 실존자가 진중한 "내면화의 변증법"Dialektik der Verinnerlichung,[29] 즉 내적 변화의 과정을 거쳐 영원한 행복을 찾아 누리는 것을 궁극적인 목적으로 한다. 종교성 A를 내재성의 종교성이라고 간주할 수 있는 이유는 그것이 소크라테스와 플라톤 이후의 다수의 서양사상가들이 주장한 바와 같이 인간의 의식 속에 영원성 또는 영원한 진리, 그리고 나아가서는 신도 내재하고 있다고 보기 때문이다.[30] 인간의 의식 속에 영원한 진리가 본래적으로 새겨져 있기에 개인은 자기반성과 "스스로의 정열적인 실존 개조"의 과정을 거쳐 "결국 구원에 이를 수 있게 된다."[31]

그러므로 종교성 A가 비록 영원한 행복과 관계되는 종교성이라 할지라도 그것은 종교성 B, 즉 기독교에서와 같이 인간 자신 외의 그 무엇을 통해 영원한 행복을 추구하지는 않으며 어디까지나 인간 각자 자신 속에 내재하고 있는 것을 재발견하고 실현하는 데서 그것을 찾아 누리려고 노력한다.[32] 여기서는 "사람들이 모든 인간이 다 원칙적으로 영원한 행복에 참여하고 있으며 결국에 가서는 실제로 영원한 행복에 이르게 될 것이라고 상정한다."[33] 그리고 여기서는 창조, 죄타락 속죄의 사건, 부활 등으로 이어지는 구속의 역사를 중시하는 종교성 B와는 달리 "6천 년의 세계사가 진실이건 아니건 간에 실존자의 구원의 문제에 관한 한 그것은 그에게 무관하다. 왜냐하면 그는 그 근본에 있어서 영원성에 대한 의식으로 존재하기 때문이다."[34]

소크라테스나 칸트와 같은 철학자들의 종교철학이나 이교, 즉 기독교 이외의 타종교에 속한 종교인들, 또는 기독교에 속하나 실제로는 진정한 기독교인이라 할 수 없는 사람들의 종교관을 특징짓는 이러한 종교성 A도 실로 대단한 심각성과 진지함을 보여준다.[35] 내면화의 변증법을 통해 자유와 구원에 이르려고 노력함에 있어서 그것은 "무한한 반성"과[36] "무한성의 정열"로[37] 그렇게 한다. 사실인즉 키에르케고르가 『철학적 단편 후서』 초반부에서[38] 헤겔의 순수사유 또는 객관적인 사유와 대비되는 실존적 사유 혹은 주관적 사유의 본질을 상론할 때, 그리고 심지어 신앙의 특징을 묘사할 때[39] 그가 의도한 바는 종교성 A의 특징이었다. 그리고 "주관성이 진리다"라고 역설할 때 그는 주로 종교성 A의 입장을 묘사하고 있다.

그러므로 키에르케고르가 종교성 A를 결코 경시하지 않고 매우 심각하게 취급했음을 알 수 있다. 이 점은 특히 그가 이 저서 후반부에서[40] 종교성 A의 특성을 상론하는 과정에서 더 확실히 드러난다. 그에 따르면 종교성 A의 영역에 도달한 실존자는 "영원한 것과의 관계"에서[41] 살아가는 자로서 "절대적인 목적과는 절대적으로, 상대적인 것들과는 상대적으로 관계를 맺는다."[42] 그러한 실존자는 또한 신 앞에서 전적으로 무력하다는 사실, "신 앞에서 무라는 사실"을[43] 인정하게 된다. 그와 같이 신 앞에서 자신이 완전 무임을 자인하는 행위, 즉 "자기 파기가 [그가 맺는] 신과의 관계에 있어서 기본적인 [실존의] 형태다."[44]

그리고 이 차원에 거하는 종교인은 "절대적인 목적을 향한 절대적인 지향"으로[45] 말미암아 "직접성", 즉 세상적인 것에 대해서는 "죽어야만"[46] 하며 심지어 "자기 자신에 대해서도 죽어야만 한다."[47] 그리고 그는 자기 자신을 포함한 세상의 모든 상대적인 것을 포기Resignation해야만 하므로 그에게는 고난Leiden이 따르기 마련이다. 세상에 속한 상대적인 것들을 절대시해온 그가 그것들과 고별하고 일편단심 절대자만 바라보고 그만을 위해서 살아가려고 노력할 때 고난이 따르지 않을 수 없다. 따라서 종교성 A의 차원에 거하는 자의 "실존적 정열의 기본적인 표현은 고난이다."[48] "종교인은 바로 고난 속에서 숨을 쉬게 된다."[49]

이처럼 절대자와 절대적인 관계를 맺고 자기 자신을 포함한 모든 상대적인 것들과는 상대적인 관계를 맺는 가운데 고난 속에서 살아가는, 종교성 A의 차원에 속한 실존자는 또한 자신의 죄책Schuld에 대해 극히 민감하기에 자신의 죄책에 대해 "총체적으로 반성하게 된다."[50] 죄책이 그러한 종교인의 "실존적 정열의 결정적인 표현이다."[51] 다른 말로 하면 "죄책에 대한 의식이 [종교인이 맺고 있는] 영원한 행복과의 관계에 대한 결정적인 표현이다."[52]

## (2) 종교성 B

내재성의 종교성인 종교성 A는 인간의 의식 속에 영원성이 본질적으로 새겨져 있다는 것을 전제로 하고 출발한다. 여기서는 영원성이 아무 데서도 구체적으로는 포착되지 않는데도 불구하고 그것이 모든 곳에 산재해 있는 것으로 간주된다*ubique et nusquam, everywhere and nowhere*. 그러한 전제 하에서 사람들은 정열적인 내면화의 변증법, 즉 진지하며 면면한 자기반성과 자기완성의 과정을 거쳐 자신 속의 시간성과 영원성, 유한성과 무한성 간의 내적 모순을 점차적으로 극복하고 본래적이며 진정한 자기 자신, 영원성과 무한성으로서의 자기 자신에 이르고 영원한 행복을 찾아 누리려고 총력을 기울인다.

이와는 달리 종교성 B는 초월성의 종교의식이다. 그 출발점은 인간 속의 영원성이 아니고 영원한 자이자 "영원한 진리"인[53] 신이 인간 역사의 한 시점에, 특정한 장소에서 인간의 모습을 띠고 나타났다는 사실이다.[54] 종교성 B는 인간의 구원을 인간 자신 속의 영원성과 연관시켜 해결하려 하는 대신 역사적인 한 사건과 연관시킨다.[55] 그러므로 이 종교성은 내재성과의 단절을 뜻한다.[56] 영원한 진리인 신이 인간이 되었다는 것은 내재성의 관점에서 볼 때 전혀 비합리적인 주장 또는 부조리*das Absurde*이며 역설이다. 그것은 유대인에게는 거리낌이요 그리스인들에게는 우둔함이었다.[57]

기독교적 역설은 이성적 사유로는 전혀 이해할 수 없고 해명할 수 없는 교리이기에 그것을 이해하기 위해서는 이성 또는 오성을 포기해야만 한다. 신앙인은 그것을 오성의 사려를 거슬러서만 믿을 수 있다.[58] 그렇게 한다는 것은 "오성을 십자가에 못 박는 행위"다. 그러한 의미에서 그 것을 "신앙의 순교"*das Martyrium des Glaubens*라 할 수 있는데 그러한 신앙의

순교는 순간적인 것이 아닌 영속적인 것이다.[59]

이처럼 영원한 자가 시간계 속에 강림해서 인간과 더불어 살다가 인간의 죄를 위해 십자가 위에서 죽었다는, 극히 비합리적이며 역설적인 이론을 중심 교리로 가르치는 종교성 B는 역설적인 종교성이다.[60] 소크라테스의 경우에서 알 수 있듯이 내재성의 종교성인 종교성 A도 일종의 역설을 주장한다고 볼 수 있다. 그러나 여기서의 역설은 어디까지나 "상대적인 역설"이며 "절대적인 역설"은 아니다. 그러나 기독교가 가르치는 역설은 절대적인 역설이다.[61]

소크라테스는 영원한 것과 신에 대해서는 모르는 것만 안다는 무지의 고백을 했다. 그러나 그는 그러한 무지의 고백에도 불구하고 영원한 진리와 신이 존재한다고 믿었다.[62] 그는 영원한 진리와 신이 존재한다는 사실에 대한 객관적인 지식과 확실성을 확보하지 못했음에도 불구하고 "정열적인 내면성"으로[63] 그것을 수락하고 믿었다. 영혼불멸에 대해서도 그는 그와 같이 객관적인 증명이 없이 정열적인 내면성으로 수락하고 믿었다. 그러므로 "그는 그의 무지에도 불구하고 이방인의 세계 내에서는 가장 깊은 의미에서 진리 안에 거했다."[64]

영원한 진리와 신에 대한 무지의 고백은 그들에 대한 의구심을 뜻하기보다 그들의 심오성에 대한 자인을 뜻했다. "소크라테스의 무지의 고백은 유대적인 뜻에서는 신에 대한 경외심이 지혜의 근본이라 번역할 수 있다."[65] 그의 무지의 고백은 그가 진리와 신과 진정 올바른 관계를 맺을 수 있는 출발점이었다. "[올림포스 산에 거하고 있던] 신들의 무리가 땅에서 하늘로 올라가고 인간들의 눈에서 사라졌다. 바로 이러한 사라짐이 [이들이 그들과 맺을 수 있는] 더욱 깊은 관계를 위한 전제조건이었다."[66]

소크라테스는 후기 플라톤과 달리 진리와 신은 이성의 안목으로 투시하고 이성의 잣대로 재기에는 너무나도 크고 심오하다고 보았다. 그래서 그는 그들을 "이데아의 굴레"로 씌우고 자기 자신의 특유한 인식과 진술의 방법에 따라 묘사하거나 설명하려고 하지 않았다. 순전히 지적인 방법으로 그들에게 나아가 그들에 대한 객관적인 지식을 확보하려 하는 대신 그는 그들에게 정열적인 내면성으로 나아가서 그들과 깊은 관계, 전인격적인 관계를 맺으려 했다. 키에르케고르는 이를 다음과 같이 설명했다.

> 그는 객관적인 사려에 근거해서가 아니라 내면성의 무한한 정열의 힘으로 신과 관계를 맺게 되었다.[67]

> 소크라테스가 신이 존재한다는 것을 믿었을 때 그는 내면성의 모든 정열로 객관적인 불확실성을 견지했다. 바로 이러한 모순[=소신의 대상이 객관적으로 불확실함에도 불구하고 그것을 확고히 견지하는, 논리적으로 볼 때 모순된 행위], 이러한 모험이 곧 신앙이다.[68]

비록 특수한 기독교적인 의미에서의 신앙은 아니지만 신앙의 유비ein Analogon zum Glauben로[69] 볼 수 있는 소크라테스의 "신앙"의[70] 견지에서 판단할 때도 "영원하며 본질적인 진리"는[71] 역설이다. 그것은 인간의 이성의 한계를 무한히 초월하기 때문이다. 그것은 이성의 잣대로 결코 잴 수 없고 어떤 이론과 언어로도 설명할 수 없기 때문이다. 무한성의 정열로, 신앙의 모험으로 수락하는 수밖에 없기 때문이다. 그럼에도 불구하고 여기서의 역설은 어디까지나 상대적인 역설이다. 영원한 진리와 신이 존재한다는 사실과 그들이 지극히 고상하고 고귀하다는 점은 이성으로 확실하게 입증할 수 없으나 그렇다고 해서 그것이 전혀 불가능하다고만 볼 수 없기 때문이다.

그러나 기독교에서 가르치는 역설은 인간 이성의 관점에서 볼 때 완전한 넌센스다. 영원불변한 자인 신이 시간적이며 변화무상한 인간이 되었다는 것, 절대자와 무한자인 신이 상대적이며 유한한 인간이 되었다는 것은 자가당착적인 주장이기 때문이다.

소크라테스는 영원한 진리와 신에 대한 무지와 객관적인 불확실성에도 불구하고 내면성의 정열로 그것을 수락하고 믿었다. 그러나 기독교인은 신의 성육신에 대한 성경의 가르침이 객관적으로 볼 때 완전 부조리한 교리임이 확실함에도 불구하고 내면성의 정열로 그것을 수락하고 믿는다. 그러므로 기독교인의 내면성은 그만큼 더, "무한히 더 깊다"는 사실을 알 수 있다.[72]

"소크라테스의 무지는 부조리에 대한 기독교인의 진지함에 비해서 하나의 재미있는 농담과도 같고 그의 실존적 내면성은 기독교적인 신앙의 노력에 비해 그리스적인 무사태평과도 같다."[73] "절대적인 역설과 관련해서는 우리가 이해할 수 없다는 사실만 이해할 수 있다."[74]

그리고 내재성과 내면성의 종교성을 대표한다고 할 수 있는 소크라테스의 실존에 있어서는 "주체성이 곧 진리다"라고 할 수 있으나 모든 내재성과 단절하는 초월성의 종교인 기독교에 있어서는 "주체성은 곧 비진리다."[75] 왜냐하면 기독교는 인간이 죄인임을 가르치며 인간이 죄로 말미암아 자체적으로는 결코 진리에 이를 수 없다는 점을 무엇보다 고조하기 때문이다. 인간은 유한하고 시간적일 뿐 아니라 죄인인 반면 신은 무한하고 영원하며 거룩한 자이시기에 양자 간에는 절대적인 차이가 있다.[76] 그러므로 인간은 "주체적인 사유"와 내면성의 정열을 통해 자체적으로 신과 그의 영원한 진리에로 나아갈 수 없다. 유한하고 죄악된 인간은 비진리 안에 거하고 있으며 그의 주체성과 내면성, 정열과 노력은 그 자체로 비진리다.

모든 인간이 다 일률적으로[77] "시간 속에서 영원한 것과 관련을 맺을 수 있다"는 것을 전제로 하고 출발하는 종교성 A와는 달리 종교성 B는 특정의 개인만이[78] "시간 속에서, 시간 속에 [강림한] 영원한 자와 관련을 맺음으로써"[79] 영원한 생명을 얻게 된다고[80] 가르친다. 종교성 A가 보편주의적인 구원관을 주창하는 반면[81] 종교성 B는 특수주의적인 구원관 Partikularismus을 가르친다.[82] 그리고 종교성 A가 인간의 죄책과 죄책의식을 심각하게 문제 삼는 것과는 달리 종교성 B는 죄 Sünde에 대해서와 죄의식 Sündenbewusstsein을 인생의 가장 중대한 문제로 다룬다.[83]

종교성 A와 종교성 B 간에 이러한 제반 차이점들이 존재한다고 보면서도 키에르케고르는 양자 간에 연속성도 엄연히 존재한다고 주장한다. 그에 따르면 종교성 A가 전제되지 않는 종교성 B는 불가능하다. "한 개인이 변증법적인 [종교성] B에 착안을 할 수 있기 위해서는 먼저 종교성 A가 그의 마음속에 내재하고 있어야만 한다."[84] 그리고 "모든 기독교인들은 다 종교성 A의 파토스를 소유하고 있다"는[85] 점도 잊어서는 안 된다. 영원한 구원에 대한 절대적인 관심으로 말미암아 "절대적인 목적과는 절대적으로, 상대적인 목적들과는 상대적으로 관련을 맺으며" "세상적인 것에 대해서는 완전히 죽고" "신 앞에서 자신을 완전 무로 간주하는 가운데" "지속적인 고난"의 삶을 영위하려고 무한히 노력하는 종교성 A의 파토스를 모든 기독교인도 기본으로 소유하고 있다는 것이다. 다만 이들은 일반 종교인들과 달리 객관적으로 불확실한 상대적인 역설이 아닌 어불성설의 절대적인 역설 앞에서 질적인 비약을 해야만 하는 상황에 있으므로 그들이 동원해야만 하는 내면성, 그리고 "내면성의 진수를 뜻하는 정열"das Höchste der Innerlichkeit…ist Leidenschaft은[86] "무한히 더 큰 신축성"을 지니고 있고 "무한히 더 깊을 수밖에 없다."[87] 절대적인 역설은 상대적인 역설보다 무한히 더 강렬한 "부조리의 파토스"das Pathos des Absurden를 기독교인들의 심중에 촉발한다.[88] 그러한 파토스는 그들이 영위하는 극심한 고난과 자기 파기의 삶 속에서 역력하게 구체적으로 표출된다.

소크라테스와 종교성 A에 속한 수많은 비기독교인들이 그들의 사유활동과 실존과정에서 보여준 주체성과 내면성, 노력과 과정, 무한한 정열과 신앙의 모험 등은 어떤 의미에서 진리라 할 수 있다.[89] 소크라테스를 두고 말한다면 그가 비록 진중한 사유자였다 할지라도 결코 신과 진리의 문제를 이성으로 해결하려고 노력한 추상적인 사색자 또는 관념론자만은 아니었다. 그는 신의 존재와 인간 영혼의 불멸을 이론적으로 증명할 수 없었음에도 신과 영혼불멸의 문제에 지정의가 합해진 전인의 "내면성의 무한한 정열"로 실존적으로 대처했다. 그는 "무한성의 정열로 [신과 영혼불멸이라는] 객관적으로 불확실한 대상을 선택하는 모험"을[90] 감행했던 것이다.

소크라테스는 후기 플라톤과 헤겔과는 달리 인간이 실존한다는 것이 무엇을 뜻하는지를 분명히 알고 있었으며 진리의 지식을 추구하는 사유자가 한 명의 실존자라는 사실도 확연히 이해하고 있었다. 그러므로 "그는 그의 [신과 영혼불멸에 대한] 무지에도 불구하고 이방인의 세계 속에서 가장 고차원적인 의미로 진리 안에 거하고 있었다."[91]

그러나 엄격하게 기독교적인 인간관의 견지에서 고려할 때 소크라테스와 그가 대표하는 종교성 A가 보여주는 주체성과 내면성 등은 진리라기보다 비진리라고 판단하지 않을 수 없다.[92] 왜냐하면 성경적인 관점에서 인간은 죄인이기 때문이다. 죄인이 죄사함을 받지 않은 상태에서 자력으로 도모하고 추진하는 모든 일은 그 자체가 죄악이며 비진리에 속한다. 한 실존자가 드러내는 주체성과 내면성 등이 진리일 수 있는 선제조건은 그가 신과 그리스도의 은총으로 죄사함을 받고 신생해야만 한다는 것이다. 그러므로 주체성이 진리이며 "최고의 진리"라는 명제는 엄격한 의미에서 종교성 B의 경우에만 타당한 명제임을 알 수 있다.

제4장

# 실존적 변증법

## 1. 변증법의 본질

아리스토텔레스에 따르면 변증법은, 파르메니데스의 제자였으며 그의 존재론을 예리한 변론술elenchus을 통해 이론적으로 입증하려 했던 제 논Zeno of Elea에 의해서 처음으로 개발되었다고 한다. 그러나 일반적으로 철학사가들은 "산파술"과 "반어법"으로 자신의 제자들과 그리스 국민들로 하여금 진리를 깨닫고 진리에 부합하는 선하고 아름다운 삶을 영위하게 하려고 필생의 노력을 기울인 소크라테스를 변증법의 창시자로 간주한다.

변증법은 그리스어로 "*Dialektike*"인데 그것은 "*dialektikos*"(대화적 → *dialektos*⟨대화⟩ → *dialegomai*⟨대화하다⟩)와 "*techne*"(기술)가 합해져 만들어진 복합어 "*dialektike techne*"의 준말이며 문자적으로는 바로 "대화술"을 의미한다.

소크라테스는 이러한 대화술 또는 변증법을 통해 청자들과 질의응답을 나누며 그들과 협력해서 다양한 인생의 문제들에 대한 해답을 찾아내려고 꾀했고 나아가서는 인생의 궁극적인 문제인 진리를 발견하고 인식하기 위해 노력했다. 그리고 그렇게 발견하고 인식한 바를 행동과 삶으로 옮기려고 노력했다. 그는 이러한 변증법의 일환으로 산파술과 반어법을 사용했으며 귀납법*epaktikoi logoi*과 연역법*horizesthai katholou*도 사용했다.

소크라테스의 대화술에서 유래한 변증법은 일반적으로 타인과의 대화 혹은 자신과의 무언중 대화, 즉 사유 활동을[1] 통해 질문과 답변, 이론과 반론, 명제와 반명제를 서로 교환하는 가운데 점차적으로 진리에 가까이 나아가려고 노력하는 사변 활동으로 간주되어왔다. 또한 그것은 진리를 발견하기 위한 목적으로 사용하는 올바른 사유 방법을 의미하기 때문에 중세철학에서는 변증법을 논리학과 동일시하기도 했다.

소크라테스의 대화적 변증법에서 대화의 주체들은 피차의 의견과 그에 대한 반론을 교환하는 가운데 서로의 입장을 절충하고 조화시켜 하나의 공통된 견해에 도달하려고 노력한다. 그러한 대화 과정에서 어떤 주제에 대한 그들의 이해와 인식의 폭은 점차적으로 더 넓어지고, 매우 부정확하며 피상적인 그들 각자의 사견은 점차적으로 객관적인 진리의 지식에 더 가까워지게 된다. 이러한 대화적인 변증법을 통해 대화자들은 점차적으로 자신의 선입견과 편견을 떨쳐버리고 진리에 부합한 생각을 하며 진리에 대한 지식을 획득할 수 있게 된다. 나아가서는 진리에 부합한 사람이 되어 참된 삶을 살아갈 수 있게도 된다.

소크라테스의 그러한 대화적 변증법은 플라톤에 이르러서 사유자 자신의 독자적인 사유과정 속에서 수행되는 사변적 변증법이 되었다. 플라톤은 변증법이 이데아를 발견하는 것을 주목적으로 한다고 보았다. 그의 소신에 따르면 인간은 이성의 투시력과 사고력으로, 육안과 여타 감각 기능들을 통해 발견할 수 있는 다양한 개별자들을 꿰뚫고 그 이면에 뿌리박고 있는 이데아라는 하나의 보편자를 투시하고 포착할 수 있는 능력을 소유하고 있다. "변증법은…[사유자로 하여금] 시각과 여타 감각들을 떨쳐버리고 진정하며 참된 존재*real being in very truth*( =이데아)에 도달하게 하는 힘을 소유하고 있다."² 그리고 역으로 변증법적 사유자는 그렇게 포착한 이 보편자의 관점에서 무수한 개별자를 하나로 연결하고 통일해서 보고 인식할 수 있는 개괄槪括, synopsis 능력도 소유하고 있다.³

우리는 우리가 도처에서 목격하는 무수한 개별자들을 관찰하고 분석하며 그들을 서로 비교하고 대조하는 가운데 그들 속에서 그들을 서로 연결하는 공통분모들, 즉 종과 유, 일반적인 원리와 법칙 등 다수의 보편자들 또는 보편개념들universalia을 추출할 수 있게 되는데, 그러한 보편개념 가운데는 더 협소한 것이 있고 그것과 유사하게 협소한 다른 보편개념들을 그 자체 속에 포괄하는 더 광범위한 보편개념이 있다는 사실과 나아가서는 결국 그들 중에 가장 포괄적인 보편개념도 있다는 사실을 알게 된다.

그러한 방법으로 사유자는 이성을 활용해서 무수한 개별자들에서 출발해서 그들을 꿰뚫고 그 이면에 뿌리박고 있는 다양한 보편자들, 다양한 "하나들" 또는 단일성들을 발견할 수 있게 되는데 플라톤은 이들을 이데아라 칭했으며 그러한 이데아들이 서로 유기적인 관계로 연결되어 구성되는 이데아의 피라미드에서 가장 포괄적인 최고의 이데아는 "선 이데아"라고 주장했다. 이와 같은 방법으로 무수한 개별자에서 출발해서 그들을 대표하는 하나하나의 공통분모인 이데아 또는 보편개념을 추적하는 가운데 최종적으로는 가장 포괄적인 보편개념인 선 이데아에까지 상승하는 종합적이며 귀납법적인 변증법synagoge에 따라 진리에 도달하려고 노력한 플라톤은 그와 더불어 또한 그와 상반되는 분석적·연역법적 변증법, 즉 그가 분류법diairesis이라고 칭한 하나의 역변증법逆辯證法도 사용할 수 있다는 점을 보여주었다. 여기서는 사유자가 가장 포괄적인 보편자에서 출발해서 이데아 또는 보편개념의 피라미드를 점차적으로 하강하는 가운데 가장 협소한 보편개념을 거쳐 최종적으로는 더 이상 분류할 수 없는 구체적인 개별자에게까지 역행하게 된다.

이처럼 플라톤은 사유자가 귀납법적 변증법을 통해서 우주 만물이 이데아들과 이데아 중 이데아인 선 이데아에 참여*methexis*하고 있다는 점을 명백하게 인식할 수 있게 된다고 보았다. 역으로 연역법적인 변증법을 통해서는 이데아들과 그중 최고의 이데아인 선 이데아가 우주 속 도처에 있는 무수한 개별자 속에 임재*parousia*하고 있다는 사실을 확신하게 된다고 보았다. 플라톤은 이러한 사변적 변증법을 인간이 소유하고 있는 최상의 진리 탐구 방편으로 간주했으며 사실상 철학적 사유 활동과 동일시했다.

아리스토텔레스는 변증법의 기능과 가치를 소크라테스나 플라톤과는 다소 상이하게 해석했다. 그는 변증법과 논증법demonstration을 구별하고 후자에 더 큰 비중을 두었다. 그의 「의제론」議題論, *Topika*에서 그가 상론하는 변증법은 대부분의 사람이 일반적으로 수락하는 의견을 전제로 하고 출발해서 그 어떤 결론을 삼단논법적으로 이끌어내는 추리법이며, 그의 「분석론」*Analytika*에서 취급하는 논증법은 절대 확실하고 자명한 명제를 전제로 해서 논리적인 추리 과정을 통해 결론을 유도하는 과학적인 증명 방법이다. 그러므로 변증법은 단지 가능하기만 하고 수긍력이 적은 전제에서 출발해서 그 어떤 이론을 전개하는 "쟁론술"*Eristikos*에 비해서는 한층 더 확실한 진리 탐구 방법이라 할 수 있으나 논증법에 비해서는 확실성이 떨어지는 탐구 방법이다. 그것을 통해 소유하게 되는 지식은 개연성은 있다 할지라도 필연성은 없기 때문이다.

스토아학파와 중세철학에서는 변증법이 형식논리학과 동일한 뜻이었다. 그리고 칸트의 비판철학에서 변증법은 단지 부정적인 뜻으로만 사용되었다. 이론이성의 한계를 간파한 그는 그것을 간과하고 이론이성의 사유 활동을 통해 사물과 인간과 신에 대한 절대적인 지식 체계를 수립하려 한 플라톤 이후의 형이상학을 사이비 학문으로 보게 되었다. 그래서 그는 『순수이성비판』 후반부에 재래 형이상학의 "변증법적 허구"를 비판하는 내용의 "선험적 변증법"transzendentale Dialektik을 소개하고 있다.

헤겔의 변증법도 소크라테스와 플라톤의 대화적 혹은 사변적 변증법의 기본적인 틀 속에서 전개되었다. 그는 플라톤의 『파르메니데스』Parmenides를 고대철학의 변증법에 대한 가장 위대한 걸작이라고 간주했다. 또한 그는 개별적인 사유자의 철학적 사유과정은 물론 이를 매개로 해서 이루어지는 절대정신의 자아 발견 및 자아실현 과정인 만유의 진화 과정도 정반합, 즉 명제와 반명제, 종합These, Antithese, Synthese의 순서로 전개된다고 확신했다. 여기서의 명제와 반명제는 소크라테스의 변증법에서 대화자들이 특정 주제에 대해 순차적으로 제기하는 의견과 그에 대한 반론에 해당하며 종합은 이 양자를 서로 대조하고 비교하는 데서 대화자 쌍방이 함께 얻게 되는 결론에 해당한다.

후기 플라톤의 사변적 변증법에서 이미 그러했듯이 헤겔의 변증법에서도 정반합에 해당하는 이론과 주장을 제시하는 대화자가 등장하는 것은 아니다. 그 대신 진리, 즉 우주와 자기 자신의 정체에 대한 정확하고 확실한 지식을 획득하고자 하는 유한한 사유자들의 두뇌 속에서 그러한 변증법적 사유 활동이 전개된다. 이러한 사유 활동을 통해 그들은—그리고 그들을 매체로 해서 사실은 절대자가—장구한 자연사와 인류의 정신사를 통해 지속적으로 자신을 다양한 방법으로 드러냄과 동시에 점차적으로 진정한 자신으로 완성시켜온 절대자의 자기 생성das Werden seiner selbst4 또는 자기 진화 과정을 재구성하게 된다. 그런가 하면 그들이 변증법적 법칙에 따라 이론적으로 재구성하게 되는 절대자의 이러한 자기 진화 과정 역시 정반합의 틀 속에서 변증법적으로 이루어진다는 것이 헤겔의 확신이었다

그러므로 헤겔에게 변증법은 절대자와 만유의 진화 과정 속에서 작용하는 내적·정신적 움직임의 법칙인 동시에 여기에 참여하는 유한한 인간의 사유 활동의 논리적 법칙이기도 하다. 그것은 유한자가 지적으로 진리에 이르는 방법을 뜻하는 동시에 절대자, 그리고 만유가 존재론적으로 진리에 이르는 길을 뜻하기도 한다. 진리를 발견하려고 노력하는 유한한 인간의 사유의 법칙이자 무한자인 절대자가 진정한 자신으로 자유로워지고 자신의 존재의 참뜻, 자신의 진리에 도달하는 법칙이기도 한 것이다. "그 진정한 의미에 있어서 변증법은 오성의 기능, 사물, 그리고 유한한 대상 일체의 고유하며 진정한 성질이다."[5]

헤겔에게도 변증법은 진리로 나아가는 길, 즉 유한자뿐 아니라 무한자도 지적으로, 도덕적으로, 존재론적으로 진리를 자신 속에 내면화하고 진리 자체가 되는 길과 방법이다. 그러나 진리에 이르는 길은 대단히 멀고 험난하다. 이러한 길을 따라 나서는 유한자와 무한자는 무수한 "명제들"과 "반명제들"과 부딪쳐보아야만 하며 계속 새로운 많은 것들을 경험해보아야만 한다. 그들이 절대자나 그에 속한 특정 문제를 검토하고 확인할 때 그들은 지속적으로 그들이 원래 알고 있던 것을 그것 아닌 다른 새로운 것으로 대치하고 후자를 등지고 그것을 재평가해보아야만 한다.

그 무엇을 알되 피상적으로, 단편적으로 알지 않고 깊고 폭넓게 알기 위해서는 그것과 다른 많은 새로운 것들과 특히 그것과 완전히 상반되는 것들과 부딪쳐보고 그들을 거쳐보아야만 한다durchgehen durch das Andere. 오랜 기간 동안 많은 것을 두루 살펴보고 경험해보아야만 한다.

특히 개별자들이 합해 구성된 전체를 알아야만 하고 그들을 포괄하고 있는 지평과 맥락을 알아야만 한다. 진리는 전체에 있다. 그리고 전체를 떠난 부분은 비진리다.

인간의 사유과정뿐 아니라 그가 사유의 대상으로 삼는 실재의 발전 과정도 변증법적인 법칙을 따른다는 그의 이러한 사상은 고대 그리스 철학자 헤라클레이토스와 신플라톤주의자 프로클로스Proklos의 사상에서도 발견할 수 있다.

## 2. 양적 변증법과 질적 변증법

### (1) 헤겔의 낙관적 변증법과 최종적인 종합 단계

헤겔의 변증법은 인간의 사변이성으로 존재자 일반 또는 절대자의 정체성과 의미를 지적으로 규명하고 개념적으로 확정하기 위해서 후자의 장구한 변증법적 자기 진화 과정을 재구성하는 것을 내용으로 하는 사변적 변증법이었다. 키에르케고르는 헤겔의 이러한 사변적 변증법은 인간의 두뇌 속에서 이루어지는 사유의 움직이라는 뜻에서 그것을 순수사유의 "자기운동"에 불과한 것이라 했으며 자기 자신이 주장하는 "질적 변증법"qualitative Dialektik과는 질적으로 상이한 "양적 변증법"quantitative Dialektik이라 지칭하기도 했다. 그에 따르면 "[인생의] 모든 문제는 양적 변증법과 질적 변증법 간의 차이가 절대적임을 인식하는 데 달려 있다."[6]

키에르케고르가 헤겔의 사변적 변증법을 양적 변증법으로 간주한 이유는 앞서 언급했듯이 그가 극단적인 합리론과 절대적인 관념론 및 동일철학을 주장했기 때문이다. 헤겔의 합리론적이며 범신론적인 동일철학에 따르면 우주는 각기 상이한 무수한 개별자를 그 자체 속에 포함하고 있으나 이들은 모두 절대 동일한 하나이며 유일한 하나인 절대자 안에서 서로 본질적으로 연결되어 있다. 그들은 실체와 그 속성들 또는 전체와 그 부분들의 관계로 서로 유기적으로 연결되어 있으며 개별자들도 역시 그와 같은 방식으로 서로 하나로 연결되어 있다.

그러한 그들의 근본과 중심은 관념과 로고스와 정신이다. 만유가 이성이다. 철학적 사유의 주체인 유한한 인간도 이성이며 사유의 객체인 전 실재도 이성이다. 그러한 의미에서 "실제적인 것이 이성적인 것이며 이성적인 것이 실제적인 것이다." 그리고 "절대자는 내가 그에 관해서 사유하는 과정 속에 실재한다. 절대자에 대한 나의 사유는 내 속에서 절대자가 하는 자기 자신에 대한 사유다."[7] 만유는 이성이며 만유라는 전체 속에서 모든 개체와 부분이 하나로 연결되어 있다. 그러므로 전체와 개체, 개체와 개체 간에는 어떠한 질적인 차이도 없고 건널 수 없는 구렁도 없다. 그들은 다 동질적이므로 그들 간의 차이는 어디까지나 양적인 것이지 결코 질적인 것이 아니다.

따라서 절대자나 유한한 인간이 그들 자신으로 자유로워지며 지적으로, 존재론적으로 자신의 진리에 이르기 위한 변증법적 매개 과정에서 어떤 한 단계에서 다른 단계로 나아가려 함에 있어서 그들은 그들의 진행을 저지하는 어떠한 불연속적인 요인과 계기에도 봉착하게 되지 않으며 어떠한 해결 불가한 난제나 수수께끼에도 직면하지 않는다. 전 실재 속에 그들이 뛰어넘지 못할 장벽이 어디 있겠으며 침투하지 못할 심연이 어디 있겠는가? 또 풀지 못할 신비는 어디 있겠는가?

그리고 자연사와 정신사에 등장하는 모든 비합리적이며 사악하고 추해 보이는 것들도 궁극적으로는 다 유의미하고 합목적적인 것으로, 따라서 합리적인 것으로 드러난다는 것이 헤겔의 낙관적인 사관이라면 그 속에서 정당화되고 설명되지 않는 사건과 현상, 인물과 체제를 어디에서 찾아볼 수 있겠는가?

만유와 그 진화 과정 속에 등장하는 모든 개체와 부분, 계기와 요소, 차원과 단계는 이처럼 결코 서로 이질적이지 않고 동질적이며 그들 모두는 이성적으로 침투하고 설명할 수 있으며 정당화하고 합리화할 수 있다. 그들 모두는 다 원칙적으로 이성의 목전에서 그들 자체대로 투명하게 개현開顯되게끔 되어 있다. 그리고 절대자나 유한한 인간이 그중 하나에서 다른 것으로 진행하는 움직임은 어디까지나 점진적인 경과 과정이며 결코 키에르케고르가 주장하는 것과 같은 "질적 비약"과 "모험"을 통한 급진적인 초월 과정이 아니다.

순수사유의 자기운동에 불과한 이러한 사변적·양적 변증법에서 사유자는 줄곧 관념적이며 추상적인 것, 보편적이며 필연적인 것에만 몰두해서 사유하게 되며 현실적이며 구체적인 것, 특수한 것과 우연한 것을 도외시하게 된다. 또한 순수사유의 세계에 완전히 몰입해서 실재와 실존을 망각하고 그 속에 등장하는 모든 모순과 갈등, 아포리아와 부조리를 간과하게 된다. 인생의 중대사들을 두고 그는 어떤 양자택일Entweder-oder의 결단도 내릴 필요가 없다. 지적으로나 도덕적으로 그 무엇을 다른 것과 명백하게 구별하고 하나를 긍정하며 그와 상반되는 다른 것을 부정해야만 하는 모순율도 그에게는 타당하지 않다. 그에게는 이것도 가하고 저것도 가하며Sowohl-als-auch 모든 것이 합리적이며 합목적적이고 유의미하다. 이에 대한 키에르케고르의 평가를 살펴보자.

혜겔은 사유하고 사유했다. 그리고 또 사유했다. 마침내 인간이 되는 것을 그만두고 순수사유가 되기까지 그렇게 했다.…[사변철학의] 추상적인 언어가 실존과 실존함의 어려움을 도외시한다는 사실을 나는, 지금까지 대대적으로 언급되고 집필되어온 한 결정적인 문제와 결부해서 조명하려고 한다. 주지하는 바대로 헤겔 철학은 모순율을 제거했다. 헤겔은, [이성Vernunft의 사변의 차원에 이르지 못하고] 오성Verstand의 반성의 차원에서 사유하며 따라서 양자택일의 [결단이] 필요하다고 주장한 사상가들을 한 번 이상 즉결처분했다.…영원한 관점에서 볼 때sub specie aeternitatis, 즉 추상적인 언어와 순수사유 및 순수 존재의 차원에는 양자택일이란 있을 수 없다는 헤겔의 주장은 절대 올바른 주장이다. 추상적 사유가 모순율을 제거해버린 이상 그것이 어떻게 가능하겠는가?[8]

헤겔은 비판주의적 철학자 칸트와 달리 사변이성의 지력을 절대시했을 뿐 아니라 만유를 이성으로 보는 범리론을 주창했다. 그래서 그는 사변이성을 통해 실재 일반에 대한 절대적인 지식을 확보하고 그에 대한 웅장한 사변 체계를 수립하려고 시도했던 것이다. 칸트는 생각 속의 100탈러Taler( =칸트 당시의 독일 화폐 단위)는 지갑 속에 들어 있는 100탈러와 질적으로 상이한 100탈러이듯이 생각 속의 신과 여타 사유의 대상들, 즉 우리가 두뇌로 생각하는 대상들은 우리의 두뇌 외부에 실재하는 대상들과 질적으로 상이한 대상들이라 했다. 그러므로 사변이성의 사유 활동을 통해 사변이성의 한계 밖에 있는 초월계의 원리들이나 실재들의 존재 사실 및 그들의 본질과 특성을 규명하고 확정하는 데서 그들에 대한 형이상학 체계를 수립하려는 모든 시도는 완전히 무의미하고 허망한 노력일 수밖에 없다고 주장하게 된 것이다.

그와는 달리 헤겔은 순수사유의 세계와 실제적인 세계, 생각 속의 세계와 생각 밖의 세계를 혼동했으며 논리학과 존재론을 혼동했다. 양자 간에는 이성의 논리로 결코 극복할 수 없는 심연이 가로놓여 있다는 점을 그는 깨닫지 못했다. 이에 대해 키에르케고르는 다음과 같이 평했다.

> 만약 헤겔이 그의 논리학을 집필한 후 그 서론에, 자신이 이 책에 기록한 모든 것은 다 사상적 실험<sup>Gedankenexperiment</sup>에 불과하다는 사실과 많은 부분에서 그가 문제점을 회피하려 했다는 점을 지적했다면 그는 아마도 지금까지의 사상가들 가운데 가장 위대한 자가 되었을 것이다. 그러나 그렇게 하지 않았으므로 그는 가소롭기만 하다.[9]

헤겔은 순수사유의 지력을 절대시했고 생각 속의 세계와 실제적인 세계를 혼동했을 뿐 아니라 헤겔 자신과 같은 유한한 사유자가 절대자의 장구한 자아 발견과 자아실현 과정에 동참한다고 보는 범신론적 동일철학을 주창했다. 그래서 그는 지속적으로 자신이 정반합의 엄격한 변증법적인 법칙에 따라 진행되는 이 과정의 최종적인 종합 국면에서 이전 과정을 되돌아보며 재구성할 수 있는 극히 유리한 위치에 있다고 보았다.

엄격하게 말한다면 헤겔의 사변적 변증법에서 절대자의 그러한 변증법적인 자기 진화 과정을 되돌아보며 재구성하는 궁극적인 주체는 헤겔 자신이라기보다 절대자다. 절대자가 헤겔과 같은 유한한 사유자의 사유 활동을 통로로 하고 사변 체계를 매개로 해서 자기 자신의 "진리"에 대해 반성하며 그 "개념"을 이론적으로, 그리고 체계적으로 기술하는 것이다.

헤겔이 자기 자신이 완성한 사변 체계가 바로 절대자 자신이 자기 진화의 최종 단계에 이르러 자신의 본성과 본령을 완벽하게 통찰하고 지적으로, 존재론적으로 자신의 개념과 완전히 일치하는 이상적인 자신에 도달한 모습을 기술하고 있다고 간주했는지 안 했는지, 바꾸어 말하면 헤겔이 자신의 철학사상에 이르기까지 지속적으로 전개되어온 절대자의 자아 발견과 자기완성 과정이 자신의 철학에서 절대적인 절정에 이른다고 보았는지 않았는지에 대해서는 철학사가들의 해석이 분분하다. 예컨대 과거 프린스턴 대학의 두 철학교수, 틸리Fr. Thilly와 우드L. Wood는 그가 그렇게 했다고 해석한 반면[10] 코플스톤Fr. Copleston과[11] 핀들리J. N. Findlay는[12] 그가 그렇게 하지 않았다고 해석했다.

헤겔 사상 전반의 정신을 감안하거나 헤겔 자신의 발언을[13] 고려할 때 또는 단순히 논리적으로 볼 때 틸리나 우드와 같이 이 질문에 긍정적으로 답해야만 할 것 같다. 헤겔 사상의 중요한 명제 중 하나가 상술한 바와 같이 진리는 전체에 있다는 것이기 때문이다.

헤겔에게는 진리가 전체에 있는 만큼 전체를 떠난 부분은 그 자체로 비진리일 수밖에 없다. 유한자와 관련해서도 그러하고 절대자와 관련해서도 그러하다. 진리는 전체에 있다는 명제를 절대자에 적용한다면 "절대자는 본질적으로 '결과'라고 말할 수 있다. 즉 그는 [그의 발전 과정] 종국에 가서 비로소 진정한 자신이 된다고 말할 수 있다."[14]

진리는 전체에 있는 만큼 전체를 알아야만 그 속에 내재하고 있는 부분이 무엇임을 알 수 있다. 역으로 전체 속에 내재하고 있는 모든 부분을 알아야만 전체가 무엇임도 알 수 있다 이것이 헤겔의 논리였으며 그의 영향을 받은 현대 해석학자들의 중심 논리이기도 하다.[15]

절대자가 누구인지 알기 위해서는 그가 어떤 방법과 형태로, 어떤 순서와 과정으로 자신을 외화하고 자아 발견과 자기완성의 길을 따라나서는지를 면밀하게 관찰하고 검토해보아야만 하며 특히 그의 자기 진화 과정이 어떻게 종결되는지를 주의 깊게 지켜보아야 한다. 절대자는 본질적으로 그 "결과"이며 그는 자아 발전의 종국에 이르러서 비로소 진정한 자기 자신이 된다 하지 않았는가?

관념Idee → 자연Natur → 정신Geist의 단계를 거쳐 변증법적으로 자기 완성에 이르는 절대자의 진화 과정과 그의 실체와 정체에 대한 세부적인 면과 그 전체적인 모습은 그가 완성의 단계에 이르게 되는 그의 자기 진화의 최종 단계에서 그것을 되돌아보며 재구성할 수 있는 위치에 있는 유한한 사유자의 사유 활동을 통해서만 확정할 수 있다. 아직 최종 단계에 이르지 않은 어떤 중간 단계에서는 그의 진화 과정이 최종적으로 어떻게 끝날지 알 수 없고 따라서 그 이전에 이미 전개된 그의 진화 과정의 세부적인 면의 의미도 올바로 평가할 수 없다. 전체를 모르고 어떻게 부분을 이해할 수 있겠는가?

만약 헤겔이 자기 자신을 절대자의 자기 진화 과정의 최종 단계에서 사는 자로서 이 과정을 되돌아보며 재구성하는 절대자의 매개체로 인식하지 않았다면 그는 절대자와 관련된 책 한 권을 펴내기는 고사하고 확실한 말 한 마디도 할 수 없었을 것이다. 진리는 전체에 있기 때문이다. 절대자가 그의 진화 과정의 절정에 도달하는 모습까지를 지켜보지 못하고 그에 관한 "전체"를 알지 못하는 자가 그에 대한 세부적인 면들의 의미를 어떻게 이해하고 해석하려 했겠는가?

헤겔의 모든 저서와 글은 다 직간접적으로 절대자에 대한 총체적인 동시에 세부적인 이론들과 학설들을 내용으로 하는 만큼 그는 분명히 그 절대자가 그의 자기완성 과정의 종국에서 그 과정을 되돌아보며 재구성하는 위치에 있다고 보았음이 분명하지 않은가? 또 그가 절대자의 진화 과정의 최종 단계에서 살고 있다고 보았음이 분명하지 않은가?[16]

아무튼 헤겔은 절대자의 자기 진화 과정이 정반합의 변증법적인 법칙에 따라 전개되며 따라서 그것이 언젠가는 최종적인 종합통일의 단계에 이르게 될 것이라고 보았다. 방금 지적한 바를 감안할 때 그가 자기 자신의 사변 체계는 절대자가 자기 진화 과정의 최종적인 국면, 최종적인 종합 단계에 이른 모습을 보여주고 있는 것으로 확신했다고 해석해야만 할 것 같다.

## (2) 키에르케고르의 개방적 변증법

헤겔의 사변철학과는 달리 키에르케고르의 실존사상은 존재자 일반이 아닌 인간 각자의 정체성 또는 실존의 재발견 및 회복 가능성을 연구 대상으로 삼는 실존적 변증법이었으며, 현실적으로 실존하는 키에르케고르 자신을 포함한 개별적인 실존자가 자신의 개인적인 삶의 문제를 해결할 목적으로 자신이 소유하고 있는 제반 능력과 잠재력을 총동원해서 전인격적으로 수행하는 질적 변증법이었다. 그리고 그것은 어떠한 귀결로도 종결되지 않고 무한정으로 지속되는 개방적인 변증법이었다. 그것은 영원성과 무한성에로 무한정 개방된, "무한성의 정열"의 운동이었다.

### 1) 주체적 사유자의 실존적 관심

구체적으로 실존하는 개인은 자신의 심각한 삶의 문제들을 단순히 두뇌 속에서 추상적으로, 이론적으로만 해결하는 것으로 만족할 수 없다. 그는 결코 현실과 동떨어진 상아탑 속에서, 그리고 시간성을 완전히 초월한 "영원의 관점에서" 전 실재에 대한 이론 체계를 수립하려 하거나 인간 일반의 제반 문제들에 대한 해결책을 모색하려고 노력하는 추상적 사변가가 아니다. 그보다 그는 시공간 속에서 무수한 난관과 한계상황과 싸우며 자기 자신과도 매 순간 싸워야만 하는 실존자다.

실존자의 삶은 모순과 갈등으로 일관된 험준하고 복잡한 삶이다. 그는 자신의 인생행로에 등장하는 서로 이질적이며 불연속적인 실존의 제 단계들도 계속 뛰어넘어야만 한다. 그리고 그 단계들 속에서도 극복해야만 할 무수한 크고 작은 장애물과 난관에 계속 봉착하게 된다. 그는 이들을 극복하고 진정한 도덕적·영적 자기 초월을 시도할 때 끊임없이 시행착오를 범할 수밖에 없다. 계속 후퇴와 전진을 되풀이하지 않을 수 없는 것이다.

지극히 험준한 현실 속에서 이처럼 줄곧 매우 불완전한 모습을 보이며 하루하루를 힘겹게 살아가는 개별적인 실존자가 단지 지성의 사유 활동을 통해서만 매 순간 그를 엄습하는 수많은 내·외적인 위기 상황들을 헤치고 진정 본래적이며 참된 자신, 그리고 그와 더불어 진리 그 자체인 절대자에 도달해야만 하는 필생의 과제를 해결하려 할 수는 없다. 그보다 그는 지정의가 합해진 전인의 전폭적인 노력으로, "무한성의 정열"을 쏟아붓고 과감한 "질적 비약"을 감행하는 가운데 그리하지 않을 수 없다.

인간 각자는 자신 속의 두 이질적인 요소들과 그들에 각각 직결되는 현실적인 자신과 이상적인 자신을 서로 연결하고 매개시키되 그의 존재의 원형인 신을 척도와 목표로 해서 그렇게 해야만 한다. 그러므로 그는 "자기 자신과 맺는 관계"이자 "신과 맺는 관계"이기도 하다 그는 진정한 자아 발견과 자기 회복을 위해 지속적으로 자기 자신, 그리고 신과의 관계에서 수행하는 역동적인 변증법적 자기 초월 과정 그 자체다. 그러므로 인간의 삶은 단적으로 실존적 변증법이라 할 수 있다.

실존은 신이 인간 각자에게 하사하신gegeben 놀라운 은사Gabe인 동시에 그에게 부과된aufgegeben 막중한 과제Aufgage이기도 하다. 인간은 "기정 사실이 아니고 하나의 과제다."[17]

　인간은 시간성과 영원성, 유한성과 무한성으로 구성되어 있기에 그는 매 순간 시간성과 유한성의 차원에 뿌리를 내리고 있는 현실적인 자신으로 자족하며 살아가느냐, 아니면 영원성과 무한성과 연결되어 있는 이상적인 자신을 바라보고 그것을 실현하기 위해 분투하느냐 하는 신중한 양자택일의 기로에 서 있다. 인간은 신의 형상으로 지음을 받았으나 신을 자기 존재의 원형과 척도로 하는 "신학적인 자아"를 망각하고 단순한 동물로서의 비본래적인 자신으로 살아가고자 하는 본능적 욕구가 그의 중심에 살아서 그를 계속 위협하고 있다. 그는 의식·무의식적으로 계속 현실적인 자신과 이상적인 자신 사이에서 허덕이며 긴장과 갈등을 느끼며 힘겹게 살아가야만 하는 "중간존재"Inter-esse다.[18]

　동물은 현실로 만족하며 긴장과 갈등 없이 무사태평한 삶을 살아가고, 신은 신대로 영원히 이상적이며 완전한 자기 자신으로서 자족적이며 행복한 삶을 살아가고 있다. 그러나 인간은 동물과 신 사이에 위치하고 있는 자, 그러한 의미에서도 "중간존재"라 할 수 있는 자이기에 그는 매 순간 주위 환경과 싸우고 무엇보다 자기 자신과 싸워야만 한다. 그래서 비본래적이며 거짓된 자신을 지양하며 극복하고 본래적이며 진정한 자신을 쟁취하고 정립해야만 한다. 그는 지속적인 생성과정 속에서 계속 자신을 만들어가야만 한다. 무수한 한계상황과 모순성 속에서 극히 힘겹게 자기완성이라는 필생의 과제를 스스로 해결해야만 한다.

　인간은 의식·무의식적으로 하나의 "주체적 사유자" 또는 실존적 사유자로 살아가고 있다.[19] 그는 주체적 사유자로서 자신의 실존에 대해서 지속적으로 반성해보게 된다. 그렇게 하는 데서 그는 앞서 언급한 자신의 실존 구조를 분명히 의식하게 되며 반성의 주체인 자기 자신이, 반성의 대상이 되는 두 요소들, 즉 현실적인 자아와 이상적인 자아 사이에 위치하고 있는 "중간존재"임도 확연하게 인식하게 된다. 자신이 현실과 이상, 가능성과 실제성, 사유와 존재[=진정한 실존] 사이에서 계속 헤매고 있는 자임을 의식하는 데서 그는 자기 자신에 대한 새로운 관심Interesse→Interesse을 갖게 된다.[20] 즉 진정한 자아를 실현하고자 하는 의욕을 더욱더 강력하게 소유하게 된다. 비본래적인 자신을 지양하고 본래적이며 이상적인 자신을 쟁취해야만 함을 더욱더 깊이 자각하게 되며 그렇게 하려는 새로운 결의를 다지게 된다. 주체적 사유자가 자기 자신의 실존에 대한 반성을 통해 자기 자신이 자그마치 신의 척도로만 측량할 수 있는 "신학적인 자아"임을 깨닫게 된다면 그가 자기 자신에 대해서 어떻게 무관심할 수 있겠는가? 무관심한 대신 오히려 "무한한 관심"을 갖고 그것을 전인격적인 노력으로 실현하고자 하는 비장한 각오를 하지 않겠는가? 특히 그가 그처럼 지극히 엄청난 자아를 상실할 위기가 상존하는 상황에서 그렇게 하지 않을 수 있겠는가? 이에 대해 키에르케고르는 다음과 같이 기록했다.

[헤겔 철학과 같은] 추상성의 사유는 [실존에 관해서는] 무관심하다.…
그러나 실존하는 자는 실존함에 대해 무한한 관심을 가진다. 무한성과 유한성이 합해져 구성된 실제적인 인간은 실존함에 대한 무한한 관심으로 말미암아 이 양자를 서로 연결시키려는 노력으로 자신의 실제성을 드러내는 반면 추상적 사유자는 다음과 같은 이중적 존재다. 즉 그는 순수한 추상적인 존재의 [세계]에서 살아가는 한 공상가인 동시에 사람들이 지팡이를 내던지듯 필요에 따라 그러한 추상적인 자신을 벗어버리기도 하는 그러한, 때로는 슬픔에 잠기는 교수 나으리이기도 하다.[21]

실존하는 자에게는 [완전한 자신으로] 실존함이 그의 최대 관심사다. 실존함에 대한 관심이 곧 [실존자라는] 현실적인 존재자Wirklichkeit다. 현실적인 존재자가 무엇인지는 추상적 사유의 언어로는 설명할 수 없다.[22]

실제성에 대한 모든 지식은 다 [인간이 지성으로 그것이 무엇일 것이라고 상징하는] 가능성과 관계된다. 한 실존자가 단순히 인식하기만 하고 있지 않은 유일한 실제성은 자기 자신의 실제성, 즉 자신이 존재한다는 사실이다. 자신의 이 실제성이 그의 절대적인 관심사다. 추상적 사유는 무엇을 알고자 할 때 그가 그에 대해 무관심해야만 함[=냉철해야만 함]을 요청한다. 윤리적[=실존적] 사유는 그가 자신의 실존에 대해 무한한 관심을 가질 것을 요청한다.[23]

이처럼 헤겔의 사변적 변증법은 실재 일반에 관한 양적 변증법이었으며 그것이 비록 인간에 관해 논했다 할지라도 그것은 단지 인간성 일반에 관해서와 인류의 역사 전체에 관해서 논했을 뿐 개개인의 구체적인 실존에 관해서는 전혀 관심을 기울이지 않았으며 그것을 의도적으로 도외시했다. "[헤겔의] 세계사적인 변증법에 있어서 개인들은 인간성 속에서 사라져버린다. 사람들이 구체적인 것을 볼 수 있게 하는 새로운 돋보기안경을 발명한다손 치더라도 이러한 변증법은 당신과 나와 같이 개별적으로 실존하는 인간을 결코 발견할 수 없다."[24]

## 2) 생성과정과 과제로서의 실존

그러나 현실과 이상 사이에서 계속 시행착오를 거듭하며 자기 자신의 필생의 과제를 해결하기 위해 진력하는 실존자, 의식·무의식적인 주체적 사유자에게 "실존함은 하나의 엄청난 모순ein ungeheuerer Widerspruch을 뜻한다"는[25] 사실을 인식해야만 한다.

실존적 사유자는 자신이 유한성과 무한성, 현실과 이상, 사유와 존재 (=실존적 사유와 그것이 지향하는 이상적 실존) 사이에서 허덕일 뿐 아니라 위에서 언급한 실존의 제 단계들 사이에 존재하는 심연을 극복해야만 하는 위치에 있는 자다. 이 개별적인 실존 단계 속에서도 그가 극복해야만 하는 무수한 난관과 난제, 시험과 한계상황이 매 순간 그에게 다가와서 그를 위압하고 위협한다.

현실적인 자신과 이상적인 자신 간의 중간 위치에서 그들 각각을 반성의 대상으로 삼고 전자를 극복하고 후자를 쟁취하려고 심각하게 노력하게 되는 현실과 이상, 사유와 존재 간의 중간 존재인 실존적 사유자가 자신의 실존에 관심을 가지면 가질수록 그는 자신의 삶 속에서 대두되는 제반 난제와 난관에도 불구하고 본래적이며 진정한 자신을 상실하지 않고 보전하며 완성시켜야만 하는 당위성을 더욱더 강렬하게 통감하게 된다. 그와 더불어 그에게 주어지는 내적 긴장과 갈등도 더 심화된다.

그가 의식하는 모든 내적 갈등과 긴장은 그가 유한성과 무한성으로 구성된 자로서 다양하고 서로 이질적인 실존적 차원들을 넘나드는 가운데 그 속에서 그가 봉착하는 무수한 위기 상황 앞에서 한 "이상주의자"로 실존해야만 하는 데서 비롯된다. 이상주의자로서 한 인간은 무한성과 영원성에 연결되어 있는 반면 현실적으로 실존하는 구체적인 개인으로서 그는 유한성과 시간성에 연결되어 있다.[26] 키에르케고르는 다음과 같이 말한다.

상상력으로 이상주의자가 되는 것은 전혀 어렵지 않다. 그러나 이상주의

자로 실존해야만 한다는 것은 하나의 극히 난해한 생의 과제다. 왜냐하면 실존함은 바로 그에 대한 항의抗議, Einspruch dagegen를 뜻하기 때문이다.[27]

헤겔의 사변적 변증법에서는 절대자와 유한자가 필연적인 내적 법칙에 따라 계속적인 정반합의 삼박자에 따라 자아 발견과 자아실현의 길을 따라나서게 된다. 그러나 비록 그들의 이러한 자기완성의 과정이 개별적인 정반합의 계기들로 중중첩첩의 나선형으로 복잡하게 얽히고설켜 있다 할지라도 그것은 궁극적으로 종결과 완성의 단계에 도달하게끔 되어 있는 낙관적인 진행과정이다.

이와는 달리 키에르케고르의 실존적 변증법은 어떠한 최종적인 종합과 결과에 이름이 없이 무한대로 진행되는 무한성에로의 움직임이다. 그것이 무한자이시며 자신의 존재의 원형과 척도이신 신 앞에 부끄럼이 없이 설 수 있는 그러한 이상적인 자신으로 향해 나아가는 변증법이므로 개별적인 실존자가 비록 무한성의 정열을 동원하고 무한한 노력을 경주한다 할지라도 그는 결코 자신이 의도한 궁극적인 목표에 도달할 수 없다.

[인간의] 주체는 실존하고 있고 실존함이란 생성과정을 뜻한다는 점과 사유와 존재 간의 일치라는 뜻의 진리는 따라서 추상적 사유자의 환상이며 실제적으로는 그것은 피조물들이 조바심으로 고대하고 있는 대상 [로마서 8:19 참조]이라는 점을 한순간도 잊어서는 안 된다. 실존하는 자가 자기 자신 밖에서 존재할 수 있다면 [그리고 그러한 유리한 지점에서 자기 자신에 대해 객관적으로 관찰할 수 있다면] 진리는 과연 그에게 완결된 그 무엇일 수 있을 것이다. 그러나 그러한 지점이 어디에 있단 말인가?…개별적인 인간은 오로지 순간순간의 실존과정 속에서 무한성과 유

한성 간의 일치를 실현할 수 있고 자신의 현실적인 실존방식을 초월할 수 있다. 이 순간은 정열의 순간이다.[28]

실존하는 주관적 사유자가 지속적으로 노력한다 함은 결코 그가 지향하는 한 목표가 있고 그가 그것에 도달한 후에는 모든 것이 끝나게 됨을 뜻하지 않는다. 아니다. 그는 무한대로 계속 노력하게 되며 지속적으로 생성과정에 있다.[29]

실존은 움직임이며…결단과 반복이 실존자에게는 그 움직임의 목표다.[30]

실존에 있어서 한 영속적인 구호는 '전진!'이다.[31]

잠정적으로는 인간이 인간인 이상 그는 처음부터 항상 자신의 목표에 도달해 있다고 할 수 있다. 그가 처음부터 신의 형상으로 존재하며 처음부터 영원성과 무한성을 그 근본적인 특성으로 가지고 있기 때문이다. 그러나 실제적으로 그는 항상 그의 목표와 거리가 멀다. 그것을 항상 자신의 목전에 두고 있을 뿐 그것에 완전히 도달하지는 못한다.

그러므로 역설적으로 그는 항상 자신의 목표에서 출발해서 그 목표를 향해 무한대로 계속 나아가야만 하는 자로 실존하고 있는 것이다. 그는 항상 자신의 삶의 목표를 향한 "도상에 머물러 있는"unterwegs 자인 것이다. 그러한 뜻에서 개별적인 실존자가 자신의 필생의 과제를 해결하기 위해 끊임없이 수행하는 실존적 변증법은 개방적인 변증법이라 할 수 있다. 그러한 변증법은 또한 개별적인 실존자가 자신의 실존과정에서 경험하거나 봉착하는 무수한 갈등과 모순, 난관과 한계상황 앞에서 매 순간 이것이냐 저것이냐 하는 양자택일의 결단을 내려야만 하므로 매번 진정한 자신을 선택하고 쟁취할지 말지는 예측할 수 없는 가변적인 변증법이기도 하다. 그러한 의미에서도 실존적 변증법은 필연적인 법칙에 따라 거의 기계적으로 진행되는 일직선적인 변증법이 아닌 개방된 변증법이라 할 수 있다.

키에르케고르는 비록 『이것이냐 저것이냐』, 『철학적 단편 후서』, 『인생행로의 제 단계』 등에서 지금 다루고 있는 실존 단계에 대해서 상론했지만 개별적인 실존자들이 그가 나열한 네 가지의 상이한 실존 단계, 혹은 "아이러니"와 "유머"의 단계를 합해 여섯 개의 상이한 실존 단계를 순차적으로 초월해서 결국에 아브라함이나 전형적인 기독교인들과 같이 종교성 B의 단계에까지 이르게 된다고는 주장하지 않았다. 그리고 그들이 최종 실존 단계에 도달했다고 해서 그 이전 단계로 전락하지 않고 계속 그 단계에 머물 것이라고도 주장하지 않았다.

평범한 양식으로 일상생활을 영위하며 현실 속에서 실존하고 있는 개인이나 그러한 개인의 실존과 그가 수행하는 실존적 변증법에 관해서 의식적으로 반성하는 주체적 사유자 또는 변증가는 헤겔이 주장한 바와는 달리 인간의 실존과 실존과정에 대한 체계를 발전시킬 수 없다. 방금 지적한 대로 이 과정은 어디까지나 무한대로 계속 진행하는 개방된 과정이며 결코 예측할 수 있는 필연적인 진로와 단계를 거쳐 진행하는 과정이 아니기 때문이다. 또한 실존하는 사유자 또는 변증가 자신이 이 과정을 초월한 우월한 입지점에 서 있는 한 형이상학자로서 "영원의 관점으로"*sub specie aeternitatis* 목전에 전개되는 것을 객관적으로 분석하고 기술할 수 있는 것이 결코 아니기 때문이다.

키에르케고르에게도 "본질"이 실존에 앞서지 않고 실존이 본질에 앞선다. 그리고 개인은 계속 실존과정에 있으며 생성과정에 있다. 따라서 인간 실존의 본질에 대한 이론과 학설이 불가능하고 그에 대한 체계가 불가능하다. 키에르케고르는 다음과 같이 밝힌다.

> 실재성[=실존]은 사유와 존재 간의…중간존재inter-esse다.…실재성, 즉 실존은 한 삼부작三部作[=정반합으로 이어지는 변증법] 속에 존재하는 변증법적 계기das dialektische Moment in einer Trilogie인바 그 시작과 종국은 실존자에게 알려져 있지 않다. 그 이유는 그가 한 실존자로서 변증법적 계기 속에 머물고 있기 때문이다. 추상적 사유는 이 삼부작을 종결시킨다. 그렇게 한다는 것은 [그 사유의 전제하에서는] 매우 타당하다. 그러나 그것이 어떠한 전제하에서 그렇게 하고 있는 것인가?…실존자는 결코 변증법적 계기를 지양할 수 없다.…따라서 [모순율이 배제되는 헤겔의 사변적 변증법과 범신론적 동일철학에서와는 달리 여기서는] 모순율이 그 절대적인 타당성을 보전하게 된다.[32]

이처럼 모순과 갈등, 난관과 난제로 일관된 험준한 현실적인 삶 속에서 개인이 모든 내외적인 문제들을 극복하고 신 앞에서 부끄러움이 없는 이상적이고 진정한 자기 자신으로 설 수 있는 방도에 대해 거론하는 키에르케고르의 실존적 변증법은 헤겔이 주장하는 사변적 변증법과 같이 그 어떠한 필연적인 법칙에 따라 진행되는 합리적인 변증법도 아니고 어떤 궁극적인 극치를 향해 일직선적으로 전진하는 낙관적인 변증법도 아니다. 또한 사변이성의 사유 활동과 점진적인 깨달음을 통한 추상적이며 양적인 변증법이 아니고 오히려 전인투구의 노력을 통한 역동적인 변증법이며 내적·질적인 변증법이다.

이러한 제반 이유에서 키에르케고르는 실존적 변증법을 수행하는 개개인의 실존은 "노력"과 "과정"이며 "무한성의 정열"이라 했던 것이다.[33] 그에 따르면 현실 속에서 구체적으로 실존하는 개인은 플라톤이 그의 『향연』*Symposion*에서 묘사하고 있는 에로스 신과도 같다고 할 수 있다.

그는 무한성과 유한성[풍요의 신Poros과 빈곤의 신Penia]에 의해 생산되었기에 지속적으로 노력하는 그러한 아기였다. 이것이 소크라테스의 견해였다. 그러므로 에로스는 계속적으로 노력한다. 즉 사유하는 주체는 실존한다.[34]

그러한 의미에서 실존자가 변증법을 통해 도달해야만 하는 "진리는 길이다. 다시 말해서 진리는 생성과정에 있고 쟁취 과정에 있다. 그리고 결과란 없다."[35] "내면성이 진리라면 결론이란 사람들이 서로에게 부담을 주어서는 안 되는 잡동사니에 불과하다."[36]

## 3) 실존적 변증법의 과정

키에르케고르의 실존적 변증법은 이처럼 헤겔의 사변적 변증법과는 달리 순수사유, 순수이성의 자기운동으로 전개되는 양적 변증법이 아니고 지정의가 합해진 전인의 전폭적인 노력과 "정열에 찬 비약"을 통해서만 수행될 수 있는 질적 변증법이다. 그러나 그것이 지성과 감정 및 의지 등 다양한 기능과 요소가 합해진 전인의 전폭적인 노력인 이상 그것은 지성 또는 이성의 사유와 반성, 분석과 비판 활동도 필요로 하는 변증법임은 분명하다.

키에르케고르는 헤겔과 여타 주지주의자들을 의식하고 인간이 진리에 이를 수 있는 길은 결코 이성의 길일 수 없다는 점을 무엇보다 고조했다.[37] 신앙의 경지로 나아가기 위해서는 이성을 포기해야만 한다는 것이었으며[38] 인간 실존과 사고력은 서로 관련이 없다는 것이었다.[39]

그러한 주장을 제기한 극단적인 반주지주의자 키에르케고르도 개별적인 실존자가 실존적 변증법을 구체적으로 수행함에 있어서는 지성에 의한 자기반성과 자아 성찰 그리고 그것을 통한 자아 이해, 즉 자신의 "현주소"와 "본적지", 비본래적이며 현실적인 자신과 본래적이며 이상적인 자신에 관한 지식의 필요성을 시인하지 않을 수 없었다. 사실 그의 실존사상 전반과 그것을 표출하고 전달하는 그의 저서 전체가 다 인간의 실존과 그와 직결되는 신의 존재에 관해 그가 이성의 반성과 분석 활동을 통해 제기한 긍정적 또는 부정적 주장들과 이론들로 엮여 있다. 달리 표현하면 그것은 그가 줄곧 부정적으로만 평가한, 인간과 신 및 진리에 관한 객관적인 지식을 내용으로 하고 있다.

실존적 변증법의 주체인 실존자는 객관적인 사유objektiver Denker가 아닌 주체적인 사유자subjektiver Denker, 즉 실존적 사유자다. 인간 실존의 문제를 전문적으로 연구하는 키에르케고르 자신과 같은 사상가들도 마찬가지다. 그들도 자신과 사물 일체를 포함한 전 실재의 정체와 본질에 대한 객관적인 진리의 지식을 획득하기 위해 그에 대해 추상적으로 사유하며 반성하는 사변적 사상가 또는 변증가가 아니고 자기 실존의 문제와 직결되는 주체적 진리에만 관심을 가지고 그것에 이르기 위해 심혈을 기울이는 실존적 변증가인[40] 것은 분명한 사실이다.

그러나 그가 진리를 추구하는 변증가인 한에 있어서는 인간에게 가장 중요한 기능인 반성능력을 동원해서 자신의 실존에 관해서 "무한화하는 반성"infinitizing reflection[41] 활동을 지속적으로 전개하지 않으면 안 된다. 실존적 변증법에도 사고력Denken과 그것을 통한 지적인 자기반성과 진정한 자아 이해는 절대 필수적인 요소로 작용하지 않을 수 없다. 그러한 이유에서 키에르케고르 자신도 『철학적 단편 후서』 중간 부분에서 실존적 변증법을 수행하는 실존자가 "사유의 정열"Gedankenleidenschaft을 가지고 자신의 실존에 대해 반성하고 이해하는 변증가가 되어야만 함을 역설하고 있다.

키에르케고르에 따르면 "주체적 사유자는 실존적 이상을 향해 나아가는 변증가다. 그는 [실존 단계들 및 절대자와 피조물 간의] 질적인 차이]qualitative Disjunktion를 견지하기 위해 사유의 정열을 소유하고 있다."[42] 그리고 "실존과정에 있는 자기 자신을 이해하는 것 sich selbst in Existenz zu verstehen이 주체적 사유자의 과제다."[43] "신앙인도 주체적 사유자"이므로 그가 "실존과정에 있는 자기 자신을 이해하여야만 한다는 것은 기독교적 원칙이다."[44]

키에르케고르의 실존적 변증법이 양적 변증법이 아니고 질적 변증법이라 할지라도 그것이 분명히 이성을 통한 지적 반성과 분석 활동을 통해서 수행될 수밖에 없는 이유는 후자를 제외한 어떠한 정신 활동도 인간에게 불가능하기 때문이다. 이성의 반성과 분석, 식별과 판단능력을 겸비하지 않은 인간은 식물인간으로는 존재할 수 있지만 정상적인 인간으로는 존재할 수 없다. 이성의 지력과 사고력이 부재한 신앙인도 존재할 수 없으며 그들을 속성으로 하지 않은 절대자도 존재할 수 없다. 절대자를 절대 무차별이라고 지칭한 셸링도, 신을 불가지적 존재라고 선포한 키에르케고르나 바르트도 이 점을 시인하지 않을 수 없다. 지성을 소유하지 않은 절대자 또는 신은 유령이 아니면 괴물일 것이다. 그렇긴 하나 실존적 변증법은 플라톤과 헤겔의 사변적 변증법과는 달리 단순한 지적인 반성 과정이라고만 볼 수는 없는 것은 또한 부인할 수 없는 사실이다. 실존자는 전인적으로 자신의 실존의 문제를 해결하기 위해 노력하는 주체적 사유자이기에 사유의 정열뿐 아니라 "감정적 정열"ästhetische Leidenschaft과 "윤리적 정열"ethische Leidenschaft도 함께 소유해야만 한다는 것이 키에르케고르의 견해다.[45]

그에 따르면 실존적 변증법은 지정의가 합해진 전인의 역동적인 움직임이기에 실존자가 그것을 전개함에는 사고력, 이해력, 상상력, 감정, 정열, 의지 등 그의 본성에 속해 있는 제반 요소들이 서로 분리되어 작용하거나 그중 하나 아니면 몇 개의 기능만 작용하는 것이 아니고 그들 모두가 동시적으로 작용한다는 것이다. 그러므로 그의 실존적 변증법은 헤겔의 사변적 변증법뿐 아니라 그가 대단히 높이 평가한 소크라테스의 다분히 주지주의적인 대화적 변증법과도 구별된다. 실존적 변증법은 인간의 본성 속에 속한 모든 기능이 서로 분리되지 않고 하나로 연결되어 작용할 뿐만 아니라 서로를 통제하고 보완하는 가운데 이루어지는 전인격적인 운동이라는 점을 그가 특별히 강조하기 때문이다.

> 실존과정에 있어서 중요한 것은 [인간의 본성 속의] 모든 요소가 그것에 동시적으로 참여하는 데 있다. [진정한] 실존을 지향함에 있어서 사고력이 결코 상상력과 감정보다 더 우월한 위치에 있는 것이 아니고 어디까지나 그들과 동등한 위치에 있다. 실존의 문제에 있어서 사고력의 우위에 대한 주장은 혼란을 야기할 따름이다.[46]

과학은 인간의 주체성에 속하는 제반 요소들을 [분석·연구해서] 그들에 대한 지식을 체계화하는데, 여기서는 [사고력을 통해 확보하는] 지식이 최고의 가치를 지니게 된다. 그러나 실존에 있어서는 그렇지 않다. 사고력이 상상력을 경멸할 수도 있고 상상력이 사고력을 경멸할 수도 있다. 그리고 감정의 경우에서도 그와 같이 그것이 다른 요소들을 경멸할 수 있다. 그러나 [실존적 사유자는] 이들 중 하나를 다른 것으로 인해 배제하는 대신 그들의 동등함과 동시성을 감안하는 데 역점을 두어야만 한다. 그들이 하나로 연결되는 매체가 곧 실존함이다.[47]

키에르케고르는 실존적 변증법이 이처럼 지정의와 여타 기능들이 합해져 이루어진 전인의 전폭적인 노력임을 강조하면서도 때로는 그들 중 정열을 가장 중요한 요소로 보기도 하며[48] 때로는 상상력을 가장 중요한 요소로 보기도 한다.[49]

상상력이 인간의 정신 활동에서 그와 같은 핵심적인 역할을 한다고 해석함에 있어서 그는, 상상력 또는 구상력das produktive Vermögen der Einbildungskraft이 인간 사유의 기본적인 범주들의 원천이라고 주장한 독일관념론의 원조 피히테를[50] 따르고 있다는 사실을 스스로 시인한다.[51] 상상력은 여타 기능들과 동등한 위치에 있다기보다 이들보다 한층 더 높은 위치에서 이들을 서로 조절하며 통일하는 역할을 한다는 것이 피히테와 키에르케고르의 견해였다.

상상력은…감정과 지성, 그리고 의지와 관련되어 있다. 상상력은 무한화infinitizing의 과정을 위한 기능이다. 그것은 여타 기능들과 동등한 의미에서 한 기능이 아니다. 그것은 말하자면 기능의 기능이다. 한 개인이 얼마만큼의 감정과 의지를 소유하고 있느냐 하는 것은 결국 그가 얼마만큼의 상상력을 소유하고 있느냐 하는 데 달렸다.…상상력은 무한화하는 반성

능력 infinitizing reflection이다.[52]

상상력은 무한한 것과 영원한 것을 목표와 이상으로 삼고 무한대로 계속 나아가려는 성질을 띠는 기능이다. 그러한 상상력은 인간의 본성에 속한 여타 기능들이 총체적으로 협력해서 개별적인 실존자가 무한한 것과 영원한 것, 영적·정신적인 이상에 완전히 부합하는 진정한 자신으로 완성되게끔 이들을 지속적으로 재촉한다는 것이 키에르케고르의 견해다. 상상력이 여기서 그만큼 중대한 역할을 하기에 그는 심지어 인간의 자아를 상상력과 동일시하기도 한다. 그리고 방금 인용한 구절에서도 그렇게 했듯이 그는 반성능력을 상상력과 동일시하기도 했다.

자아는 상상력이다. 그리고 상상력은 반성능력이다. 그것은 자아를 [실존] 가능성의 [원동력으로] 표현하는 기능이다. 상상력은 반성능력 일체의 가능성의 조건이다. 이 기능의 강렬함은 자아가 강렬해질 수 있는 가능성의 조건이다.[53]

모든 개인은 다 "그들에게 본질적인 내적 변증법으로 말미암아" "기능의 기능"인 상상력의 주재하에, 그리고 여타 기능들의 총체적인 협조로 자신의 진정한 실존에 대해서 반성하는 타고난 변증가다. 그러한 변증가가 되지 않고는 인간은 인간이 될 수 없다. 키에르케고르 자신과 같은 사상가들은 여타 개인들과는 달리 그에 대해 더욱 체계적으로 깊이 반성하는 전문적인 변증가일 따름이다.

이처럼 개별적인 실존자가 상상력과 여타 기능들을 총동원해서 추진하는 실존적 변증법은 인간 실존에 대한 전인적인 반성 활동과 그에 근거한 깊은 자아 이해로 끝나는 단순한 사상적 운동만이 아니고 실존자 자신의 인격과 삶에 연결되는, 그것을 근본적으로 변화시켜 새롭게 하는 윤리적·종교적 운동이다. 그런 이유에서 키에르케고르 전문가로 높이 평가받아온 독일 튀빙겐 대학의 딤Hermann Diem 교수는 키에르케고르의 실존적 변증법을 크게 두 단계로 구분해서 논할 수 있다고 본다. 즉 실존에 대한 반성의 단계와 그 실현의 단계다. 키에르케고르가 여기서 가장 중요한 요소로 간주한 상상력을 무한한 반성능력과 동일시하므로 딤의 해석은 상당한 신빙성이 있음이 분명하다.

딤에 따르면 실존적 변증법의 두 단계 중 첫째는 사고력Denken이, 후자는 의지력Wille이 주된 역할을 한다.[54] 그러나 사고력과 의지력이 이 두 실존 단계에서 각각 핵심 역할을 수행한다고 해도 그들이 다른 기능들과 관계없이 작용하는 것은 아니다. 실존적 변증법은 시종일관 전인의 전폭적인 노력과 운동이기 때문이다.

그러므로 사고력이 주동이 되어 이루어지는 반성의 단계에서도 모든 다른 기능들이 직간접으로 동참하지 않을 수 없다. 그리고 "무한화"의 원천인 상상력이 이들 모두를 지속적으로 통제하고 조정하며 조화시켜야만 한다.

의지력이 주동적인 역할을 하는, 실존자의 자아실현의 단계에서도 마찬가지다. 여기서도 인간 속의 제반 기능들이 총체적으로 발동되며 상상력 또는 반성능력이 그들 모두의 활동을 관장하고 지휘한다. 다만 첫째 단계에서는 실존자의 진정한 자아 발견과 자아 이해가 과제로 주어지는 만큼 그의 사고력이 핵심적인 역할을 하며, 둘째 단계에서는 첫째 단계에서 발견하고 인식한 진정한 자신이 실제적으로 쟁취되고 점유되는 것이 과제이므로 의지력이 주된 역할을 하게 될 따름이다.

지행합일설을 주창한 소크라테스나 논리학과 존재론, 이론과 실천을 동일시한 헤겔의 사변적 변증법과는 달리 키에르케고르의 실존적 변증법은 방금 언급한 둘째 단계가 가장 중요한 국면이다. 아는 것이 중요하나 아는 바를 실행하는 것은 더욱더 중요하기 때문이다.

실존적 변증법에서 사고력과 여타 기능들을 동원해서 발견하고 인식한 자아는 결코 실제적인 자아가 아니고 어디까지나 이론적으로 가능한 자아다. 문제는 어떠한 방법으로 전자가 후자로 변환될 수 있느냐 하는 데 있다.

> 만약 내가 이러이러한 것을 원한다고 생각한다면 이러한 생각은 행동 자체는 아니며 영원토록 그것과 질적으로 상이한 것으로 남는다. 그러한 생각은 실제와 행동에 대한 관심을 그 자체에 내포하고 있는 하나의 가능성이다.…[실존의] 현실화란 결코 외적인 행동 결과가 아니고 내면성의 표현인바 후자를 통해 개인은 가능성을 지양하고 [이론적으로] 생각한 바와 완전히 동화되어 sich identifizieren 그것대로 실존하게 된다.[55]

사고력으로 분석되고 반성된, 이론적으로 가능한 자아가 현실화되기 위해서는 무엇보다 의지력이 발동되어야만 한다. 실존자는 의지의 결단으로 실존의 첫째 단계에서 사고력으로 발견하고 인식한 비본래적인 자아를 부정하고 이상적인 자아를 자신의 것으로 점유하고 실현해야만 한다. 그렇게 할 때 그는 실존적 변증법의 목표인 진정한 자신에 한걸음 더 가까이 나아갈 수 있다.

## 4) 정열의 순간과 실존자의 자기 정립

이성의 논리로 판단할 때 가능한 것으로 드러나는, 이론적인 것에서 실제적인 것으로의 전환은 헤겔과 여타 주지주의자들이 확신한 바와는 달리 순수하게 이성의 지적인 노력으로써는 완전히 불가능하다. 왜냐하면 논리적·이론적으로 가능한 것과 현실적인 것은 전혀 상이한 별개의 문제이기 때문이다. 아리스토텔레스가 지적한 대로 "가능태"에서 "현실태"로의 전환은 지성의 사고력을 통해서가 아닌 실질적인 운동$^{kinesis}$을 통해서만 가능하다. 키에르케고르는 다음과 같이 기록했다.

> 아리스토텔레스가 바로 가르친 대로 가능성에서 실제성으로의 전환은 '키네시스' 즉 운동이다. 이 점은 추상적인 [관념 철학의] 언어로는 표현될 수도 없고 이해될 수도 없다. 왜냐하면 그것은 운동에 필요한 시간도 공간도 허용하지 않기 때문이다. 운동은 [가능태]를 중절하는데 그로 말미암아 [현실태로의] 비약이 이루어진다. 추상적인 사유의 견지에서 볼 때 중절이라는 것은 없다. 전환이라는 것도 없다. 왜냐하면 추상적인 [관념 철학의] 견지에서 볼 때 세상만사는 [영원히] 있는 그대로 있기 때문이다.[56]

추상적인 관념철학이 존재론과 동일시하는 "논리에서 운동은 일어나지 않아야만 한다. 왜냐하면 논리는 [영원불변한 이치로 항상 있는 그대로] 존재하는 것이며 모든 논리적인 이치도 다 [있는 그대로] 존재하는 것이기 때문이다. 논리적인 이치의 무기력은 바로 [가능성에 불과한] 논리가, 실존과 실제성이 야기되는 생성$^{becoming}$으로 전환되는 것이 문제로 떠오르는 그곳에서 드러난다.…[논리에서 거론되는] 모든 운동은…내재적 운동이며 참된 의미에서의 운동이 아니다. 운동의 개념은 논리에서는 부재한 하나의 초월성의 [개념]이다."[57]

그러나 가능태를 현실태로 전환시키는 이 운동은 어떻게 가능하며 그 본질은 무엇인가? 헤겔의 관념론을 배격하는 키에르케고르에게는 이 질문에 대한 확답을 얻는 것이 무엇보다 더 중요하다. 그럼에도 불구하고 키에르케고르 자신도 그에 대한 명확한 해답은 제시할 수 없는 듯하다.

> 키네시스는 정의하기 난해한 개념이다. 왜냐하면 그것은 가능태에도 속하지 않고 현실태에도 속하지 않으며 가능태 이상의 그 무엇이자 현실태 이하의 그 무엇이기 때문이다.[58]

이론적으로 가능한 것을 현실화하는 키네시스의 가능성과 본질을 정확하게 규정할 수 없다 할지라도 한 가지 확실한 것은 이성의 사고력과 지력으로 실현할 수 없는 것을 의지력의 결단과 추진력으로 가능하게 한다는 것이 키에르케고르의 견해라는 사실이다. 그에 따르면 키네시스를 촉발하는 기능은 이처럼 지성이 아닌 의지력이며 그러한 "키네시스의 비약"은[59] "정열의 순간"Augenblick der Leidenschaft에[60] 이루어진다.

이론적으로 가능한 것을 현실적인 것으로 화하게 하는 실제적인 키네시스가 일어난다고 하면 전자가 후자로 변하는 전환점이 양자 간 어딘가에 존재함이 분명하다. 키네시스의 본질을 이해할 수 있기 위해서는 먼저 이 전환점의 본질을 이해해야만 한다. 키에르케고르가 순간이라고 보는 이 전환점은 정확하게 어디에 위치하는 것이며 어떠한 성질을 띠고 있는 것인가?

순간의 개념을 해명하기 위해 키에르케고르는 우선 그에 대한 플라톤의 이론에서 단서를 발견하기 위해 그것을 검토한다. 플라톤은 그의 대화편 『파르메니데스』에서 순간[to exaiphnes]에 대해서 거론하고 있는데[61] 키에르케고르는 여기에 제시된 플라톤의 견해를 다음과 같이 약술한다.

> 순간은 장소를 차지하지 않은 채 운동과 정지 사이에 놓여 있는 기이한 개념[atopon](장소를 지니지 않고 있는 것)인데 운동하는 것이 정지된 것으로, 정지 상태에 있는 것이 운동하는 것으로 변하되 바로 이 순간에, 그리고 그 속으로 그렇게 하게 된다. 그러므로 순간은 변환[metabole]의 범주가 된다. 플라톤은 위와 동일한 방법으로 순간이 하나에서 다수로의 전환, 다수에서 하나에로의 전환, 그리고 유사성에서 상이성에로의 전환 등과 연관된다고 가르치고 있다. 그리고 그는 순간 속에는 하나도, 다수도, 한 단순한 실재도, 한 복합체도 존재하지 않는다고 주장한다.[62]

플라톤에 따르면 그 무엇이 시간 속에서 존재하고 생성할 수 있으려면 그것은 일면 그것의 영원한 형상, 즉 그것의 이데아에 참여[methexis]해야만 하고 또 한편으로는 순간이라는 무와 유, 정지와 운동 간의 전환점을 거쳐야만 한다.[63] 그러나 그러한 순간에 그 무엇이 어떻게 무에서 유로, 정지에서 운동으로 전환되는지에 대해서 그는 더 이상 구체적으로 설명하지는 못했다. 그래서 그에게 그것은 하나의 추상적인 개념, "하나의 소리 없는 원자론적 추상성"[a silent atomistic abstraction]으로 남아 있게 되었다.[64] 플라톤이 명확하게 해명할 수 없었던 이 순간의 본질을 키에르케고르 자신은 어떤 방법으로 규정하고 정의하려 했던가?

키에르케고르에 따르면 순간은 기독교에서 가장 결정적인 개념이며 그에 대한 기독교적 이해가 기독교를 이교와 구별하는 지극히 중대한 범주라고 한다.

> 기독교에서 가장 결정적인 개념, 즉 모든 것을 새롭게 하는 것은 시간
> 의 충만이다. 그리고 시간의 충만은 영원으로서의 순간the moment as the
> eternal이다. 그러나 이 영원은 또한 미래와 과거이기도 하다.[65]

> 이 범주[=순간]는 기독교와 이교도적 철학 및 기독교 내의 이교도적 사
> 색 간의 차이점을 명확히 함에 있어서 지극히 중요하다.[66]

순간이 이처럼 결정적이며 핵심적인 범주라면 그것은 분명히 그만큼
심오하며 난해한 범주일 수밖에 없다. 그러므로 우리는 키에르케고르나
그 누구로부터도 그에 대한 분명하고 석연한 해명을 기대할 수 없다. 그
래서 사실은 키에르케고르 자신도 『불안의 개념』 등에서 그에 대한 매우
단편적이며 극히 난해한 이론만을 제시할 뿐 상세하고 명확한 해석은
제시하지 못하는 것이다.

> '순간' Oeblikket, Augenblick, a blink of eye(문자적으로, 눈 깜짝할 사이)은 하나
> 의 비유적인 표현이다. 그러므로 그것은 취급하기가 용이하지 않다. 그러
> 나 그것은 생각하기에 아름다운 말이다. 눈 깜짝할 사이만큼 빠른 것은
> 없다. 그러나 그것은 영원의 내용과 질적으로 대등하다commensurable.[67]

> 순간은 시간과 영원이 서로 접촉하며…그로 말미암아 시간은 지속적으
> 로 영원과 교차하고 영원은 지속적으로 시간을 채우는 그러한 모호성
> ambiguity이다.[68]

순간이란 것은 특이한 성질을 띠고 있다. 그것은 실로 찰나같이 짧고 일시적이며 찰나같이 다음 시점에 곧 사라져버리나 그럼에도 그것은 결정적인 것이며 영원으로 채워져 있다.[69]

키에르케고르의 순간의 개념은 이처럼 매우 불명확하고 모호함에도 그의 독자들로 하여금 인간의 위상과 가치에 대해 진중히 반성하게끔 자극하기에 충분한 내용을 함축하고 있다. 앞서 인용한 구절에서[70] 읽을 수 있듯이 키에르케고르는 순간이 마치 원을 스치고 지나가는 탄젠트 곡선과 같이 영원이 시간과 맞닿는 접촉점이라고 본다. 그에 따르면 인간 실존과 관계되는 모든 중대한 사건들은 다 "시간이 영원성에 의해 접촉되었을 때 야기되는 운명적인 충돌"을[71] 뜻하며 "시간 속에서의 영원의 첫 반영"이라고 할 수 있는[72] **순간**에 발생한다. 특히 기독교에서 인간의 구원과 관계되는 중대 사건들은 다 순간에 발생했다.

"시간의 충만"the fullness of time과 더불어 신이 인간의 형상으로 세상에 강림한 성육신의 사건도 그러했거니와 기독교인들이 믿음을 통해 2천 년간의 시간을 뛰어넘고 신인神人이신 그리스도와 동시대적이 되고 gleichzeitig 그를 구주로 받아들이는 구원의 사건도 매번 순간에 일어난다. 키에르케고르의 추종자 바르트의 표현을 빌린다면 그리스도를 통한 신의 구원사Heilsgeschichte는 항상 계시의 순간 및 신앙의 순간에 전개되었다. 그것은 역사가들이 연구하는 역사Historie, chronos와 질적으로 상이한, 영적인 의미로 충만한 역사Geschichte, kairos 또는 "원역사"原歷史, Urgeschichte였다.

자연의 경과 과정 속에는 순간이 없다. 그것은 영원과는 무관한 시간의 연장에 불과하기 때문이다. 그러나 인간의 실존과정과 역사는 순간의 연속이다. 순간이 없는 역사는 불가능하다. "오로지 순간과 더불어서만 역사가 시작된다."[73]

인간의 실존과정과 역사가 순간의 연속일 수밖에 없는 이유는 인간이 시간성과 영원성의 종합이기 때문이다. 인간은 시간과 영원이 서로 접촉하는 순간에서 실존하는 자다. 그는 자아 또는 정신으로서 이러한 순간에 유한성과 무한성, 시간성과 영원성을 서로 연결함으로써 진정한 자기 자신을 만들어간다. 그로 말미암아 그의 실존적 "생성과정the progress of becoming"[74] 또는 "역사적 생성과정"geschichtliches Werden이[75] 전개된다.

> 개인은 오로지 매 순간momentweise 무한성과 유한성의 통일로 실존할 수 있는데 그러한 통일이 [그로 하여금 현실적인] 실존방식을 추월하게 만든다. 이 순간은 정열의 순간이다.[76]

앞에서 지적한 대로 대부분의 인간은 죽음에 이르는 병을 앓고 있다. 그들은 진정한 자기 자신을 망각하고 상실한 채 자신을 자신 아닌 다른 누구로 곡해하며 비본래적인 자신으로 살아가고 있거나, 진정한 자신이 누구임을 알면서도 그러한 자신을 선택해 진정한 자신으로 살아갈 것을 거부하고 있다. 혹은 자신이 누구임을 인식하고 그러한 자신을 실현하고 완성하려 하되 신의 죄사함과 은총을 믿고 그의 도움으로 그렇게 하는 대신 순전히 자력으로 그렇게 하려고 노력하기도 한다.

그러나 신 계시의 "순간"에[77] 한 개인은 신인神人이시며 시간성과 영원성간의 접촉점 그 자체라 할 수 있는 그리스도와 "동시대적이 되어" 그를 인격적으로 만남으로써 그리스도를 통한 신의 죄사함의 은총을 믿을 뿐 아니라 진정한 자신을 확연하게 인식하고 그러한 자신으로 실존하게 된다. 그러한 진정한 자아 발견과 자기 정립의 사건이 일어나는 순간이 곧 "결정의 순간"이며[78] "정열의 순간"이다.[79]

이러한 결정의 순간과 정열의 순간에 개인은 자신이 유한성과 무한성의 종합통일이라는 사실과 시간성과 영원성이 서로 교차하는 순간 속에서 실존하는 자임을 신 앞에서 분명하게 의식하고, 자신 속의 두 이질적인 요소들을 서로 유의미하게 연결시키되 무한성의 정열로, 그리고 그와 더불어 자신 속의 여타 기능들, 그중에서도 특히 의지력을 총동원해서 그렇게 하려고 노력하게 된다. 그렇게 하는 데서 그는 현실적인 자신을 초월하고 이상적인 자신에 더욱 가까운 자신으로 실존하게 된다.

인간 각자가 실존적 변증법을 통해 전개하는 역사적 생성과정 또는 자기완성 과정은 순전히 인과율에 따라 기계적으로 전개되는 자연의 진행과정Werden der Natur과[80] 질적으로 상이하다. 그것이 비록 후자와 병행해서 이루어진다 할지라도 그것과 동일한 것은 결코 아니다. 그것은 자연적인 인과관계로 촉발되지 않고 어디까지나 인간의 자유의지의 선택으로 발생하기 때문이다. "모든 [역사적] 생성과정은 필연성에 기인하지 않고 어디까지나 자유로 말미암아 발생한다."[81] 그리고 여기서 자유라 함은 곧 의지의 선택을 뜻한다.[82]

"정열의 순간에…실존하는 주체성 속의 모든 요소가 최대한으로 표출되게 된다."[83] 정열의 순간, 결정의 순간에 실존자의 감정과 사고력과 상상력과 특히 의지력이 총체적으로, 그리고 최대한으로 활성화되어 그로 하여금 잠정적으로만 가능한 것을 현실화하는 진정한 자기 정립의 변증법을 가능하게 한다. 이 순간에 그의 모든 기능과 능력이 총체적으로 발동되되 특히 의지력이 발동됨으로써 사유에서 존재로, 가능한 것에서 실제적인 것으로, 양적인 것에서 질적인 것으로 전환하는 질적인 비약, 즉 "키네시스의 비약"을[84] 감행하게 되는 것이다. "진정한 자아는 오로지 질적인 비약을 통해서만 실현 가능하다."[85]

말란추크에 따르면 키에르케고르가 거론하는 "비약"[86] 중에는 다음과 같은 네 가지가 있다고 한다.[87]

① 지적 직관이나 추론 과정에서 이루어지는 사유의 비약.
② 정열에 찬 비약pathos-filled leap.
③ 가능성에서 현실성으로의 비약[=지력을 통해 이론적으로 간파한 것을 의지력을 통해 실제적인 것으로 바꾸는 행위].
④ 현실성에서 가능성으로의 재비약[=③에서 성취된 것을 재평가하고 재조명하기 위해, 실제적인 것으로 바뀌는 것을 다시금 지력을 통한 분석과 반성의 대상으로 삼는 행위].

인간은 본질상 영원성과 시간성의 종합으로서 항상 이미 "시간이 지속적으로 영원을 교차하고 영원성이 지속적으로 시간성을 침투하는"[88] 순간 속에서 살아가게끔 되어 있다. 따라서 그는 이론적으로는 항상 이미 진정한 자신으로 실재하고 있다. 그러나 현실적으로 그는 그러한 자신으로부터 너무나도 거리가 멀다. 현실적인 자아는 이상적인 자아와 너무나도 큰 차이를 보인다.

실존적으로 볼 때 가장 결정적인 순간인 정열의 순간에 실존자는 의지력을 동원해서 의식적으로 진정한 자신을 선택하고 실현하려는 결연한 결의를 함과 더불어 영원성과 시간성이 실제적으로 서로 이상적인 방법으로 연결되는 의미심장한 순간이 촉발하게 된다. 그것이 곧 "자아의 무한화" 및 그 "유한화의 과정"이[89] 촉발되는 순간이며 진정한 자기 자신을 정립하는 역사적 생성과정의 순간인 것이다.

실존적 변증법의 둘째 단계에서도 첫째 단계에서와 마찬가지로 개별적인 실존자가 소유한 모든 기능과 잠재력이 직간접으로 동참한다. 하지만 그중에서 의지력이 주축이 되어 첫째 단계에서 지성과 사고력을 중심으로 발견한 이상적인 자아를 실제적으로 선택하고 쟁취하며 실현하는 작업을 수행하게 된다.

키에르케고르의 실존적 변증법이 두 상이한 단계, 즉 자기반성과 자아실현, 사유와 실존으로 구성된다면 우리는 이 두 단계를 논리적으로는 서로 구분할 수 있겠으나 실제적으로는 그렇게 할 수 없을 뿐 아니라, 그중 어느 것이 선행하는 것이며 후행하는 것인지는 낮과 밤 중 어느 것이 선행하고 후행하는지 판가름할 수 없듯이[90] 판명할 수 없다는 점을 명심해야만 한다.[91] 그리고 한 가지 더 유의해야 할 것은 실존자가 한순간의 결단과 선택으로 자기반성과 자아실현을 완수하고 진정한 자신이 되는 것은 결코 아니라는 점이다. 그가 전인적인 노력으로, 특히 사고력의 도움으로 진정한 자신을 발견하고 그렇게 발견한 바를 역시 전인적으로, 그러나 특히 의지력의 도움으로 선택하고 실현하게 된다면 그다음 순간에 그러한 자신은 다시금 반성과 분석의 대상으로 바뀌게 된다. 그리고 여기서 반성되고 분석된 자아는 또한 다시금 의지력이 주축이 되어 점유되고 현실화되어야만 한다.

실존자가 이 세상에 사는 동안 이러한 순환과정이 중지될 수 없고 계속 전개되지 않으면 안 된다.[92] 왜냐하면 진리는 길이며 실존은 면면하고 진지한 생성과정과 노력이기 때문이다.[93]

제5장

# 지성과 신앙

## 1. 키에르케고르의 진리관

진리가 무엇이냐 하는 질문은 그 어느 개인에게도 진정 심각한 질문이다. 진리는 인간에게 생명과 같이 소중하다. 이것은 물론 키에르케고르에게도 마찬가지였다. 그는 이 질문에 대해서 과거 서양 사상가들이 수천 년간 제시해온 것과는 매우 다른 새로운 답변을 제시했다.

키에르케고르 이전의 사상가들은 아퀴나스가 아리스토텔레스의 영향 아래 공식화한 진리에 대한 정의를 그대로 답습했다. 아퀴나스에 따르면 "진리는 사유와 사물 간의 일치다"*Veritas est adaequatio intellectus et rei, adaequatio intellectus ad rem*. 우리가 지성으로 사물을 있는 그대로 바로 알게 되어 우리의 지성이 사물에 대해 인식하는 바가 그것의 본질에 일치할 때 그러한 우리의 지식은 진리라는 것이다.

키에르케고르는 과거 사상가들의 이러한 진리관에 강경한 이의를 제기했다. 그에 따르면 그들이 추구한 "객관적인 진리", 즉 영원불변하며 보편타당한 진리는 칸트가 그의 인식론에서 입증한 바와 같이 우리 인간들이 소유한 제한된 지력으로는 결코 확보할 수 없다.

칸트는 인간이 감성과 이성을 통해서 물자체物自體, Ding an sich를 알 수는 없고 오로지 감성과 이성의 목전에 나타나는 대로의 사물, 즉 현상물

Erscheinung로서의 사물만을 알 수 있다고 주장했다. 인간이 감성과 이성으로 사물에 대해 아는 바는 사물 자체의 객관적인 본질과 구조에 관한 것이 아니고 인간의 특정한 감성과 이성의 감지 및 인지 방식에 의해서 주관적으로 규정되고 형성된 사물의 모습과 특징에 관한 것이다. 사물에 대한 지식은 어디까지나 감성과 이성이라는 색안경을 끼고 보는 대로의 사물에 대한 지식이며 이 색안경과 관계없이 객관적으로 존재하는 사물 자체에 대한 지식이 아니다. 인간은 본질상 이 색안경을 끼고 사물을 보아야만 하며 그것 없이는 사물을 볼 수 없으므로 사물 자체는 무엇인지 알 도리가 없다.

키에르케고르는 이처럼 물자체에 대한 순수한 인식 가능성을 부정하며 이론이성의 한계성을 고조한 칸트의 "정직한 길"과 비판주의적 인식론을 긍정적으로 평가했다. 반면 이성의 지력을 절대시한 헤겔의 "부정직한 길"과 절대적인 관념론을 완강히 거부했다.

진리가 지성과 사물, 사유와 존재 간의 일치에 있다면 그러한 진리, 객관적인 진리는 영원히 획득할 수 없다. 키에르케고르의 주제인 인간의 실존에 관한 그러한 객관적인 진리의 획득은 더더구나 불가하다. 왜냐하면 위에서 거듭 지적한 대로 실존은 인간 각자에게 과제와 과정이며 노력과 길이기 때문이다. 또한 여기서 인간의 본성과 존재는 그의 원형인 신을 척도로 해서만 평가하고 측량할 수 있다는 사실도 잊으면 안 된다. 그러한 신은 무한자이며 절대자다. 신을 척도로 해서 인간을 평가하고 한정한다는 것은 불가능한 작업이다.

신이 절대적인 의미에서 무한자인 것과 같이 그의 형상으로 지음을 받은 인간도 상대적인 의미에서 무한자다. 그러므로 인간 각자는 자기 자신이면서도 자기의 지성으로 자신이 누구임을 객관적으로 한정하고 정의할 수 없다. 지적으로 진정한 자신에 도달할 수 없고 존재론적으로도 그렇게 할 수 없다. 다만 그는 지적으로, 존재론적으로 자신에 이르기 위한 무한한 노력을 기울일 수 있을 따름이다. 인간은 바로 그렇게 하고자 하는 무한한 노력 그 자체며 그러한 노력의 과정 그 자체다.

"사람들이 진리란—경험론적 측면을 강조해—사유가 존재에 일치할 때 혹은—관념론적 측면을 강조해—존재가 사유에 일치할 때 [확보되는 것이라고] 정의한다면"[1] "사유와 존재 간의 동일성이라는 뜻의 진리는 추상적인 [사변철학]의 환영이다."[2] "주체는 실존한다는 점과 실존함이란 생성과정을 뜻한다는 점을 한순간도 잊어서는 안 된다. 따라서 사유와 존재 간의 일치라는 뜻의 진리는 추상적 사유의 망상이다."[3] 실제 일반의 존재와 인간의 실존에 대한 체계적인 지식은 절대자에게는 가능하지만 유한한 우리 자신에게는 그렇지 않다.

"논리적인 체계는 존재한다. 그러나 현존<sup>Tilvaerelse, Dasein</sup>[=실존]의 체계는 존재하지 않는다."[4] "현존 자체는 신에게는 하나의 체계다. 그러나 실존하는 정신에게는 그렇지 않다. 체계와 완결은 서로 일치한다. 그러나 현존은 그 정반대다."[5] 비록 우리가 실재 전반과 우리 자신의 존재에 대한 객관적인 진리의 지식을 소유할 수 있다 할지라도 그러한 진리의 지식은 우리의 실존과는 무관한 지식이다. 그것은 우리를 변화시킬 수 없으며 우리에게 자유와 구원을 가져다줄 수 없다. 그러므로 그것은 우리에게 무익하고 무가치한 지식이며 산 지식과 살리는 지식이 아닌 죽은 지식이다. "예컨대 한 수학적인 명제에 있어서는 객관성은 주어져 있다. 그러나 바로 그러한 이유로 그것의 진리는 또한 [실존적으로] 무의미한<sup>gleichgültige</sup> 진리다."[6]

진리에 대한 정의를 살펴보면, 진리란 지성과 사물 간의 일치에서 발견할 수 있다는 토마스 아퀴나스의 상응설correspondence theory 외에 제임스William James와 듀이John Dewey 등 미국 실용주의자들의 실용주의적 진리관이 있고 최근 하버마스Jürgen Habermas 등이 주장한 의견일치설 consensus theory도 있다.

실용주의적 진리관에 따르면 진리는 사물과 이성 간의 일치, 즉 사물에 대한 인간의 올바른 지식에서 발견할 수 있다기보다 사물 또는 그에 대한 지식의 실용적인 가치, 실생활을 위한 그 유용성에서 발견할 수 있다고 한다. 반면 하버마스의 일치설에 의하면 어떠한 강제성도 없이 완전히 개방적인 이상적 연구 환경 속에서 활동하는 연구자들이 어떤 주제에 대한 신중한 토의를 거쳐 의견 일치에 이르게 될 때 그 의견을 곧 진리로 간주할 수 있다고 한다.

키에르케고르가 추구한 진리는 이 세 가지 부류의 진리와는 근본적으로 상이한 것이다. 그것은 사물과 사리 또는 인간의 본성에 대한 객관적이며 확실한, 그러나 추상적이며 우리에게 무가치한 지식과도 관계되지 않으며 우리의 현실적인 삶을 위해 유용한 대상 또는 지식과도 관계되지 않는다. 그보다 그것은 오로지 개개인의 실존, 즉 그의 참되고 본래적인 자아의 재정립과 관계될 뿐이다. 그러한 진리는 개개인으로 하여금 죽음에 이르는 병으로부터 치유함을 받게 해주며 진정한 자기 자신으로 자유롭게 해주는 구체적인 방도와 관계되는 진리다.

이처럼 키에르케고르에게 진리는 결코 사물과 사리에 대한 지식의 올바름 또는 유용성을 의미하지 않으며 어디까지나 개인의 실존함의 올바름을 뜻한다. 그것은 개인이 자신의 실존과 관련해서 소유하게 되는 주관적 태도das subjektive Wie 여하와[7] 관계된다. 그러한 의미에서 그것은 객관적인 진리가 아니고 주체적인 진리인 것이다.

실존함Existieren, 즉 실존과정 속에서, 그리고 실존과정을 통해서 [실현되는] 내면화Verinnerlichung가 곧 진리다.[8]

이처럼 개개인에게 실존함의 올바름, 진정한 실존은 키에르케고르가 상술한 실존적 변증법을 통해 자기 자신과 올바른 관계를 맺을 때 비로소 가능하다. 그러나 자기 자신과 올바른 관계를 맺기 위한 조건으로 그는 그의 존재의 원형이신 신 앞에 바로 서야 하며 그와 올바른 관계를 맺어야만 한다. 그와 같이 자기 자신, 그리고 신과 올바른 관계를 맺기 위해서 그는 "내면성의 무한한 정열"로[9] 지속적인 노력을 해야만 한다.

> 객관적 진리와 관련해서는 무엇이 주장되는지에 역점이 주어진다. 그러나 주체적 진리와 관련해서는 그것이 어떻게 주장되는지에 역점이 주어진다.…윤리적·종교적으로는 [실존자의] 태도 여하에 역점이 주어진다. 객관적인 사유자는 오로지 사유의 내용에 대해 질문한다. 그러나 주체적 사유자는 내면성에 관해서 질문한다. 그의 주체적 태도 여하의 표현방법의 극치는 무한성의 정열인바 무한성의 정열이 곧 진리 자체다. 그러나 무한성의 정열이란 곧 주체성을 뜻하므로 주체성이 진리다.…무한성의 정열이 결정적인 것이며 그 내용이 결정적인 것은 아니다.…그러므로 주관적 태도 여하와 주체성이 진리다.[10]

한 개인이 신 앞에서 자신의 실존을 재발견하고 실현하여 진정한 자신이 되려는 정열적이며 끈질긴 노력, 즉 "내면성"Innerlichkeit이[11] 그에게 필요하고 가치가 있을 뿐 아니라 가능하기도 한 유일한 진리다. 그가 신 앞에서 진정한 자아 성취와 자기완성에 이르려는 면면하며 강렬한 노력이 진리며 그러한 노력의 과정과 운동이 진리다. 그러한 노력과 운동은 개인의 실존과정 중 어느 시점에도 중지되지 않고 그가 세상에 사는 날 동안에는 계속 진행될 것이므로 진리는 길이라 할 수 있다.

주체적 진리는 인간이 진정한 자신과 그의 존재의 원형이신 신에 이르는 길, 끝없이 개방되어 있는 길이다. "길이 곧 진리다. 다시 말하면 진리는 오로지 생성 중에 있고 점유 과정에 있다. 따라서 결과란 있을 수 없다."[12] 이에 대해 하이네만Fr. Heinemann은 다음과 같이 평가한다.

키에르케고르에 있어서 참이란 곧 실존자가 자기 자신에게 참됨 또는 충실함을 뜻하며Wahr bedeutet wahr oder treu zu sich selbst zu sein, 따라서 그것은 실존자 자신의 영원한 자아와 더불어 신에게 참됨 또는 충실함을 의미한다. 그에 있어서 진리는 명제의 성격과 관계되지 않고 인격의 성격과 관계된다. 그것은 실존자가 신의 목전에서 바로 실존함과 신의 진리에 참여함을 뜻하고 그 진리를 구체적인 상황에서 실현함을 뜻한다.[13]

키에르케고르가 의도하는 "인간의 진리는 인간에 관한 진리truth about man가 아니고 참된 인간이 됨the true-being of man을 뜻한다. 진리란 인간이 정열적으로 자신이 되는 데 있다."[14] 이와 같은 맥락에서 키에르케고르는 "진리가 곧 주체성이다"라고 선포한 것이다.[15] 여기서 사용된 주체성이라는 용어를 그가 위에서 인용한 구절들 및 그와 유사한 『철학적 단편 후서』 속의 여러 구절에서 계속 다른 용어들로 대치하고 있으므로 그 자체로 매우 한정하기 힘든 이 용어의 진의를 우리는 비교적 용이하게 이해할 수 있다.

진리는 주체성이다. 그러나 진리는 또한 진정한 실존함, 내면성, 정열, 노력, 과정, 운동, 길, 점유Aneignung이기도 하다. 그리고 이제부터 자세히 다루겠지만 진리는 객관적인 불확실성과 모험이며 역설과 신앙이기도 하다.

이 용어들은 한결같이 개별적인 실존자가 단순한 이성의 사변적인 변증법을 통해서가 아닌 지정의가 합해진 전인의 내적인 실존적 변증법을 통해 신 앞에서 진정한 자신의 정체를 발견하고 그러한 자신으로 자유로워지려는 강렬한 투지와 관계되는 용어들이다. 그 용어들은 모두 진리란 객관적인 사리 또는 이치에 대한 올바른 지식과 관계되지 않고 실존자가 진정한 자기완성과 자아실현에 도달하기 위해 마땅히 해야만 할 도리와 관계된다는 사실을 표현한다. 사리의 올바름이나 사리에 대한 지식의 올바름이 진리가 아니고 실존자 자신의 행위의 올바름이 진리라는 것이다.

## 2. 진리와 신앙

키에르케고르가 추구하는 진리는 객관적인 진리가 아니고 주체적인 진리, 실존적 진리다. 그것은 올바른 사리와 그에 대한 올바른 지식을 뜻하지 않고 실존자가 신 앞에서 해야 할 올바른 도리를 뜻한다. 실존자가 신 앞에 바로 선 진정한 자기 자신이 되기 위해 정열적으로 노력하는 모습과 과정이 진리다. 내면성과 주체성 또는 참된 실존방식이 진리다.

이것이 사실이라면 문제는 유한하며 상대적일 뿐 아니라 죄악된 그가 어떻게 무한하고 절대적이며 거룩한 신 앞에서 진정 바로 서고 그와 올바른 관계를 맺을 수 있느냐 하는 데 있다. 신이 절대적인 의미에서 무한자이며, 그의 형상으로 지음을 받고 그에게 뿌리를 내리고 있는 인간도 상대적인 의미에서 무한자임도 유의해야만 한다. 우리가 실존적 변증법을 지속적으로 수행하는 데서 지적으로, 존재론적으로 이상적인 우리 자신과 그와 더불어 우리의 존재의 원형이며 척도인 신에 이르려고 진력한다 할지라도 우리가 도달해야만 할 목표는 말하자면 항상 지평선 저 너머에서 우리를 기다리고 있다. 여기서 우리가 어느 시점에는 목표에 실제로 도달해서 여정을 풀 수 있다고 생각한다면 그것은 큰 오산이다. 그것은 현실적으로 불가능하다. 우리에게 가능한 것은 신 앞에서 진정한 우리의 실존을 재발견하며 회복하고 실현하려고 무한한 노력을 경주하는 길밖에 없다. 그러한 이유에서 진리는 노력이며 과정이고 길이라 할 수 있다. 정열에 찬 내면성과 주체성이며 강경한 주체적 태도 여하라 할 수 있는 것이다.

키에르케고르에 따르면 이러한 진리를 또한 객관적인 불확실성 objektive Ungewissheit과 모험Wagestück, 그리고 신앙Glaube이라고까지 할 수 있다. 실존자는 자신의 실존적 변증법 과정 속에서 지속적으로 자신을 다듬어가야 하고 만들어가야만 하는 입장에 있기에 그 과정을 완전히 초월하지 않는 한 객관적인 위치에서 자신의 실존에 관한 체계를 발견할 수 없으며 그에 대한 어떠한 결론도 내릴 수 없다. 키에르케고르는 그러한 의미에서 진리가 무한한 노력의 과정이며 무한대로 개방된 길이라고 했다. 실존에 관한 객관적 진리의 지식은 불가능한 것이다. 이에 대해 키에르케고르는 다음과 같이 쏟아놓는다.

객관적인 사유가 세상만사를 결론으로 표시하고 전 인류에게 결론과 해답을 베껴서 주입하는 데서 그들이 속임수를 쓰게 방조하는 반면 주체적인 사유는 세상만사를 생성과정에 있는 것으로 간주하며 결론을 부정한다. 그 이유는 첫째로 그렇게 하는 것이 [걸어가야만 하는 진리의] 길을 바라보고 있는 사유자에게 온당하며 둘째로 그가 실존하는 자로서 지속적으로 생성과정에 있기 때문이다. 자기 자신을 순전히 객관적이며 비인간적인 사변활동 자체로 화하게 하는 가운데 스스로를 우롱하는 자가 아닌 모든 사람들은 바로 그와 같은 생성과정에 있다.[16]

사유 활동에 있어서 긍정적인 [지식]은 다음과 같은 개념과 연결된다. 감각적인 확실성, 역사적인 지식, 사변적인 결론. 그러나 이러한 긍정적인 지식은 바로 비진리다. 감각적인 확실성이란 기만이다.…역사적인 지식이란 착각에 지나지 않고 사변적 결론이란 환영에 불과하다.[17]

만약 내면성이 진리라면 [확실한] 결론이라는 것은 사람들이 서로에게 부담을 주기만 하는 잡동사니일 수밖에 없다.…모든 인간은 정신이며 진리는 곧 어떠한 결론도 허용하지 않는, 점유의 활동과정이다.[18]

결론의 부재가 곧 내면성의 한 특징이다. 왜냐하면 결론이란 것은 외적인 그 무엇이기 때문이며 결론의 전달 행위는 아는 자와 모르는 자 간의 외적인 관계이기 때문이다.[19]

기독교는 [객관적인] 지식과는 무관하다.…기독교는 결코 일정한 교리의 체계가 아니고 그 정반대로 그것은 내면성이다.[20]

진리는 이처럼 객관적인 사리의 올바름이나 그와 일치하는 객관적인 지식이 아니고 실존하는 개인이 진정한 자기 자신에 이르려는 무한한 노력이다. 그리고 그것은 신이라는 절대적인 무한자에게 나아가 그 앞에 바로 서려는 무한한 노력이기도 하다. 따라서 우리는 그러한 진리를 어떠한 이론과 학설로 확정하고 정의할 수 없으며 어떠한 결론으로도 표시할 수 없다. 진리를 결론으로 묘사하고 기술할 수 없기에 보편타당하며 객관적인 사변이성의 견지에서 볼 때 그것이 극히 불확실하다는 것이 그에 대한 유일한 결론일 수밖에 없다.

주체성이 진리라면 진리에 대한 이러한 정의는 객관성과의 상반성을 그 자체 속에 내포하고 있어야만 한다.…여기에 진리에 대한 그러한 한 정의가 있다. 가장 정열적인 내면성을 점유하는 데서 확고하게 견지하는 객관적인 불확실성, 이것이 진리이며 한 실존하는 자를 위해 존재하는 최상의 진리다.[21]

객관적인 사유, 즉 사변이성의 관점에서 볼 때 실존자가 지적으로, 존재론적으로 도달해야만 하는 목표가 되는 진정한 자기 자신의 정체성과 특히 절대적인 무한자인 신의 존재와 속성은 너무나도 불확실하고 애매모호하기만 하다. 그리고 신을 발견하기 위해 그가 필요로 하는 신인이신 그리스도의 사건, 그의 성육신과 십자가상의 죽음의 사건은 그의 지성으로는 결코 납득할 수 없는 역설이다.

그럼에도 실존자는 사변이성의 성찰과 연구를 포함한 "객관적인 근접방법"objektives Approximieren과는[22] 전혀 상이한 의지의 결단과 질적 비약의 방법을 통해,[23] 그리고 무한성의 정열로 이 "객관적인 불확실성"을 선택하고 수락하며 점유하려는 결연한 결의를 하게 된다. 선택과 점유의 대상이 객관적으로 불확실하므로 실존자는 그만큼 더 진중하며 결연한 자세로, 그것을 수락하고 굳게 부여잡게 된다. "객관적인 견지에서 볼 때 실존자는 단지 불확실성만을 소유하고 있다. 그러나 바로 이것이 그의 내면성의 무한한 정열을 격화시킨다."[24] "객관적인 신뢰성이 적으면 적을수록, 여기에서 가능한 내면성도 그만큼 더 깊어지게 된다."[25]

그러한 연유에서 객관적인 불확실성은 진정으로 신 앞에서 자기 자신을 바로 세우고자 굳게 결심하는 실존자의 마음속에서 주체적인 확실성으로 변하게 된다. 그와 같은 방법으로 객관적인 불확실성을 택하고 점유하는 것이 사실은 실존자가 진정한 자신을 재발견하고 회복하는 유일한 방법이다. 그러한 객관적인 불확실성, 바꾸어 말하면 신앙의 확실성이 그에게 가능한 "최상의 진리"다.

키에르케고르의 해석에 따르면 영원한 진리와 신에 대해서는 모르는 것만 안다고 하는 무지의 고백을 한 소크라테스도 신과의 관계에서 근본적으로는 그러한 자세를 취했다. 그에게도 진리는 정열적인 내면성으로 견지하는 객관적인 불확실성이었다. 그가 비록 지성으로는 인간의 영혼불멸이나[26] 신의 존재를[27] 입증할 수 없었고 그의 속성에 대해 모르는 것만 알고 있었다 할지라도 그는 의지의 결단과 무한성의 정열로 영혼불멸과 신의 존재를 확신하고 그의 뜻과 진리에 따라 실존하며 죽으려고까지 결심했다.[28] 소크라테스는 현실적인 삶과 동떨어진 형이상학적인 세계에 대한 사색에 몰두한 추상적인 사변가가 아니고 "주체적으로 실존한 사유자"[29] 또는 "실존하는 주체적 사유자"였다.[30]

한 사람이 영혼불멸에 대해서 [학술적으로] 연구하며 다른 한 사람은 [영혼불멸이라는] 불확실성과 관련해서 무한성의 정열을 쏟아 바친다면 어느 사람의 편에 더 많은 진리가 존재하고 있으며 누가 더 많은 확신을 가지고 있는 것인가? 전자는 분명히 [과학적] 근접방법Approximieren을 채택했으나 결코 [영혼불멸에 대한] 최종 결론에 이를 수 없다. 왜냐하면 영혼불멸에 대한 확신은 주체성의 문제이기 때문이다. 후자는 [정신적인 의미로는] 현실적으로 벌써 한 불멸의 존재로서 영혼불멸의 불확실성에 대해 저항하는 삶을 살아감으로써 그는 자신의 영혼불멸을 위한 투쟁을 전개하고 있다.…'약간의' 불확실성이 소크라테스를 오히려 도와주었다. 왜냐하면 그는 무한성의 정열로 자기 자신을 도왔기 때문이다.…모든 사변 체계의 객관적인 진리보다 소크라테스의 무지 속에 더 많은 진리가 내포되어 있었다.[31]

소크라테스는 사변이성의 과학적인 근접방법을 통해서는 결코 신에 대한 확신에 이를 수 없다고 보았다. 그래서 그는 신에 대해서도 무지의 고백을 하지 않으면 안 되었다. 이에 대해 키에르케고르는 다음과 같이 평가했다.

그는 만유의 근저에 실재하는 영원한 것, 신적인 것에 대해서는 모르고 있었다. 그는 그것이 존재한다는 것은 알고 있었으나 그것이 무엇인지는 모르고 있었다. 그는 그것을 그의 의식 속에 소유하고 있었다. 그러나 그가 그에 대해서 말할 수 있었던 유일한 것은 그가 그에 대해서 모르고 있었다는 것밖에 없었으므로 그는 그것을 자신의 의식 속에 소유하고 있지 않기도 했다.[32]

소크라테스는 이처럼 이성의 객관적이며 과학적인 근접방법으로 신에 대한 확신에 이를 수 없다는 결론에 도달했다. 하지만 그렇다고 해서 그가 회의론자나 불가지론자로 머물러 있었던 것은 결코 아니다. 객관적인 사유의 관점에서 볼 때 신의 존재나 속성이 너무나도 불확실하고 애매모호했으나 그럼에도, 아니 바로 그 때문에 소크라테스는 무한성의 정열로 신에 대한 신앙을 더욱더 견지하게 되었다.

> 그[소크라테스와 같은 실존자]는 객관적인 사려에 힘입어서가 아니고 내면성의 무한한 정열에 힘입어 신을 소유하게 되었다.[33]

> 주체성 또는 내면성이 진리라는 명제 속에는 소크라테스적 지혜가 내포되어 있는바 그의 불후의 공적은 실존함이 뜻하는 근본적인 의미, 즉 인식하는 자는 동시에 실존하는 자라는 사실에 유의했다는 데 있다. 그러므로 그의 무지에도 불구하고 이방인의 세계에서 가장 고상한 방법으로 진리 안에 거하고 있었다.[34]

이처럼 진리는 객관적인 사유의 견지에서 볼 때 그 근거와 내용이 불확실하고 모호하므로 그것을 수락하고 긍정한다는 것은 일종의 모험이다.

> 객관적인 관점에서 볼 때 실존자는 오로지 불확실성만 소유하고 있다. 그러나 바로 그것이 그의 내면성의 무한한 정열을 더 격화시킨다. 진리는 바로 무한성의 정열로 객관적인 불확실성을 선택하는 이러한 모험이다.[35]

진리가 객관적인 확실성이 아니고 객관적인 불확실성이기에 그것을 모험이라고 할 수 있다면 그것을 신앙, 즉 신앙의 모험이라고 할 수도 있을 것이다.

[이같은] 진리의 정의는 신앙에 대한 의역意譯, Umschreibung, paraphrase이다. 모험이 없이는 신앙도 없다. 신앙은 바로 내면성의 무한한 정열과 객관적인 불확실성 간의 갈등이다. 내가 신을 객관적으로 포착할 수 있다면 나는 그를 믿는 것이 아니다. 내가 그를 객관적으로 포착할 수 없는 바로 그 이유로 나는 그를 믿어야만 한다. 신앙을 고수하려고 하면 나는 객관적인 불확실성을 견지하는 데 계속 주의를 기울여야만 한다. 객관적인 불확실성 속에서 '7만 길의 물 위에 떠 있음에도' 불구하고 나는 계속 믿는 데 주의를 기울여야만 하는 것이다.[36]

이처럼 진리는 내면성과 주체성이며 모험과 신앙이다. 그리고 진리는 역설이기도 하다. 진리가 관성에 있다는 명제는 이토록 포괄적인 의미를 지니고 있다.

실존자가 진정한 자신을 재발견하고 실현하기 위해 신앙의 모험을 하고 영원하고 본질적인 진리인 신과 관계를 맺어야만 한다면 그러한 모험을 감행한다는 것은 객관적인 사유 즉 사변이성의 견지에서 볼 때 비합리적 행위임이 분명하기에 그것을 역설적인 행위, 또는 단적으로 역설이라 할 수 있는 것이다. 역설이라는 용어의 그리스 원어인 파라독사 paradoxa는 "*para*"contrary to, against와 "*doxa*"opinion가 결합해 만들어진 복합어로서 사람들이 일반적으로 옳다고 믿는 견해와 상반되는 소신과 주장을 뜻한다. 키에르케고르는 그것을 이성의 판단에 불일치하는 초합리적 또는 비합리적 신념이란 뜻으로 사용했다.

주체성이 곧 진리를 뜻하는 내면성이라면 진리는 객관적인 사유의 관점에서 역설이라고 규정할 수 있다.…역설이란 곧 객관적인 불확실성을 뜻하는바 후자는 내면성의 정열의 표현이자 진리를 뜻하기도 한다. 이것이 곧 소크라테스적 역설이다.[37]

그러나 역설에는 이러한 소크라테스적 역설이 있고 그보다 더 불합리한 기독교적 역설도 있다. 앞의 인용문에서 볼 수 있듯이 역설은 곧 실존자가 완전한 자아 인식과 자아실현을 위해 발견하고 직면해야만 하는 궁극적인 추구의 대상인 "영원하고 근본적인 진리", 즉 절대자가 비록 객관적으로 불확실함에도 불구하고 무한한 정열과 신앙의 모험으로 그의 존재와 절대성을 확신하는 그의 내면성의 진지함, 따라서 주체적 진리를 뜻하기도 하거니와 그것은 또한 그의 추구의 대상 자체도 의미한다. 역설은 실존자가 불확실한 추구의 대상 앞에서 가지게 되는 객관적인 불확실성과 신앙의 모험을 뜻하기도 하고 그의 목전에 나타나는 그의 추구의 대상을 뜻하기도 하는 것이다.

키에르케고르는 앞의 인용구 외에 그의 일기와 다른 저서에서도 역설을 실존자의 주체성과 내면성에 연결시킨다.

역설은 지적인 삶의 진정한 파토스다.[38]

역설은 양보가 아니고 하나의 범주이며 하나의 존재론적 특성인바 그것은 실존하는 정신과 영원한 진리 간의 관계를 표출한다.[39]

역설은 사유의 정열Leidenschaft des Gedankens이며 역설이 없는 사유자는 정열이 없는 연인과도 같다.…생각할 수 없는 그 무엇을 발견하고자 하는 것은 사유 활동에 있어서 최상의 역설이다.[40]

신앙이 [절대적] 역설과 마찬가지로 역설적인 것인가? 바로 그러하다. 그렇지 않다면 그것이 어떻게 역설을 [믿음의] 대상으로 할 수 있겠으며 그것과 올바른 관계를 맺을 수 있겠는가? 신앙 자체는 하나의 기적이다. 역설과 관계되는 모든 것이 신앙과도 관계된다.[41]

키에르케고르는 『공포와 전율』에서 역설을 신앙과 동일시하기도 한다.

신앙은 단독적인 개인이 [인간성이라는] 보편성보다 더 고차원적이라는 역설이다.[42]

그는 또한 "신앙의 역설"이라는 표현도 사용하고,[43] 역설이라는 표현을 부조리the absurd라는 용어로 대치하기도 한다.

그[아브라함]는 모든 것을 무한히 포기했다. 그리고는 그는 부조리의 힘으로by virtue of the absurd 모든 것을 다시금 얻었다.[44]

## 3. 소크라테스적 역설과 기독교적 역설

소크라테스는 단순한 추상적인 사변가가 아니고 실존하는 사유자, 주체적인 사유자였다. 그는 진리가 무엇인지 객관적으로 규정하고 정의하려 하지 않았고 진리 안에 거하려고 노력했다. 진리를 지적으로 장악하기보다 진리에 따라 참되고 선하며 아름답게 살아가려고 진력했던 것이다. 영혼불멸에 대한, 또 영원하고 본질적인 진리이며 진리 그 자체인 신에 대한 무지와 객관적인 불확실성에도 불구하고 그는 무한한 내면성의 정열로 그들의 실재성을 확신하고 그러한 확신으로 살기도 하고 죽기도 했다. 그러한 자신의 내면성의 정열의 표현이 그에게 진리였으며 그에게 가능한 최고의 진리였다. 그러한 진리를 역설이라고 표현할 수도 있다.

이처럼 진리는 곧 객관적인 확실성이라기보다 객관적인 불확실성, 바꾸어 말하면 주체적 확실성이란 점을 확신하고, 그러한 주체적 확실성으로 살고 죽었던 소크라테스는 신이 이방인들 가운데 보낸 선교사와도 같았으며,[45] 이방인의 세계에서 가장 숭고한 의미에서 진리 안에 거하고 있었다.[46] 자신의 그러한 주체적 확실성을 위해 여생을 바치며 숭고한 삶을 살았던 소크라테스가 키에르케고르에게 유일한 위안이었다.[47]

아브라함이 모리아 산상에서 보여준 신앙과 종교성 B 단계의 실존, 즉 기독교적 실존을 모름지기 모든 인간이 추구해야만 할 표본과 이상으로 간주했던 키에르케고르가 기독교적 신앙의 절대성을 확신했음은 분명하다. 그러나 그는 때로 소크라테스와 같은 사상가에서 발견할 수 있는 주체적·실존적 사유의 귀중함을 지나치게 강조한 나머지 한 개인이 소유하고 있는 신앙관보다 그가 어떠한 자세로 자신의 신앙관을 소유하고 있는지가 중요하며 가장 중요하다고 주장하기까지 한다. 결정적인 것은 어디까지나 실존자의 주체성과 내면성이며 그것이 어떠한 방향으로, 어떠한 대상을 향해 발휘되는가 하는 것은 상대적인 문제라는 것이다. 그에게 문제가 되는 것은 숭배의 대상이 아니고 어디까지나 숭배의 대상에 대한 그의 정성과 정열의 정도 여하, 즉 주체적 태도 여하라는[48] 것이다.

만약 기독교 세계 내에 사는 한 사람이 하나님에 관한 참된 이론적 지식을 소유하고 하나님의 집, 참된 하나님의 집에 올라가서 기도하되 비진리 안에서 기도한다고 하자. 또 다른 한 사람은 이방인의 세계에 살고 있어 [예배 중] 그의 눈이 비록 우상을 직시하고 있지만 그가 무한성의 온갖 정열로 기도한다고 하면 어디에서[=어느 사람의 심중에서] 더 많은 진리를 발견할 수 있을 것인가? 한 사람은 비록 우상을 숭배하고 있다 할지라도 사실은 참된 하나님께 기도하고 있고 다른 사람은 참된 하나님에게 거짓되게 기도하는 만큼 그는 사실상 우상을 숭배하고 있는 것이다.[49]

주체적으로 진리에 관해서 캐묻는 한, 개인은 자신과 [추구의 대상 간의] 관계에 대해서 주체적으로 반성하게 된다. 만약 여기서 이 개인이 [추구의 대상과] 관계를 맺는 방식Wie des Verhältnisses이 진리 안에 있기만 한다면 그가 비록 비진리와 관계를 맺는다 할지라도 그는 진리 안에 거하고 있는 것이다.[50]

키에르케고르가 과연 이러한 구절들에서 암시하는 것과 같이 실존자가 추구하는 대상과 내용 여하가 문제가 되지 않고 실존자 자신의 주체성과 내면성, 정열과 진지함만이 문제가 된다고 보았던가? 만약 그가 그렇게 보았다면 그는 소크라테스의 진리관과 자기 자신의 기독교적 진리관, 그리고 그와 더불어 종교성 A와 종교성 B 간에는 근본적이며 질적인 차이가 있기보다 단순히 상대적이며 양적인 차이만 있다고 생각했을 것이다.

방금 지적한 바와 같이 키에르케고르가 그 어느 세속적인 사상가 이상으로 소크라테스를 더 높이 평가하고 존경했음은 분명한 사실이며 영원하며 본질적인 진리, 즉 신과 영혼불멸에 대한 그의 무지, 그에 대한 그의 객관적인 불확실성과 역설에 기독교적 신앙과 유사성Analogon이 있음을 시인한 것도 사실이다.[51] 하지만 그가 또한 동시에 양자 간의 "차이가 무한하다"는[52] 점을 강조한다는 사실도 잊어서는 안 된다.

소크라테스적 역설은 추구 대상의 객관적인 불확실성으로 인해서, 바꾸어 말하면 그것의 초합리성Superrationalität으로 인해서 실존자의 지성이 그에 대해 반발(무지의 반발Abstoß der Unwissenheit)하게 된다. 그러나 기독교의 절대적인 역설은 그것의 부조리 또는 비합리성Irrationalität으로 인해서 실존자의 지성이 그에 대해 반발(부조리의 반발Abstoß des Absurden) 하게 된다.[53] 왜냐하면 그것은 이성적으로 볼 때 하나의 완전한 모순과 당착을 뜻하기 때문이다.

"여기서 부조리한 것이 무엇인가? 부조리한 것은 영원한 진리가 시간 속에서 생성되었다는 것, 즉 신이 인간 각자가 타인과 다름없이 생성하는 것과 똑같이 생성, 출생, 성장하는 등 했다는 것이다."[54]

영원하고 절대적이며 무한한 신이 시간적이며 상대적이고 유한한 인간이 되어 인간들과 똑같이 살다 죽었다는 성경의 교리만큼 모순되고 부조리한 주장이 어디에 있겠는가? 그럼에도 불구하고 기독교에서는 바로 그러한 교리를 가장 중심이 되는 교리로 가르치고 있다.

소크라테스는 진리, 특히 "영원하고 본질적인 진리"인 신은 인간 이성의 한계를 뛰어넘는 고로, 즉 초합리적이므로 그에 대한 무지를 고백할 수밖에 없었다. 그래서 그에게는 진리가 객관적인 불확실성과 역설로 인식되었다. 소크라테스에게 역설은 인식 대상의 초합리성을 뜻했다.

이와는 달리 기독교적 역설은 이성의 견지에서 볼 때 완전한 비합리성과 부조리das Absurde다.[55] 그것은 이성의 반감을 불러일으키는 거침새

Ärgernis, Anstoß, Skandalon다.[56] 그러한 의미에서 그것은 "절대적인 역설"인 것이다.[57]

소크라테스에게 신 자신은 역설이 아니고 그가 사유자와 관계를 맺게 될 때 무한자며 절대자인 그가 그 사유자의 인식 능력을 초월하기에 역설로 나타날 수밖에 없다.[58] 그러나 기독교에서는 신 자신이 역설로, 역설적인 존재자로 소개된다. 여기서는 신 자신이 인간들 가운데 자신을 계시하고 그들과 관계를 맺었을 뿐 아니라 그가 실제로 인간이 되어 인간들 가운데 거했다고 주장되기 때문이다.

그러므로 "소크라테스적 무지는 부조리에 대한 [기독교인의] 진지함에 비해 하나의 우스운 농담과도 같으며 소크라테스의 실존적 내면성은 [기독교적] 신앙의 분투에 비해 하나의 그리스적인 무사태평과도 같다."[59] 또한 기독교는 절대적 역설을 중심 교리로 가르칠 뿐 아니라 신과 인간 사이에는 절대적인 차이가 있다는 점과 나아가서는 인간이 비진리 속에 거하고 있는 죄인이라는 사실도 가르친다.

인간이 신과 자신과의 절대적인 차이점을 인식하기 위해서는 자기 이성의 한계를 뛰어넘어야 한다. 그러나 그는 결코 그렇게 할 수 없다. 그는 그 무엇에 대해서도 자기 자신의 사유 범주와 인식 방법으로 생각하고 판단할 수밖에 없다. 절대적인 초월자이며 불가지적인 신에 대해서나 신과 자기 자신과의 차이점에 대해서 생각하기 위해서도 그는 필연적으로 자기 자신의 사유 범주를 사용해야만 하며 자기 특유의 인식 방법을 따라야만 한다. 그러나 그러한 주관적인 방법으로는 절대 타자인 신을 신으로 객관적으로 인식할 수 없고 그와 자신과의 차이점도 순수하게 파악할 수 없다.[60]

인간은 유한할 뿐 아니라 비진리 가운데 거하고 있는 죄인이다. 그러한 이유에서도 그와 무한히 성스러우신 신 사이에는 절대적인 차이가 있을 수밖에 없다. "죄인인 인간은 가장 깊은 질적인 심연에서 신으로부터 분리되어 있다."[61] 그러나 이러한 기독교적 가르침과는 대조적으로 소크라테스는 인간은 본질적으로 진리와 그 원천인 신을 자기 자신 속에서 발견하고 인식할 수 있다고 보았으며 자아 인식을 통해 신 지식에 이를 수 있다고 보았다. 그리고 그는 비록 인간이 무지로 말미암아 실수를 저지를 수는 있다 해도 신 앞에서 죄악을 범할 수 있다고는 보지 않았다. 즉 소크라테스에게는 "죄란 곧 무지였다."[62] 그는 개인이 참된 것과 선한 것을 알지 못하기에 악행을 범하는 것이며 알면서도 고의로 그렇게 하는 것이 결코 아니라고 보았던 것이다.[63]

기독교에서는 죄가 빗나간 양심의 선택과 의지에 의한 반항의 결과라고 가르친다. 그리고 인간이 선을 알고도 악을 행하며 참된 것을 알고도 거짓을 행한다고 가르친다.[64] 그러나 소크라테스는 죄를 의지의 잘못된 결단과 선택의 결과로 보지 않고 단순히 지성의 몰지각과 무지의 결과로 인식했다. 개인이 자신이 하는 것이 무엇인지 모르고 한다면 그는, 어린아이가 그러하듯이, 자신의 소행에 대한 책임을 질 필요가 없을 것이다. 그러므로 "만약 죄가 무지에 불과하다면 죄는 실질적으로 존재하지 않는다"고[65] 볼 수 있다.

이처럼 "기독교를 이교와 가장 결정적으로, 그리고 질적으로 구분하는 요소는 특히 죄의 개념, 죄에 대한 가르침이다."[66] 소크라테스와 여타 이방인들은 죄가 진정 무엇인지 모르고 있었으며 자신들과 온 인류가 죄인임도 인식하지 못하고 있었다. 그들이 죄악 속에 거하며 죄로 말미암아 눈이 어두워졌기 때문이다.[67] 인류의 스승이신 신이 이 모든 것을 가르쳐주어야만 한다.[68] 믿음으로만 이 모든 것을 알 수 있다.[69]

이 모든 점을 감안할 때 우리는 소크라테스의 역설과 기독교적 역설, 그리고 그와 더불어 종교성 A와 종교성 B 간에는 근본적이며 질적인 차이가 있음을 확실히 알 수 있다. 특히 기독교적 죄악론을 고려할 때 소크라테스의 진리관도 그릇된 이론임이 드러난다. 그에게는 객관성이 아닌 주체성이 곧 진리라 할 수 있다면 그러한 소크라테스의 주체성은 성경적으로 볼 때 진리가 아닌 비진리라고 간주하지 않을 수 없다. 왜냐하면 성경은 인간의 본성이 근본적으로 죄악되며 죄로 부패했다고 가르치기 때문이다. 인간은 죄타락으로 말미암아 눈이 어두워져 모든 것을 근본적으로 잘못 보고 잘못 이해하게끔 되어 있다. 그가 그 어떤 방향과 방법으로 사유하며 생활하든, 객관적인 사유로 사변적 진리를 추구하든, 주체적인 사유로 실존적 진리에 도달하든 간에 그가 하는 모든 것은 다 필연적으로 비진리에 속하는 것들일 수밖에 없다. 따라서 소크라테스에게 최고의 진리인 주체성도 비진리라고 보지 않을 수 없다. 소크라테스가 여느 사변가가 아닌 "실존하는 사유자"로서 보여준 "주체성도 비진리다"라고[70] 선포하지 않을 수 없다.

키에르케고르의 이러한 주장은 자못 의외의 결론으로 받아들여질 수 있다. 키에르케고르는 『철학적 단편 후서』 초반부에서부터 최종 인용구가 나오는, 제II장 "주체적 진리, 내면성: 진리는 주체성이다"에 이르기까지 계속적으로 후기 플라톤과 헤겔을 위시한 제반 사변적 사상가들의 주지주의적 진리관을 겨냥하고 객관적 사유가 아닌 주체적 사유를 통해서만 우리가 진리에 이를 수 있으며 객관성이 아닌 주체성 또는 내면성이 곧 진리라는 점을 역설하는 데 총력을 기울여왔다. 그러나 여기서 그는 기독교적인 죄악론을 거론하는 가운데 돌연 주체성이 진리가 아닌 비진리라고 개진하고 있지 않은가?

그러나 우리가 여기서 유의해야 할 점은 키에르케고르가 주체성 그 자체가 진리 또는 비진리가 아니고 소크라테스와 여타 세속 철학자가 인간의 죄악성을 망각한 채 주장하는 그러한 종류의 주체성과 내면성이 비진리라고 규정한다는 사실이다. 소크라테스는 인간이 비록 사변적 변증법을 통해서는 진리에 이를 수 없다 할지라도 내면성의 정열로[71] 수행하는 실존적 변증법을 통해서는 능히 자체적으로 진리에 도달할 수 있다는 주장을 제기했다. 비록 그는 플라톤과 달리 자신의 원래 지론인 상기설에서 점차적으로 멀어지고 있었다고 할지라도 그것을 완전히 포기하지는 않았다. 인간은 자기 자신을 알고 자신 속에 있는 것을 상기함으로써 진리와 진리 그 자체인 신에게로 되돌아갈 수 있다는 사상과 완전히 결별하지는 않았던 것이다.[72]

그러나 방금 지적한 대로 기독교에서는 인간이 자체적으로 도모하고 수행하는 모든 것은 죄악되며 비진리에 속한다고 규정하고 있다. 그러므로 소크라테스가 실존하는 사유자로 지향한 주체성도 비진리라 보지 않을 수 없다.

그렇긴 하나 주체성 자체가 비진리인 것은 아니다. 왜냐하면 실존자가 소크라테스와 같이 자력으로, 즉 자신의 내면성의 정열로, 그리고 그것도 자신 속에 본시부터 심어져 있는 것을 상기함으로써 진리에 도달하려고 노력하는 대신 절대적인 역설로 스스로를 계시하신 신을 믿음으로 영접하고 그의 죄사함의 은총을 수락하는 가운데 진리 그 자체와 구원에 이르기 위해 질적인 비약을[73] 감행하는 기독교적 주체성도 있기 때문이다.

사실인즉 신의 성육신이라는 완전히 자가당착적이며 비합리적인 교리 앞에서 모든 이성의 논리를 묵살하고 순전히 "부조리의 힘으로",[74] 즉

"신앙의 내면성"으로[75] 그것을 수락하고 견지하는 이러한 기독교적 주체성이 "더 깊고"[76] "더 강렬한"[77] 주체성이다. 키에르케고르의 설명을 살펴보자.

[소크라테스의 경우에서와 같이] 영원한 진리가 한 실존자와 관계를 맺을 때 그것은 역설로 화한다. 역설은 실존자의 내면성 속의 객관적인 불확실성과 무지로 말미암아 [그에게] 거침새^{abstößt}가 된다. 그러나 여기서 역설이라고 하는 것이 그 자체에 있어서는 역설이 아니므로 그것은 내적으로 충분히 거침새가 되지 않는다.…이와는 달리 역설이 그 자체에 있어서 역설일 때 그것은 부조리로 말미암아 [실존자에게] 거침새가 된다. 여기에 상응하는 내면성의 정열이 곧 신앙이다. 그러나 주체성 또는 내면성은 여전히 진리다. 만약 우리가 이 점을 망각한다면 우리는 소크라테스의 공헌을 잊어버리게 될 것이다. 사실인즉 [소크라테스가 주장한] 실존자가 상기를 통해 자체적으로 영원성으로 되돌아가는 가능성이 차단될 때보다 내면성이 더 강렬하게 표현될 수 없다. 그렇게 되는 경우 실존자는 진리 자체를 역설로 눈앞에 두고 바라보며 죄로 말미암은 불안 속에서, 그리고 그로 인한 아픔과 객관성의 [불확실성에 따르는] 엄청난 위험부담에도 불구하고 신앙하기 때문이다. 그러나 위험부담이 없이는 신앙이 불가능하다. 그것이 없이는 우리가 여기서 거론하는 신앙은 고사하고 소크라테스적 신앙도 불가능하다.[78]

주체성이 진리다. 그러나 주체성 가운데는 비기독교적인 것이 있고 그보다 더 진중하고 강렬한 기독교적인 것이 있는데 엄격히 말해서 전자는 **비진리**다.

## 4. 이성의 포기와 신앙의 순교

절대적인 역설을 질적 비약으로 수락함과 동시에 죄사함의 은총을 하사하는 신을 영접하는 기독교 신앙만이 진정한 의미에서 주체성이다. 그것만이 진리 그 자체이신 신, 그리고 진정한 우리 자신에 이르게 하는 길이며 그러한 길이 곧 우리에게 진리이며 최상의 진리다. 그러한 진리만이 우리를 진정한 우리 자신으로 자유롭게 할 수 있다. 그 진리가 우리에게 내적인 변화를 가져다줄 수 있으며 우리를 구원에 이르게 할 수 있다.

그러나 절대적 역설은 인간의 이성으로는 결코 납득할 수 없는 부조리일 뿐 아니라 그것은 "이성에게 어리석음이요 인간의 마음에게는 거리낌"이므로[79] 그것을 수락하려면 우리는 이성을 포기해야만 한다. "그러한 역설을 이성으로 생각할 수 있는가?…이성은 그에 대해 전혀 생각할 수 없으며 그것을 수락할 수 없다. 그럼에도 불구하고 그것이 선포된다면 이성은 그것을 이해할 수 없으며 그것은 이성의 몰락을 뜻한다는 사실만을 깨닫게 될 뿐이다."[80]

"우리가 이성을 포기하고 역설을 수락하게 될 때 이 두 가지 사건을 일어나게 하는 제3의 사건은…신앙이라 부르는 것이다."[81] 그러므로 우리는 이성의 논리에 거슬러 7만 길이나 되는 심해와 같은 객관적인 불확실성, 달리 표현하면 주체적인 확실성, 즉 신앙의 대상과 영역으로 비약해야만 한다.[82] 신앙은 모험을 뜻한다. "모험이 없이는 신앙도 없다. 신앙은 바로 내면성의 무한한 정열과 객관적 불확실성 간의 충돌이다."[83] "[신앙인이] 믿기로 결심함과 더불어 그는 자신이 믿는 바가 오류일 수 있는 그러한 위험부담을 감수하게 된다. 그럼에도 불구하고 그는 믿기를 원한다. 다른 방법으로는 신앙에 이를 수 없다. 여기서 위험부담[또는 모험]을 회피하려 한다면 그것은 마치 그 누가 물속으로 들어가기도 전에 헤엄을 칠 수 있는지 확실히 알기를 원하는 것과도 같을 것이다."[84]

우리로 하여금 신앙의 차원에 이르게 하는 것은 지력이 아니고 의지력이다. 의지력을 통한 비약의 결단으로 거기에 도달할 수 있는 것이다. "신앙은 결코 지식이 아니며 어디까지나 자유의지의 행사며 의지력의 표현이다."[85] 또한 "신앙의 결론은 결코 단순한 결론만이 아니고 하나의 결단이다. 따라서 의심은 거기서 배제된다."[86]

절대적 역설을 중심 교리로 가르치는 기독교 신앙은 이성으로는 결코 이해할 수 없다. "왜냐하면 절대적인 역설과 관련해서 우리가 이해할 수 있는 것은 오로지 그것을 이해할 수 없다는 사실뿐이기 때문이다."[87] 비신앙인이 기독교 진리를 수락하고 따를 수 있기 위해서는 이성과 이성의 지적인 근접방법Approximieren을[88] 포기하고 신앙의 길을 따라야만 한다. 이성의 눈이 아닌 신앙의 눈, 또는 "신앙 자체의 안목"Autopsie des Glaubens으로[89] 그리스도를 바라보아야만 하고 그 앞에서 자신의 죄를 인정하고 신의 죄사함의 은총을 수락해야만 한다.

"이성과 역설이 [결정적인] 순간에 성공적으로 서로 부딪혀 이성은 자체를 포기하고 역설이 스스로를 개방하게 될 때" 비로소 이것이 가능하다. 그리고 "이러한 사건이 일어나게 하는 제3의 요인은…상술한 요행한 정열…즉 신앙이다."[90] 신앙인은 "결정의 순간"[91] 또는 "정열의 순간"에,[92] 영원성과 시간성의 접촉점인 "계시의 순간"에 일어난 절대적인 역설,[93] 즉 신인이신 그리스도와 "동시대적"gleichzeitig이[94] 되고 이성의 눈이 아닌 신앙의 눈으로 그를 보고 체험하게 된다. 신앙은 그리스도와의 동시대성을 뜻한다.[95]

기독교 신앙을 소유하기 위해서 한 개인이 "자신의 이성과 사유 능력을 포기하고 자신의 영혼으로 부조리를 부여잡아야만 한다면"[96] 사유자의 견지에서 볼 때 그것은 분명히 이성을 "십자가에 못 박는 행위"seinen Verstand zu kreuzigen다.[97] "이성에 거슬러 믿는다는 것, 그것은 하나의 순교 Martyrium다."[98] 기독교인이 자신의 신앙으로 인해 목숨을 잃는 것만이 순교가 아니다. 자신의 이성을 십자가에 못 박고 이성의 논리에 완전히 상치되는 절대적인 역설을 수락하는 신앙도 분명히 순교, 즉 외적인 순교가 아닌 내적인 순교다.

> 기독교인이 비록 아무런 외적인 핍박을 받지 않는다 할지라도, 그리고 비록 그가 이 세상에서 살지 않는 것 같이 눈에 띠지 않게 살아간다 할지라도 이성에 거슬러 믿는 그러한 순교, 즉 7만 길의 물 위에 떠서 거기서 비로소 신을 발견하게 되는 데 따르는 그러한 생명이 위협받는 사태가 그에게는 남아 있다. 그런데 보라. 물속으로 걸어 들어가는 한 사람이 바닥이 닿는 곳 이상으로 걸어나가지 않기 위해 조심스럽게 발로 더듬어 나아가고 있다. 그와 마찬가지로 어떤 사려 깊은 자가 그의 이성을 사용해 개연성의 영역으로 조심스럽게 더듬어 나가서 개연성으로도 [입증하기에] 충분한 곳에서 신을 발견하고 그에 대해서 큰 개연성의 축제일에 그에게 감사드린다.…그러나 이성에 거슬러 믿는다는 것은 그것과 상당히 다른 일이며 이성의 힘으로 믿는다는 것은 전혀 불가능한 일이다.[99]

기독교는 절대적인 역설과 부조리의 종교다. 그러므로 신앙인은 평생토록 이 점을 염두에 두고 살아가야 한다. 시종일관 "부조리의 힘으로" 살아가야만 한다.

만약 그가 선택한 부조리가 부조리가 아니라는 사실이 증명된다면 그는 근본적으로 기만을 당하고 있는 것이다 이 부조리가 기독교 그 자체라고 그가 인식한다면 그는 진정 신앙하는 기독교인이다. 그러나 만약 그가 기독교가 부조리의 종교가 아니라고 이해한다면 그는 자동적으로 신앙하는 기독교인이 아니다.…그가 자신이 이해한 바를 다시금 착각과 오해로 간주하고 그것을 분쇄하며 기독교적인 절대자와 관계를 맺을 때까지는 그는 신앙하는 기독교인이 아닌 것이다.[100]

이성의 논리에 거슬러 믿는 신앙 행위는 순교이며 그러한 "신앙의 순교는…순간의 순교가 아닌 영속적인 순교다."[101] 이처럼 우리가 절대적인 역설을 수락하기 위해서 이성을 십자가에 못 박고 신앙의 순교를 해야만 한다면 신앙은 어디에서 오는 것인가?

이 질문과 관련해서 키에르케고르는 『철학적 단편』, 『철학적 단편 후서』 등에서 줄곧 두 가지 상이한 해답을 동시에 제시하고 있는 듯하다. 그중 하나는 마르틴 루터 이후의 전형적인 개신교 신학자들의 해답, 즉 "*sola gratia*!"([신의] 은총으로만!)다.

계시의 순간에 스승이신 하나님이 제자인 신앙인에게 그가 죄인임을 알 수 있는 조건과 진리를 알 수 있는 조건, 즉 신앙을 동시에 부여하는 데서만 죄인인 인간은 절대적 역설과 여타 기독교적 교리들을 수락할 수 있다.[102]

배우는 자가 어떻게 신앙인 또는 제자가 되는가? 그가 이성을 포기하고 [신앙인이 될 수 있는] 조건을 부여받게 될 때 그렇게 된다. 언제 그가 그 조건을 부여받는가? [신앙의] 순간에im Augenblick. 이 조건이 무엇을 가능

하게 하는가? 그것은 그가 영원한 자를 이해할 수 있게 한다.[103]

하나님이 그 제자에게 자신을 볼 수 있는 조건을 부여하셨으며 그로 하여금 신앙의 눈을 뜨게 하셨다.[104]

신앙은 결코 인간 자신의 의지력의 표현이 아니다. 그것은 기적이며[105] 신의 은사로 주어진[106] 초월적인 출발점이다.[107] 우리는 "신앙이 의지의 행위가 아님을 쉽게 이해할 수 있다. 왜냐하면 모든 인간의 의지력은 항상 [신이 부여하시는] 조건[=신앙] 안에서만 올바로 작용할 수 있기 때문이다.…내가 만약 그 조건을 소유하고 있지 않다면 나의 모든 의지력은 아무 쓸모도 없다."[108]

그러나 키에르케고르는 신앙은 이처럼 신의 은사며 기적이라는 해석과 더불어 그것은 실존자의 진정한 주체성과 내면성의 표현이며 의지력과 정열의 표현이라는 해석도 하고 있다. "키에르케고르의 신앙의 개념과 결단의 개념에는 강력한 주의주의적 主義主義的 경향이 있다."[109]

신앙은 지식이 아니고 자유의 행위며 의지력의 표현이다.[110]

신앙의 결론은 결코 [이성의 사유를 통한] 결론이 아니고 [의지력을 통한] 하나의 결단이다. 따라서 의심은 배제된다.[111]

[신앙의] 역설은 사유의 정열인바 역설이 없는 사유자는 정열이 없는 연인과도 같다.…자기 자신의 파멸을 원한다는 것은 모든 종류의 정열의 최대의 힘을 뜻하는 것과 같이 [이성이 스스로를 포기하고 절대적인 역설

의] 걸림돌을 그대로 수락하기를 원한다는 것도 이성에게 가능한 최대의 정열이다.[112]

"이성이 그 역설적인 정열로 스스로의 파멸을 원하는" 그러한 사건은 오로지 "정열의 순간"에만 가능하다.[113] 신앙은 의지력의 행사라는 점을 키에르케고르는 『철학적 단편 후서』의 실존적 진리를 취급하는 맥락에서 특별히 고조하고 있다. 주관성과 내면성이 진리이며 노력이 진리다. 달리 표현하면 정열, 정열의 무한성이 진리이며 객관적인 불확실성을 정열적인 내면성으로 견지하는 것이 곧 진리다. "진리는 무한성의 정열로 객관적인 불확실성을 선택하는 모험이다."[114]

이것이 사실이라면 "여기서 주어진 진리의 정의가 바로 신앙의 의역이다. 모험이 없이는 신앙이 없다. 신앙은 바로 내면성의 무한한 정열과 객관적인 불확실성 간에 존재하는 충돌이다."[115] 영원하며 본질적인 진리와 진리 그 자체인 신과 신앙의 차원에 나아가기 위해서는 이성을 포기하고 그 대신 의지력과 정열을 최대한으로 활성화해야만 한다. 이성의 점진적인 접근 방법을 통해서가 아닌 의지력과 무한성의 정열의 질적인 비약으로 7만 길의 깊은 심연과도 같은 "객관적인 불확실성", 즉 절대자와 신앙의 차원으로 과감하게 뛰어들어 갈 수 있게 된다.[116]

"기독교는 이처럼 모든 객관성에 대해 항의한다. 그것은 주체가 자기 자신에 대해서 무한히 우려할 것을 원한다."[117] 다른 말로 하면 "기독교는 [실존자가] 정열을 최대한으로 강화할 것을 원한다."[118] 즉 "신앙은 주체성에 의한 최대의 정열을 뜻한다."[119] 따라서 "신앙의 내면성은 이성을 대항하여 역설을 점유해야만 한다. 로마인들이 과거에 [자마 전투에서] 햇빛에 눈이 부셨음에도 불구하고 싸웠던 것 같이 신앙인이 [이성을 대항해서] 싸울 수 있다는 것은 내면성의 유연성에 기인한 것이다."[120]

신앙이 전적으로 신의 은사이며 기적이든, 개별적인 실존자 자신의 의지력과 무한성의 정열의 표현이든 간에 그것을 소유한 개인은 실존적 결정의 순간에 질적인 비약과 모험을 감행함으로써 절대적인 역설과 여타 기독교 교리들을 수락하고 기독교인이 되는 것이며 결코 확고부동한 이성적 근거를 토대로 해서 기독교인이 되는 것이 아니다. 주체적인 진리를 뜻하는 신앙은 "무한성의 정열로 객관적인 불확실성을 선택하는 모험"이라[121] 하지 않았던가?

그러므로 한 개인이 기독교 교리들을 수락하기 위해서는 그들과 관계되는 역사적인 정황 및 그들의 객관적 타당성을 입증하는 소상하고 정확한 기록과 증거들을 필요로 하지 않는다. 이성의 안목과 판단이 아닌 "신앙의 눈"으로 계시의 순간에 발생한 구속사적 사건들을 목도하고 체험하는 가운데 그는 그리스도와 동시대적이 되며 구원의 역사에 참여할 수 있기 때문이다. 그가 그리스도를 구주로 받아들이고 기독교인이 되기 위해서는 단지 성육신의 사건에 대한 간략한 몇 마디의 증언만을 필요로 할 따름이다.

우리가 언급하는 사실이 하나의 단순한 역사적 사실이라면 사가의 정확성이 대단히 중요할 것이다. 그러나 여기서는 그렇지 않다. 왜냐하면 아무리 섬세한 세부 묘사가 가능하다 할지라도 그것에서부터 신앙을 도출할 수는 없기 때문이다. 신이 인간의 모습으로 실재했다는 역사적인 사실이 중요하며 여타 역사적인 세목들은, 그들이 신 아닌 한 사람에 대한 것들인 경우에서만큼도 중요하지 않다.…비록 [그리스도와] 동시대에 살았던 세대가 '우리는 신이 어느 해에 종의 비천한 형상으로 자신을 나타내

셨고 우리들 가운데서 살았으며 가르쳤고 그 후 돌아가셨다는 사실을 믿었다'라는 말 이외에 아무것도 남겨두지 않았다 할지라도 그것은 충분하고도 남음이 있었을 것이다.[122]


## 5. 신앙과 신학

### (1) 스콜라주의와 신앙

진리에 이르는 길, 거기에 이르는 유일한 길은 객관적 사유가 아니고 주체적 사유다.[123] 이성의 사유와 성찰을 통한 점진적인 근접법Approximieren이 아닌 순간적인 신앙의 질적 비약을 통해서만 진리 그 자체인 신에 도달할 수 있고 그 앞에서, 그리고 그 안에서 우리 자신의 실존에도 도달할 수 있다. 그러므로 플라톤과 헤겔을 위시한 과거 주지주의자들의 이성적 접근 방법을 지양하고 의지력과 정열의 힘으로 신앙의 대상과 차원으로의 비약을 감행해야만 한다. "[이성의] 사유 활동이 중지되는 그곳에서 비로소 신앙 활동이 시작된다."[124]

이성은 보편성, 즉 인류 전체에게 보편타당하며 객관적인 사유와 판단의 척도를 뜻한다. 그러나 모리아 산에서 자신의 독자 이삭을 신의 뜻에 따라 그에게 제물로 바치기로 결심한 아브라함의 행동에서 엿볼 수 있듯이[125] 기독교 신앙은 인류 전체에게 보편타당하며 객관적인 이성의 척도로는 납득할 수도, 타인에게 납득시킬 수도 없는 독특한 개인적인 체험을 뜻한다. 결코 일반화할 수 없는, 절대 특수한, 절대자와 나만의 인격적 관계를 뜻하는 것이다.

뿐만 아니라 기독교적인 신앙 행위는 인류 전체에게 통용되는 도덕적 규범과 당위, 즉 실천이성 또는 도덕의지의 척도로도 이해하거나 정당화할 수 없는 특수한 행위이기도 하다. 그것은 실천이성의 척도와 기준을 "목적론적으로 보류"하는 초윤리적 행위인 것이다. 믿음의 조상 아브라함은 절대자와의 절대 특수한 인격적 관계를 견지하기 위해서 믿음으로 자신의 아들을 살생함으로써 윤리적인 견지에서 볼 때 극히 문제가 되는 행동을 저지르려 했다. 예수는 그의 제자들에게 아비와 형제를 자기보다 더 사랑하는 자는 하늘나라에 합당하지 않다고 했다.

이처럼 기독교적 신앙의 대상과 그에 대한 신앙인의 체험은 이론이성의 척도로도, 실천이성의 기준으로도 규정하거나 설명할 수 없이 무한히 심오하며 절대 특수하므로 그 내용을, 과거 스콜라신학과 문자주의적 개신교 신학에서 그렇게 했듯이 정확한 개념적인 언어로, 확실한 명제와 교리로 정의하고 기술하려 해서는 결코 안 된다. 그러한 시도는 필연적으로 신앙의 대상을 왜곡하며 그에 대한 체험의 순수성을 변질시키는 치명적인 결과를 초래하기 때문이다. 키에르케고르는 이 점을 그의 저서 도처에서, 특히 『철학적 단편 후서』에서 거듭 강조한다.

기독교는 지식의 문제가 아니다.[126]

기독교는 교리가 아닌바 그것은 실존의 모순성Existenz-Widerspruch을 표현하고 있으며 실존의 전달Existenz-Mitteilung을 시행하고 있다.[127]

기독교는 실존의 전달이며 이해받기를 거절한다.[128]

객관적인 사유는 모든 것을 결론으로 표시하며 해답과 결론을 베껴 반복해서 낭독함으로써 전 인류가 속임수를 쓰게 방조하는 반면 주체적인 사유는 모든 것을 생성과정으로 옮겨놓으며 결론을 내리지 않는다. 왜냐하면 이것이 일면, 걸어가야 할 길[=진리]을 앞두고 있는 사유자에게 온당하며 또 다른 한편으로는 한 실존자인 그가 지속적으로 생성과정에 있기 때문이다.[129]

[교리적인] 결론의 부재는 바로 내면성의 한 특성이다. 왜냐하면 결론은 외적인 그 무엇을 뜻하며 결론의 전달은 아는 자와 모르는 자 간에 일어나는 하나의 외적인 관계이기 때문이다.[130]

기독교는 모든 객관성에 항의한다. 그것은 주체가 자기 자신에 관해서 무한히 관심을 기울일 것을 요구한다.[131]

[객관적인 지식을 전달하는] 서론에서 출발해서 [한 개인을] 기독교인이 되게 하는 어떤 직접적인 전환 과정은 없다. 그 정반대로 기독교인이 된다는 것은 질적인 비약을 뜻한다.[132]

기독교인이 되는 "신앙 자체는 하나의 기적이다."[133] "하나의 객관적인 기독교 외에 다른 아무것도 소유하지 않은 자는 자동적으로 이교도가 된다. 왜냐하면 기독교는 정신과 주체성과 내면성의 문제이기 때문이다."[134] "사람들은 변증법적인 것을 멀리할 수 있게 하는 고정된 그 무엇을 갈구하는 성향을 지니고 있다. 그러나 그러한 것에 대한 갈구는 미신적인 지주支柱에 대한 갈구에 불과하다. 왜냐하면 위에서 지적한 바와 같이 변증법을 회피하기 위해 설정하는 모든 한계는 그 자체에 있어서 미신이기 때문이다."[135]

헤겔은 인간이 순수사유로 수행하는, 정반합의 삼박자로 된 사변적 변증법을 통해 진리에 대한 절대적인 지식을 확보할 수 있다고 보았으며 인생의 모든 궁극적인 문제들을 완전히 해결할 수 있다고 보았다. 그는 "그의 삼단논법으로 하늘나라에 들어갈 수 있다고 보았다."[136]

그러나 헤겔의 사변적 변증법에서 중대한 의미를 지닌 "감각적인 확실성과 역사적인 지식 및 사변적 결론, 이 모든 긍정적인 것들은 다름 아닌 비진리다. 감각적인 확실성은 기만이다. (그리스적 회의론과 근세철학의 모든 이론들을 참조하라. 여기서 우리는 엄청나게 많은 것을 배울 수 있다.) 역사적인 지식은 감각적인 착각이다. (왜냐하면 그것은 하나의 [개연성만을 지진] 근접지近接知, ein Approximationswissen이기 때문이다.) 그리고 사변적 지식은 환영이다."[137]

진리는 주체성과 내면성이며 과정과 길이다. 주체적 진리에 대한 무한한 반성과 그것에 이르려는 무한성의 정열과 노력은 필연적으로 변증법을 그 자체 속에 내포하고 있다. 모든 부류의 질적인 불연속성을 계속 초월하며 주체적 진리, 그리고 그와 더불어 진리 그 자체, 영원하며 본질적인 진리인 신에게로 나아가기 위해 수행하는 실존자의 변증법적 움직임은 지정의가 합해진 전인의 움직임이며 지극히 역동적인 움직임일 뿐 아니라 어떠한 제한성과 고정적인 것으로도 중단될 수 없이 계속 진행하는 무한성으로의 과정이다. 그리고 그가 타인에게 이러한 실존적 변증법에 대해서나 그것이 최후 종착점으로 간주하는 실존과 그 근거인 신에 대해 묘사하고 설명하는 가운데 그로 하여금 동일한 내적 실존 변증법을 스스로 수행할 것을 촉구하게 될 때 그의 전달의 변증법은 결코 단도직입적이거나 직설법적일 수 없다. 그것은 어디까지나 간접적이며 반어적인 전달의 변증법이어야만 한다. 왜냐하면 여기서 그가 수행해야만 하는 변증법 자체가 지극히 역동적이며 생동적이고 그것의 목표인 자신의 실존과 그의 존재의 근거인 신은 무한성이기 때문이다.

이들은 결코 분명하고 석연한 개념적인 언어로, 이론적인 명제와 교리로 한정하고 확정할 수 없다. 이 모든 것들을 반어적이며 암시적인, 그리고 완전히 개방된 언어로 묘사하며 대화자 또는 독자로 하여금 그것을 단서로 해서, 그것을 "화살표"로 해서 목적 또는 "과녁"을 찾아 무한대로 계속 나아가게 촉구해야만 한다. 그렇게 하는 대신 모든 확고하고 제한된 이론과 교리로 그것을 규정하고 확정하려는 모든 시도는 그 자체로 "미신이며 우매"다.[138] 기독교적 신앙의 "변증법적 성격", 즉 그 무한한 심오성과 역동성을 한순간도 잊어서는 안 된다.

키에르케고르의 질적 변증법은 인간 실존과 신 및 진리에 관한 하나의 최종적인 결론으로 종결되지 않을 뿐 아니라 이들과 관계되는 어떤 문제들에 대해서도 분명하고 확고하며 독단적인 이론과 주장도 제기함이 없이 이들과의 관계에서 지속적으로 개방적이며 변증법적인 자세로 그들에게로 계속 더 가까이, 더 깊이 나아가려고 진력하는 전인적인 노력이며 과정과 운동이다.

신과 진리와 인간 실존에 관한 어떠한 "직접적인 전달 행위는 신 앞에서의 사기 행각이며" 자기 자신과 타인 앞에서의 사기 행각이기도 하다.[139] 인간 실존과 진리 및 신앙의 영역에 속한 문제들을 사유 및 표현의 대상으로 취급함에 있어서 우리는 사변철학의 합리주의적 접근 방법을 채택할 수 없음은 물론이거니와 이 문제들을 매우 독단적이며 정적인 양식으로 취급한 스콜라신학과 문자주의적 광신주의Buchstaben-Zelotismus 혹은 문자주의적 신학Buchstabentheologie의[140] "직접적인" 접근 방법도 따를 수 없다. 왜냐하면 실존과 신앙의 차원에 속한 모든 대상과 이치에 한계와 결론이란 있을 수 없기 때문이다. 그럼에도 불구하고 이들은 모든 취급 대상을 확실한 이론과 결론으로 정의하고 표현하려 했으며 당당한 사상 체계로 외화하고 객관화하려 했다. 그들은 말하자면 선물 꾸러미를 건네주듯 인간과 진리와 신, 그리고 세상만사를 그들의 이론 체계 속에 포장해서 이것이 곧 인간과 진리, 신과 우주라고 자타에게 공언하며 그 내용을 간단하고 쉽게 전달하려 했다. 그러나 "내면성은 결코 직접적으로 전달될 수 없다. 왜냐하면 그것이 직접적으로 표현된다는 것은 곧 그 것이 외적인 것임을 뜻하기 때문이다."[141] "결론의 부재가 바로 내면성의 특징이다. 왜냐하면 결론은 외적인 것이기 때문이다."[142]

## (2) 간접적 전달의 변증법과 과학적 근접지

기독교는 교리의 체계가 아니고 내면성이다. 아브라함의 신앙에서 엿볼 수 있듯이 기독교적 신앙의 체험은 무한한 심오성과 생동성으로 인해 말과 이론으로 그대로 형용할 수도 없고 타인에게 정확하게 전달할 수 도 없다. 그러므로 그것을 한 객관적인 이론 체계로 정교하게 정리해서 타인에게 확실하게 전수하고 가르치려고 시도한다면 그것은 분명히 하나의 "이교적인" 행위일 것이다. 신앙을 이성의 범주와 논리로 객관화하려는 "신학화"神學化의[143] 노력은 신앙의 순수성을 변질시키는 치명적인 결과를 초래할 것이다.

신앙의 내용과 대상에 대해서는 간접적으로 증거할 수 있을 따름이며 결코 직접적으로, 즉 "직설법"으로, 개념적인 언어와 이론으로 청자나 독자의 의식 속에 주입할 수는 없다. 그것을 그에게 신학적인 교리로 가르치고 지적으로 설득시키려 할 수는 없다. "신앙은 보편적인 것[=개념적 언어]으로 매개[=설명]될 수 없다."[144] "신앙의 용사는…타인에게 자신을 이해시킬 수 없는 고통을 통감한다. 그러나 그는 타인을 교육시키려는 헛된 욕망을 갖지 않는다.…진정한 신앙의 용사는 어디까지나 증인이며 교사가 아니다."[145]

## 1) 소크라테스의 대화적 변증법과 플라톤의 사변적 변증법

키에르케고르에 따르면 한 신앙인이 자신의 신앙 체험을 타인에게 전수하기 위해서는 직접적인 전달 방법 대신 간접적인 전달 방법을 사용해야만 한다. 오래전에 소크라테스가 아테네 시민들을 진리로, 그리고 진리에 입각하고 진리의 빛으로 빛나는 진정한 자신들에로 선도하기 위한 목적으로 사용했던 "대화적 변증법"dialogische Dialektik과 유사한 "간접적 전달의 변증법"Dialektik der indirekten Mitteilung을 사용해야만 한다.

소크라테스가 자신의 청자들과 제자들에게 진리와 진정한 자신에 대해서 각성시켜주기 위해 밤낮으로 안간힘을 다했을 때 그는 자신이 이미 알고 있었던 지식을 청자들의 의식 속에 직접적으로, 그리고 일방적으로 주입하려 하지 않았다. 그보다 그는 인생의 크고 작은 문제들에 대해 그들과 장시간에 걸쳐 진지한 대화를 나누는 가운데 그들로 하여금 그 문제들에 대해 관심을 가지고 반성해보며 그에 대한 해답과 해결책을 스스로 적극적으로 찾아 나서게 했다. 그들이 그렇게 할 수 있도록 소크라테스는 그들을 지속적으로 재촉하고 고무했다.

소크라테스의 교수법은 옛날 서당 훈장들의 전형적인 주입식 교수법과는 완전히 다른 쌍방적인 "산파產婆식 교수법"maieutics이었다. 일방적이며 강압적인 교수법이 아닌 개방적 교수법, 즉 개발 교수법 또는 계발啓發 교수법이었다. 그것은 청자들이 진리에 대해 관심을 가지고 그것을 스스로의 반성과 노력으로 발견함으로써 결국 진리에 입각한 진정한 자신으로 피어나게 하는 데 초점이 맞추어진 교수법이었다. 그것은 청자들의 두뇌 개발만을 겨냥한 교수법이 아니고 전인교육을 목표로 하는 교수법이었다.

"반어법"irony은 그러한 소크라테스의 산파식 교수법의 일환이었다. 고대 그리스어에서 반어법eironeia이란 용어는 문자적으로 척하기, 시치미떼기, 위장, 가장 등을 의미했다. 당시에는 그 누가 무엇을 알면서도 모르는 척하거나 무엇에 대해 자신이 속으로 생각하고 있는 바와 상반되는 표현으로 타인에게 서술하되 후자가 자신의 본심을 충분히 읽을 수 있는 방법으로 그렇게 하는 경우 그는 직설법이 아닌 반어법을 사용하는 것으로 인식되었다.

소크라테스는 특정의 주제에 관한 대화에서 왕왕 그 주제와 다른 인생의 문제들에 대해서 익히 잘 알고 있다고 자부하며 지적인 자만심에 차 있었던 상대 대화자들에게 무지를 가장eironeia하고 그 주제에 대해서 이들에게 무엇인가 배우려는 자세와 어조로 말문을 열곤 했다. 그는 당시의 그 누구보다 해당 주제에 대해 더 많은 것을 알고 있었지만 "나는 모르는 것만 알고 있다"I know that I don't know라는 유명한 무지의 고백으로 대화를 열고 그에 대한 상대방의 견해를 물었다. 그는 처음에 그 주제에 관해서 상대방이 답하기에 매우 용이한 질문을 던졌으므로 그들은 앞다퉈 해답을 제시해왔다. 그들의 해답이 맞든 안 맞든 간에 그는 그것을 우선 그대로 수용하고 그들에게 마치 유도심문을 하듯 계속 그 주제에 관해 다른 많은 질문을 제기하되 갈수록 해답하기 난해한 질문들을 제기했다. 그래서 대화의 상대방들은 점차적으로 자신감을 잃고 말문이 막히며 자가당착에 빠졌다. 그들은 점차적으로 더 깊은 궁지에 몰리게 되었고 급기야 이 주제에 대해서 소크라테스와 마찬가지로 모르는 것만 안다는 무지의 고백을 하지 않으면 안 되게 되었다. 소크라테스는 반어법으로 무지의 고백을 했으나 이들은 직설법으로 그렇게 했다.

소크라테스는 이러한 대화술로 그의 청자들이 자신들의 무지와 우매를 깨닫고 자만심에서 헤어나와 겸손하며 허심탄회한 마음으로 진정한 진리지에 이르고 나아가서는 진정한 자아실현에 이르게 되는 좋은 결과를 얻어내려고 노력했다. 이것이 소크라테스의 반어법이다.

무지를 가장하고 일단 대화를 연 후에는 재치 있고 교묘한 방향으로 대화를 이끌어나감으로써 소크라테스는 대화의 상대방이 결국 진심으로 대화의 주제에 대한 무지를 실토하게끔 유도하고 그와 더불어 그들의 지적 오만과 거짓된 자아 이해를 분쇄하려 했는데 이러한 대화술이 그의 반어법이었던 것이다. 자신의 무지를 깨달을 때 그들은 자신의 마음을 완전히 비우고 새롭고 참된 것으로, 진정한 진리지로 그것을 채울 수 있게 될 것이며 나아가서는 그러한 진리지에 입각한 참된 자신으로 피어날 수 있으리라는 계산에서 그는 이러한 대화술을 채택했던 것이다.

키에르케고르는 『아이러니의 개념』에서 소크라테스의 반어법을 중점적으로 분석하고 있는데 그의 해석에 따르면 소크라테스의 반어법의 목적은 우선 그것의 부정성negativity에서 발견할 수 있다. 소크라테스의 반어법의 취지는 무엇보다 먼저 대화 상대의 무지를 폭로하고 거짓된 지식에서부터 그들을 해방시키는 데 있었다는 것이다. 그렇게 함으로써 그것은 그들의 거짓된 자아 이해와 사고방식 및 생활양식 일체를 "파괴" 하고 지양시키는 기능도 함께 발휘했다. 뿐만 아니라 그것은 소수의 대화 상대의 차원을 뛰어넘어서, 비리와 부정으로 얼룩진 그 당시 사회와 국가 전체를 비판의 대상으로 삼아 거기서 전개되고 있었던 온갖 사회적·정치적 부조리에 대항해서 강경한 안티테제Antithese를 제기하는 역할도 했다.

그러나 그러한 소크라테스의 아이러니는 부정적인 기능만 발휘한 것이 아니다. 그 부정적인 기능이 매우 긍정적인 의미를 띠고 있었기 때문이다. "아이러니는 법法 조항과도 같은 하나의 요구로서 현실을 경멸하고 이상을 요구"한다.[146] 또한 "아이러니는 제한하고 한정시키며 국한시킨다. 그렇게 하는 데서 그것은 진리와 실재, 그리고 내실을 드러낸다. 그것은 견제하고 벌하며 그렇게 하는 데서 확고한 자세와 일관성을 조장한다. 아이러니는 엄중한 교사와도 같은데 그 의미를 알지 못하는 자는 그것을 두려워하지만 그것을 아는 자는 그것을 사랑한다."[147]

키에르케고르에 따르면 아이러니 중에는 "실행적 아이러니"executive irony, "사변적 아이러니"contemplative irony, "특수한 의미의 아이러니"irony sensu eminentiori 등 다양한 부류가 있다고 한다. 이들 중 특수한 의미의 아이러니는 특정한 이론과 입장을 부정하고 대항하는 아이러니만도 아니고 특정의 실존양식에만 대항하는 아이러니도 아니다. 그것은 한 시대의 사회와 국가 체제 전반의 부정과 비리를 고발하고 비판하는 아이러니이기 때문이다. 키에르케고르의 설명을 들어보자.

특수한 의미의 아이러니는 개별적인 실존양식에 대항하지 않고 특정의 시대와 상황 전반에 대항한다. 그러므로 그것은 한 선험적인 면an apriority을 그 자체 속에 지니고 있다. 즉 그것은 현실 속의 한 측면 한 측면을 순차적으로 파괴하는 데서 그 현실 전체를 관망하게 되기보다 그 현실 전체를 관망하는 데서 개별적인 측면들을 파괴한다. 그것이 아이러니의 관점에서 관망하는 것은 이 현상 또는 저 현상이 아니고 현실 전반인 것이다.[148]

키에르케고르는 소크라테스의 아이러니가 곧 그와 같은 특수한 의미의 아이러니라고 간주한다. 그가 이와 같은 방식으로 무지를 가장하는 아이러니를 사용해서 대화의 상대자들로부터 무지의 고백을 직설법으로 받아내려 했으며 그들로 하여금 자신과 세상만사에 대한 그릇된 지식을 떨쳐버리고 진정한 진리지와 자아 이해에 도달하게 하려고 안간힘을 다했다면, 그는 또한 그것으로 당시의 참담한 정치 현실을 비판하고 "파괴"하는 데서 온 국민들이 진정 이상적인 사회 환경 속에서 살아갈 수 있게 하려고 노력하기도 했다. 그렇게 하는 것이 사실은 그의 아이러니의 주목적이었다. 그러나 이러한 종류의 아이러니는 소크라테스의 개인적인 사유와 삶에서만 발견할 수 있는 것이 아니다. 세계 역사의 주요 전기는 모두 아이러니한 정신, 즉 과거와 현재에 대한 비판적·부정적 정신으로 특징지어져 있었다. 그러한 이유에서 "헤겔은 부정성negativity을 그렇게도 중요시했다."[149]

그러나 『아이러니의 개념』을 저작할 당시의 키에르케고르는 아직 다분히 헤겔의 영향 아래 있었기에 소크라테스가 활용한 아이러니의 깊은 진의를 제대로 파악하지는 못하고 있었다. 그래서 그는 여기서 소크라테스가 개인의 양심과 도덕적 주체성을 지나치게 중시하고 사회와 국가라는 전체를 등한시했다는 이유에서 그의 아이러니는 상대적으로 부정적인 성격을 띤다고 해석했다. 소크라테스는 개인의 양심과 도덕성, 주체성과 내면성을 무엇보다 중시했으며 개인이 국가라는 전체 속에서만 진정한 자신으로 완성되며 타인과 더불어 사는 삶 속에서 진정 자유로워질 수 있음을 간과했다. 소크라테스의 그러한 아이러니는 헤겔의 변증법적 역사관의 견지에서 볼 때 필요 불가결한 과정이었지만 그것은 종합 통일의 단계로 "지양"止揚, aufheben될 필요가 있었던 것이다.

그러나 키에르케고르는 차후에 헤겔의 사변적 변증법과 완전히 결별한 후, 소크라테스의 취약점으로 간주했던 것을 오히려 강점으로 높이 평가하게 되었다.

> 헤겔과 현대 사상가들 전반의 영향으로, [사상가들의] 위대함을 바로 이해할 수 있는 성숙도에 이르지 못한 나는 전체를 등한시하고 오로지 특수만을 고려한다는 것이 소크라테스에 있어서 결점이라는 점을 나의 논문 어디에서 지적하지 않을 수 없었다.[150]

소크라테스의 정치철학에 대한 비판에도 불구하고 키에르케고르는 『아이러니의 개념』에서 그 속에 긍정적인 요소가 이미 내포되어 있음을 지적하고 있다. 그의 부정적인 아이러니 속에 긍정적인 의미가 담겨 있음을 지적한 것이다.

> [소크라테스의] 아이러니는 시작이다.…그것의 쟁점은 시작을 뜻하는 동시에 결과를 뜻하기도 한다. 왜냐하면 과거에 발전한 것을 파괴한다는 것은 곧 과거의 것을 종결시킴을 뜻하는 동시에 새로운 발전 국면을 엶을 뜻하기 때문이다. 이 파괴 작업이 가능한 이유는 새로운 원리가 가능성으로 이미 현존하고 있기 때문이다.[151]

여하튼 소크라테스는 산파술과 반어법을 그 자체 속에 내포하고 있는 대화적 변증법으로 대화의 상대방들과 나아가서는 전 아테네 시민들을 진리와 진정한 자신들에로 선도하려고 노력했다. 사실은 소크라테스 자신도 이들과의 대화 과정에서 진리에 대해 진지하게 반성하는 가운데 그것을 함께 발견하려고 노력했으며 진리에 입각한 진정한 자신을 실현하려고 노력했다. 그러나 그와 이들은 단순히 머리를 굴려서 그렇게 하려 하기보다 지정의가 합해진 전인의 전폭적인 노력으로, "실존적으로" 그렇게 하려 했다. 그리고 그들이 대화를 통해 협력해서 얻어낸 특정의 결론과 결과에 안주하지 않고 진리, 그리고 진리의 빛으로 빛나는 진정한 자신들이란 궁극 목표를 향해 계속 함께 나아가려고 진력했다.

이것이 소크라테스의 "산파술"에 대한 키에르케고르의 해석이다. 그러나 우리는 소크라테스가 산파술, 반어법과 더불어 귀납법 *epaktikoilogoi, inductive method*과 연역법 *horizesthai katholou, deductive method*으로 구성된 "변증법"*dialektike*을 통해 진리의 문제에 대처하려 했다는 점을 잊어서는 안 된다. 그는 이들과 협력해서 특정의 개념 또는 본질 *eidos*을 추상하거나 확정하는 작업을 진지하게 전개했다. 즉 그는 그들과 덕, 정의, 용기 등 정신적·도덕적 원리들과 개념들의 본질이 무엇임을 귀납법적으로, 즉 그들과 관계되는 다양한 개별적인 본보기들을 서로 비교하고 대조하는 가운데 그들 속의 한 "공통분모", 한 보편개념을 추상하는 데서 확실하게 규정하고 정의하려 했으며, 그렇게 확정된 보편개념을 척도로 해서 아직 확실히 규정되지 않은 상태에 있는 특정의 개별자들, 특정의 행동들과 현상들의 본질과 진상을 연역법적으로 확실하게 규정하려고 꾀하기도 했다. 이 두 방법을 동원해서 소크라테스는 청자들과 함께 진리에 대한 분명하고 확실한 지식에 도달하려 했으며, 그렇게 한 바가 자연적으로 그들의 인격 속에 내면화되고 그들의 삶 속에서 그대로 드러나게 하려고 노력했다. 이것이 그의 유명한 "지행합일설"의 취지와 의미다. 그러나 키에르케고르는 소크라테스의 이러한 다분히 주지주의적 성향을 의식하지 못했거나, 아니면 알고도 인정하려 하지 않았다. 그는 소크라테스를 과도하게 미화한 것 같다. 그가 완전히 자신의 실존주의적 관점에서 소크라테스를 보고 해석하려 했다는 느낌을 떨쳐버릴 수 없다.

소크라테스와는 달리 그의 제자 플라톤, 특히 후기 플라톤은 이성의 사유 활동을 통해 독자적으로 수행하는 사변적 변증법으로 스스로 이데아의 세계, 진리의 세계를 투시하고 그에 관한 확고부동한 관념론적 사상 체계를 발전시킨 후 그것을 자신의 제자들과 독자들에게 단도직입적으로 전달하려고 했다. 소크라테스는 단순한 사변철학자가 아닌 "실존하는 주체적 사유자"였던 반면 플라톤은 이성의 지력을 절대시하는 "객관적 사유"의 대변자였다. 플라톤은 그의 유명한 "동굴의 비유"에서[152] 인간이 이성의 안목으로 초월계의 영원불변한 이데아들과 이데아의 이데아라 할 수 있는 선善 이데아를 그야말로 햇빛과 같이 분명하고 석연하게 투시하고 인식할 수 있다고 가르쳤다.

키에르케고르의 해석에 따르면 소크라테스와 플라톤은 동일하게 진리에 대한 지식의 문제는 상기의 문제라는 대전제에서 출발해서 철학적 사유에 임했다.[153] 그러나 그들 중, 진리를 객관적으로 인식한다는 것이 유한한 인간에게 불가능하다는 사실을 간파한 소크라테스는 순수하게 사변적인 방법으로 진리에 이르려고 노력하는 대신 실제적인 삶 속에서 진리와 내적인 관계를 맺고 실제적으로 진리 안에 거할 뿐 아니라 진리화真理化되기까지 하려고 전심전력을 다했다. 그는 단순한 이론가만이 아닌 실존하는 사유자였다. 그래서 그는 지식의 문제는 상기의 문제라는 대전제로부터 갈수록 더 멀어졌다. "왜냐하면 그는 실존하기를 원했기 때문이다."[154]

반면 플라톤은 바로 이 대전제를 토대로 해서 자신의 웅대한 사변 체계를 수립했다. 그러므로 지식의 문제는 상기의 문제며 따라서 인간은 자신 속에서 영원한 진리를 발견할 수 있고 스스로의 사변활동을 통해 진리의 체계를 구축할 수 있다는 사상은 소크라테스적이기보다 전형적인 플라톤적 사상으로 간주해야만 한다.[155]

진리의 문제와 관련해서 소크라테스는 반어적으로ironically, 그리고 실존적으로 대처했다. 그러나 플라톤은 그와 관련해서 사변적으로 대처했다. 그는 진리를 이성적으로 명확하게 규명하고 규정하려 했으며 직설법으로 정의해서 타인에게 그대로 주입시키려 했다. 소크라테스가 진리의 문제를 논함에 있어서 반어적인 입장을 취했다는 사실은 플라톤의 원숙기 작품 『향연』Symposion에서 소크라테스와 그의 대화자들이 에로스(사랑)의 본질에 대해 질의응답을 계속하는 과정에서 확연하게 드러난다. 에로스가 무엇이냐? 이 질문의 답을 찾기 위해서 소크라테스와 그의 상대방은 장시간에 걸쳐 진지한 대화를 나눈다.

그러나 그 대화는 에로스란 소유하지 않은 그 무엇에 대한 갈구와 동경이라는 매우 추상적이며 부정적인 결론으로 끝이 난다. 에로스는 주어지지 않은 그 무엇과의 관계를 뜻한다. 그러한 결론은 에로스에 대한 순전히 부정적인 정의며 "미정未定의 정의"unbestimmte Bestimmung다. 에로스는 긍정적으로 정의할 수 없는 그 무엇이라고밖에 정의할 수 없기 때문이다. 그에 대해서 모르는 것만 안다는 무지의 고백을 여기서도 할 수밖에 없다. 무지를 가장하기만 할 수 없고 직설법으로 고백하지 않을 수 없다.[156]

소크라테스가 직설법으로 토로한 무지의 고백은 반어법이기도 하다. 소크라테스가 무지를 가장하기만 하지 않고 그것을 진심으로 토로했다는 뜻에서도[157] 그가 아이러니를 사용했다고 볼 수 있다. 소크라테스는 진리와 신은 사람들이 일반적으로 상정하는 것에 부합하기보다 오히려 그것에서 너무나도 거리가 멀다고 보았다. 그래서 그는 그들에 대한 자신과 타인들의 "이데아와 부정적인 관계"를 맺었다. 그가 그렇게 한 것이 곧 그의 아이러니이기도 했다. 왜냐하면 아이러니란 곧 "본질과 현상" 간의 불일치에서 발견할 수 있으며[158] 그 무엇이 나타나는 모습, "그 현상이 본질이 아니고 본질과 상반되는 것이라는 데서"[159] 찾아볼 수 있기 때문이다.

소크라테스는 진리와 신에 관해 유한한 인간이 이성의 사유로 표상하고 설정하는 개념 또는 관념, 즉 이데아를 결코 액면 그대로 받아들이지 않았다. 그는 이데아를 그것이 지시하고 암시하는 "본질"과 결코 동일시하지 않았던 것이다. 그는 이데아란 어디까지나 "본질"이 현상하는 외형에 불과하며 본질 자체는 그 이면 깊은 데 숨겨져 있는 신비라고 보았다. 하이데거의 표현을 빌린다면 그는 이데아란 존재인 진리가 겉으로 드러나는 표면과 외관에 불과하다고 믿었던 것이다.[160] 그래서 그는 그에 대해 무지의 고백을 직설법으로도 하지 않으면 안 되었던 것이다.

이와는 달리 플라톤은 이데아와 "본질"을 완전히 동일시했다. 그는 이데아가 곧 본질, 즉 진리 또는 존재인데 그것은 말하자면 햇빛과 같이 밝게 빛나며 이성의 안목으로 분명하고 석연하게 인식할 수 있다고 확신했다. 인간이 절대 확실한 오성지와 이성지, 즉 과학지와 사변지를 확보할 수 있다고 확신했던 것이다.

에로스의 본질에 대한 소크라테스의 무지의 고백은 "현상에 대한 영원한 승리였다."[161] 에로스와 선, 미 등 기본적인 도덕적·정신적 원리들과 이치들의 본질은 우리가 이성적으로 상정하는 것―달리 표현하면 그것이 우리의 이성의 목전에 드러나는 "현상"―과 전혀 상이한 것이며 그것을 무한히 초월한다는 점을 그는 깊이 인식하고 있었다. 그래서 그는 그것이 무엇이라고 직설법으로 정의하고 설명하려 하지 않았다. 다만 그에 대한 모든 긍정적인 답변을 부정하며 모든 긍정적인 지식을 "파괴"하는 가운데 반어적으로 그에 대처했다.

에로스의 본질에 대해서는 무지의 고백을 할 수밖에 없으므로 그는 그것의 관념 또는 개념을 이론적으로 확정하고 규정하는 대신 자신의 내면성으로 되돌아와 자신을 앎으로써 진리를 내적으로 체험하고 진리에 속한 기본적인 도덕적·정신적 원리들에 충실한 삶을 영위하려 했다. 그러므로 소크라테스의 철학적 입장은 "이데아에 대한 부정적인 관계와 배꼽심리적omphalopsychic(=자신의 배꼽만 바라보며 명상하는) 자아응시自我凝視에서" 찾아볼 수 있다.[162]

이와는 달리 플라톤은 소크라테스가 소극적이며 부정적인 방법으로만 정의할 수 있다고 본 에로스의 본질을 긍정적으로 정의할 수 있다고 보았다. 그러나 순수한 사유의 힘만으로는 그 본질을 결코 규정할 수 없었기에 그는 상상력의 도움으로 그렇게 하려 했다. 즉 그것을 마음의 눈으로 바라볼 수 있는 한 대상으로 간주하고 상징적으로 또는 신화적으로 묘사하려던 것이다.

플라톤은 에로스가 동경하고 갈구하는 것도 하나의 구체적인 대상으로 한정했다. 에로스의 대상은 아름다움 그 자체라고 못을 박았다. 그것은 우리가 구체적으로 "직관"할 수 있고[163] 우리의 목전에 가져다 두고 "표상"할[164] 수 있는 것이라고 그는 주장했다. 그는 에로스와 아름다움, 그리고 여타 이데아들을 그와 같은 방식으로 구체적으로 직관하고 표상할 수 있다고 보았기 때문에 그들과 관계되는 웅대한 사변 체계, 이데아론을 개발할 수 있었던 것이다.

그러나 그의 스승 소크라테스는 인생의 궁극적인 문제에 관한 대화와 논쟁에서 자신과 대화의 상대방을 어떠한 확실한 이론과 결론으로도 얽어매려 하지 않았으며 대화의 대상도 어떠한 학설과 사변 체계로 "포장"하려 들지 않았다. 자기 자신도 그에 대한 해답이 무엇인지에 대해 서당의 훈장과도 같이 직설법으로 상대방에게 주입시키려 들지 않았으며 타인이 제안하는 어떠한 해답으로도 물론 만족하려 하지 않았다. 자신과 대화의 상대방이 생각하고 제의할 수 있는 어떠한 이론과 귀결로도 만족함이 없이 그것을 다음 순간 다시금 문제시하고 의문시하며 궁극적인 해답을 찾아 계속 새로운 출발을 시도했다. 무한정으로 계속 진리를 찾아 나섰다. "진리는 과정에 있으며" "노력이 진리다"라는 사실을 그가 알고 있었기 때문이다. 또한 "길이 진리다"라는 진리를 그가 알고 있었기 때문이다.

그러나 진리를 향한 그러한 무한한 노력은 단순히 지적인 노력이 아니었다. 키에르케고르의 해석에 따르면 소크라테스가 그 어떤 문제에 관한 대화에서 제안되는 답변과 결론을 거듭 부정하면서 최종적으로는 하나의 절대 확실한 귀결에 이르기 위한 목적으로 질의응답을 계속한 것은 아니다. 그가 그의 대화의 상대방과 더불어 어떤 확실한 이론과 학설을 겨냥하고 그것과 "긍정적인 관계"를 맺으려 하기보다 오히려 그것으로부터 "부정적으로 자유로워지려고"negativ freimachen[165] 노력했다는 것이다. 그렇게 하는 것이 자신과 그의 청자들이 역설적으로 진리 자체와 오히려 "긍정적인 관계"를 맺는 길이라고 소크라테스는 확신했다. 그렇게 함으로써 자기 자신과 청자들 모두가 진리를 이성으로 추상적으로 인식하는 데 그치지 않고 전인격적으로, 실존적으로 그것을 내적으로 체험하고 실제로 그 안에 거하게 되며 그것을 생활화할 수 있기까지 하리라고 굳게 믿었던 것이다.[166]

에로스의 본질에 대해서 무지의 고백을 할 수밖에 없었고 반어적인 자세로 대처할 수밖에 없었던 소크라테스는 자신과 플라톤의 사상에서 가장 중요한 원리였던 선의 본질도 물론 개념적으로 정의하여 그것이 무엇임을 타인에게 직설법으로 설명하고 가르쳐주려 하지 않았다. 그는 선의 문제와 관련해서도 사변적으로 대처하는 대신 실존적으로 대처하려 했다. 그의 삶 전체가 선에 이르려는 노력이었으며 선에 이르는 운동이었다. 키에르케고르는 다음과 같이 평가했다.

> 그가 자신의 생애의 종국에 가서 비로소 선에 이른 것이 아니고 그의 생 전체가 스스로 선에 이르며 타인으로 하여금 그것에 이르게 하려는 노력이었다. 그러한 노력을 경주한 만큼 그는 진리, 즉 그 자체대로 실재하는 진리에 도달했다. 그리고 아름다움, 즉 그 자체대로 실재하는 아름다움에 도달했으며 그 자체대로 실재하는 존재자들, 사유의 견지에서 볼 때 그 자체대로 실재하는 존재자들의 차원에 도달했다. 그는 진리에 도달하고 있었다. 지속적으로 그것에 도달하고 있었다.[167]

소크라테스의 대화적 변증법과 그의 삶 전체는 선과 미와 진리에 이르려는 "무한성의 운동"이었으며 무한한 노력, 지속적인 노력이었다. 키에르케고르 자신의 표현으로 소크라테스에게는 "길이 진리였다." 길이 진리요 진리가 길, 즉 가도 가도 끝없이 개방된 길이다. 그에게도 "진리는 오로지 [실현] 과정 속에서im Werden, 즉 점유 과정 속에서im Prozess der Aneignung만 발견할 수 있으며 결론Resultat이란 있을 수 없다."[168]

소크라테스가 진리의 문제 앞에서 사변적으로 대처하는 대신 계속 무한성의 운동으로 실존적으로 대처하려 했다는 자신의 지론과 관련해서 키에르케고르는 소크라테스의 사상이 더욱 직접적으로 반영되고 있다고 볼 수 있는 플라톤의 초기 저서들 중 다수가 어떤 주제에 대한 최종 결론이 없이 끝난다는 점을 지적하고 있다. 철학사가들은 일반적으로 이 점을 특기할 사항으로 간주한다.[169] 키에르케고르의 기록을 살펴보자.

> 플라톤의 대화편들 가운데 다수가 결론이 없이 끝난다는 점은 내가 이전에 생각했던 것보다 깊은 다른 이유가 하나 있다. 그것은 독자 또는 청자로 하여금 자신의 [실존]을 활성화하게 하며 selbstwirksam macht 하나의 결론 대신 하나의 자극제 Stachel ( =가시)로 끝나는 소크라테스의 산파식 교수법의 한 측면을 드러내고 있다. 이 점은 현대의 기계적 교수법에 대한 멋진 패러디인데, 이 현대 교수법에서는 모든 것을 가급적 조속하게, 그리고 일시에 개진하는 고로 그것은 독자에게 자기활성화 Selbstwirksamkeit 를 불러일으키는 대신 단순히 기계적으로 반복하게끔 만들 따름이다.[170]

## 2) 기독교적 신앙의 변증법적 성격

키에르케고르는 소크라테스의 이러한 아이러니와 대화적 변증법을 토대로 해서 자신의 실존적 변증법을 발전시켰다. 그는 자신의 수많은 저서를 통해 독자들과 기나긴 대화를 나누면서 그들의 현실적인 자아 이해를 "타파"하고 진정한 자아 이해를 환기시켜주는 가운데 비본래적인 자신을 지양하고 본래적이며 이상적인 자아, 진정한 실존을 쟁취하게 하려고 계속 노력했다. (적어도 그는 그렇게 하고자 하는 의향을 가지고 초기 저서들을 저작했다.) 그들이 누구며 진리가 무엇인지 직설법으로 그들에게 훈시하려 하기보다 소크라테스의 산파식 교수법에 따라 그들 자신이 그에 대해 관심을 가지고 찾아 나서게 유도했으며 진정한 자아를 실현하고 진리에 도달하도록 무언중에 계속 종용하고 촉구했다.

바로 그러한 "간접적인 전달의 변증법"을 위해 그는 자신의 저서들을 익명으로 출판했으며 독자들로 하여금 자신의 입장이 무엇인지를 뚜렷하게 감지하지 못하도록 어떤 입장을 제시하자마자 그것을 부정하고 다른 것으로 대체하기도 했다. 그리고 자신과 독자가 어떤 결론에 안주하는 것을 금물로 여겼다. 어떠한 결론에도 매임이 없이 무한대로, 그리고 무한한 정열로 계속 진리 및 진리에 부합한 자기 자신의 실존을 찾아 나아가야만 했다. 진리는 길이며 무한성의 정열로 그것을 무한대로 찾아 나아간다 할지라도 그것은 계속 개방되어 있는 머나먼 길이기 때문이었다.

그러한 "실험 삼아 하는 변증법"을 통해, 자기 자신을 자기 저서들의 독자로 간주했던[171] 키에르케고르는 자신의 독자들과 더불어 내적으로 깊이 변화함을 받으려고 했다. 그러한 실존적 변증법의 필수적인 요소가 바로 아이러니, 소크라테스 식의 아이러니였다. 소크라테스에게도, 키에르케고르에게도 아이러니는 단순한 언어의 표현 방법만이 아니다. 그것은 키에르케고르 자신과 그의 독자들이 진리에 이르고 진정한 자신의 실존을 실현하기 위한 노력의 일환이었다.

"아이러니는 [실존하는] 주체성의 한 특징"이며[172] "하나의 실존방식이다. 그러므로 그것이 하나의 언어의 표현 방법이라는 의견이나 한 저자가 자신이 때때로 아이러니컬하게 표현할 수 있다는 사실을 다행한 일로 간주하는 것만큼 우스꽝스러운 일은 없다. 진정으로 아이러니를 소유한 자는 평생 그것을 소유하며 어떠한 형식에도 얽어매지 않은 채 그렇게 한다. 왜냐하면 그것은 그 사람 속의 무한성을 뜻하기 때문이다."[173]

키에르케고르가 단도직입적인 직설법 대신 간접적 전달의 변증법으로 자신의 독자들에게 접근하려 했던 이유는 그가 이들로 하여금 전달 내용에 대해서 관심을 가지고 진중하게 반성해보게 유도하려 했기 때문이며, 그들이 그와 같이 반성해보아야만 할 대상은 그 "변증법적" 성격으로 인해, 즉 그 무한한 심오성과 개방성 및 역동성과 생동성으로 인해 어떠한 범주와 한계로도 제한할 수 없음을 자각하게 하기 위함에서였다. 또한 그들이 "정열로 찬 내면성과 주체성으로" 추구의 대상을 향해 무한정 계속 나아가야만 한다는 사실을 그들에게 인식시켜주기 위한 목적에서였다.

전달의 내용을 청자나 독자에게 전수하기 위해서는 단어와 명제, 개념과 이론을 매체로 사용하지 않을 수 없다. 다만 청자들이나 독자들이 이들을 문자적으로 해석해서는 안 된다. 이들은 이들 이면에 감추어져 있는 깊은 의미를 암시하고 지시하는 단서와 지표에 불과하다. 그들은 단지 한 목적지를 가리키는 화살표와도 같음을 잊어서는 안 된다. 청자와 독자는 그들을 단서로 해서 그 진의를 찾아 계속 나아가야만 한다. 여기서 "문자"와 "정신"을 혼동해서는 안 된다. 화살표와 목적지를 혼동해서는 안 되며 빙산의 일각과 빙산 전체를 혼동해서는 안 되는 것과 같다. 신앙의 내용과 대상에 관해 성경이나 신학자들이 제기한 주장과 이론을 발판과 단서로 삼아 그들이 지시하는 진의라는 표적을 향해 우리는 무한정 계속 나아가야만 한다. 무한성의 정열로 계속 나아가야만 하는 것이다.[174]

하이데거의 용어를 빌린다면 그 누구도 기독교 신앙의 내용을 인간이 고안한 "이데아의 굴레"Joch der Idee로[175] 씌우려 해서는 안 되며 표상적 사유, 즉 이성적 사유의 "개념 속에 강제로 집어넣으려 해서도"in den Begriff zwängen[176] 안 된다.

"[인간의] 주체성이 자신의 영원한 행복에 이르기 위해 노력하는 데 필수적인 무한한 반성unendliche Reflexion을 수행한다는 사실은 단 한 가지에서, 즉 그것이 변증법을 수반하고 있다는 데서 당장 알아볼 수 있다. 하나의 단어든, 한 문장이든, 한 책이든, 한 인간이든, 한 사회든, 그 무엇이든 간에 만약 그것이 하나의 한계를 뜻하고 그 한계가 변증법적이 아니라고 한다면 그것은 미신이며 우매다. 인간의 마음속에는 변증법을 배제할 수 있을 듯한 전적으로 확고한 그 무엇을 향할, 안이하면서도 우려에 찬 성향이 항상 살아 있다. 그러나 그러한 성향은 신 앞에서의 비겁이며 사기다. 모든 것 중 가장 확실한 것, 즉 신 계시도, 우리가 그것을 이해하려고 함에 따라 자연히 변증법적이 된다.…우리가 변증법적인 것을 배제하는 순간 우리는 곧 미신적이 되고 신에게 속임수를 쓰게 된다."[177]

"진리가 정신의 [문제]라면 진리는 내면화Verinnerlichung의 [대상]이며 결코 한 직접적인 정신이 일정한 수의 명제들과 맺는 직접적이며 극히 기탄없는 관계가 아니다."[178] "직접적인 전달은 하나님에 대한 사기이며…자기 자신에 대한 사기이고…타인에 대한 사기이기도 하다."[179] "신앙의 대상은 교리가 아니다."[180] "기독교는 교리가 아니고…실존 전달 Existenz-Mitteilung이다."[181] 따라서 "기독교는 지식의 문제가 아니다."[182]

"사변철학은 객관적인바 객관적인 의미의 진리란 한 실존자에게는 존재하지 않는다. 객관적인 의미로는 오로지 [진리에로의] 근접 Approximieren만 있을 따름이다.…이와는 달리 기독교는 주체적이다. 신앙의 내면성이 신앙인에게는 진리를 위한 영원한 결단이다. 객관적인 의미에서는 진리가 존재하지 않는다. 기독교 진리 또는 진리들에 관한 객관적인 지식은 곧 비진리이기 때문이다. 어떤 신앙고백을 외우기만 한다는 것은 곧 이교도적 행위다. 왜냐하면 기독교는 내면성이기 때문이다."[183]

헤르만 딤이 지적한 바와 같이[184] 키에르케고르가 가장 빈번하게 사용하는 개념들 중 하나인 "변증법" 혹은 "변증법적"은 정의하기 매우 애매모호하다.

키에르케고르의 "간접적 전달의 변증법"에 관해서 말한다면 이 용어 속의 변증법이란 개념은 형식적으로는 우선 소크라테스와 플라톤, 헤겔을 위시한 철학자들이 일반적으로 사용한 그러한 뜻을 지니고 있다고 보아야만 할 것이다. 이 세 철인들에게 변증법은 사유자가 스스로와의 말없는 대화 과정에서나 타인들과의 실제적인 대화 과정에서 질문과 답변, 이론과 반론, 명제와 반명제를 번갈아가며 제기하고 그들을 서로 비교하고 대조하는 가운데 점차적으로 자타의 소견과 생각을 수정·보완하며 정리해서 단순한 의견<sup>doxa</sup>만이 아닌 진리에 부합한 확실한 지식 <sup>episteme</sup>으로 순화하려는 사유의 움직임이었다. 그것은 그러한 방식으로 사유자가 진정한 진리의 지식에 도달하고자 한 노력이었다.

키에르케고르가 그의 초기 저서들에서 무언중 자신의 독자들과 함께 수행했다고 할 수 있는 간접적 전달의 변증법도 이와 매우 유사한 특징을 소유하고 있었음이 분명하다. 그러나 방금 지적한 바와 같이 그것은 지속적인 정립과 반정립 간의 매개를 통해 결국에는 어떤 확고한 것과 제한된 것, 즉 분명하고 석연한 명제와 주장, 이론과 결론으로 종결되지 않고 무한대로 계속 진행되는 무한히 개방된 변증법이다.

앞서 지적한 대로 바로 이 점에서 그것은 키에르케고르 자신이 이해하는 대로의 소크라테스의 대화적·반어적 변증법과도 유사한 면을 보이고 있는 것이다. 그에 따르면 후자도 역시 "현실을 조소하며 이상을 요청하는 가운데" 어떠한 최종적인 종합, 최종적인 결론에도 안주함이 없이 무한성을 향해 무한대로 계속 나아가는, 완전히 개방적인 변증법이었다. 그것은 어떤 확실한 이론과 결론으로도 자아를, 그리고 자아와 절대적으로 상이한 자이며 절대적 역설인 신을 한정하고 객관화하려 함이 없이 계속 추구의 대상으로 향해 나아갈 것을 요청하는 변증법이었다. 따라서 그것은 유한자와 무한자 일체에 대한 절대적인 개념적 지식을 사유의 궁극적인 과제로 삼는 사변철학의 견지에서 볼 때 매우 부정적인 변증법이었음이 분명하다.

개별적인 주체적 사유자가 자신의 실존과정에서 전개되는 상술한 여러 실존 단계들을 도약하고 최종적인 단계, 즉 종교성 B의 단계에 도달하려 함에 있어서나 이들 실존 단계들 속에서 계속 대두되는 크고 작은 특수한 위기 상황 앞에서 진정한 자신을 상실하지 않고 보전할 뿐 아니라 완성시키기 위해 노력함에 있어서 그가 수행하게 되는 내적·실존적 변증법도 앞서 상론한 바와 같이 하나의 최종적인 종합통일의 단계로 끝남이 없이 무한정 계속되는 개방적인 변증법이다. 그가 타인 관계에서 수행해야만 하는 전달의 변증법도, 독자적으로 수행해야만 하는 실존적 변증법도 그 어떤 긍정적인 결론 또는 결과에 이르는 변증법이 아니고 완전 "부정적인", 즉 무한정 개방된 변증법이다.

주체적 사유자는 실존적인 것을 향해 나아가는 변증가다. 그는 질적인 불연속성을 견지하기 위한 사유의 정열을 소유하고 있다.[185]

변증법적인 것das Dialektische을 배제할 수 있게 해주는 확고한 그 무엇에 대한 갈망, 이러한 갈망은 하나의 미신적인 지주支柱를 향한 갈망이다. 왜냐하면 상기한 바와 같이 변증법을 배제하는 모든 한계는 그 자체에 있어서 미신이기 때문이다.[186]

키에르케고르의 실존사상 전반과 특히 위와 같은 내용의 그의 독특한 변증법 개념을 계승한 20세기의 "변증법적 신학자들"도 과거의 정통신학자들이 오랫동안 주창해온, 정적이며 경직된 계시관과 성경관 및 신과 영계에 대한 여타 교리들의 수락을 단호히 거부하고 그들을 역동적이며 변증법적인 신학 이론들로 대체시켰다. 그들은 성경을 통한 신의 "명제적 계시"를 완강하게 거부했으며 이들이 과거 정통신학자들이 고집해온 성경의 축자적 영감설을 성경 교황주의bible-popery로 또는 성경 숭상주의bibliatry로 규탄했다. 그들은 성경 속에서, 실수가 많은 유한한 인간에 불과한 선지자들과 사도들의 상대적인 "말들"과 성경의 중심 깊은 데서부터 독자에게 접근하고자 하는 신의 절대적인 "말씀"을 엄격히 구별한다. 그들에 따르면 독자들은 성경 속에서 우선 발견할 수 있는 인간들의 오류가 많은 상대적인 말들과 이론들을 문자 그대로 수락하는 대신 그들을 발판과 단서로 삼아 그 이면에 감추어져 있는 신의 절대적인 생명의 말씀을 경청하는 데 주력해야만 한다. 그들은 이들의 말들을 통해 말씀하시는 신의 음성을 듣고 그를 인격적으로 만나기까지 할 수 있어야만 한다. 성경 속의 인간들의 말들과 교리들은 신의 말씀과 그의 임재하심에 이르는 지표에 불과한 것들임으로 그것을 그 지표가 가리키는 목표와 혼동하는 치명적인 오류를 범해서는 안 된다.

이러한 20세기 변증법적 신학자들에게 지대한 영향을 끼친 키에르케고르에게는 개별적인 실존적 사유자가 스스로 수행해야만 하는 내적 실존 변증법이나 그가 타인과 더불어서 수행해야만 하는 전달의 변증법도 어떤 확고한 최종 결론에 도달함이 없이 진리라는 궁극 목표를 향해 무한정으로 계속 나아가는 정열적이며 역동적인 운동과 과정이다. 키에르케고르는 이러한 극히 "변증법적"이며 역동적인 자신의 진리관을 제시하는 맥락에서 계몽주의 시대의 저명한 독일 문인 겸 철학자였던 레싱Gotthold Ephraim Lessing이 진리의 문제와 관련해서 피력한 한 명언과 그것에 부분적으로 표출된 그의 사상 전반의 특징을 『철학적 단편 후서』 초두에서[187] 비교적 소상하게 소개하고 있다.

레싱은 진리의 문제와 관련해서, 아우구스티누스가 자신의 초기 저서들에서 비판의 대상으로 삼고 맹공격했던 당시의 중기 플라톤주의자들과 매우 흡사한 입장을 취했다. 그도 이들과 마찬가지로 인간에게 가장 소중하고 귀한 것은 객관적인 진리 자체를 소유하는 것이라기보다 진리에 도달하고자 하는 열망이라고 주장했다. 이러한 내용을 담고 있는 다음과 같은 그의 명언을, 키에르케고르는 자신이 주장하는 변증법적인 진리관과 그 근본이 일치한다는 뜻으로 인용한다.

그의 오른손에는 모든 진리를 쥐고 계시고 그 왼손에는 단지 진리에 대한 항상 강렬한 의지를 쥐고 계시는 하나님께서, 내가 언제나, 그리고 영원히 선택의 오류를 범할 수 있다는 단서를 붙이시고, 내게 양자택일을 명하신다면 나는 겸손한 마음으로 그의 왼손 앞에 엎드려, "아버지시여 주소서, 순수한 진리는 오로지 당신만을 위해서 존재하나이다"라고 할 것이다.[188]

## 6. 신 존재 증명의 가능성

키에르케고르의 주저인 『철학적 단편』과 『철학적 단편 후서』는 신을 자연 속에서와 인간의 의식 속에서 발견할 수 있다는 모든 "내재주의적"

종교관과 특히 무한자와 유한자를 범신론적으로 동일시하며 기독교와 철학, 신앙과 이성을 사변이성의 견지에서 변증법적으로 "매개"하고 조화시키려 한 헤겔의 관념론에 대한 강경한 항변이라 할 수 있다.[189] 『저자로서의 나의 관점』에서 그는 자신의 "심미적 저서들"은 "심미적인 것"에서 헤어나는 방법을 묘사하고 있으며 "변증법적 저서들", 즉 방금 언급한 그의 두 주저는 "[헤겔의] 체계와 사변에서 돌아서는" 방도에 대해서 서술하고 있다고 했다.[190]

『철학적 단편』의 표지 후면에 셰익스피어의 드라마에 나오는 한 구절이 인용되어 있다. 그것은 이 저서의 주제를 반영하는 글귀다.

결혼을 잘못하느니보다 교수대에서 잘 죽는 편이 낫다.

이 인용구를 통해 키에르케고르가 전달하고자 하는 의도는 물론, 기독교 진리를 변질시키는 헤겔의 사변철학과 타협하느니보다 헤겔주의를 대폭 수용하고 따르는 그 당대 사상가들로부터 지탄과 공격을 받고 학적으로 매장을 당할 우려가 있다 할지라도 그것을 단연 거부하겠다는 것이다. 이 표어의 의미와 관련해서 그는 『철학적 단편 후서』 서론에서 다음과 같이 서술하고 있다.

결혼을 잘못하느니보다 교수대에서 잘 죽는 편이 낫다는 표어 때문에 교수당한, 잘 교수당한 저자는 아직도 그대로 교수대에 매어 달려 있다. 아무도, 연극에서와 같이, 농담으로도 그에게 누구를 위해 교수당했는지에 대해서 묻는 자가 없다. 그러나 바로 이것이 그의 소원이었다. 불행한 결혼을 통해 온 세상과 '체계적으로' 인척 관계가 되느니보다 교수를 잘 당

하는 것.[191]

헤겔은 극단적인 합리주의자로 사유와 존재를 동일시했다. 그는 인간이 두뇌로 생각하는 것과 외부 세계에 실재하는 것이 일치한다고 믿었던 것이다. 그래서 그는 인간의 사유의 법칙을 논하는 논리학과 외부세계의 사물과 나아가서는 절대자의 존재의 법칙을 논하는 형이상학이 동일하다고 간주하게 되었다. 헤겔은 자신의 논리학이 "하나의 현란한 반복어"eine glänzende Tautologie에 불과함을 의식하지 못했다.[192] 그는 논리적인 사유로 우주의 비밀을 해명하려고 했을 뿐 아니라 하늘의 비밀과 신비도 풀 수 있다고 확신했다. "헤겔은 [그리스 신화에 나오는] 산들을 쌓아올려 하늘을 공략하려는 거인들과는 달리 자신의 삼단논법으로 하늘나라로 올라가려 한 등반자다."[193]

신은 창조주시고 인간은 피조물이다. 신은 자신의 이름을 "나는 나로라"I AM THAT I AM고 했다.[194] 그는 자신 아닌 다른 그 누구나 그 무엇과도 비교해서 설명하고 묘사할 수 없는 절대 초월적인 존재며 셸링의 표현대로 "절대적 무차별"absolute Indifferenz이시다.[195] 그러한 그는 절대 성스러운 자다. 그와는 달리 인간은 극히 유한한 피조물일 뿐 아니라 죄인이다. 인간이 죄인이라는 사실이 그 무엇보다 그를 신과 무한히 구별되게 하는 점이다.[196]

인간은 피조물이고 또 죄인이기에 신은 그와 절대 이질적인 존재이며 결과적으로 신은 그에게 은닉자와 불가지자로 남아 있을 수밖에 없다.[197] 그는 은닉된 신Deus absconditus이시다.[198] 인간은 죄로 눈이 가려져 자신이 죄인인 것도 알지 못하며 신이 그와 절대 이질적인 존재임도 인식하지 못한다. 이 점을 인식하기 위해서도 그는 신의 도움을 필요로 하며

죄사함을 받아야만 한다.[199]

　유한하며 죄악으로 타락한 인간은 자신의 지력으로는 신이 존재한다는 사실도, 신이 절대적인 초월자며 거룩한 자임도 알 수 없다. 인간으로부터 신에 이르는 어떤 길도 없다. 그에게 신 지식과 신과의 관계가 가능하려면 초월자이신 신이 은총과 사랑으로 그를 찾아오셔야만 한다.

　키에르케고르는 신 존재와 관련해서 과거 사상가들이 제시한 제반 증명들을 단호히 배격했다. 인간은 원래부터 필연적으로 신 안에서 생각하며 거동하게끔 되어 있다. 그러한 인간이 신의 존재를 새삼스럽게 증명하려 한다는 것은 매우 가소로운 행위일 뿐 아니라 신의 존엄성을 경멸하는 행위다. 일국의 국왕을 섬기는 그 나라 백성이 그의 존재나 군림 사실을 증명하려고 한다면 그것은 그를 능멸하고 모독하는 행위일 것이다. 그들은 그의 존재를 증명하는 대신 그에게 복종하며 그를 성심껏 섬기는 것으로 그의 존재와 군림 사실을 시인하고 고백해야만 할 것이다.

　이와 마찬가지로 본질상 신 안에 거하게끔 되어 있는 인간도 신의 존재를 새삼스럽게 이론적으로 입증하려고 하는 대신 그를 바로 섬기고 순종함으로써 그의 임재하심을 인정하고 고백해야만 한다.[200] 인간의 존재와 삶, 사유와 행동 전반의 근거와 틀*terminus medius*이 되며 그가 모든 면으로 절대적으로 의존하고 살아가야만 하는 신의 존재를 마치 그와 항상 필연적인 관계를 맺고 있지 않는 듯이 제3자의 어떤 중립적인 입지점에서 객관적으로 입증한다는 것은 논리상으로도 불가능하다.[201]

　신앙인은 신 존재에 대한 입증과 더불어 성경의 권위, 기독교 세계관 전반의 근거 등에 대한 이론적인 증명을 필요로 하지 않는다. 그러한 것을 요구한다는 것은 사실상 일종의 배신 행위다. 한 여인이 자신이 사랑하는 자가 진정 사랑을 받을 만한 장점들을 소유하고 있는지, 있지 않는지를 냉철한 관찰자의 견지에서 심각하게 저울질해볼 필요성을 느낀다 하자. 그래서 그와의 애정 관계의 타당성을 객관적으로 입증하거나 변호하여야만 한다면 그 여인은 벌써 그와 멀어져 있으며 그와의 관계를 은근히 꺼리는 상황일 것이다.[202]

진정으로 사랑에 빠져 있는 자는 세 가지 이유[=신 존재에 대한 세 가지 증명들, 즉 우주론적, 목적론적, 존재론적 증명]를 제시하는 가운데 자신의 사랑을 입증하거나 변호할 생각을 꿈에도 하지 않을 것이다. 왜냐하면 그의 사랑은 그 어떤 이유와 변호로도 해명할 수 없는 그 무엇이기 때문이다. 자신의 사랑을 증명하거나 변호하려고 애쓰는 자는 사랑하는 자이기보다 사랑하는 체하는 자에 불과하다. 바로 이것이 그들, 즉 신앙하는 목사들이 기독교에 대해서 이야기하는 바다. 그들은 기독교를 '옹호'하든가 그것을 '이성적 근거들'로 환원시키던가 하고 있다.[203]

신앙은 결코 직접적인 과학적인 판단에서, 직접적으로 오는 것이 아니다. 사실인즉 우리는 이러한 [과학적] 객관성으로 말미암아 정열에서 오는, [신앙의 대상에 대한] 무한한 개인적인 관심을 상실하게 되는데, 후자가 바로 무소 부재한 동시에 아무 데도 없기도 한*ubique et nusquam* 신앙의 가능성의 조건이다.…지금까지 불확실성이 신앙을 위해서 한 유용한 훈육 교사*Zuchtmeister*로 작용했다면 [과학적 증명을 통한] 확실성은 신앙의 가장 위험한 적수로 작용할 것이다. 왜냐하면 정열이 배제되는 곳에서는 신앙이 사라지게 되기 때문이다. 확실성과 정열은 서로 조화될 수 없다.… 모든 천사가 다 합심해서 [신앙의 근거를 확정하려고] 노력한다 해도 그들에게는 단지 그에 대한 하나의 근접지만 가능할 따름일 것이다. 왜냐하면 역사적인 지식에 관해서 말한다면 그에 대해서는 근접지가 유일한 확실성이기 때문이다. 그러나 그것을 근거로 해서 영원한 행복을 추구하기에는 그것은 너무나도 적은 확실성이다.…누구를 위해 증명이 시도되는가? 신앙인은 그것을 필요로 하지 않는다. 아니 그것을 적으로 간주해야만 한다.[204]

신앙을 소유하기 위해서는 지성을 포기해야만 한다.[205] 이성을 십자가에 못 박아야만 한다.[206] 신과의 유일한 참된 관계는 감성 또는 이성을 통한 "직접적인 관계를 단절하는 데서만 가능한 바, 이러한 단절Bruch이 곧 내면성의 돌파突破, Durchbruch, 즉 자기활성화 행위다."[207]

키에르케고르는 헤겔의 "부정직한 길"을 따르기보다 칸트의 "정직한 길"을 따라 사유했다. 그래서 그는 칸트와 마찬가지로 논리학과 형이상학을 엄격히 구분했으며 인간이 이성으로 생각하는 것과 인간 의식 밖의 존재의 세계에서 되어지는 것을 서로 전혀 다른 별개의 것으로 간주해야만 한다고 보았다. 그러한 이유에서 그는 칸트가 그렇게 했듯 재래의 신 존재에 대한 존재론적 증명도, 우주론적 증명 및 목적론적 증명도 근거 없는 이론으로 배격했던 것이다.

『철학적 단편』에서 그는 신 존재에 대한 존재론적 증명의 문제점들을 지적한다.[208] 그의 이론은 대체적으로 칸트의 그것과 일치한다.[209] 존재론적 증명은 신의 개념, 즉 신에 대한 우리의 생각을 분석하는 데서 이루어진다. 신에 대한 우리의 개념에 따르면 그는 세상에서 가장 위대하고 절대 완전한 실재ens realissimum다. 그러한 실재는 신학자들이 나열하는 모든 탁월한 속성들 즉 전능, 전지, 공의, 사랑, 거룩 등을 남김없이 소유하고 있기에 모든 면으로 완전한 자임이 틀림없다. 그가 만약 그 모든 속성들 중 하나, 예컨대 실재성이라는 속성을 소유하고 있지 않다면 그는 절대 완전하며 세상에서 가장 위대한 실재, 즉 신이라 일컬음을 받을 수 없을 것이다. 왜냐하면 그러한 신은 우리가 인간으로서 필연적으로 소유하고 있는 본유관념인 신 개념에 부합하지 않는 실재일 것이기 때문이다.

그러므로 그가 우리가 소유하고 있는 신 개념의 정의에 부합한 신이 되기 위해서는 그는 다른 모든 속성들과 더불어 실재성이라는 속성도 소유하고 있어야만 한다. 이것은 하나의 절대 자명한 이치다. 그것은 산이 있으면 필연적으로 계곡이 있음과도 같이 너무나도 당연하고 필연적인 이치다(데카르트). 다른 모든 탁월한 성품들을 소유하고 있고 실제로 존재하기도 하는 그러한 신만이 신에 대한 우리의 본유관념과 일치하는 신일 수 있을 것이다. 그러므로 절대 완전하며 세상에서 가장 위대한 실재라는 신의 개념에 해당하는 존재는 모든 면으로 완전해야만 하고 또 실제로 존재하기도 해야만 하는 것이다.

이 증명의 취약점은 우리가 머릿속에서 신의 본질 또는 개념에 대해서 생각하는 바가 머리 밖에서도 타당하다는 점을 전제하는 데 있다. 그 무엇이 실제로 존재하든 존재하지 않든 간에, 그것이 돌이나 장미이든, 요술방망이나 외계인이든 간에 그것의 본질과 개념에 대해 우리가 생각하고 정의하며 분석할 수는 있다. 그것은 이러이러한 특성을 지닌 사물 혹은 존재라고…. 그러나 그러한 사물과 존재가 실재하느냐 실재하지 않느냐 하는 것은 전혀 다른 별개의 문제다. 우리가 그 무엇에 대해 마음속으로 분명하고 석연하게 생각한다고 해서 그것이 우리 마음 밖에 실제로 존재한다는 것은 결코 아니다. 내가 주머니에 실제로 소유한 100탈러와 100탈러에 대한 내 생각은 개념적으로 전혀 다를 바가 없다. 양자 모두 100개의 탈러가 합해 이루어지며 양자 간에는 1탈러의 차이도 없다. 그러나 전자는 실재하는 것이고 후자는 단지 내 머릿속에만 존재하는 것이라는 점에서 그들 간에는 질적인 차이가 있다. 만약 우리가 양자를 동일시할 수 있다면 상인들은 상품을 거래하는 대신 그들의 현금 장부상의 수치에 공을 몇 개 더 치는 것으로 치부할 수 있을 것이다.[210]

본질과 개념의 문제는 우리가 머릿속에서 얼마든지 따져서 결정할수 있다. 그러나 존재의 문제는 우리의 생각으로 결정할 수 없고 오로지해당 대상에 대한 감각적 경험을 통해서 실증하고 못 하는 데서만 결정할 수 있다.

칸트는 우주론적 증명과 목적론적 증명도 배격했다. 우주 내의 모든 우연하며 상대적인 사물들과 현상들에서 출발해서 그들의 존재를 가능하게 한 하나의 필연적이며 절대적인 실재를 추정하는 방법이 우주론적 증명이다. 그러나 여기서 문제가 되는 것은 이 증명이 어디까지나 우리 머릿속에서 돌아가는 생각에 기초를 둘 뿐, 우리 머리 밖의 실재의 세계에서 일어나거나 존재하는 것에는 적용되지 않는다는 점이다. 이 증명도 존재론적 증명과 마찬가지로 우리가 두뇌 속에서 생각하는 것과 두뇌 밖에서 발생하는 것이 서로 일치한다는 것을 전제로 하고 있으며 개념적 필연성Begriffsnotwendigkeit을 실재적인 필연성Daseinsnotwendigkeit과 혼동하고 있다.

"자연, 즉 피조물의 총체는 신의 작품이다. 그럼에도 불구하고 신은 거기에 계시지 않는다. 그러나 개별자―그는 잠정적으로 정신이다―의 마음 중심에는, 내면성을 통해 신과의 관계로 이어질 수 있는 한 가능성이 있다. [이 가능성이 현실화되는 경우] 우리는 어디서나 신을 바라볼수 있게 된다."[211] 그러므로 인간은 신을 발견하기 위해서 자연에서 눈을돌이켜 "자기 자신 속으로 되돌아가야만 한다."[212]

칸트는 우주 내의 질서, 조화, 아름다움, 좋음, 합목적성, 신비 등에서 출발해서 그러한 것들로 특징지어져 있는 우주를 계획하고 설계하며 그 어떤 궁극 목적을 향해 이끌어나가는 절대적인 세계 설계자 또는 목적인을 추정하는 목적론적 증명 혹은 물리학적·신학적 증명physiko-theologischer Beweis이 상당한 근거와 수긍력을 지닌다고 보았다. 그럼에도 그는 그것이 절대 확실하며 결정적인 이론은 아니라고 생각했다. 그것으로 우리는 이미 존재하고 있는 물질적인 소재로 현 우주를 형성한 한 세계 설계자는 증명할 수 있을지 모른다. 그러나 무에서 세계를 창조한 조물주의 존재는 증명할 수 없다.

그리고 이 증명이 우주 내에서 우리가 목격하는 현상들에서 출발해서 그것을 가능하게 한 절대자를 추정하는 이론인 만큼 이것도 상술한 우주론적 증명과 근본적으로 동일한 이론이다. 양자 모두 우리가 머리에서 생각하는, "순수사유의 대상"과 관련해서 전개하는 이론들에 불과한 것이다. 사실 목적론적 증명은 우주론적 증명의 일종이고 후자는 존재론적 증명의 일종이다.

키에르케고르도 칸트와 흡사한 이유에서 존재론적 증명과 다른 두 증명들을 배격했다. 이 모든 증명에서 간과되는 것은 "실재적인 존재와 관념적 존재 간의 차이다.…내가 관념적으로[=사변적으로] [그 무엇의] 존재에 대해서 거론할 때 나는 사실상 존재Sein가 아닌 본질Wesen에 관해서 진술하고 있는 것이다.…여기서의 문제점은 신의 실재적인 존재faktisches Sein를 포착해야만 함에도 불구하고 변증법적으로 관념성을 그의 실재적 존재로 변환시켜야만 하는 데 있다."[213]

철학적·이론적 방법으로는 신의 존재를 증명할 수 없을 뿐 아니라 그러한 방법으로 신의 존재를 증명할 수 있다 할지라도 여기에서 증명되는 신은 참된 신이 아니고 인간이 생각해낸 거짓된 신, 즉 우상일 것이다. "사람들이 손가락으로 가리킬 수 있는 신은 우상이며 사람들이 지시할 수 있는 종교는 불완전한 종교다."[214]

신은 아리스토텔레스와 토마스 아퀴나스가 주장한 바와는 달리 사람들이 쉽게 발견할 수 있게 외적인 자연을 통해서 자신을 직접적으로 계시하되 공개적으로 계시하지 않고 비밀리에 그렇게 한다. 그는 자연 속에 드러나 있다기보다 감추어져 있다. 그 어느 익명의 저자도, 그 어느 산파식 교육자Maieutiker도 신만큼 직접적인 표현을 더 철저하게 회피하지 않을 것이다. 그는 자연 속에 편재하고 있으나 마치 코펜하겐 시가지 도처에서 나타나는 순경과도 같이 모든 사람의 눈에 띄는 편재자는 아니며 책 속 어느 곳에서도 그 주제를 대문자로 크게 써서 확연하게 설명하지 않고 책 전체에 숨겨두는 짓궂은 저자와도 같이 현혹적trügerisch이다.[215]

하나의 역설적인 사실이지만 신은 자신을 은닉하므로 계시한다. 만약 그가 여기저기 곳곳에서 출몰하여 자신을 직접적으로 드러낸다면 모든 곳에 동시에 편재할 수는 없을 것이며, 그가 드러내 보이는 그 어떤 구체적인 모습에 가려서 우리는 영이며 초월자인 그의 온전하며 참된 모습을 순수하게 그대로 인식하지 못하게 될 것이다.

우리는 그를 감성의 안목으로 바라보며 한갓 감각적인 대상으로 취급하고 인성화시켜버릴 우려도 있을 것이며, 이성이라는 색안경을 끼고 그를 바라보는 가운데 주관적으로 착안한 이론과 학설로 그의 본질과 속성을 정의하고 설명하려 시도할 위험성도 높을 것이다. 우리의 감성의 목전에서든, 이성의 목전에서든 신은 자신을 직접적으로 드러내시지 않는다. "신과의 직접적인 관계를 주장하는 것이 바로 이교의 본질이다."[216]

신의 편재는 그의 불가시성에서 가장 잘 알 수 있고 그의 자아 계시는 그의 자아 은폐성에서 가장 순수하게 잘 이루어진다.[217] 그는 왜 이처럼 직접적인 관계를 회피하는가? 그는 왜 이처럼 자신을 숨기는 가운데 자신을 드러내야만 하는가? 왜 그의 자아 은폐가 곧 자아 계시며 자아 계시가 곧 자아 은폐인가? 신이 이러한 "술책"Hinterlist을 사용하는 이유는 "그가 진리이기 때문이며 사람들이 그의 진리를 비진리화하는 데서부터 자신을 보호하기 원하기 때문이다."[218]

"만약 신이 눈에 띄는 그 어떤 모습을 보인다면 그로 말미암아 인간들은 비진리에 정신을 팔게 될 것이기에 그것은 하나의 기만 행위가 될 것이다."[219] 그가 자신을 직접적으로, 공개적으로 드러내지 않고 오직 비밀리에, 간접적으로만 드러내는 이유는 우리가 감성의 안목으로나 이성의 안목으로 그에게 접근하는 대신 신앙의 안목으로 그에게 나아가기를 원하기 때문이다. 신앙의 안목으로만 그를 순수하게 바라볼 수 있고 체험할 수 있다. 그를 순수하게 그대로 만나고 체험할 수 있기 위해서는 우리는 끼고 있는 모든 색안경을 벗어던져야만 한다. 나아가서는 우리 자신이 깨어져야만 하며 변화를 받아야만 한다. 우리는 유한자가 아니며 죄인이 아닌가?

소위 "주체-객체-관계"Subjekt-Objekt-Beziehung에서는 우리가 신에게 나아가고 그를 인식하려 하는 한 우리는 영원히 그를 순수하게 그대로 인식할 수 없다. 이 관계에서는 우리 인간이 인식의 주체와 주인이 되고 신이 한갓 지적인 처리의 대상이 되어 우리 자신의 특유한 방법에 따라 주관주의적으로 규정되고 인식될 수밖에 없기 때문이다.

신은 우리의 인식의 대상, 객체가 아니고 우리의 주인이시며 항상 주체이시다.[220] 그리고 그는 우리 인간의 모든 "주체적인 것[=주체성, 내면성, 신앙]의 근거이시다."[221]

"객관적인 방법을 채택하는 실존자는 신을 객관적으로 규명할 수 있는 모든 이론적 근접 방도를 모색하나 그를 객관적으로 규명한다는 것은 영원히 성취 불가하다. 그 이유는 신은 주체이시며 그러므로 오로지 내면성으로 충만한 주체성으로만 발견될 수 있기 때문이다."[222]

제6장

# 평가와 결론

## 1. 오늘날의 실존사상: 키에르케고르 철학의 현대적 의미

제1차 세계대전의 발발과 더불어 전 유럽인들의 심중에 확산되고 있던 위기의식으로 말미암아 그들의 지대한 관심의 대상이 된 키에르케고르의 실존사상은 제2차 세계대전 종결 후에도 수년동안 유럽인들과 타 대륙인들의 마음을 사로잡았으며, 그 당시 막강한 영향력을 행사한 실존철학(야스퍼스, 하이데거, 마르셀, 사르트르, 카뮈 등)과 실존신학(불트만과 그의학파) 및 신정통신학(바르트, 브루너)이 태동하게 했다. 그러나 20세기 중반부터 사람들의 의식 속에서 정치적·경제적 위기감이 점차적으로 경감됨에 따라 그들이 가졌던 키에르케고르와 실존주의에 대한 관심도 서서히 식어가게 되었다. 1970년대에 이르자 사람들은 실존주의를 현실성이 전무한 죽은 철학론이라고만 기억했다.

그런데 사실 현대인들은 키에르케고르의 실존사상과 20세기의 실존주의에서만 멀어진 것이 아니었다. 그들은 모든 부류의 정신주의적 사상에서 멀어졌다. 그들은 이론과학과 응용과학이 가져다준 엄청난 혜택을 누리고 살아가고 있으며 사이버 문화에 완전히 빠져들었다. 그들은 아리스토텔레스 이후의 주지주의자들이 정의한 그대로 자신을 여전히 이성으로 간주하고 있으며 세상만사를 이성의 척도로 판단하려고 한다. 그러나 그들이 상정하는 이성은 과거 주지주의자들이 절대시해왔고 키에르케고르가 문제시한 그러한 사변이성이 아니다. 그것은 추상적인 관념의 세계, 형이상학적 세계를 추구하고 그에 대한 제반 이론들을 정립하는 것을 과제로 하는 그러한 이성이 아니고 자연계와 현실계의 문제들만을 관심의 대상으로 삼고 취급하는 과학이성과 기술이성technische Vernunft이다.

현대인들은 과학이성의 지력과 기술이성의 응용 능력을 과신 또는 맹신하며 절대시하고 있다. 칸트가 『순수이성비판』에서 시도한 것과 유사한 그에 대한 엄준하며 철저한 비판에 근거하여 그렇게 하기보다 그것이 현대인의 현실적인 삶을 위해 이룩할 부인할 수 없는 혁혁한 성과들에 눈이 어두워져 그것의 능력을 비합리적으로 과대평가하고 있는 것이다.

겉으로 보면 오늘날 현대인들은 과거 어느 시대보다 더 광범위한 분야의 지식을 더 많이 소유하고, 더 풍요롭고 윤택한 삶을 살아가고 있다. 그러나 정신적인 면을 살펴보면 그들은 사실상 암흑시대라 일컬음을 받아온 중세보다 몇 갑절이나 더 암울하고 참담한 시대에 살고 있다. 그들이 과학이성과 기술이성의 빛으로 세상만사를 바라보고 해석하기 때문이다. 바로 그 빛에 눈이 가려 그들은 진정한 빛과 빛의 차원을 바라볼 수 없게 되었다. 그와 더불어 그들은 영원한 진리의 빛을 바라보고 그 빛을 온 세상에 비출 수 있는 그러한 특권과 그렇게 해야만 하는 책무를 잊고 살아가고 있다. 그들은 "자연적인 빛"lumen naturale(스토아학파 및 하이데거) 또는 "세상의 빛"(성경)으로서의 지극히 고상한 자기 자신의 정체성과 위상을 완전히 망각하고 살아가고 있으며 빛의 세계를 등지고 어둠의 세계에서 방황하고 있다.

이것이 바로 현대인들이 직면하고 있는 크나큰 정신적 위기다. 현대인이 직면하고 있는 위기는 과거 어느 시대의 사람들이 직면했던 것보다 더 심각한 위기임이 분명하다. 그들은 정신과 영으로서의 자신의 실존을 완전히 상실하고 자신을 물질, 또는 물질에서 진화된 과학이성과 기술이성으로 철저하게 곡해하고 있지 않은가? 인간의 사유와 활동의 영역을 물질계와 현실계로 철저하게 제한하는 가운데 그 밖의 영역의 가능성은 전적으로 부인하고 있다.

근대철학의 대부며 "만물분쇄자"Allzermalmer라는 별명이 붙을 정도로 극히 비판적이며 예리했던 철학자 칸트는 물질계 이면에 정신계가 존재하는지, 그렇지 않은지에 대해 과학이성으로는 긍정할 수도 부정할 수도 없는 만큼 그에 대해 침묵을 지켜야만 한다고 했다. 그러나 그는 또한 인간이 비록 과학이성의 방법으로는 접근할 수 없다 할지라도 다른 한 방법, 즉 실천이성의 "도덕적 신앙"으로는 능히 침투할 수 있고 인식할 수 있는 정신계와 초월계가 존재함이 절대 확실하다고 보았다.[1] 그리고 신실증주의와 언어분석 철학의 원조이며 아마도 가장 비판적이고 예리한 현대 철학자들 가운데 한 사람으로 꼽을 수 있을 비트겐슈타인L. Wittgenstein도 자연계 이면에 "신비의 차원"das Mystische, 즉 윤리적 차원과 종교적 차원 등 정신계가 분명히 존재한다고 보았다. 단지 그러한 세계가 존재하고 있으나 그것을 과학적으로는 거론하고 해명할sagen, aussagen 방도가 없고 오로지 그에 대해 암시하고 지시할zeigen 수 있을 따름이라는 것이었다.[2]

그러나 과학주의와 물질주의에 대한 신념이 너무나도 확고한 대부분의 현대 지성인들은 그러한 영역의 부재를 그야말로 철석같이 믿고 있다. 현대인들은 과학주의와 기술만능주의라는, 과학적으로 결코 정당화할 수 없는 비합리적이며 비과학적인 사상에 빠져 있다. 그들은 초월적인 정신계를 주장하는 과거 사람들의 종교와 철학은 사실무근하며 비과학적인 체계에 불과하다고 비웃지만 과학주의와 기술만능주의만은 이성적이며 과학적인 이념이라고 확신하는 독단주의에 빠져 있다. 그들은 과학주의와 기술만능주의를 하나의 종교로 신봉하는 것이다. 그러면서 그런 사실을 분명하게 의식하지도 못하고 있다.

키에르케고르는 그 당시의 유럽인들의 마음을 사로잡고 있던 사변철학의 위험성에 대항해서 혼신을 다해 항전했다. 앞에서 살펴본 대로 그는 『철학적 단편』 표지 뒷면에 기독교 진리는 결코 헤겔의 방식으로 사변철학과 타협할 수 없다는 뜻에서 "결혼을 잘못하느니보다 보기 좋게 교수형을 당하는 편이 낫다"는 셰익스피어의 문구를 인용했다. 그러나 사변철학이 절대시한 사변이성이 그 당시 사람들에게 가져다준 폐해는 현대인들이 절대시하고 있는 과학이성과 응용기술이 그들에게 가져다준 폐해와는 비교할 수 없을 정도로 미미했다. 관념론자들은 사변이성을 활용해서 어디까지나 정신적인 세계를 추구하려고 진력했을 뿐 아니라 그들이 구축한 관념 체계는 적어도 웅대하고 장엄한 면은 지니고 있었음이 확실하다.

그러나 현대 과학자들과 지성인들은 과학이성과 기술이성이라는 극히 짧은 잣대로 모든 것을 재단하고, 그렇게 할 수 없는 모든 것들은 일률적으로 다 허구와 미신이라고 단정한다. 그들은 20세기의 신실증주의 또는 과학철학과 언어분석 철학의 지론대로 형이상학이나 종교와 같은, 과학적으로 실증할 수 없는 영역의 문제들은 거론할 수도 없고 거론할 가치도 없다고 보고 오로지 자연과학적으로, 사이버 공학적으로 규명하고 규정할 수 있는 문제들만을 연구의 대상으로 삼아야 한다고 확신하고 있다.

20세기 최대의 철학자인 하이데거의 진단에 따르면 현대의 "기술사상"Technik과 그로 말미암아 대두된 "정치定置사상"Gestell, Ge-stell→stellen, vorstellen, herstellen, bestellen으로[3] 인해 현대인들은 사상 "최대의 위기" 상황에 처해 있다고 한다.[4] 정치사상은 세상만사를 인간의 주관성 또는 지성의 관점에서, 그것도 기술이성의 관점에서 포착, 표상, 이해, 관장, 산정, 평가, 제조, 관리, 주문 등의 작업을 펼치는 철두철미 과학주의적 사상이다. 하이데거의 현대 비판에 의하면 현대인은 "자신의 자율적인 본성을 포기해야만 할 위험성"에[5] 노출되어 있고 지구는 완전히 황폐화되어 있다.[6] 그리고 본래적이며 진정한 의미에서의 사물, "사물로서의 사물은 원자탄이 폭발한 것보다 훨씬 더 이전에 이미 파괴되었다."[7]

플라톤에서 헤겔까지의 관념주의적 사상가들이 사변이성을 절대시함으로써 초래한 근세인의 정신적 위기에 대처하기 위해 키에르케고르는 자신의 실존사상을 개발했다. 그러나 그 어느 사상가가 과학이성과 기술이성을 절대시하고 철저한 물질주의를 주창하는 데서 비롯된 이러한 현대인들의 극심한 위기에 대처할 수 있는 해결책을 제시해줄 수 있을 것인가?


## 2. 키에르케고르의 철학적 이상과 접촉점의 문제

암담한 상황에 처해 있는 현대인들이 진정한 자기반성을 함으로써 자신의 정체, 자신의 실존을 재발견하고 회복할 수 있게 촉구하고 독려하는 새로운 사상적 선구자가 그 무엇보다 더 절실히 요구된다. 19세기 덴마크의 키에르케고르와 같은 실존사상가가 다시 등장해서 위와 같은 극심한 정신적 위기와 궁지에서 이 시대의 사람들을 구출해야만 할 것 같다. 제2의 키에르케고르가 요청된다.

그러나 새로 등장할 제2의 키에르케고르는 19세기의 키에르케고르와는 전혀 상이한 접근 방법과 언어로 현대인들에게 다가가야 할 것이다. 과학이성과 사변이성의 접근 방법의 타당성과 필요성을 완전 부정하며 진리에 이르기 위해서는 그야말로 무조건적인 질적 비약을 감행해야만 한다는 극단적인 비합리론과 맹신주의에 주의를 기울일 사람은 오늘날 아무도 없을 것이기 때문이다.

사실인즉 현대인의 과학주의와 기술만능주의는 어떻게 보면 키에르케고르와 그의 추종자들의 무책임한 비합리론에 대한 반동으로도 볼 수 있다. 키에르케고르의 실존사상이 헤겔의 합리론에 대한 반동이라면 현대인의 과학주의는 적어도 부분적으로는 키에르케고르와 여타 실존주의적 사상가들과 신학자들의 비합리론이 계기가 되어 태동된 사상이라고도 볼 수 있는 것이다.

이성의 객관적인 사유를 통해서는 진리에 근접approximieren할 수 있으나 그것에 도달할 수는 없다. 진리는 객관성에 있는 것이 아니고 주체성에 있다. 진리는 이성과 사물 간의 일치의 문제가 아니다. 우리가 이성을 통해 인식 대상의 본질과 특성에 대한 정확한 지식을 확보하게 될 때 진리를 알게 되는 것이라 할 수 없다. 그러한 진리는 획득 불가하다.

그리고 만약 그러한 진리, 객관적인 진리의 지식을 확보할 수 있다 할지라도 그것은 우리의 실존과 무관하며 우리에게 무익하고 무가치한 지식, 따라서 우리를 살리는 산 지식이 아닌 죽은 지식에 불과할 것이다. 진리는 객관적인 사리에 대한 올바른 지식의 문제가 아니고 영원하며 본질적인 진리이며 진리 그 자체인 신 앞에서 진정한 우리 자신이 되기 위해 마땅히 해야만 할 올바른 도리, 즉 절대자와 본래적이며 이상적인 우리 자신의 실존에 이르기 위한 전인격적이며 정열적인 노력을 뜻한다.

이것이 키에르케고르의 진리관이라면 첨단과학의 시대, 범汎사이버 문화권에서 살아가고 있는 오늘날의 지성인들이 과연 그것을 일고의 가치라도 있는 유의미한 이론으로 받아들일 수 있겠는가? 그들이 키에르케고르의 진리관과 더불어 그의 인간관, 신관, 계시관, 신앙관 등 여타 이론들도 전혀 근거가 없고 현실성이 없으며 공허하고 무의미한 학설들로 간주할 수밖에 없음은 너무나도 자명하다. 그들은 현대인들을 설득할 수 있는 어떠한 수긍력과 구속력도 지니고 있지 않기 때문이다.

그들의 수락을 진지하게 호소하는 키에르케고르와 현대인 사이에는 접촉점Anknüpfungspunkt, point of contact이 없다. 현대인들이 키에르케고르의 실존사상의 차원에 이르게 하는 어떠한 징검다리나 사다리도 주어져 있지 않다. 키에르케고르는 시종일관 이성의 포기와 의지력과 정열에 의한 질적 비약만을 촉구하지 않았던가? 현대인들 중 누가 그의 요구대로 이성을 포기하고 객관적인 불확실성과 절대적인 역설이라는 7만 길이나 되는 심해로 질적인 비약을 감행할 준비가 되어 있겠는가?

19세기의 키에르케고르는 이제 그야말로 한물간 사람이다. 그가 제시한 고차원적인 이상과 목표 때문이 아니다. 그의 부적절한 방법론 때문이다. 그가 설정한 이상과 목표는 키에르케고르 자신과 그 당대인들뿐 아니라 그 어느 시대인들도 모름지기 그들 자신의 사유와 삶의 이상과 목표로 삼고 그것을 실현하려고 심혈을 기울여야 하며 특히 현대인들이 그렇게 해야만 한다고 보지 않을 수 없다. 그의 실존사상의 주요 목표는 자기 자신과 타인들이 "주체적 진리"를 발견함으로써 진정하며 본래적인 자신, 이상적인 자신에 도달하는 데 있었다. 그의 소신에 따르면 개개인의 그러한 진정한 자아 발견과 자아실현은 오로지 인간 존재의 원천과 원형이자 그 척도와 목표이기도 한 절대자 앞에 바로 설 때만 가능한 것이기에 각 개인은 "절대자와 절대적인 관계", 즉 각자에게 절대 특수한 인격적 관계를 맺어야만 한다는 것이었다.

우리는 플라톤 이후의 서양 주지주의와 합리주의에 대한 키에르케고르의 비판도 20세기의 위대한 철학자들과 신학자들, 즉 야스퍼스와 하이데거, 바르트와 불트만 등과 함께 긍정적으로 평가하고 수렴하지 않을 수 없다. 신과 인간 그리고 진리는 다 지극히 심오하고 신비스러운 실재 또는 이치다. 그들 각각은 다 이성의 짧은 잣대로 재기에는 너무나도 크고 심오하다.

신은 하늘에 있고 인간은 땅에 있다. 전자는 절대자이며 무한자이신 반면, 후자는 유한자일 뿐 아니라 죄인이기도 하다. 양자 간에는 질적인 차이가 있다. 기독교의 중심 교리인 성육신의 사건은 이성의 견지에서 볼 때 하나의 역설일 뿐 아니라 절대적인 역설이며 완전한 부조리다.

그런데 인간이 비록 유한자이며 죄인이라 할지라도 구조적으로 보면 그도 지극히 놀라운 존재임이 분명하다. 그는 시간성과 영원성, 유한성과 무한성으로 구성되어 있으며 양자를 매개하는 제3의 긍정적인 요인은 정신 또는 자아다. 그러므로 그를 단순히 "이성을 가진 동물"(아리스토텔레스)로만 간주해서는 안 된다. 그는 성경이 가르치고 있는 바와 같이 자그마치 신의 형상대로 지음을 받은, 그래서 "신성"을 소유하고 있는 동물이기 때문이다. 그는 항상 신 앞에 홀로 설 수 있고 서야만 하는 그러한 "신학적인 자아"다.

카우보이는 자신이 몰고 가는 소 떼를 보고 자신을 평가한다. 노예의 주인은 그가 부려먹는 노예들을 보고 자신을 평가한다. 세상만사는 다 그것을 재는 척도에 의해 그 의미와 가치가 결정되기 마련이다. 인간은 그의 존재의 원형이자 척도이기도 한 신과의 관계에서 그 정체성과 위상이 결정된다. 그는 오로지 자신의 존재의 원형과 척도인 신 앞에서만 자신을 올바로 인식하고 평가할 수 있고 또 올바로 정립하고 실현할 수 있다. 그리고 그는 시간성과 영원성 간의 접촉점, 즉 "순간" 속에서, 아니 "순간" 그 자체로, 그리고 순간의 연속인 "역사"로 존재하는 그러한 역동적인 존재다. 그를 순간과 역사로 일어나는 역동적인 사건이라고까지 할 수도 있다.

인간의 그러한 "신학적인 자아"가 함축하고 있는 심오성과 무한성, 그리고 시간성과 영원성 간의 접촉점인 순간 속에서, 또는 순간 그 자체로 살아가고 시간계와 영원계를 매개하며 살아가는 데 따르는 그러한 역동적이며 "변증법적" 성격으로 인해서 인간 실존은 우리 각자의 것이지만 그것은 또한 우리 자신에게 크나큰 신비로 남아 있을 수밖에 없다. 실존의 본질에 대한 정의와 체계화는 우리에게 전혀 불가능할 수밖에 없다. 실존이 앞서고 본질이 뒤따른다(사르트르). 실존이 무엇인지 명확하게 정의할 수 있다면 그것은 실존주의의 와해를 뜻할 것이다(야스퍼스).

진리도 길이며 실존도 길, 그것도 무한대로 개방되어 있는—가도 가도 끝이 보이지 않는—길이다. 개개의 실존자는 그러한 길을 따라 무한정 나아가야만 한다. "무한성의 정열"로 무한자인 신과 무한성을 본성으로 하고 있는 자기 자신이라는 궁극 목표를 향해 지속적으로 나아가야만 한다. 그렇게 하는 가운데 그는 지속적으로 자신을 다듬어가야 하고 자신을 만들어가야만 한다. 그러한 의미에서 그의 실존은 절대자가 그에게 하사한 한없이 귀한 선물인 동시에 절대자가 그에게 지워준 지극히 난해한 과제이기도 한 것이다.

인간이 그와 같이 전인투구의 노력으로 이상적이며 진정한 자기 자신이라는 목적지를 향해 나아가되 어느 시점에 가서는 그가 그것에 실제로 당도해서 말하자면 여장을 풀 수 있다는 희망을 걸고 그렇게 할 수 있는 것은 아니다. 진리는 길, 무한히 개방된 길이라 하지 않았던가? 신과 진리에 대해서뿐 아니라 인간에 대한 모든 확고한 이론과 교리는 그들의 심오성과 역동성, 그들의 변증법적 성격을 완전히 간과하는 "우매"이며 "미신"이다.

신과 인간과 진리, 그리고 사실은 세상만사가 신비롭고 심오하다. 그들은 이성보다 크며 실로 무한히 더 크다. 신과 진리뿐 아니라 인간도 어떠한 의미로는 인간 자신보다 크다. 그는 오로지 신을 척도로 해서만 그의 정체성과 존재의 의미를 측량할 수 있는 신학적인 자아라고 하지 않았던가? 그는 신과 진리뿐만 아니라 자기 자신도 자신의 특유한 사유와 판단의 도식에 집어넣어서 개념적으로 처리하고 규정할 수 없는 그러한 무한히 심오한 "포괄자"das Umgreifende(야스퍼스)다.

이것이 합리주의와 계몽주의의 사고방식과 이상을 전적으로 거부하고 낭만주의의 사조를 따라 초합리주의적 또는 비합리주의적 이상을 표방한 키에르케고르의 사상이었다.

키에르케고르는 자신의 이러한 비합리주의적 또는 초합리주의적 실존사상과 진리관 및 신앙관을 그의 저서들 속에 대서특필하고 그 수락을 독자들에게 강력하게 촉구했다. 그가 그렇게 하려 했으되 헤르만 딤이 지적한 바와 같이 그의 의도는 소크라테스 식의 "산파술"과 "아이러니"를 포함하는 "대화적 변증법"을 통해 그의 독자들에게 접근해서 자신의 소신을 전달하는 데 있었다. 그가 거론하는 주요 문제들에 대한 자신의 견해를 일방적으로, 그리고 직접적으로 그들에게 전달하려 하지 않고 그의 독자들이 이 문제들에 대해서 깊은 관심을 가지고 진중하게 반성해보며 스스로 해답을 찾아 나서게 자극하고 유도하려는 그러한 의도와 서술 방식으로 자신의 저서를 저술하려 했다. 그는 "간접적 전달의 변증법"을 사용하려 했던 것이다.

『이것이냐 저것이냐』에서는 키에르케고르가 그러한 의도와 서술 방식에 따라 그의 독자들에게 접근하려 했다고 볼 수 있다. 그러나 다른 저서들에서는 그러한 간접 전달 방식이 아닌, 오히려 단도직입적이며 독단적인 자세와 서술 방식을 사용해 독자들에게 자신의 관점을 일방적으로 주입시키려고 했다. 그의 독자들이 정상적인 지력과 사고력, 식별력과 판단력을 소유한 자들로서 납득할 수 있는 논리와 언어를 동원해서 그렇게 하기보다 매우 독단적이며 강압적인 방법으로 자신의 의향을 그들에게 관철하려 했을 뿐 그것이 효과적으로 옳게 전달되는지 되지 않는지에 대해서는 유의하지 않았다.

이 사실은 그의 신앙관과 진리관을 소개한 저서들에서 특히 잘 드러난다. 절대적 역설을 위시한 기독교의 중심 교리들 및 세계관 전반과 관련해서 그는 어떠한 변증학적apologetische 노력도 기울이지 않았을 뿐 아니라 그렇게 하는 것 자체가 기독교 진리의 절대성과 순수성을 매도하는 행위라고 보았다. 그에 따르면 기독교적 진리의 근거와 타당성에 관해서 캐묻는 자는 자기 애인의 사랑을 객관적으로 입증하려는 자와 같다. 그렇게 함으로써 그 사람은 그녀를 더 이상 사랑하지 않고 있음을 드러내고 있다. 그는 말하자면 그녀와의 애정 관계를 떠나서 어떤 중립적인 입지점에 서서 냉철한 관찰자의 관점에서 그녀의 사랑을 객관적으로 점검하려는 것이다. 그가 그녀를 정열적으로 뜨겁게 사랑하든지, 아니면 내심으로 그녀와의 관계를 단절하고 한 중립적인 입지점에서 그녀의 사랑을 먼저 객관적으로 분석하고 확인하려 하든지…. 그에게는 단지 이 두 가능성 밖에 없다.

이 사람과 유사하게 신앙인도 신의 존재나 절대적인 역설 또는 성경의 진실성을 무한성의 정열로 그대로 믿고 수락하든지, 아니면 기독교적 신앙의 영역 밖에 서서 이들의 신뢰성을 계속 의심하는 가운데 그들의 수락 근거를 이론적으로 입증해보려 하든지…. 그에게는 이 두 가능성 밖에 없다.

"누구를 위해 증명을 해야만 하는가? 신앙의 [대상]은 증명을 필요로 하지 않는다. 아니 신앙은 그것을 적으로까지 간주해야만 한다.…정열을 상실하기 시작하게 되고 그래서 신앙이 신앙이 아닌 다른 것이 되기 시작할 그때, 그것은 불신자들에게 사회적인 인증을 받기 위해서 증명을 필요로 한다."[8] 이것이 키에르케고르의 신앙관이라면 기독교 세계관을 수락하지 않고 신앙의 차원 밖에서 머물고 있는 불신자들이나 기독교 교회 안에 거하고 있으나 신앙심이 얕아서 항상 의심에 빠지는 연약한 형제들을 구제할 방도는 무엇인가?

이에 대한 키에르케고르의 두 가지 상이한 해답을 우리는 이미 알고 있다. 신앙은 인간의 의지력의 행사가 아니고 신의 은사이며[9] 기적이므로[10] 불신자나 신앙이 연약한 신도들은 신의 도우심만을 기다려야 한다. 또는 신앙은 지성의 행사가 아닌 의지력의 행사요[11] 무한한 정열의 표현이며 주체성과 내면성이고 객관적인 불확실성에로의 과감한 비약의 모험이므로[12] 불신자들이나 의심이 많은 신도들은 자신의 이성을 포기하고[13] 신앙의 대상과 차원으로 무조건적으로 뛰어들어야만 한다. 기독교 밖의 불신자나 기독교 내의 회의자가 이와 같은 신앙의 비약을 감행함에 어떤 구체적인 디딤돌이 필요하다면 그것은 다음과 같은 성경 기사에 불과할 것이며 그것이 그들에게는 충분하고도 남을 것이다.

신이 어느, 어느 해에 종의 비천한 형상을 입고 나타나서 우리들 가운데
살고 가르치다가 죽었다.[14]

신앙은 하나님의 은사요 기적이므로 불신자나 회의자는 스스로의 노
력이나 타인의 도움으로 신앙에 이르려는 우를 범해서는 안 된다. 그렇
다면 그들은 감나무에서 홍시가 절로 떨어질 때까지 그 밑에 가만히 누
워서 입만 벌리고 있는 자의 태도로 완전히 피동적으로 신의 도우심만
기다려야 한다는 말인가? 신앙이 신의 은사인 것은 사실이나 감성과 이
성은 그의 은사가 아니며 육체는 그의 은사가 아닌가? 우리 속과 밖 그
어디에 신의 은사가 아닌 그 무엇을 찾아볼 수 있는가? 머리카락과 손
톱? 공기와 물?

그리고 사람들이 신앙의 경지에 이르도록 신이 사랑과 은혜로 역사
하는 것은 사실이나 의식과 지정의를 소유하고 있을 뿐 아니라 보고 듣
고 느낄 수 있는 육체를 지닌 인간에게 그렇게 하는 것이며 결코 동식물
에게나 무생물에게는 그렇게 하지 않는다. 뿐만 아니라 신은 사람들에게
신앙의 은사를 내릴 때 그가 말하자면 하늘에서 직접 그렇게 하기보다
사람들을 통해서 간접적으로 한다. 전도자들의 물심양면의 지극한 정성
과 노력과 희생을 통해서 그렇게 하는 것이다. 그리고 각각 특이한 이들
의 언어와 전달 양식, 사고방식과 접근 방법을 "유기적으로"organically 백
분 활용하는 가운데 그렇게 한다.

키에르케고르는 실로 믿음이 강하고 뜨거운 신앙인이었다. 그가 믿
음의 조상으로 그렇게도 높이 칭송했던 아브라함의 신앙보다 어쩌면 그

의 신앙이 더 강렬하고 뜨거웠는지도 모른다. 아브라함은 모리아 산상에서 신의 능력과 신실하심을 굳게 믿고 독생자 이삭을 제물로 바치려고 했다. 그러나 그의 그러한 놀라운 믿음은 사실 앎에서 오는 것이었다. 100여 년간의 체험을 통해 신의 능력과 신실하심에 대해 그가 소유하게 된 앎을 토대로 해서 그는 그러한 놀라운 결단을 내리게 된 것이었다. 그것은 분명히 그의 의지력과 정열의 표현이기도 했다. 그러나 단순히 그것만으로 그렇게 할 수 있었던 것은 결코 아니었다. 즉 그의 의지력과 정열은 장구한 세월을 통해 그가 쌓아온 신에 대한 깊고도 뜨거운 앎을 토대로 해서 움직이게 되었으며 말하자면 아무것도 없는 영점에서 그렇게 된 것은 결코 아니었다.

그러나 『공포와 전율』에서 키에르케고르는 아브라함의 신앙을 순전히 의지력과 정열의 표현이며 완전한 모험과 질적인 비약의 행위라고 해석하고 있다. 그리고 그러한 신앙이 진정한 기독교적 신앙이라고 가르치고 있다. 『철학적 단편』, 『철학적 단편 후서』를 위시한 여타 저서에서도 그는 줄곧 신앙의 본질을 그렇게 정의하고 해석한다.

키에르케고르의 견지에서 볼 때 사도들과 신약성경 기자들은 기독교신앙의 본질을 완전히 곡해하고 있었음이 분명하다. 왜냐하면 그들은 유대교 내 또는 이방 세계의 불신자들에게 기독교 진리의 타당성을 가능한 한 설득력 있게 증명하려고 진지하고 끈질기게 노력했기 때문이다. 이를 위해 그들은 구약성경에 계속 호소했으며 예수가 행하신 수많은 기적과 이사에 대해서도 계속 언급하되 결코 꾸며낸 이야기가 아닌 실제로 일어난 역사적인 사건임을 다양한 방법으로 입증하려고 노력했다. 아테네에서 사도 바울이 한 것처럼 그들은 세속 철학자들의 이론들도 끌어들였다. 그리고 "소망의 이유를 묻는 자들에게 답할 말을 예비하라"고 당부하기도 했다.[15] 유대인에게는 유대인의 사고방식과 언어에 맞추고 헬라인에는 그들의 사고방식과 언어에 맞추어 복음의 진리를 효과적으로 전달하려고 계속 진력했다.

그러나 키에르케고르는 이 모든 간접적인 수단과 방편이 전혀 불필요하다고 했다. 앞서 인용한 지극히 간략한 사실에 대한 지식이 자기 자신이나 타인들이 기독교 신앙을 수락하기에 충분하고도 남음이 있을 것이라고 했다. 신앙의 문제를 이다지도 쉬운 문제로 간주한 기독교 사상가는 과거 20세기 간의 교회사 속에서 키에르케고르 외에는 아무도 없었다. 그러나 누가 그러한 간략한 지식을 토대로 해서 기독교 신앙을 수락할 수 있을 것인가? 물론 신의 뜻이면 그렇게 할 수 있을 것이다. 신의 뜻이면 그러한 지식이 없이도 곧바로 신앙인이 될 수 있을 것이다. 돌이나 나무도 신앙인으로 바뀔 수 있을 것이다.

키에르케고르가 신앙은 신의 은사요 기적이라고 역설하면서도 그러한 최소한의 지식을 신앙을 위한 구비 조건이라고 주장하는 이유는 어디에 있는가? 현실적으로 그러한 단순한 사실에 대한 지식으로 신앙인이 될 사람은 아무도 없다. 키에르케고르 자신은 어떠했을까? 그도 부모나 교회, 사회나 학교로부터 기독교 진리에 대한 교육을 유아기에서부터 계속 받았기에 그에 대한 풍부한 지식을 소유하고 있었다. 그는 특히 자신의 부친으로부터 경건 훈련을 철저하게 받았다. 그의 부친과 다른 사람들로부터 세뇌를 받았든, 그들의 가르침에 설득이 되었든, 그 어떠한 방식으로든 기독교 진리가 납득이 되었기에 그는 일찍부터 그 타당성과 절대성을 확신할 수 있었다. 만약 그가 그러한 과정을 거치지 않은 불신자였다면 앞선 인용구의 내용만으로 절대적 역설과 기독교 세계관을 수락할 수 있었을 리 만무하다. 그는 그 어떠한 이유에서 이미 신앙을 확실하게 소유하고 있었기에 그에 대해서 그렇게도 쉽게 진술한 것이다.


## 3. 키에르케고르의 오해

키에르케고르가 인류 사상사에서 보기 드문 탁월한 사상가였음은 분명하다. 그의 글들을 읽어나가는 독자들은 그의 예리한 투시력과 비판력, 비상한 기억력과 과거 사상사에 대한 폭넓은 지식, 특수한 문학적 감각과 재치 등으로 계속 감탄을 금할 수 없게 된다. 그러나 등잔 밑이 어둡다고 했던가? 밝음이 있는 곳에는 그림자가 드리워지기 마련이다. 인류의 사상사 발전에 기여한 모든 탁월한 사상가들과 인물들은 다 밝은 면과 어두운 면을 동시에 드러내 보였으며 모든 면에서 완벽한 사람은 한 사람도 찾아볼 수 없다.

이 사실은 특히 키에르케고르에게 해당되는 말이다. 그다지도 비범한 사고력과 비판력을 소유하고 모든 것을 투명하게 꿰뚫어 보는 듯한 키에르케고르는 한편으로 보기 드물게 사리와 상황을 곡해하고 무엇보다 자기 자신을 곡해하는 순진무구하고 무비판적이며 독단적인 사상가로 비춰지기도 한다.

앞서 살펴본 대로 키에르케고르는 자신의 가족들 및 약혼녀와의 복잡한 관계로 인해서 오랫동안, 사실은 평생토록 심적·정신적인 혼란을 겪었으며 마음의 평정과 균형을 찾지 못했다. 특히 그는 헤겔의 합리론과 범신론을 과도하게 의식하고 있었기에 어떠한 문제를 거론하든지 항상 반헤겔적인 입장에 서서 자신의 논리와 이론을 전개했다. 그는 그의 적수 헤겔을 지나치게 증오하는 한편 기독교적 신앙관을 광신도에 버금가는 열정으로, "무한성의 정열"로 추종하고 옹호하는 자의 입장에 있었다. 그래서 그는 제기된 문제들을 냉철하고 철저하게 성찰하고 분석해볼 심적 여유를 갖지 못했으며 그에 대해 구속력과 직관적 타당성이 있는 이론과 해석을 제시할 수도 없었다. 헤겔의 사상이 로고스의 철학이었기에 그의 사상은 그것과 상반되는 파토스의 철학일 수밖에 없었으며 헤겔의 철학이 합리론이었기에 그의 철학은 비합리론이지 않을 수 없었다. 자신이 취급하는 주제들에 대한 세부적인 이론들을 전개할 때도 그는 그와 같이 줄곧 반헤겔적인 입장을 취하게 되었다.

의지력과 정열의 중요성을 그 무엇보다 중시하는 파토스의 철학자와 "주체적 사유자"로서 사리와 상황을 냉철하고 철저하게 검토하는 이성의 비판과 분석 작업을 경시하고 외면했기에, 그는 자신이 분명히 의식하지 못했으나 사실은 내심으로 따르고 있었던 논리를 번복하는 경우가 매우 빈번했으며 자신이 진술하는 말들이 함축하는 바의 진의를 명확하게 간파하지 못한 채 생각 없이 내뱉듯이 쉽게 직설하는 경우도 허다했다. 그는 계속 자기부정적인 논리를 전개했을 뿐 아니라 심지어 독자의 견지에서 볼 때 어불성설의 이론들도 서슴지 않고 제시하는 경우가 적지 않았다.

그에 따르면 우리는 신앙의 차원에 이르기 위해서 이성을 포기해야만 하며, 객관적인 진리는 유한한 우리 인간에게는 획득 불가할 뿐 아니라 획득할 수 있다해도 그것은 우리의 실존을 위해서는 전혀 무가치할 것이다. 그리고 불신자들을 설득시켜 기독교인들이 되게 하는 데는 많은 말이 필요하지 않고 앞서 인용한 짧은 한마디의 말로도 충분하고도 남음이 있다는 것이었다. 그는 주체적 진리의 중요성과 더불어 실존자의 주체적 태도das subjektive Wie 여하의 중요성을 지나치게 강조한 나머지 실존자가 어느 대상을 위주로 해서 생각하고 살아가는지는 크게 문제가 되지 않는다고 했다. 그래서 그는 한 사람이 비록 우상을 섬기고 있다 할지라도 올바른 마음가짐으로만 그렇게 한다면 그는 사실 참된 신을 섬기고 있는 것이며 역으로 그가 비록 참된 신을 섬기고 있다 할지라도 그의 마음가짐이 그릇되었다면, 그는 실제적으로 우상을 섬기고 있는 것이라고까지 했다.[16]

## (1) 키에르케고르와 논리적 일관성

키에르케고르의 비범한 통찰력과 비판력을 고려할 때나 참에 대한 그의 열정과 그것을 실현하고자 하는 그의 불굴의 투지를 감안할 때, 그가 자신의 핵심적인 이론들을 제시하는 맥락에서 이처럼 자가당착적·자기부정적 논리를 계속적으로 전개했다는 점은 쉽사리 납득이 가지 않는 대목이다. 키에르케고르는 분명히 시종일관 엄준한 논리적 일관성에 입각해서 자신이 내심으로는 객관적으로 존재하거나 타당하다고 확신한 참, 즉 참된 이치와 진상을 파헤치며 참된 사상과 삶을 구현하는 데 초점을 맞추어 평생토록 진지하고 엄숙하게 사유한 한 엄격한 변증가Dialektiker였다. 그는 한순간도 자신이 절대적인 의미에서 이치에 맞지 않고 완전 부조리하기만 한 이치와 이론을 주장한다고 보지 않았음이 확실하다.

키에르케고르가 자기 저서들 속에서 제기한 모든 이론들과 주장들이 이처럼 철저한 일관성의 논리에 따라 체계적으로 하나로 연결되어 있다면 그의 반주지주의적 실존사상의 기본 동기ground motive도 사실은 논리적 일관성에 대한 그의 이러한 투철한 정신에서 찾아볼 수 있다 하겠다.

키에르케고르의 실존사상은 헤겔의 합리론에 대한 하나의 완강한 안티테제로 의도된 비합리론이었다. 헤겔의 철학이 비록 합리론을 표방했으나 키에르케고르 자신의 관점에서 볼 때 그것은 분명히 하나의 비합리적인 철학, 극단적으로 비합리적인 철학이었다. 헤겔의 합리주의와 범신론 및 낙관적인 역사철학은 정통 루터주의 신학을 따라 엄격한 초월신관과 죄악론 및 구속론을 신봉한 키에르케고르에게는 완전히 반기독교적인 가르침으로 간주될 수밖에 없었으며 그야말로 신성모독 그 자체로 간주될 수밖에 없었다. 그것이 그에게는 하나의 언어도단의 비합리론으로 비치지 않을 수 없었다. 그래서 그는 헤겔의 그러한 황당무계한, 극히 비합리적인 합리론에 맞서서 더 이치에 맞고 말이 되는 하나의 새로운 사상을 정립하지 않으면 안 되었다. 그것이 곧 사람들이 비합리론이라고 칭하는 그의 실존사상이다.

사람들이 이처럼 그의 사상을 비합리론이라고 칭하고 있으나 어떤 의미에서 그의 비합리론은 사실상 데카르트와 헤겔을 위시한 극단적인 주지주의자들이 주창한 합리론보다 월등히 더 합리적인 사상이다. 과거 합리주의자들, 이성주의자들이 절대시한 이성의 짧은 척도로 판단할 때 그의 사상은 분명히 하나의 비합리론이다. 그러나 키에르케고르 자신과 여타 신앙인의 견지에서 볼 때 그것은 분명히 속칭 합리론보다 월등히 더 이치에 맞으며 말이 되는, 그러한 의미에서 진정 합리적인 사상이다.

키에르케고르가 절대적 역설인 성육신의 교리에 대해서 우선은 부조리와 거리낌 및 어리석음이라고 칭하고 있으나 절대적인 의미에서 그것을 그러한 것으로 간주하지는 않았음이 분명하다. 그것이 비록 인간 이성의 논리로 판단할 때 분명히 부조리한 교리이며 하나의 "거리낌"과 "어리석음"에 불과함이 틀림없지만 이성의 논리는 유일한 논리가 아니며 절대 타당한 것도 아니다.

데카르트의 극단적인 합리론을 누구 못지않게 맹렬히 공격한 파스칼은 하나님과 영적인 차원에 이르기 위해 이성의 논리가 아닌 "마음의 논리"와 "마음의 질서"를 따를 것을 종용하지 않았던가? 그리고 테르툴리아누스가 "나는 부조리하기에 믿는다"라고 선포했을 때도 그는 분명히 이성의 논리 외에 다른 논리, 즉 신앙의 논리가 있음을 암시해주었다.

성육신, 삼위일체론, 예수가 행한 기적들, 그의 부활 등을 포함한 주요 기독교 교리들이 과학이성의 논리에 부합하지 않는 것은 사실이다. 그러나 그들이 사실에 부합하지 않거나 모든 면으로 이치에 맞지 않는 거짓된 교리들인가? 결코 그렇지 않다. 이성의 논리로는 그들이 비진리와 부조리라고 판단할 수밖에 없겠으나 이성의 논리와 전혀 다른 신앙의 논리로 판단할 때나 "영원하며 근본적인 진리"이며 진리 그 자체인 절대자 자신의 논리로 판단할 때 그들은 사실에 부합한 올바르며 타당한 교리들임이 분명하다. 그러한 이유에서 우리는 그들을 수락할 수 있고 수락해야만 한다. 그들은 이치에 맞고 근거 있는 참된 교리들이기 때문이다.

키에르케고르 자신이나 여타 기독교인들이 아무런 이유와 근거 없이 성경의 가르침들을 수락하고 따르는 것은 결코 아니다. 정반대로 그들은 비록 과학이성의 견지에서는 해명할 수 없다 할지라도 이들의 수락을 정당화하는 절대 확실한 이유와 근거가 있다는 점을 확신하고 있기에 그것을 감안하고 이들에 지적으로 동의하며 그들을 마음속 깊은 데서 수락하는 것이다.

그들이 이유 불문하고 무조건적으로 이들을 긍정하며 수락하는 것은 결코 아니다. 그보다 그들은 동일률$^{A=A}$과 모순율$^{A \neq Non-A}$과 충족이유율充足理由律, *principium rationis sufficientis* → *ex nihilo nihil fit*(nothing comes from nothing) 등 인간 사유의 기본적인 범주들을 척도로 해서 성경에 제시된 제반 교리들의 독특하며 범상한 내용을 진중하게 검토하고 평가하는 가운데, 이들을 진정 참된 가르침들로 수락할 수 있는 충분한 이유와 근거가 있다는 결론에 도달했기에 수용하고 따르는 것이다. 그러한 의미에서 사도 바울 이후 최대의 신학자 아우구스티누스도 "아무도 그 무엇이 믿을 가치가 있다고 먼저 생각하지 않는 한 그것을 믿지 않는다"라고 했다.[17]

키에르케고르도 테르툴리아누스와 파스칼을 따라 과학이성의 논리의 절대적인 타당성을 부인하고 그것과는 질적으로 상이한, 그럼에도 불구하고 그가 절대 타당하며 참된 접근 방법으로 확신한 초합리적인 신앙의 논리에 입각해서 자신의 제반 이론들을 전개했다고 볼 수 있다.

그러므로 그가 비록 과학이성의 견지에서 볼 때 부조리요 어불성설인 성경 교리들을 절대시하며 추종하는 사상가였다 할지라도 그를 철저한 비합리론자라고 못 박을 수는 없다. 그는 비합리론자였다기보다 초합리론자였다고 할 수 있다. 그는 일종의 고등 합리론자 또는 "순리론자"順理論者였다. 그는 결코 아무런 사유의 척도도, 일관된 논리도 없이 오로지 무한성의 정열과 강렬한 투지력만으로, 그리고 자신의 탁월한 상상력을 동원해서 천방지축으로 주관적이며 자의적인 사상을 정립해서 타인에게 전달하려고 노력한 정신 나간 철학자가 아니었다.

말란추크는 논리적 일관성이 철학자로서의 키에르케고르의 사유 활동에서 가장 기본적인 특징에 속한다고 본다. 그에 따르면 "일관성의 개념이 키에르케고르의 변증법의 핵심이었다."[18] 키에르케고르는 일찍부터 "일관성의 원칙에 기초하는 엄격한 변증법의 법칙들에 관심을 집중했다."[19] 말란추크는 심지어 바로 이 점을 밝히는 것을 자기 저서의 주안점으로 삼았다고 말한다.[20]

이러한 논지의 타당성을 입증하기 위해 말란추크는 키에르케고르의 일기와 노트에서 많은 구절들을 인용하며 그의 두 주저인 『철학적 단편』
과 『철학적 단편 후서』의 내용도 비교적 소상하게 분석한다. 예컨대 그
는 키에르케고르의 일기장에서 다음과 같은 구절을 인용한다.

설명과 이해가 내가 원하는 것이다. 일관성이 내가 요구하는 전부다.[21]

그리고 키에르케고르의 저서들 가운데 가장 이론적인 성격을 띤 것
으로 간주되는 『철학적 단편』의 논리적 일관성에 대해서도 그는 다음과
같이 개진한다.

이번에는 요하네스 클리마쿠스Johannes Climacus[=키에르케고르의 가명]
가 인간 일반의 차원과 기독교적 차원을 더욱 가깝게 연계시키려는 모
든 노력의 문제점을 지적하기 위해서 합리적인 방법들을 사용한다. 클
리마쿠스는 그러므로 여기서 신앙인으로 등장하지 않는다. 그는 단순히,
일관성 있게 사유하는 가운데 실험적으로 한 문제를 취급하는 변증가
dialectician다. 신앙인과는 다른 변증가의 자격으로 그는 기독교의 입장들
을 가설의 형태로 제시하여야만 한다. 이러한 가설을 토대로 해서 그는
그것에 내포된, 인간의 지식과 실존에 관한 **논리적인 결론들**을 유도해낸
다. 그 가설의 논리적인 결론들은 **수학적인 정확성**으로 유도된다. 이처
럼 『철학적 단편』은 키에르케고르가 일관성 있는 사유라는 말이 무엇을
뜻하는지를 가장 잘 예증해주는 책이다. 구체적인 것을 내용으로 하고 있
는 [다른] 저서들 속에는 이 일관성이 더 은밀하게 감추어져 있다.[22]

『철학적 단편 후서』에 나타나는 키에르케고르의 논리적 일관성에 관

해서도 말란추크는 이에 못지않은 강한 표현으로 기술하고 있다.

> 기독교는 『철학적 단편 후서』에서처럼 객관적인 방법으로도 조명될 수
> 있다. 그러나 이러한 객관적인 접근 방법을 통해서 우리는 기독교가 비합
> 리적인 종교라는 '확실성'에 도달하게 된다. 한 엄격한 과학적·학술적 접
> 근 방법은 이처럼 기독교의 진리를 객관적으로 '입증'하기 위한 노력에서
> 통상적으로 추구되는 것과는 전혀 다른 결과를 가져오게 된다. 이 점은
> 또한 후자의 노력이 오해와 피상적인 사유에 기초하고 있음을 의미한다.
> 이러한 철저한 객관적인 검토를 통해서 우리는 소크라테스 식의 실존 영
> 역과 기독교적 실존 영역을 정확하게 구분할 수 있게 된다.[23]

헤르만 딤도 사유의 일관성에 대한 키에르케고르의 관심과 관련해서
다음과 같이 서술한다.

> 지성의 견지에서는 역설적인 것으로 간주될 수밖에 없는 기독교의 비합
> 리성을 키에르케고르가 재천명했다면 아름다운, 그리스적인 온건한 사
> 유를 대단히 애호한 그가 그와 더불어 사유에 대한 정열의 가치를 부정
> 하게 되었던 것은 결코 아니다. 그는 오히려 그로 말미암아 신앙과 사유
> 간의 경계 분쟁을 치르되 성육신한 신의 절대적인 역설로 말미암아 사
> 유[=이성]가 '몰락'하게 되는 데까지 맹렬하게 치러야 한다는 점을 가장
> 강하게 인식했으며 그러한 분쟁을 치른 후에도 스스로 실존하는 사유자
> 로서 자신의 삶을 사상적으로 통제하여야만 하는 과제를 완수하려고 노
> 력했다.[24]

프랑스의 키에르케고르 전문가 졸리베<sup>Regis Jolivet</sup>도 이와 관련해서 다음과 같이 서술한다.

> 키에르케고르가 자기 자신의 의도에도 불구하고 자신의 이론들을 합리화하지 않았느냐에 관한 질문이 이유 없이 제기되지 않았다.…모순이 합리화되고 역설이 정당화된다. 비합리적인 것이 설명되고 부조리한 것이 해석된다. 실존적 진리가 공교육을 맡은 교수에게 [보편타당한 교육의 내용으로] 위임된다.…그와 더불어 그것은 보편성[=보편적인 판단의 기준인 객관적 사유, 즉 이성]의 비호를 받게 된다."[25]

키에르케고르는 이처럼 자신의 모든 사유 활동과 저술 활동에서 어떤 논리적 오류 없이 시종일관 일관성 있게 자신의 논지들을 전개하려는 결연한 의지를 보였으나, 실제적으로는 앞서 언급한 다양한 사유들로 인해서 지속적으로 자가당착적·자기부정적 견해를 표명했으며 자신이 제기하는 주장들이 함축하고 있는 의미와 결과를 투명하게 간파하지 않고 그들을 단도직입적으로 표출하기 일쑤였다. 물론 그는 자신이 그렇게 하고 있음을 의식하지도 못했다.

### (2) 주체적 진리와 객관적 진리

키에르케고르의 사상에서 가장 중요한 동시에 극히 이색적인 한 이론은 단연 그의 진리관이다. 인간에게 유용한 것이 곧 진리며 진리는 그 무엇의 실용성에서 발견할 수 있다고 주장한 미국 실용주의자들의 진리관이 전통적인 진리관의 견지에서 볼 때 매우 특이했듯이 키에르케고르의 진리관도 매우 특이함이 분명하다. 객관성이 진리가 아니고 주체성이 진리이며 노력과 과정이 진리다. 그리고 모험과 역설이 진리이며 신앙이 진리다.

그가 이처럼 객관성이 아닌 주체성이 진리라고 선포했을 때 그는 비록 분명히 의식하지는 못했으나 내심으로는 절대적으로 타당하며 영원히 타당하다고 스스로 굳게 믿고 있었던 객관적인 진리를 토대와 배경으로 해서 그렇게 했다. 특히 기독교라는 진리의 체계를 토대와 배경으로 삼아 그렇게 했다.

키에르케고르의 주장대로 기독교를 단순히 일련의 엄격한 교리의 체계라고만 간주할 수는 없을 것이다. 그러나 그것이 분명히 신과 인간, 인간의 죄타락과 그리스도를 통한 구속의 역사, 창조와 내세 등에 대한 다양하고 확고한 객관적인 교리들을 기초로 하고 있음은 키에르케고르도 결코 부인할 수 없을 것이다. 만약 그가 이 점을 부인한다면 그는 그와 더불어 자신의 실존사상과 신앙관 및 인생관 전반의 기초를 스스로 무너뜨리는 결과를 초래할 것이다.

키에르케고르는 사리의 옳고 그름을 분명하게 식별하고 판별하는 데 전심전력을 다하는 한 사상가로서, 한 예리한 "변증가"로서, 아니 그에 앞서 진리와 진실에 대해 절대적인 관심을 가지지 않을 수 없는 한 인간으로서 출발해서 가장 중대한 인생의 제반 문제들에 대해 진지하게 논하게 되었다. 그는 자신이 안고 있었던 다양한 개인적인 문제들을 깊이 의식하고 그들을 극복하고 해소할 방도에 대해서 심각하게 사유해보게 되었다. 그리고 그는 극히 비합리적인 헤겔의 합리론이 전 유럽과 덴마크의 지성인들에게와 특히 기독교인들에게 가져다줄 폐해에 대해서도 크게 우려하게 되어 그에 대항해서 강력하게 투쟁하지 않으면 안 되었다. 그와 더불어 그는 그 당시 완전 유명무실하며 형식주의와 의식주의에 빠져 있었던 덴마크 국교도의 쇠락을 개탄하고 그들을 순수한 기독교 신앙인으로 변화시켜야만 한다는 소명감을 갖기도 했다.

이처럼 자기 자신과 타인들의 삶과 관계되는 다양하고 구체적인 문제들을 목전에 두고 키에르케고르는 그들의 정확한 성격과 내용, 그 원인과 동기, 그리고 무엇보다 그들에 대한 해결책 등에 대해 진정 심각하게 반성하고 분석해보지 않으면 안 되었다. 자기 자신의 개인적 문제들과 만인에게 해당되는 공적 문제들로 인해서 오랫동안 번민하던 중 그들을 극복해야만 할 필요성을 통감했기에 그 실상과 해결 방안에 대해 신중하게 반성하고 분석하게 되었던 것이다.

그렇게 할 때 그는 필연적으로 동일률과 모순율과 충족이유율 등 전 인류에게 보편타당한 객관적인 사유와 판단의 척도를 사용해야만 했다. 이들은 그가 확보할 수도 없고 확보하려고 노력할 가치도 없다고 선포한 "객관적 진리"에 속하는 원리들 또는 이치들이다. 이들을 척도로 하지 않고서는 그 누구도 인생의 문제들에 관해서 전혀 어떤 판단을 내리거나 그 어떤 주장을 제기할 수 없음은 너무나도 자명하다. 주체적 진리는 객관적인 진리의 토대 위에서만 가능하다. 객관적 진리를 바탕과 테두리로 하며 그 지침과 목표로 하지 않는 주체적 진리는 불가능할 뿐 아니라 그러한 것이 가능하다면 그것은 완전히 거짓된 비진리일 것이다.

그런가 하면 키에르케고르가 절대시하는 주체적 진리도 어떠한 의미로는 객관적 진리라고 할 수 있다. 왜냐하면 그가 거론하는 주체적 진리는 소수의 개인들에게만 타당한 진리가 아니고 만인에게 보편적으로 타당한 진리이기 때문이다. 그것은 모든 개별적 실존자가 모름지기 취해야만 할 올바른 "주체적 태도"이며 그들이 마땅히 해야 할 도리를 뜻하기 때문이다. 그것은 칸트의 지상명령der kategorische Imperativ과 같이 단지 개

개인이 경우에 따라 따르면 좋은 그러한 사사로운 행동의 "준칙"<sup>Maxime</sup>

만이 아니고 인류 전체가 예외 없이 다 따라야만 하는 절대적인 "당

위"<sup>Sollen</sup>이며 "보편타당한 행동의 법칙"<sup>Prinzip einer allgemeinen Gesetzgebung</sup>이

다.[26] 칸트의 지상명령은 개개인들이 실천이성의 사려와 도덕의지의 결

단으로, 그리고 전인투구의 노력으로 수행해야만 할 주체적 진리이며 만

인이 예외 없이 모름지기 그렇게 해야만 할 보편타당하며 절대적인 객

관적 진리이기도 하다.

키에르케고르의 실존적 진리도 마찬가지다. "주체성이 진리다"라는

명제는 만인이 항상 그들의 행동과 삶의 객관적인 척도와 기준으로 삼

아야만 하는 도덕적·실존적 계율을 함축하는 명제다. 그러한 의미에서

키에르케고르가 주체적 진리라 칭하는 것은 객관적 진리이기도 하다고

볼 수 있는 것이다. 이것이 키에르케고르가 내심으로 믿고 주장한 바임

이 분명하다. 그러나 그는 진리가 객관성에 있지 않고 주체성에만 있다

고 역설했다.

키에르케고르가 의식하지 못하고 간과한 중대한 사항이 한 가지 더

있다. 그것은 그가 주체적 진리라 칭한 것은 객관적 진리를 토대나 틀로

하고 있을 뿐 아니라 우리가 객관적 진리를 순수하게, 그리고 우리의 심

중 깊은 데서부터 진정 확실하고 뜨겁게 인식하게 될 때 그것이 곧 우리

의 실존과 직결되며 우리를 변화시켜주고 진정한 우리 자신으로 자유롭

게도 해주는 그러한 주체적 진리가 된다는 사실이다.

앞으로 자세히 다루겠지만, 키에르케고르가 상정한 것과는 달리 인

간은 놀랍게도 절대 타당하며 영원히 타당한 객관적 진리를 확보할 수

있다. 그러한 진리를 우리가 확보하고 인식하되 단순히 지성만이 아닌

지정의가 합해진 우리의 전인이 개입되어 그렇게 함으로써 그것이 순수

하게 그것대로 우리의 인격 속에 내면화된다면 그것이 곧 다름 아닌 주체적 진리가 아니겠는가? 그러한 객관적 진리야말로 사실은 "한 실존하는 개인을 위해 존재하는 최고의 진리"일 것이다.[27]

올바른 가치관의 부재가 현대인들의 근본적인 문제점이라고 할 때, 그들이 만약 이와 같은 전인격적이며 내적인 방식, "실존적인" 방식으로 절대 타당하며 영원히 타당한 객관적인 진리를 확보하게 된다면 그들이 안고 있는 제반 인생의 문제들이 근본적으로 해결될 것이다. 그러나 우리는 결코 키에르케고르와 함께 그가 주체적 진리라고 일컫는 것을 최고의 진리라고 간주할 수 없다. 객관적인 진리를 토대와 척도로 하지 않는 주체적 진리는 비진리일 것이며 경우에 따라 그것은 우리를 어둠과 파멸로 인도하는 최고의 비진리가 될 수도 있다. 객관성이 진리가 아니고 오로지 주체성만이 진리라면 키에르케고르가 제기한 모든 이론과 나아가서는 그의 사상 체계 전체가 무너지게 된다. 기독교도 무너지고, 우주도 무너지게 된다. 그뿐 아니라 키에르케고르 자신은 물론 전 인류와 더불어 신도 존재하거나 활동할 수 없다.

그러므로 어떤 의미로는 주체성만이 진리라는 키에르케고르의 주장만큼 그릇된 비진리는 없다고 보지 않을 수 없다. 최고의 진리는 오히려 방금 지적한 대로 우리가 지정의가 합해진 전인의 차원에서 진정 투명하고 확실하게 인식하는 데서 내적으로 소화될 뿐 아니라 우리의 삶 속에서 구체적으로 외화되기까지 하는 그러한 객관적 진리일 것이다. 바꾸어 말하면 우리가 주체적 진리로, 즉 올바른 주체적 태도와 자세로 확보하고 점유하며 실현하게 되는 객관적 진리가 우리에게 가능한 최고의 진리일 것이다.

키에르케고르는 보편타당하며 절대적인 객관적 진리는 유한한 인간이 확보할 수 없거니와 그가 비록 그것을 확보한다 할지라도 그것은 그에게 무의미하며 무가치할 것이라고 했다. 이것은 분명히 크나큰 오해이며 실로 치명적인 오해다. 불행하게도 키에르케고르의 이러한 오해는 현대인들의 오해이기도 하다. 키에르케고르는 인간이 유한하며 죄악된 존재이기에 스피노자가 주장한 바와 같은 초시공간적이며 형이상학적 요지에서, 즉 "영원의 관점에서"*sub specie aeternitatis* 영원불변하며 객관적인 진리를 투시하고 통찰할 수 없다고 했다. 하지만 상술한 바와 같이 그는 그러한 진리를 이미 확보한 상태에서 그것을 토대와 배경과 척도와 기준으로 해서 자신의 제반 실존주의적 이론들을 전개했으며 자신의 특이한 진리관도 정립하고 주장했다. 그의 인간론을 고려할 때도 인간은 본질적으로 영원의 관점에서 모든 것을 관망하고 투시할 수 있는 타고난 형이상학자라 간주하지 않을 수 없다. 그에 따르면 인간은 시간성과 영원성으로 구성되어 있으며 자아 또는 정신이 양자를 매개하는 제3의 긍정적인 요소가 아닌가?

그의 이러한 인간론과 대비되는 그의 반주지주의적·반형이상학적 입장은 헤겔과 같은 사변철학자들과는 달리 "정직한 길"을 따라 세상만사를 철저한 비판주의적 관점Kritizismus에서 보고 평가한 칸트의 인식론(선험적 관념론)과 그의 영향을 받은, 상술한 소수의 반헤겔주의자들 및 낭만주의자들의 세계관에 그 기원을 두고 있음이 분명하다. 우리가 곧 다루겠지만 키에르케고르는 칸트의 극단적인 비판주의를 일단 비판의 대상으로 삼고 진중하게 평가해보지 않은 채 무비판적으로 그 타당성을 수락하는 오류를 범했다. 칸트와 마찬가지로 키에르케고르도 매우 비판적인 사상가였으나 충분히 비판적이지는 못했다. 칸트의 비판주의를 재비판하는 데서 어떠한 결과가 따르는지에 대해서도 이후에 살펴보도록 하자.

## (3) 인간관과 신관

인간과 신에 관한 키에르케고르의 해석도 그의 진리관과 마찬가지로 많은 모순성을 노출하고 있다. 여타 동물들과는 달리 "개별자가 종 그 이상이라는 탁월성"을 지닌 인간은 본질이 실존에 앞서기보다 실존이 본질에 앞선다. 실존의 체계는 전지하신 신에게는 가능하겠으나 유한한 인간 자신에게는 불가능하다. 죄로 말미암아 인간들은 다 죽음에 이르는 병을 앓고 있다. 개개인은 각각 자기 자신이면서도 그 병으로 말미암아 진정한 자신에 대해서 모르고 있으며 자신을 크게 곡해하고 있다. 그리고 자신을 상실하고 있다. 그가 비록 올바른 출발점에서 참된 자아를 재발견하고 회복하게 된다 할지라도 그는 계속적으로 자신을 발견하며 만들어가는 과정에 있게 된다. 그 과정의 종국은 그가 사는 날 동안에는 도래하지 않는다. 그러한 의미에서도 진리는 과정이며 길이다. 인간은 시간성과 영원성이 접촉하는 "순간" 속에서, 순간순간 자기 자신을 만들어가야만 하는 역사적인 존재며 역사 그 자체다.

인간이 이처럼 순간과 역사 속에서 자신을 만들어가는 역동적이며 "변증법적인" 존재이고 극히 심오하며 고차원적인 실존이라면 그 누구도, 키에르케고르 자신도 자신이 누구인지 정의할 수 없다. 인간론과 실존관의 정립은 불가능하다. 그러한 이유로 실존에 대한 체계는 인간 자신에게는 불가능한 것이다.

그런가 하면 인간은 유한성과 무한성, 시간성과 영원성, 육체와 영혼으로 구성되어 있는데 이 양자를 서로 연결시키고 종합통일하는 제3의 요인은 정신 또는 자아다. 인간은 정적인 존재가 아니고 역동적이며 변증법적 존재다. 그는 신도, 금수도, 천사도 돌도 아닌 실존이다. 자기 자신과 계속 관계를 맺는 가운데 매 순간 유한성과 무한성을 매개하는 데서 무한화와 유한화의 역동적인 사건을 전개하고 있는 정신이며 무한성의 정열로 무한자와 진정한 자신으로 나아가는 변증법적 측정 그 자체다.

이처럼 우리는 인간이 누구이며 무엇을 추구하고 있는 존재인지 분명하고 확실하게 알 수 있다. 키에르케고르와 그의 영향으로 현대 실존주의를 발전시킨 야스퍼스와 사르트르 등은 본질이 실존에 앞서기보다 오히려 실존이 본질에 앞선다고 주장했다. 실존에 대한 정의도 불가능하며 그에 대한 이론적인 체계는 더더구나 불가능하다는 것이었다. 그들에게 "인간은 하나의 기정사실이 아니고 하나의 과제다."[28] 야스퍼스는 "만약 실존철학이 인간의 실존이 무엇임을 안다고 주장한다면 그것은 실존철학의 와해를 뜻할 것이다"라고 말했다.[29]

인간에 관해서는 전혀 알 수 없다는 점을 고조하는 이러한 말들이 사실은 역설적으로 그에 대해 대단히 많은 것을 알려주기도 한다. 이러한 진술들은 모두 인간이 누구인지를 소극적으로, 그러나 동시에 또한 적극적·긍정적으로 한정하며 해석하는 심오한 말들이다. 이 진술들은 사실 아리스토텔레스를 위시한 과거 주지주의자들이 인간에 관해서 기술한 말들보다 더 월등히 그의 본성에 적중하는 말들이다. 진정 무게 있고 의미심장한 말들이다. 나아가 그들이 그들의 저술 활동과 강의와 연설에서 개진한 모든 말들은 직간접적으로 인간의 "본질"을 부정적으로 아니면 긍정적으로 한정하는 말들이다.

그들이 헤겔과 여타 주지주의적 사상가들과 같이 인간에 관한 한 뚜렷한 이론 체계를 구축했다고는 볼 수 없다. 그러나 비록 보이지는 않고 걷잡을 수는 없으나 그들도 하나의 체계 또는 초체계로 간주할 수밖에 없는, 인간의 정체성과 본성에 관한 일련의 해석 체계를 소유하고 있다. 그들의 심중에 이미 설정되어 있는 그러한 초이론적이며 초학술적인 체계를 배경으로 하고 틀로 해서 그들은 인간에 관한 모든 생각을 하고 있고 모든 말을 하고 있다.

신은 절대자요 절대 불가지적인 실재다. 신은 하늘에 계시고 인간은 땅에 있다. 양자 간에는 절대적인 차이가 있다. 신의 존재나 속성은 어떤 방법으로도 증명할 수 없다. 칸트가 지적한 바와 같이 과거 철학자들이 제시한 존재론적 증명이나 우주론적 증명 또는 목적론적 증명으로는 신의 존재를 결코 입증할 수 없다. 신은 우주의 도처에 내재하고 있다. 그러나 그가 직접적으로 그 속에 내재하고 있는 것은 아니다. 그는 시내 도처에서 볼 수 있는 순경과도 같이 우주 만물을 통해 자신의 모습을 만인이 볼 수 있게 드러내지 않는다. 우리는 그의 불가시성과 자아 은닉 속에서 그의 무소부재를 체험해야만 한다.[30] "신의 무소부재는 곧 그의 불가시성을 뜻하며 그의 자아 계시는 곧 그의 자아 은닉을 뜻한다."[31] "손가락으로 가리킬 수 있는 신은 곧 우상이다."[32] 따라서 "신과의 직접적인 관계는 곧 이교를 뜻한다."[33]

신이 절대 불가지적이기만 한가? 인간과 관계없이 천상에 독존하고 있는가? 아니다. 그렇다면 그가 불가지적이라는 사실이나 천상에 독존하고 있다는 사실도 알 수 없을 것이다. 우리는 적어도 신이 절대 불가지적인 것이 아니라 앞서 언급한 그러한 본성과 다른 많은 속성과 특성을 지닌 자라는 사실만은 알 수 있다. 상술한, 신의 초월성과 불가지성에 관한 모든 진술들은 다 신이 누구임을 알고 설명하는 말들이다. 신과 관련해서 그가 제기한 모든 판단과 주장은 직간접적으로 다 신이 누구이며 누가 아닌지를 한정하는 것들이다. 그가 헤겔과 같이 하나의 합리적 신학체계를 발전시켰다고 할 수는 없다. 그러나 그가 신과 관련해서 표명한 제반 이론들과 주장들이 합해져 하나의 보이지 않는, 그러나 그만큼 방대하고 심오한 신학체계를 구성한 것은 분명하다.

그는 성경의 가르침을 토대로 해서 혹은 자신의 사고력과 판단력에 힘입어 신에 대해서 많은 것을 알고 있으면서도, 많은 객관적인 지식을 소유하고 있으면서도 신은 완전히 불가지적인 존재이며 절대적인 "타자"他者라고 고백했다. 그는 인간과 신에 대해 전혀 모르고 있었던 것도, 완전히 다 알고 있었던 것도 아니며 말하자면 알고도 모르고 있었다. 그는 그들에 대한 많은 객관적인 지식을 소유하고 있었으나 그의 지식은 스콜라신학자들과 헤겔의 이상에 따라 이론적으로 완전히 객관화할 수 있는 그러한 투명한 개념적인 지식은 결코 아니었다. 무한히 심오하고 방대한 지식이었다. 그러므로 그는 인간과 신에 대해 많은 객관적인 지식을 소유하고 있음에도 그가 소유한 지식이 진정 무엇을 의미하는지에 대해서는 알고도 모르고 있었던 것이다. 그러한 연유에서 그는 가톨릭과 개신교 내의 문자주의자들에게 맹렬히 항의하게 되었으며 신 계시와 성경의 가르침의 "변증법적" 성격을 무엇보다 강조하게 되었던 것이다.

지식에는 플라톤이 거론한 네 가지 종류 즉 추측지eikasia, conjecture, 신뢰지pistis, belief, 과학지dianoia, understanding, 이성지noesis, reasoning만 있는 것이 아니다. 데카르트, 스피노자, 셸링, 후설이 거론한 지적 직관intellektuelle Anschauung 또는 현상학적 본질직관phänomenologische Wesensschau을 통한 앎도 있고 해석학(슐라이어마허, 딜타이, 하이데거, 가다머)에서 중시하는 직관적 이해력Verstehen을 통한 깊은 앎도 있다. 뿐만 아니라 브루너 같은 신학자는 신앙도 앎의 일종이며 그것이 사실은 가장 깊고 참된 앎에 속한다고 주장한다. 그에 따르면 아우구스티누스와 안셀무스 등 스콜라신학자들이 상정한 것과는 달리 기독교적 신앙은 참된 앎에 이르는 관문 또는 준비 단계를 뜻하기보다 그것 자체가 참된 지식이다.[34] 심지어

하이데거도 그러한 종류의 깊은 신앙지에 대해서 언급한 일이 있다.[35]

키에르케고르는 지식에 이러한 다양한 종류가 있음을 의식하지 못하고 지식이라는 용어를 주로 과학지와 이성지와 동일한 뜻으로 이해하고 사용했다. 앞서 언급했듯이 그가 신과 인간에 대해서 모른다는 뜻에서 그들과 관련해서 표현한 말들은 사실 그들을 적어도 소극적으로는 알고 ㅡ사실은 매우 깊이 알고ㅡ정의하는 말들이기도 했다. 소크라테스의 경우에서와 같이 무지가 때로는 사람들이 지식이라고 칭하는 것보다 더 깊고 방대한 지식임도 그가 감안했어야만 했다. 무지가 때로는 단순한 일자무식의 무지가 아닌 "유식한 무지"knowing ignorance임을 알아야만 했던 것이다. 이러한 사실들을 분명히 의식하지 못하였기에 키에르케고르는 지식이라는 용어와, 사물과 사리에 대한 바른 지식을 뜻하는 객관적 진리를 줄곧 부정적인 시각에서만 보고 평가하게 된 것이다.

아무튼 키에르케고르의 실존사상은 그가 문제시한 객관적 사유의 힘으로 정립된 철학이며 객관적 지식 체계를 바탕과 틀로 하고 정립된 철학이다. 사실은 그것 자체가 하나의 지식 체계다. 그것은 부정적인 방법과 긍정적 방법으로 인간과 신과 진리의 본질과 특성을 조명하는 것을 내용으로 하고 있는, 따라서 그들이 무엇임을 부정적으로 또는 긍정적으로 기술하고 전달해주는 하나의 지식 체계다. 그것은 부정적인 방법과 긍정적 방법으로 인간과 신과 진리의 본질과 특성을 조명하는 것을 내용으로 하고 있는, 따라서 그들이 무엇임을 부정적으로 또는 긍정적으로 기술하고 전달해주는 하나의 지식 체계다. 그것이 비록 매우 정교하고 짜임새 있는 헤겔의 개념적 지식의 "체계", 사변 체계와는 질적으로 상이한 체계라 할지라도 역시 하나의 체계임은 분명하다. 이성의 잣대로는 그 폭과 깊이를 측량할 수 없기에 걷잡을 수도 없고 볼 수도 없는 하나의 초개념적이며 "변증법적인" 지식의 체계다.

　스콜라주의자들과 헤겔은 수면 위에 드러난 빙산의 일각 위에 그들의 체계를 구축하려 했다. 반면 키에르케고르는 이 빙산의 보이지 않는 깊고 방대한 근저를 토대로 해서 하나의 반주지주의적 체계, 하나의 "반체계"를 정립하려 했다고 볼 수 있다. 키에르케고르 자신은 그것이 하나의 체계임을 완강히 부인하였겠으나 그것은 자신의 인간관, 신관, 세계관, 가치관 등을 소개하는 하나의 보이지 않는 체계, 하나의 "고등 체계"였음이 분명하다. 그는 처음부터 이미 정립되어 있는 그러한 무한히 개방된 "변증법적" 체계를 가리키며 사람들로 하여금 그 정체와 본성을 찾아 계속 나아갈 것을 촉구했다.

　그리고 키에르케고르의 이러한 초개념적 지식 체계는 결코 매우 자의적이며 상대적인 "주관적" 지식의 체계가 아닌 절대 타당한 객관적인 지식의 체계이자 "주체적" 즉 실존적 지식의 체계이기도 했다. 그러한 이유에서 키에르케고르는 시종일관 자신의 소신에 대해 그렇게도 강경하고 확고부동한 입장을 취했던 것이다. 그는 본시부터 의식·무의식적으로 항상 이미 확고하게 소유하고 있던 그러한 유형무형의 체계를 기본적인 준거의 틀Bezugssystem, system of reference 또는 패러다임으로 해서 신과 인간과 진리를 포함한 인생의 제반 문제들을 거론하며 그에 대한 과거 주지주의자들의 입장을 분석하고 비판했다. 현대 해석학에서 특별히 강조해서, 이제는 사람들이 상식으로 받아들이고 있는 바와 같이 그 어느 사상가나 그 어느 개인도 어떤 근본적인 존재 이해와 세계 이해, 이념과 가치관 없이 사유 활동과 현실 생활에 임할 수는 없다.

## 4. 현대인과 실존의 문제

### (1) 현대인과의 대화의 가능성

키에르케고르는 인간이 이성의 지력으로는 결코 객관적인 진리를 인식할 수 없으며 비록 그것을 인식할 수 있다 할지라도 그것은 그의 실존에 대해 무의미하며 무가치하다고 보았다. 그는 진리지의 문제와 관련해서 아우구스티누스가 적수로 삼았던 당시의 회의론자들과 유사한 입장을 취했다. 그도 이들과 흡사하게 우리가 이성으로서는 진리의 근사치 verisimile 또는 근접지 Approximationswissen는 확보할 수 있다 할지라도 진리 자체 verum는 인식할 수 없다고 보았다. 그러한 연유에서도 우리는 객관적인 진리에 대한 관심에서 돌이켜 주체적인 진리의 확보에 총력을 기울여야만 한다는 것이었다.

진리는 객관성에 있는 것이 아니고 주체성과 내면성에 있으며 무한한 정열과 투지력을 통한 신앙의 모험과 비약에 있다. 사물과 사리, 현상과 사건을 객관적 사유로 냉철하게 관찰하고 분석하는 데 힘을 쏟는 대신 객관적인 사유 즉 이성의 견지에서 볼 때 "객관적인 불확실성"에 불과한 대상 또는 주장이라 할지라도 그것을 "정열적인 내면성으로 점유하고 견지하기 위해" 전인투구의 노력을 경주해야만 한다. 그것이 한 실존자를 위해 가능한 "최고의 진리"다.[36] 기독교는 객관적 사유의 인식의 대상인 교리들의 체계가 아니다.[37] 왜냐하면 "기독교는 정신이며 정신은 내면성이기 때문이다. 내면성은 주체성이며 주체성은 그 근본에 있어서 정열이기" 때문이다.[38]

객관적인 확실성이 사실은 신앙인에게 "가장 위험한 적"일 수도 있다. 그것은 확실성으로 말미암아 그의 정열이 식어지고 신앙심도 사라지게 될 것이기 때문이다. "확실성과 정열은 서로 배타적이다."[39] 신앙은 결코 지식의 문제가 아니며 어디까지나 의지력과 정열의 표출 방법이다.[40] 그러므로 기독교 신앙을 수락하기 위해서는 이성을 포기해야만 한다. 이성을 십자가에 못 박아야만 한다.[41]

키에르케고르는 참되고 본래적인 자기 자신을 망각하고 상실한 채 자기답지 않은 비본래적이며 거짓된 자신으로 살아가고 있던 19세기의 유럽 지성인들과 일반 대중에게 진정한 자아 발견과 자기 회복을 촉구하기 위한 목적으로 위와 같은 독특한 진리관과 신앙관을 발전시켜서 글을 통해 전달하려 했다. 그러나 그는 원래 의도했던 바와는 전혀 다르게 소크라테스 식의 산파술 또는 대화적 변증법을 통해 자신의 의사를 독자들에게 전달하기보다 오히려 단도직입적이며 독단적인 방법으로 전달하려 했다. 그는 이들과의 어떠한 의미 있는 쌍방적인 대화의 필요성도 인정하려 하지 않았으며 그것을 가능하게 하기 위한 접촉점의 문제에 대해서도 유의하지 않았다. 그는 복음 전파자들이 그리스도의 사건에 대한 케리그마$^{Kerygma}$ 또는 메시지를 극히 강경한 어조로 불신자들에게 선포하고 그것을 그들이 무조건적으로 수락할 것을 요청하는 것처럼 자신의 제반 주장들을 독자들에게 단도직입적으로, 그리고 강권적으로 관철하려 했던 것이다.

그러나 그런 독단적이며 강압적인 방법으로는 그 누구도 성공적으로 현대인들에게 접근해서 그들 자신의 실존에 대해서 반성해볼 것을 촉구할 수 없다. 모든 시대의 사람들과 모든 부류와 계층의 개인들에게 그렇게 해야만 하는 것과 마찬가지로 이들에게도 이들의 개인적인 정서와 문화적 여건 및 시대적 상황에 적합한 접근 방법과 언어로 다가가야만 한다. 그러한 접근 방법과 언어로 그들에게 다가가서 그들과 의미 있는 쌍방적 대화를 나눌 수 있어야만 한다. 소크라테스 식의 개방적인 "대화적 변증법"을 그들과 함께 수행할 수 있어야만 한다. 이와 같은 쌍방적이며 개방적인 대화를 그들과 나눌 수 있기 위해서 우리가 무엇보다 선결해야만 하는 문제는 두말할 나위 없이 **대화의 접촉점**이다.

어떠한 접촉점도 없이, 어떠한 단서와 "디딤돌"도 없이 그들로 하여금 기독교 신앙관과 자신의 실존사상의 내용 전반을 오로지 정열과 의지력의 힘으로, 오로지 신앙의 모험과 비약을 통해 무조건적으로 수락하고 따를 것을 강요한 키에르케고르의 단도직입적인 돌진 방법은 고도로 발달된 첨단과학 시대에 살고 있으며 지적으로 극히 민감한 현대 지성인들의 정서와 사고방식에 전혀 적합하지 않은 접근 방법이다.

키에르케고르의 실존사상으로부터 적지 않은 자극을 받은 20세기 최대의 철학자 하이데거도 객관적 사유의 타당성을 문제시하는 키에르케고르와 유사하게 소위 "표상적 사유"das vorstellende Denken, 즉 모든 것을 과학적으로 정확하게 해명erklären하는 동시에 실용적인 견지에서 그 이용가치를 산정rechnen하는 데만 주력하는 이성적·개념적 사유를 거부하고, 그것과 완전 대비되는 "근본적인 사유"das wesentliche Denken를 통해 존재의 사건, 원초적인 진리의 빛의 사건에 전인적으로 참여하고 그 깊은 의미를 체험할 것을 강력하게 촉구했다.[42] 또한 하이데거의『존재와 시간』Sein und Zeit과 더불어 20세기 최대의 두 명저로 간주될 수 있는『진리와 방법』의 저자 가다머도 "주체–객체–관계"Subjekt-Objekt-Beziehung의 도식으로 세상만사를 규정하고 평가하는 과학이성과 사변이성의 표상적·과학적 방법으로는 결코 존재의 차원, 진리의 차원에 이를 수 없다는 점을 강력하게 주장했다.[43]

하이데거에 따르면 우리는 수천 년간 서양 사상가들이 채택해온 표상적 사유의 접근 방법을 포기하고 그와 상반되는 근본적 사유 또는 "원초적 사유"anfängliches Denken로 존재라는, 그 근거를 이성적으로 측량할 수 없고das für uns Unermeßliche 이성의 관점에서는 그 근저를 결코 확정할 수 없는 심연과도 같은 "비-근저"非-根底, Ab-Grund 또는 "원-근저"原-根底, Ur-grund로 무조건적으로 과감한 "비약"Sprung, Absprung을 감행해야만 한다. "어떠한 교량도 없이 한 새로운 영역과 한 새로운 언어의 차원으로" 비약해야만 한다. "그러한 비약은 공중에서 이루어지므로"Der Sprung selbst hängt in der Luft 그것을 통해 우리가 어디에 당도하게 될지 사전에는 알 수 없다. 오로지 비약 자체를 통해 비로소 알 수 있을 뿐이다.[44] 이성의 표상적·개념적 사유에서 "존재의 빛의 차원"Lichtung des Seins으로[45] 통하는 어떠한 다리도 없다. 양자 간에는 어떠한 접촉점도 없으므로 비약의 방법이 거기에 이르는 유일한 방도다.[46]

현대인들이 당면한 "최악의 정신적 위기" 앞에서, 하이데거는 자신이 "거룩한 자"das Heilige라고도 칭하는 존재의 목전에서 표상적 사유가 아닌 근본적 사유로, 그리고 예배하는 자의 경건하고 겸손한 자세로 나아가며 과감한 비약을 감행할 것을 권장하고 있으나 현대인들 가운데 몇 사람이 그러한 권유와 요청을 수락할 준비가 되어 있겠는가? 만약 하이데거의 주장대로 존재라는 원초적인 진리의 빛이 하나의 역동적인 사건으로 시시각각 일어나고 있는 것이 사실이라면 현대인들이 그가 촉구하고 주문한 바를 시행할 수 있기 위해서는 납득할 만한 이유와 근거를 비약의 발판으로 필요로 하고 있음이 분명하다. 그가 이들에게 비약을 위한 발판을 제시하지 않는 한 그들 중 그의 촉구에 응할 사람이 전무하거나 아니면 극히 소수에 불과할 것이다.[47]

키에르케고르의 경우에도 마찬가지다. 그와 현대인들과의 유의미하며 성공적인 대화의 접촉점을 어디에서 발견할 수 있을 것인가? 그들의 과학주의적·유물론적 사유의 차원에서 그가 주장하는 실존적 진리와 신앙의 차원에 이르는 다리는 존재하는 것인가?

신정통신학자 브루너는 인류가 공유하고 있는 도덕의식 또는 양심에서 복음 전파자와 불신자 간에 하나의 접촉점을 찾아볼 수 있으리라 기대했다. 우리가 이성의 재판소, 즉 이성의 분별력과 판단력에 호소하는 데서는 기독교 진리를 불신자들에게 결코 관철시킬 수 없다. 불신의 입지점에서 신앙의 차원에 이르는 이성적인 길은 존재하지 않는다. 그러나 우리는 모든 인간이 의식·무의식적으로 항상 죄책의 문제로 갈등을 겪고 있음을 감안하고 그들에게 죄책의 문제를 해결할 수 있는 방도를 제시함으로써 그들과 진지한 대화의 계기를 마련할 수 있고 나아가서는 기독교 세계관을 수락하게끔 설득할 수 있을 것이다. 이것이 브루너의 관점이다.[48]

그러나 양심을 대화의 접촉점으로 삼기에는 현대인의 도덕의식이 너무나도 무감각해져 있는 듯하다. 대부분의 현대 지성인들은 도덕적인 상대주의에 빠져 있는 것이 현실이므로 그들에게 죄책에 대해서 언급한다 할지라도 그에 대해 전혀 유의하지 않을 것이 명백하다.

그렇다면 우리는 현대인들에게 어떠한 방법으로 접근해야만 하는 것인가? 대다수의 복음 전도자들과 같이 그들과의 접촉점의 문제를 고려함이 없이 오로지 신의 은총과 도우심, 성령의 내적 조명과 감화 감동만을 기원하는 가운데 그들로 하여금 무조건적으로 실존 회복에 임할 것을 촉구하는 강력한 메시지를 전달하는 방법 외에 다른 방도는 없는 것인가?

## 1) 현대인들과 소크라테스의 "그노티 세아우톤"

상술한 바와 같이 현대인들은 자기 자신과 세상만사를 크게 곡해하고 있다. 그들은 자기 자신의 정체와 위상을 완전히 그릇된 척도로 재고 있기에 자신을 너무나도 평가절하하고 있는 것이다. 그들은 자신들의 내부에서 어떠한 놀라운, 그야말로 기적적인 사건이 지속적으로 발생하고 있는지도 모르고 그와 더불어 그들 외부에서도 어떠한 경이롭고 신비스러운 일들이 바로 그들 자신을 통해 시시각각 전개되고 있음도 의식하지 못하고 있다. 그들은 자신이 키에르케고르가 가르친 바와 같은 그러한 숭고하고 존귀한 정신과 인격임을 자각하지 못하고 있으며, 그러한 존재로서 그들이 전 실재 속에서 어떠한 위치에서 어떠한 역할을 수행하고 있는지를 알아채지 못하고 있는 것이다. 그래서 그들은 자신을 단순히 물질에서 진화된 고등 동물로만 이해하고 있다. 고작해야 자신을 과학이성과 기술이성으로만 간주하는 것이다.

그러므로 그들의 급선무는 그들 자신을 아는 데 있다. 그들은 자신을 알되 먼저 자신의 무지를 깨달아야만 한다. 그들이 현재까지 자기 자신과 세상만사에 대해 얼마나 그릇되게 알았으며 피상적으로 알았는지에 대해, 그 무지에 대해서 알아야만 한다. 자신이 어떠한 존재임을 재발견해야만 한다. 자신이 어떠한 본성과 본령, 특권과 책무를 지녔는지, 또한 자신이 주위의 사물들과 그들로 구성된 우주 전체와 어떠한 관계를 맺고 있는지 알아야만 한다. 자신을 통해서 우주를 알아야만 하고 우주를 통해서 자신을 알아야만 한다.

현대인들은 자신의 무지를 깨달아야 할 뿐 아니라 자신이 사실은 무의식중 또는 잠재의식적으로 항상 이미 얼마나 많은 것을 알고 있었는지를 알아야만 하고 자신이 항상 이미 얼마나 엄청난 것을 수행하고 있었는지에 대해서도 알아야만 한다. 자신의 진정한 정체와 위상, 특권과 책무를 재발견하고 재인식해야만 한다. 이러한 이중적인 의미로, "너 자신을 알라!"라는 소크라테스의 유명한 구호에 따라 그들은 자신을 알아야만 한다. 동시에 진정한 자신을 재발견하고 회복해야만 하는 것이다. 사람들은 일반적으로 소크라테스의 이 구호를 인간 각자가 자신의 무지를 깨달아야만 한다는 뜻으로 받아들인다. 그러나 그의 제자 플라톤의 인식론과 소위 "지행합일설"의 취지를 감안할 때 그 구호를 이러한 소극적인 의미로만 해석해서는 안 된다.

이들의 소신에 따르면 진리는 바로 인간의 영혼 속에 원래부터 새겨져 있다. 그러므로 자신의 무지를 깨닫고 진정한 자기반성과 자기분석을 통해서 자신을 바로 알게 되면 필연적으로 진리를 알게 된다. 진리를 바로 알게 되면 진리에 따라 바로 행동하고 살아가게 된다. 진리를 알고 진리지에 따라 선하고 아름답게 살아가게 되면 우리는 그러한 우리 자신으로, 진리의 빛으로 빛나는 우리 자신으로 크게 기뻐하지 않을 수 없을 것이다. 또한 무엇보다 우리가 인식하는 진리 그 자체 즉 참됨, 좋음, 아름다움 등 영원불변한 정신적인 원리들 자체의 절대적인 자아 가치로 말미암아 크게 기뻐하며 내적인 만족감과 행복감을 느끼지 않을 수 없을 것이다. 그와 같이 우리가 내적인 행복감을 누리며 살아가게 되면 자연적으로 외적인 행복도 따르게 마련이다. 이것이 소크라테스의 "지행복합일설"의 의미다.

이 점을 고려할 때 우리는 소크라테스의 구호를 단지 소극적인 뜻으로만 해석할 수 없고 적극적인 뜻으로도 해석해야만 할 듯하다. 즉 인간 각자는 자신의 무지와 더불어 진정한 자신과 자신 속에 새겨져 있는 진리를 알라는 뜻으로 해석해야 하는 것이다. 후설E. Husserl도 그 구호를 이

러한 이중적인 의미로 해석했다.[49]

키에르케고르도 일찍이 "길레라이에서의 사색"에서 소크라테스의 구호*gnothi seauton*를 자기 자신의 구호로 채택하고 자아 인식과 진리 인식에 전념할 것을 다짐했다. 그도 실존적인 자기 성찰을 통해 진정한 자기 자신을 인식하려고 했고 진정한 자기 자신으로 자유로워지려고 했다. 그리고 그에게 이것을 가능하게 하는 하나의 이념과 진리를 발견하기를 갈구하고 있었다. 사막 한가운데서 애타게 물을 기다리는 자와 같이 뜨겁고 강렬하게 그것을 갈구하고 있었다. 그도 자신의 정체성과 자신의 존재의 근원을 알아야만 했으며 진정한 자신을 재발견하고 실현할 수 있는 방도, 자신을 구원하며 자유롭게 하는 방도를 알아야만 했다. 자신과 진리를 알아야만 했다.

그리고 그는 『철학적 단편 후서』 중반 부분에서 개개인이 수행해야만 하는 실존적 변증법을 상론하는 과정에서 이를 위해서 무엇보다 먼저 실존적 자기반성과 자기 분석을 통해 진정한 자아 이해에 도달해야만 한다고 가르쳤다. 이를 위해 그들 각자가 동일하게 소유하고 있는 제반 기능들과 더불어 사고력*Denken*과 이해력*Verstehen*을 활성화해야만 하며 "사유의 정열"*Gedankenleidenschaft*과 반성능력*Reflexion* 또는 그것을 본질로 하고 있는 상상력*Phantasie*도 적극적으로 동원해야만 한다고 주장했다.

그렇게 하면서도 그는 객관적 사유와 객관적 진리의 가능성과 필요성을 부인하기도 했다. 아는 것이 중요하다고 실토하면서도 그는 감정과 지성을 통한 앎의 가능성과 필요성을 줄곧 부인했다. 이 기능들을 통한 앎, 즉 "객관적 확실성"이 약하면 약할수록 그것은 주체적 사유자에게 오히려 더 유리한 것이라고 했다. 그 이유는 신의 존재나 영혼불멸 등에 대한 객관적 불확실성이 크면 클수록 정열과 투지력이 더 강렬해지고 그와 더불어 주체적 확신이 더 강해지고 깊어지기 때문이다.

그래서 그는 어떠한 감성적 또는 이성적 앎의 가치도 부인하고 주체적 진리만을 강조했던 것이다. 자신과 진리에 대해 지성으로 알기를 원하기보다 비록 지적으로 불확실한 대상이라 할지라도 무한성의 정열을 통한 신앙의 모험과 질적 비약을 감행해야만 함을 고조했던 것이다. 그것이 진리 즉 진정한 실존에 이르는, 그리고 진리 그 자체인 신에 이르는 유일한 방도이며 구원과 자유에 이르는 유일한 길이기 때문이다. 그러나 그런 극단적인 반주지주의적 입장을 취함과 더불어 그는 대부분의 독자들, 특히 오늘날의 독자들과의 대화의 길을 완전히 차단하는 결과를 자초하게 되었다.

앞서 지적한 대로 만약 키에르케고르가 상정한 바와 같이 객관적 사유와 객관적 진리가 무익하고 불필요하다면 키에르케고르 자신의 주체적 사유도 역시 무익하고 불필요할 것이다. 객관적 사유로 수립한 헤겔의 사변 체계뿐만 아니라 엄격하고 진지한 변증가 또는 유머인으로서 키에르케고르가 수립한 "반체계"反體系, anti-system 또는 보이지 않는 "초체계"超體系, super-system도 불가능했을 것이다. 그리고 만약 인간이 객관적 진리를 인식할 수 없거나 인식할 객관적 진리가 존재하지 않는다면 키에르케고르 자신의 주체적 진리도 불가능할 것이다. 아니면 그의 주체적 진리는 너무나도 공허하고 무가치한 비진리일 것이다.

키에르케고르는 극히 냉철한 객관적 사유로 헤겔과 여타 주지주의 사상가들에 대해서 비판하고 평가했으며 그들에 대한 반론들, 거의 모든 반론을 제기했다. 그는 그것의 힘으로 객관적인 사유의 무용론을 제기했으며 반주지적인 성격을 띤 저서들을 저술했다. 객관적 사유, 그리고 그가 알게 모르게 항상 이미 소유하고 있었던 보이지 않는 객관적 진리의

체계가 한 실존하는 사유자 또는 실존주의적 변증가 키에르케고르에게
생명 그 자체였던 것이다.

객관적 사유와 객관적 진리는 사실 비판주의와 선험적 관념론을 주
창한 칸트나 그의 영향 하에 반형이상학적 사상 체계를 발전시키려 한
비트겐슈타인과 빈 학파에 속한 신실증주의자들과 언어분석 철학자들,
그리고 우리 현대인들 모두에게도 생명과도 같이 소중하다는 점을 그
누가 부인할 수 있겠는가?

### 2) 인간의 초월성, 그리고 현대인과의 접촉점

첨단과학과 사이버 문화의 가두를 달리고 있는 21세기의 사람들과의 대
화에서는 접촉점의 문제가 특히 더 중요한 문제로 제기된다. 그들이 과
학주의와 기술만능주의를 하나의 종교와도 같이 굳게 신봉하는 상황에
서 그들의 자아 이해와 사고방식에 하나의 급진적인 방향 전환을 목표
로 하고 그들과 의미 있는 대화를 시도한다는 것은 처음부터 승산이 없
는 허망한 노력인 듯이 보인다. 그들은 우선 우리가 키에르케고르, 야스
퍼스, 하이데거 등과 더불어 지적하고 있는 그들의 근본적인 문제점부
터 시인하지 않으려 할 것이다. 오히려 그들의 실존 이해와 실존방식에
는 전혀 이상이 없고 그것을 문제시하는 자들의 사고방식과 생활 태도
에 문제가 있다고 지적할 것이다.

현대인들로부터 단지 그러한 반응만이 예상되더라도 우리는 그들의
인격에 대한 존중심과 그들의 바른 삶에 대한 깊은 관심을 가지고 우선
진지한 자세로 그들과 자리를 함께하고 대화를 나누어야만 한다. 대화를
통해 문제를 풀어나갈 수 없다는 부정적인 판단에서 아예 그들과의 대
화를 단념해서도 안 될 것이고 전적으로 신의 은총과 도우심만을 기다

린다며 기도만 하고 있을 수도 없다. 신도 인간의 적극적인 노력과 활동을 통해서 간접적으로 구원의 손길을 펴시며 은총을 베푸신다 하지 않는가?

현대인들의 그릇된 자아 이해 및 실존방식과 관련해서 우리가 제시하는 견해에 그들이 이의를 제기하고 그에 대한 반론을 제기해온다면 그것으로 사실 이미 의미 있는 대화가 시작된 것이다. 요는 이러한 양식으로 열린 대화가 중단되지 않고 계속 이어질 수 있느냐 하는 것이다. 바로 여기서 접촉점의 문제가 주요 사안으로 제기된다. 어떠한 접촉점을 실마리로 해서 그들과의 대화가 소크라테스와 아테네 시민들이 나눈 대화와 같이 진정 진지하며 흥미로운 대화로 계속 전개될 수 있을 것이며 나아가서는 진정 유익하며 결실이 있는 대화로 종결되기까지 할 수 있을 것인가?

이 질문과 관련해서 우리는 우선 현대인들이 알게 모르게 진정한 자신을 망각하고 상실하고 있다는 바로 이 사실, 즉 그들이 치명적인 자아 소외의 문제로 신음하고 있다는 사실을 고려하고 여기에서 문제 해결의 단서를 찾아보아야만 할 것 같다. 전형적인 현대인들의 심리 상태와 의식 구조를 출발점으로 해서 그들과 대화를 나누는 가운데 필요한 대화의 접촉점을 발견할 수 있을 것이다.

현대인들이 비록 자신들의 정체성과 위상을 크게 곡해하고 살아간다 할지라도 그들은 여전히 분명한 인간들이다. 신약성경 기자들뿐 아니라 하이데거와 같은 현대 철학자들도 지적하고 있는 바와 같이 그러한 그릇된 삶을 살아가는 죄인 또는 "세인"世人, das Man도 인간으로서의 본래적인 모습과 근본적인 성향들을 완전히 상실하지는 않고 있으며 적어도 구조적으로는 그것들을 원래의 상태 그대로 보전하고 있다.

그릇된 자아 이해와 실존양식에도 현대인들이 각각 한 인간으로서 본질적으로 소유하고 있는 가장 기본적인 특성은 무엇인가? 우리의 소신으로는 그 무엇보다 그들의 초월성Transzendenz이 바로 그것인 듯하다. 이는 우리가 독자적으로 내리는 판단이 아니고 소크라테스와 플라톤과 아리스토텔레스에서 시작해서 아우구스티누스와 아퀴나스, 그리고 데카르트와 칸트를 거쳐 후설과 하르트만, 빈델반트와 리케르트, 하이데거와 가다머에 이르기까지, 서양 철학사에서 기념비처럼 우뚝 서 있는 위대한 사상가들의 인간관을 고려하고 내리는 판단이다. 인류 전체가 각자의 상이한 사고방식과 생활양식 및 이념과 이상에도 불구하고, 함께 공유하는 것이 분명한 **초월성**이 바로 우리가 필요로 하는 현대인들과의 대화의 접촉점이라고 할 수 있다.

인간은 그 무엇이기에 앞서 초월성이다. 그것을 의식하든 못하든 간에 인간 각자는 완전히 내재성Immanenz의 세계에 침몰되어 사물과 자신의 정체에 대해 분명히 의식하지 못하고 맹목적·본능적으로 살아가는 금수와는 달리 시공간적인 차원에 속한, 자기 자신을 포함한 모든 우연하며 변화무상한 개체들을 뛰어넘고 그 이면에 깔려 있는 초시공간적인 차원으로 초월할 수 있는 능력을 소유하고 있다. 그는 이러한 초월계로 초월해서 그 속에서 보편타당하며 절대적인 다양한 원리들과 이치들을 발견하고 이들을 척도로 해서 생각하고 행동하며 살아간다. 이들을 척도로 해서 그는 자기 자신과 주위의 사물들을 이해하고 평가하며, 규정하고 정립하며 살아간다. 달리 표현하면 그는 시공간적인 차원 이면의 진·선·미·성으로 요약할 수 있는, 초시공간적인 진리의 차원으로 초월해서 거기서 영원한 진리의 빛을 밝히 바라볼 수 있고 동일한 진리의 빛으로 자기 자신과 세상만사를 바라보고 살아갈 뿐 아니라 이들을 또한 그 빛으로 비춤으로써 그들이 그것으로 빛날 수 있게 하는 우주적인 빛의 역사를 전개하며 살아간다.

인간이 인간인 한 그는 본시부터 의식·무의식적으로 이미 이와 같은 진리의 빛의 차원에 초월해 있을 수밖에 없고 그 속에서부터 이와 같은 놀라운 우주적인 진리의 역사, 빛의 역사를 전개하며 살아갈 수밖에 없다. 플라톤과 아우구스티누스, 후설과 하이데거 등에 따르면 인간이 알게 모르게 계속 전개하는, 전개할 수밖에 없는 이와 같은 진리의 차원, 빛의 차원으로의 초월 활동은 놀랍게도 인간의 외부가 아닌 그 내부에서 이루어지는 활동이다. 인간은 역설적으로 이미 자기 자신 속에서 변화무상한 자기 자신과 우주 만물을 초월하고 영원한 진리의 차원에 도달해서 진리의 빛을 바라보고 있으며 그 빛의 비춤을 받는 가운데 우주적인 진리의 역사, 빛의 역사를 매 순간 계속 능동적으로 전개하고 있다는 것이다.

대부분의 과거 서양 철학자들의 사상 체계들을 "본질형이상학"으로 간주하고 맹렬히 규탄하는 가운데 존재자들 일반의 "본질"이 아닌 존재 자체의 의미를 규명하는 것을 필생의 과제로 삼았던 20세기 최대의 철학자 하이데거의 해석에 의하면, 인간의 초월성은 그가 시공간적인 차원 이면에 깔려 있는 다양한 보편타당한 초시공간적 원리들과 이치들, 즉 형이상학자들이 형상, 본질, 보편개념, 가치 등으로 지칭했던 것들의 차원으로 상승할 수 있는 능력을 뜻하기보다 존재의 차원으로 초월할 수 있는 능력을 뜻한다. 그것은 곧 이들 형이상학적 원리들과 이치들 중 하나도 아니고 그들의 합合만도 아닌 그 이상이며mehr als ihre Summe 원초적인 비-은폐성A-letheia, Un-Verborgenheit이요 진리 그 자체라 할 수 있는 존재의 빛을 바라볼 수 있고 그것을 또한 자신의 삶과 자기 주변의 사물들 속에서 능동적으로, 그리고 독창적으로 발할 수 있는 능력, "존재능력"Sein-können을 뜻한다.

『존재와 시간』, 『칸트와 형이상학의 문제』, 『근거의 본질』 등 그의 전기 저서와 『휴머니즘에 관한 서신』 등 그의 후기 저서에서 하이데거는 존재를 세계라고도 칭하는데 그의 정의에 따르면 세계는 인간 현존재를 포함한 "세계 내재적 존재자들", 즉 구체적인 개별자들 전체 위에 펼쳐져 있는 "원초적인 전체"ursprüngliches Ganzheit다.[50] 그는 그것을 "의미성"Bedeutsamkeit[51] 또는 "의미성 전체"Bedeutungsganze라[52] 칭하기도 한다. 인간은 본질상 항상 이미 이러한 전체적인 "의미의 지평"Sinnhorizont에[53] "피투"geworfen되어 있다. 그래서 그는 본시부터 그것과 완전히 친숙하며 vertraut mit 그것을 그 깊은 중심에서 내적으로 체험하고 이해하고 있는 상태다(상태성Befindlichkeit). 뿐만 아니라 그는 또한 그가 본디부터 소유하고 있는 존재 이해 또는 세계 이해의 빛으로 세계 내재적 존재자들의 의미를 이해하고 해석하며 나아가서는 그들의 "존재"를 선험적으로 규정하고 정립하기도 한다(선험적 또는 존재론적 사물규정).

과거 서양 사상가들이 수천 년 동안 주장한 "본질의 형이상학"과 존재론의 가치와 타당성에 대해 강한 의구심을 품고 그와 상반되는 자신의 새로운 "기초 존재론" 및 "존재사유"의 "체계"를 정립하려고 했던 하이데거의 이러한 세계 개념은 매우 특이할 뿐 아니라 쉽게 납득할 수 없는 난해한 개념임이 분명하다. 특히 그에 대한 후기 하이데거의 이론은 다분히 신비주의적인 색채를 띠고 있으므로 그의 독자들 가운데 그것을 그대로 수락할 수 있는 자는 극히 소수에 불과할 것이다.

그러나 하이데거가 그의 주저 초두와 전반부 그리고 『형이상학 입문』 초두에서 슐라이어마허와 딜타이 등 여타 해석학의 대가들과 더불어 제기하고 있는, 존재 또는 세계라는 전체적인 의미 지평의 실재 사실과 그 특성에 대한 주장은 아무도 쉽게 공박할 수 없는 구속력을 지닌 이론이다.

우리 각자는 매 순간 "하늘은 푸르다" 또는 "나는 기쁘다" 등 세계 내재적 존재자들의 정체와 의미, 상태와 모습 등에 대해 판단과 진술을 하고 있다.[54] 매 순간 하나의 연필, 건물, 국가, 그림 등에 대해서 생각하거나 말하고 있다.[55] 우리가 이들에 대한 극히 다양한 판단과 진술을 할 수 있다는 것은 우리가 그들의 정체와 의미에 친숙해 있고 그것을 익히 잘 알고 있음을 뜻한다. 그리고 그에 대해 익히 잘 알고 있다는 것은 이 개별적인 세계 내재적 존재자들을 그 자체 속에 내포하고 있는 전체적인 의미의 지평에도 친숙해 있고 그것을 내적으로 이해하고 있음을 뜻한다. 그 이유는 만약 우리가 그러한 전체적인 의미의 지평에 초월해 있어 그것을 본디부터 이해(세계 이해)하고 있지 않다면 우리는 이 세계라는 전체 속에 포함되어 있는 세계 내재적 존재자들의 정체와 의미도 이해할 수 없을 것이며 그에 대한 어떠한 판단과 진술도 할 수 없을 것이기 때문이다. 세계 이해가 전제되지 않은 상태에서 세계 내재적 존재자들에 대한 이해는 불가능할 것이다.

이것은 책 한 권의 전체적인 대의와 그 속에 흐르는 문맥을 알지 못할 때 우리가 그 속의 각 부분들, 즉 낱개의 단어들과 문장들, 장들과 절들의 의미를 이해할 수 없고 해석할 수 없는 것과 흡사하다.[56] 그러므로 우리는 결코, 헤겔의 전체론Ganzheitsbetrachtung, Holismus에 대해 강경한 이의를 제기하며 그와 완전히 상반되는 "원자론"을 주장했던 신경험론자요 반형이상학인 러셀B. Russell의 입장을 따를 수 없다. 우리는 인식론적으로 또는 해석학적으로 분명히 전체에서 시작해서 부분으로 나아간다.

결코 러셀과 대부분의 현대 지성인들이 상정하고 있는 것과 같이 부분에서 출발해서 전체로 나아간다고 할 수 없다.

우리 인간은 너무나 놀랍게도 세계라는 정신적인 "숲"을 직관적으로 바라볼 수 있는 안목을 생득적으로 소유하고 있다. 인간 각자는 알게 모르게 나름대로 세계 전체를 꿰뚫어 보고 그것의 정체와 의미에 대한 확고한 소신과 이념, 세계관과 가치관을 소유하고 있다. 자신이 어떤 세계관과 가치를 소유하고 있음을 강력하게 부인하는 자들도 비록 분명히 의식하지 못한다 할지라도 사실은 세계 전체를 꿰뚫어 보고 있고 그것이 무엇임을 평가할 수 있는 안목과 판단력, 세계 이해 또는 세계관을 소유하고 있다. 그렇기 때문에 그것을 바탕과 배경으로 해서 타인들의 세계관을 비판하고 자기 자신뿐 아니라 그 어느 개인도 내재성의 차원을 초월하고 세계 전체를 내다볼 수 있는 능력을 소유할 수 없다는 경험론적·반형이상학적 주장도 제기하는 것이다.

아우구스티누스가 중기 플라톤주의자들의 회의론에 대한 반론에서 지적했고 현대 해석학의 권위자 아펠K.-O. Apel이 자신의 『철학의 변형』*Die Transformation der Philosophie* I에서 지적하고 있는 바와 같이 극단적인 회의론과 반형이상학을 주창하는 사상가들과 일반 대중도 그들이 의식하지 못하는 가운데 그들이 부인하는 객관적이며 보편타당한 진리의 척도로 세상만사에 대해 판단하고 평가한다. 또한 그들은 자신들이 부인하는 형이상학을 토대로, 상대론을 주장한 생철학자 겸 해석학자 딜타이가 형이상학적인 입지점에서 자신의 지론을 제기하고 주장할 수밖에 없었다는 점에 대해서, 그리고 20세기 신실증주의와 언어분석 철학의 원조 비트겐슈타인이 자신의 반형이상학적 철학, 즉 신실증주의를 수립하기 위해서 형이상학적 "사다리"를 사용하지 않으면 안 되었던 미묘한 입장에 대해서 지

적한다.[57]

이와 같은 우리의 해석의 내용을 이해하고 그에 대해 이의를 제기하는 자들의 논리와 주장도 모두 그 근본은 형이상학적 논리와 주장이다. 그들의 그러한 반론도 분명히 우리 자신과 동일한 어떤 형이상학적 입지점에서 전 실재라는 "전체"를 바라보며 그 속에서 그 "부분들"의 의미를 평가하고 인식할 수 있는 자, 즉 한 형이상학자가 현상학적·해석자적 관점에서 제기할 수 있는 반론인 것이다. 그 반론은 그들이 인간으로서 소유하고 있을 수밖에 없는 초월성을 활성화하는 데서 제기할 수 있을 뿐이다. 그러므로 그러한 반론을 제기하는 현대인들을 초월성으로 특징지어진 타고난 형이상학자로 간주하지 않을 수 없다. 이 점은 특히 방금 언급한 비트겐슈타인이 자신의 과학주의적 철학의 과제와 한계에 관해서 개진한 바를 통해서 확연하게 인식할 수 있다.

비트겐슈타인은 그가 자신의 반형이상학적 체계를 수립하기 위해 사용한 유명한 사다리(부정적 형이상학)를[58] 독자들도 타고 올라가 그의 주저에 논증된 논리적 실증주의의 타당성을 간파한 후에는 그것을 밀쳐버릴 수 있을 것이며 그래서 세상만사를 바로 보게 될 것이라고 했다.[59]

그러나 비트겐슈타인 자신도, 그의 독자들도 그러한 형이상학적 사다리를 그와 같이 용이하게 밀쳐버릴 수는 없다. 그가 스스로 시인하는 대로 그는 자신의 반형이상학적인 과학철학을 수립하기 위해 세계, 논리적 공간, 언어의 본질 등에 대한 다양한 이론들을 전개했는데, 이들은 그가 전 실재를 초월한 하나의 형이상학적인 입지점에서 그 속에 존재하거나 발생하는 모든 것들을 관망해본 자로서 도출한 것들이다. 그것들의 타당성은 엄격한 자연과학적 방법으로 입증될 수 없으므로 그들은 분명히 초과학적이며 형이상학적인 이론들이며 비트겐슈타인 자신의 척도에 따르면 무의미한unsinnig 이론들이다.

그래서 그는 독자들에게 이 이론들의 취지를 간파한 후에는 그것들을 "극복"하라고 촉구하고 있다. 사다리를 타고 일단 건물 위로 올라간 후에 그 사다리를 밀쳐버리는 자와 같이 자신이 제시한 다분히 형이상학적인 내용의 다양한 이론들의 뜻을 파악한 후에는 그들을 의식하지 말고 잊어버리라는 것이다. 그렇게 되면 비트겐슈타인이 주장하는 엄격한 "자연과학으로서의 철학", 즉 실증주의적 과학철학을 수락하고 그것의 견지에서 세상만사를 바로 보고 바로 해석할 수 있으리란 것이다.

그러나 비트겐슈타인 자신이 시인하는 대로 그는 "형이하ㅜ학자"가 아닌 형이상ㅗ학자로서 반형이상학적 과학철학의 수립을 목표로 하는 『논리 철학 논고』Tractatus logico-philosophicus의 내용을 고안했을 뿐 아니라 역시 한 형이상학자로서 그 책의 최종 결론 부분에서 본론에 제시된 제반 이론들이 무의미하다는 것과 그들을 "극복"해야만 한다는 것을 독자들에게 당부했다. 그리고 그렇게 할 때 그들이 세상만사를 올바로 이해하리라는 것과 정확한 자연과학적인 언어로 표현할 수 없는 문제들에 대해서는 침묵을 지켜야만 할 것을 강조했다. 이 모든 것에 대한 생각과 판단은 그가 상술한 형이상학적 사다리를 밀쳐버린 후 완전 형이하학적이며 세계 내재적인 한 입지점에 하강해서 거기서 한 생각과 판단이라 할 수 있겠는가? 결코 그렇다고 할 수 없다.

그는 분명히 독자들에게 밀쳐버리라고 당부한 그 사다리를 타고 올라가서 이 저서의 내용을 고안하고 기술했다. 그는 그것을 저술한 후 그 사다리를 스스로 밀쳐버렸다고도 볼 수 있다. 그러나 그렇게 함으로써 그는 자신이 주창하려 했던 과학철학의 와해를 자초했다고 보지 않을 수 없다. 왜냐하면 그가 형이상학을 기초로 해서 자신의 반형이상학적 사상을 수립했다는 이유로 그 형이상학을 "극복"하고 지양해야만 했다면 그와 더불어 그는 그것에 기초한 후자도 "극복"하고 지양하지 않을 수 없었을 것이기 때문이다.

자신의 주저 최종 구절에서 자신과 독자들이 자신의 과학주의적 지론을 전개하거나 이해하려 함에 있어서 사용하지 않을 수 없으나 결국에 가서는 밀쳐버리지 않으면 안 될 이 사다리에 대해서 언급할 때나 과학적인 언어로 표현할 수 없는 모든 것에 대해서는 침묵을 지킬 것을 그들에게 주문할 때 비트겐슈타인은 어느 입지점에서 그렇게 했는가? 물론 그는 전 실재를 두루 관망하며 그 속에서 존재하거나 발생하는 모든 것을 평가하고 판단하는 가운데 그들 중 유의미한 것과 무의미한 것을 판별할 수 있는 한 초월적 입지점에서, 즉 한 형이상학적 관점에서 그렇게 했다. 그가 지금까지 사용한 세계, 논리적 공간, 언어의 본질 등에 대한 초과학적인 이론들로 구성된 형이상학적 "사다리"의 타당성을 과학적으로 입증할 수 없기에 "무의미한" 것으로 규정하기 위해서 그는 또 다른 하나의 사다리를 올라타고 있어야만 했다. 그리고 그가 후자의 무의미성을 간파하고 그것을 밀쳐버릴 필요성에 대해서 지적해야만 했다면 그는 제3의 사다리에 올라타고 있어야만 했을 것이다.

비트겐슈타인은 물론 그 누구도 이와 같은 사다리를 올라타지 않은 채 하나의 세계 내재적 입지점에서 인생의 문제나 세계 전반에 관한 문제를 논할 수는 없다. 전문적인 철학자뿐 아니라 타고난 철학자라 할 수 있는 한 평범한 개인도 처음부터 형이상학적 사다리를 올라타고 있으며 평생토록 그 위에서 생각하고 행동할 수밖에 없다. 그들이 인간인 한 그들은 한순간도 그것을 밀쳐버리고 금수와 같이 완전히 지면에 내려와서 "수평적인 삶"을 살아갈 수 없다. 극단적으로 말한다면 인간은 바로 그 사다리 자체, 즉 초월성이기 때문이다. 초월성은 인간의 가장 숭고한 특권이자 그의 피치 못할 숙명이기도 하다. 하이데거는 그것을 현존재의 "피투성"Geworfenheit 또는 "존재필연성"Zu-sein이라 칭했다. 존재 이해가 인간의 특권이자 숙명이라는 것이다.

이처럼 생득적이며 본질적인 초월성으로 인해서 인간 각자는 진·선·미·성으로 요약할 수 있는 영원한 진리의 빛을 바라볼 수 있을 뿐 아니라 그것을 또한 자신의 삶과 자기 주변의 사회와 국가 그리고 나아가서는 온 세상과 온 우주 속에서 능동적으로 비출 수도 있다. 인간의 초월성은 결코 고대와 중세, 그리고 근대 초기의 형이상학자들이 상정한 것과 같이 단순히 초시공간적이며 영원불변한 진리를 그대로 순수하게 투시하고 인식할 수 있는 능력만을 뜻하지 않고 그것을 외부 세계에서 능동적으로 표출하고 실현할 수 있는 능력까지를 뜻한다는 점에 대해서는 칸트(선험적 관념론)와 후설(선험적 현상학), 그리고 특히 하이데거(현존재의 "세계 이해" 또는 "세계기투"〈Weltentwurf〉와 "선험적 사물 규정"〈apriorisches Bewendenlassen〉)와 여타 해석학자들이 각각 상이한 관점에서, 그러나 매우 유사한 방법으로 설득력 있게 천명했다.

인간 각자는 이처럼 세계라는 전체적인 의미의 지평 속에 본질적으로 항상 이미 초월해 있고 각각 나름대로의 방식으로 이러한 전체적인 의미의 지평을 또한 지속적·능동적으로 정립하며 창조하는 것을 본성과 본령으로 하고 있음이 확실하다면 우리는 예부터 서양 철학자들이 절대시해온 초시공간적인 원리들, 즉 그들이 "형상", "범주", "본질", "가치" 등이라 칭했던 것들을 하이데거와 같이 과소평가해서는 결코 안 될 것이다. 왜냐하면 비록 하이데거가 존재 또는 세계라 칭한 것이 이들 중 하나 또는 그들이 합해진 전체가 아니라 할지라도 이들이 없는 존재와 세계는 존재할 수 없을 것이기 때문이다. 신학자들과 신앙인이 믿는 신의 실체Wesen, Substanz, essence, substance가 비록 무한성, 영원성, 지성, 거룩 등 그의 다양한 속성들Attribute, attributes의 합 그 이상임은 분명하나 이들이 없는 신은 또한 신으로 존재할 수 없다. 그러한 신은 무이거나 유령에 불과할 것이다. 그와 마찬가지로 하이데거가 거론하는 존재와 세계라는 전체적인 의미의 지평 또는 빛의 영역도 분명히 "본질들"과 본질적인 관계를 맺고 있음이 분명하다.

하이데거가 자신의 "존재사유"의 내용을 현대 독자들에게 관철시킬 수 없었던 원인 중 하나는 아마도 그가 휠덜린의 낭만주의와 키에르케고르의 실존사상 및 니체의 생철학의 영향으로 과거 전통적인 형이상학자들과 현상학자들 및 가치철학자들의 "표상적·개념적 사유", 즉 이성적 사유를 과도하게 부정적으로 평가하며 그들이 절대시한 영원불변하며 절대 타당한 형이상학적 원리들과 법칙들을 과소평가했기 때문일 것이다. 그가 이들을 과소평가했을 뿐 아니라 완전히 무시해버리기까지 했으므로 독자들은 그가 주장하는 존재의 차원에 이르는 어떠한 사상적 "사다리"도 없이 무조건적으로 "비약"해야만 하는 난처한 입장에 처하게 되었다. 앞서 언급한 대로 그는 실제로 어떠한 디딤돌이나 사다리도 없이, 그리고 초월해야만 할 피안彼岸의 상태 여하를 막론하고 무조건적으로 그러한 비약을 감행할 것을 강경하게 촉구했다. 하이데거는 키에르케고르와 동일하게 비약을 위한 어떤 디딤돌이나 사다리를 요구한다는 것은 인생의 궁극적인 문제들을 논하는 것을 업으로 하는 철학적 사유자의 위상에 걸맞지 않은 행위라고 보았다. 오로지 사상적으로 모자란 자들만이 그와 같은 진부한 것들에 연연한다는 것이었다.

그러나 하이데거가 촉구하는 그러한 비약을 감행할 수 있는 현대인들은 아무도 없고, 있다 해도 극소수에 불과할 것이다. 앞으로 우리가 아우구스티누스의 진리관을 검토하는 과정에서 확실해지겠지만 다행히도 하이데거의 비판의 대상이 되었던 과거의 "본질형이상학자들"이 주장한 형이상학적 원리들과 이치들이 허구가 아니고 객관적으로 타당하며 영원히 타당한 원리들과 이치들로 실재하고 있다. 그들이 그와 같이 객관적으로 실재하고 있다는 사실은 우리 인간들에게 실로 생명과도 같이 소중하며 말할 수 없는 큰 축복이라 하지 않을 수 없다. 그들이 없다면 우리는 존재할 수 없을 것이며 세상의 그 무엇도 존재할 수 없을 것이기 때문이다. 그들이 실재하지 않거나 타당하지 않다면 실로 우주가 무너지게 될 것이다.

그러한 영원불변한 정신적 원리들과 이치들이 객관적으로 존재하고 있다는 사실과 지극히 유한하고 미미한 우리 인간이 그들을 순수한 그들로 인식할 수 있고 나아가서는 그들을 우리의 삶 속에서, 그리고 우리의 주변과 온 세상과 온 우주에서 표현하고 실현하며 살아갈 수 있다는 사실은 실로 기적과 같이 놀라운 일이며 동시에 말할 수 없이 아름다운 현상이라고 간주하지 않을 수 없다.

그 누구도 마땅한 대가를 치르지 않고 그처럼 고귀하며 소중한 질서의 체계를 과소평가하거나 등한시할 수 없다. 그렇다면 하이데거가 치른 대가는 무엇이었을까? 그는 현대인들 중 소수의 신학자 외에는 "존재사유"의 내용을 수락하지 않고 오히려 전혀 근거 없는 탁상공론이라고 조소를 받는 무거운 대가를 치르고 그것을 과소평가했다. 우리가 보기에는 이들을 "디딤돌"로 할 때 비로소 우리는 하이데거가 주장하는 존재 또는 그와 유사한 실재의 차원에 이를 수 있을 것 같다.[60]

하이데거가 과거 철학자들의 형이상학 전통에 따라 인간은 본질상 초월성이며 형이상학적 사건이라고 역설한 바에 대해서는 인간의 본성에 대해 진정 깊고 골똘하게 반성해본 자라면 그 누구도 이의를 제기할 수 없을 것이다. 인간 각자는 진·선·미·성으로 요약할 수 있는 영원불변한 원리들과 이치들의 차원, 그리고 세계라는 전체적인 의미의 지평에 항상 이미 초월해 있을 뿐만 아니라 어떤 의미로는 이들도 초월할 수 있다. 만약 우리가 이들을 초월할 수 없다면 우리는 그들에 대한 예리하고 체계적인 분석과 조명 작업에 임할 수 없을 것이며 그들에 대해 구속력이 있고 보편타당한 어떠한 주장도 제기할 수 없을 것이다. 그러나 예로부터 형이상학은 영원불변한 형이상학적 원리들과 개념들을 확연하게 투시하고 이론적으로 객관화해왔다. 또 하이데거는 자신의 주저에서 전개념적으로, 전이론적으로 이해하고 있는 현존재의 존재를 현상학적·해석학적으로 분석하는 내용의 "기초존재론"을 토대로 해서 존재의 의미를 학술적으로 조명하려고 했다. 그리고 후기 하이데거는 그의 전기 저서들에서 소개했던 존재와는 다소 다른 존재에 대한 다양한 주장들과 이론들을 발전시켜 수많은 저서들을 통해 독자들에게 소개했다.

우리는 이와 같은 양식으로 이 영원불변한 정신적인 원리들과 이치들을 초월하는 우리 자신도 초월할 수 있으며 무한대로*ad infinitum* 계속 초월할 수 있다. 우리 자신을 그와 같이 초월하되 지적으로뿐 아니라 도덕적으로, 그리고 종교적으로도 초월할 수 있다. 도덕적으로, 종교적으로 자기완성에 이르기 위해 지속적인 자기 초월의 운동을 전개하는 것이다. 인간은 본질상 초월성이다. 본질상 형이상학자다. 초월성과 형이상학자가 되지 않고는 그는 한 인간이 될 수 없다. 초월성을 회피한다는 것 또는 형이상학자로서의 자신을 떨쳐버린다는 것은 자기 자신을 회피하거나 부정함을 뜻하기 때문이다.

우리의 판단으로는 이처럼 인류가 분명히 공유하고 있다고 생각되는 이 놀라운 초월성이 우리가 추구하는 현대인들과의 대화에서 접촉점으로 작용할 수 있을 듯하다. 사실 이것은 대화의 접촉점과 출발점이 될 뿐 아니라 이 대화의 주제가 되며 목표가 된다. 왜냐하면 만약 우리와 대화의 상대방이 이 대화를 통해 초월성으로서의 진정한 자신으로 초월하고 진정한 자신으로 정립되는 경우 우리가 당면하고 있는 모든 정신적·도덕적 문제들이 해결될 것이 확실하기 때문이다.

우리와 현대인들이 인간의 초월성이라는 접촉점을 두고 서로 자리를 같이하고 참으로 진중하게 대화를 나누거나 우리 각자가 스스로와 말없는 대화를 통해서 진정 심각한 자기반성과 자아 성찰에 임한다면 우리 모두는 결국 우리 자신의 초월성에 지적으로 초월할 것이고 도덕적으로도 초월하게 될 것이다. 즉 그것이 진실임을 알게 될 것이고 우리가 아는 그러한 영원한 원리들에 입각해서 사유하고 행동하며 살아가는 그러한 이상적인 자신이 될 것이다.

그러한 과정에서 우리는 우리의 자아에 대해서 반성할 뿐 아니라 자아와 관계되는 모든 내외적인 요소들과 개체들을 검토하게 될 것이므로 결국 초월성으로서의 우리의 자아가 우주 전체 속에서 차지하는 지극히 고차원적인 입지점으로도 초월할 수 있게 될 것이며 그 입지점으로부터 그것이 자신의 초월성을 어떤 방식으로 표출하고 있는지를 입체적으로 관망하게도 될 것이다. 그래서 우리는 결국 그러한 극히 고상한 초월적인 위치로 의식적으로 초월하여 거기에 우리의 사상적 거점을 실제적으로 정하게 될 것이다. 그렇게 해서 우리는 키에르케고르가 언급한 인간이라는 호화 저택의 지하층에서 최고층으로 상승하게 될 것이다. 거기서부터 우리는 우리의 자아가 얼마나 놀랍고 고귀한 존재임을 자각하게 될 것이다. 우리 자신이 실로 "세상에서 가장 기적적인 존재"(아우구스티누스)이며 "기적의 기적"(후설) 또는 "세상에서 가장 비범한 자"(하이데거)임을 깨닫게 될 것이다.

그러나 그러한 우리가 우리 자신이 창조한 존재가 아니며 하나의 은사(야스퍼스)에 불과하다는 점도 고백하게 될 것이다. 그리고 우리의 자아는 고귀한 은사인 동시에 우리 자신에게 부여된 과제(야스퍼스)임을 자각함으로써 초월성 또는 진리의 빛으로서의 우리의 본령을 진정 충실하게 이행하는 데 최선을 다하게 될 것이다.

키에르케고르는 사람들이 3층으로 된 훌륭한 저택을 지어두고도 2층과 3층은 비워두고 지하층에서 살기를 더 선호한다고 했다.[61] 현대인들은 자기 자신을 크게 곡해하고 자기 아닌 누군가로 살아가고 있다. 우주 내에서 그가 차지하는 지극히 고상한 위치와 위상을 망각하고 매우 비천한 위치에서, 보잘것없는 자격으로 일상생활을 영위하고 있다. 누가복음에 소개된 예수의 비유에 등장하는 탕자와도 같이 호사스럽고 유복한 아버지의 집을 떠나 먼 타향에 가서 돼지 떼를 치며 돼지가 먹는 사료를 함께 먹으며 처절한 삶을 살아가는 것이다.

그러나 다행히도 그들은 인간으로서의 본성, 인간성만은 상실하지 않고 그들의 심중 깊은 데 아직 그대로 소유하고 있다. 다만 그것을 그대로 의식하지 못하고 활성화하지 못했을 뿐이다. 예수의 비유에 나오는 탕자의 현주소는 돼지우리이지만 그의 본적지는 아버지의 집과 아버지의 품이었다. 현대인들은 바로 그들의 본적지에서 타향살이를 하고 있으며 바로 그들의 아버지의 집에서 돼지와 숙식을 같이하고 있다. 이 점을 우리는 그들에게 일깨워주어야만 한다.

우리가 이처럼 초월성으로서의 우리 자신에 대한 자기반성과 자아 성찰에 적극적으로 임하게 되는 데서 우리는 또한 우리의 자아가 본성과 본령을 활성화하고 발휘하는 데 개입되는, 우리의 내부와 외부의 모든 개체, 모든 물질적인 것과 정신적인 것이 다 지극히 놀라운 현상들임을 바로 그 고차원적인 초월적 입지점에서부터 확연하게 발견하게 될 것이다. 특히 그들이 어떠한 양식으로 우리의 자아가 초월성을 표출하는 데 일사분란하게 총체적으로 공조하고 있는지를 관망할 때 우리의 자아는 크게 경탄하지 않을 수 없을 것이며 그것으로 인해 진정 숙연해질 것이다.

## (2) 인간의 자아 성찰과 진리의 문제

인간은 이처럼 영원한 진리의 빛을 바라볼 수 있고 그 빛을 자신의 삶과 주위의 사회와 온 세계와 온 우주에 두루 비출 수 있는 능력을 소유하고 있다. 인간의 심중에는 초월성과 진리의 빛의 사건이 지속적으로 일어난다. 인간은 곧 그러한 초월성과 진리의 빛의 사건이다. 누군가 자신은 결코 그러한 존재가 아니라고 고집한다면 그는 곧 자기 자신을 부인하는 것이다. 그러나 사실은 그러한 자기부정은 곧 초월성으로서의 자기 자신을 재확인하는 행위다. 그 자신이 형이상학의 사건과 초월성의 사건이기에 자신이 무엇임에 대한 이론도 제기할 수 있고 타인의 이론에 대한 반론도 제기할 수 있다.

인간은 자신의 껍질을 벗겨버릴 수 없듯이 자신이 본질적으로 소유하고 있는 초월성을 떨쳐버릴 수 없다. 그것을 부인하는 것 자체가 그것을 소극적으로 자인하는 행위다. 오로지 전 실재를 초월하는 한 초월적인 입지점에서만 그들이 그에 대한 주장의 옳고 그름을 판단할 수 있기 때문이다.

그러나 현대인들과의 유의미한 대화의 접촉점이자 대화의 내용과 목표이기도 한 인간의 초월성이 과연 앞에서 언급한 바와 같은 형이상학적 초월성인가? 아니면 그것은 칸트가 그의 인식론에서 주장한 것과 같은 "선험적 초월성"에 불과한 것인가? 이 질문에 대한 해답 여하에 인류의 운명과 현대인들의 사활이 걸려 있다고 우리는 확신하고 있으나 대다수의 현대인은 그 점을 인식하지 못하고 있다. 그러한 이유에서도 우리는 그들과 대화를 나누어야만 한다. 현대인들의 사고방식과 생활양식을 고려하거나 인간의 초월성 자체의 성격을 고려할 때 그에 대한 위와 같은 우리의 소신을 그들에게 관철한다는 것은 지극히 난해해 보이나 그럼에도 우리는 적어도 그렇게 하려는 노력을 기울이지 않을 수 없다.

키에르케고르의 실존사상을 조명하고 평가하는 것을 내용으로 하는 이 책에서 현대인들의 위기를 극복하기 위한 제반 구체적인 방안을 제시하고 그 타당성에 대해서 상론한다는 것은 분명히 책의 한계를 벗어나는 작업일 것이다. 그러나 그들이 당면하고 있는 문제의 심각성을 고려할 때 그것을 극복하는 데 다소의 도움을 줄 수 있는 몇 가지 단서만이라도 제공하는 것이 필요할 것 같다.

이를 위해 우리는 서양 철학사에 등장하는 위대한 인물 중 두 사람을 선정해서 우리의 주제에 관한 그들의 입장을 차례로 검토해보기로 한다. 그들은 야스퍼스가 플라톤과 함께 서양 철학의 발전을 위해 크게 기여한 3대 사상가들Drei Gründer des Philosophierens로 꼽았던 인물들인데 그중 한 사람은 근세철학의 대부인 칸트이며, 또 다른 한 사람은 중세철학의 원조요 "근대철학의 아버지"라 일컬음을 받는 데카르트 자신의 "아버지"라 할 수 있는 아우구스티누스다.

선험철학 또는 비판철학의 원조인 칸트는 우리가 지금까지 인간의 초월성에 대해 주장한 바에 찬동하기보다 오히려 강경한 이의를 제기한 사상가다. 그는 비록 실천이성의 "도덕적 신앙"moralischer Glaube을[62] 통해 "초월계에 대한 형이상학"Metaphysik des Übersinnlichen 또는 "요청의 형이상학"Postulatenmetaphysik을 수립할 수 있다고 보았고 그 요지를 그의 『실천이성비판』 후반부에서 소개하기도 했지만 이론이성을 통해서는 초월계에 결코 도달할 수 없다고 확신했다. 그래서 그는 고대와 중세, 그리고 근대 사상가들이 이론이성 또는 사변이성을 통해 수립한 형이상학을 "환영의 변증법"die Dialektik des Scheins과 사이비 철학으로 규탄하고 완강하게 거부했던 것이다. 그에 따르면 인간 지성의 한계는 우리가 우주 또는 자연계라고 칭하는 현상계이므로 그것을 초월하는 정신계의 문제는 그의 지성, 그의 과학이성과 사변이성이 결코 논할 수 없다. 따라서 후일에 비트겐슈타인이 촉구했듯이 우리의 지성은 그에 대해서는 완전히 침묵을 지켜야만 한다는 것이었다.

칸트는 초월계를 부인한 사상가도 아니었고 형이상학의 수립 가능성을 부인한 사상가도 아니었다. 다만 그는 인간이 지성의 힘으로는 초월계에 이를 수 없으며 따라서 과거 철학자들이 수립하려 했던 그러한 종류의 사변적 형이상학은 결코 정립할 수 없다고 보았을 따름이었다. 그러나 우리 자신은 앞서 하이데거가 본질형이상학이라 칭한 칸트 이전과 이후 철학자들의 사변적 형이상학의 주요 관점들과 이념들을 매우 긍정적으로 평가했고 하이데거 자신의 존재 사상 또한 상당한 수긍력을 지닌 철학으로 인정했다.

인간의 초월성에 관한 칸트와 우리의 관점이 이처럼 서로 상이함에도 불구하고 여기서 그의 선험철학을 검토하려는 이유는 그의 반형이상학적 비판주의Kritizismus가 어떤 의미로는 인간의 초월성에 대한 우리의 지론의 타당성을 그 어느 사변적 형이상학자의 논거에 못지않게 확연하게 입증해주고 있다고 판단되기 때문이다.

칸트의 비판철학에 대한 재비판을 수행하는 데서 그의 인식론의 핵심을 드러내는 "코페르니쿠스적 전환"kopernikanische Wendung의 재전환 및 그가 거부한 과거 형이상학 전통의 주요 관점들의 재도입이 불가피하다는 사실이 명백해지리라 예상된다. 칸트의 비판에 대한 이러한 재비판은 인간의 지적·도덕적·종교적 초월성에 대한 우리의 소신의 근거를 소극적인, 그러나 매우 예리한 방법으로 입증해주는 "부정의 길"via negationis이라 할 수 있다.

이러한 부정의 길을 타진한 후 우리는 우리의 소신의 타당성을 매우 설득력 있게 논증해주고 있다고 판단하는 아우구스티누스의 "마음의 철학"과 진리관을 간략하게 검토해보고자 한다. 인간의 초월성에 관한 그의 논거들은 그 어느 다른 사상가의 이론보다 더 단순하고 상식에 가까울 정도로 평이하므로 일반 독자들에게 접근이 매우 용이한 한편 20세기 가치철학자들과 현상학자들이 그들의 주제와 관련해서 제시한 전문적인 논증방법들에 버금가는 예리함과 논리 정연함을 지니고 있다고 판단되기에 현대 사상가들의 복잡하고 난해한 이론들 대신 그의 것을 선정해서 개략적으로 검토하고자 하는 것이다.

우리가 여기서 인간의 초월성의 문제와 관련해서 굳이 아우구스티누스의 입장을 검토하고자 하는 또 하나의 이유가 있다. 그것은 그가 이 책의 주제인 키에르케고르와 마찬가지로 기독교 사상 체계를 정립하고 타인들에게 증거하고 가르치는 데 여생을 바친 돈독한 기독교 사상가였으나 반주지주의와 완전 상반되는 주지주의적 견지에서 그렇게 했던 고로 앞서 지적한 키에르케고르의 취약점과 맹점을 아우구스티누스의 시각에서 더욱 확연하게 간파함과 동시에 극복할 수 있기까지 하리라는 기대 때문이다.

이처럼 인간의 초월성에 대한 칸트와 아우구스티누스의 소극적 또는 긍정적 입장들을 분석한 후 우리는 최종적으로 칸트가 그의 인식론을 전개하는 과정에서 채택한 "선험적 방법"transzendentale Methode과 유사한 한 방법으로, 그러나 칸트 자신보다 더 철저하게 인간에게 있는 초월성의 가능성의 전제조건을 조명하고자 한다. 이러한 작업을 통해서 우리는 인간의 초월성이 무엇을 뜻하는지를 더욱 확연하게, 그리고 더 구체적으로 천명할 수 있으리라 기대한다.

이러한 작업을 수행하는 데서 우리는 현대인들과 인류 전체에게 요청되는 자기반성을 더욱 광활한 터전에서 입체적으로 전개할 수 있게 될 것이다. 인간은 모름지기 자신을 알아야만 한다고 외친 소크라테스 이후의 대부분의 서양 철학자들은 자신을 알기 위해 자기반성에 임해야만 하고 더욱더 효율적인 자기반성을 위해서 인류의 정신사와 철학사를 되돌아보고 반복하라고 당부해왔다.

인간은 자신을 알아야만 하는데 그 이유는 자기반성을 통해 자기 자신 속에서 진리를 알 수 있기 때문이다. 인간의 근본은 진리에로의 초월성이다. 그러므로 자신을 앎으로써 진리를 알 수 있고 진리를 앎으로써 또한 자신을 알 수 있다는 것이다. 소크라테스, 플라톤, 아우구스티누스와 수많은 다른 사상가들이 그렇게 보았고 최근에는 후설과 하이데거도 그렇게 보았다. 아우구스티누스는 소크라테스와 플라톤과 함께 인간은 자신과 진리를 알기 위해 모름지기 자기 자신 속으로 되돌아가야만 한다고 역설했고, 후설은 진리를 발견하는 것을 과제로 하는 철학은 인간의 자기반성과 자기 해석을 통해 가능하다고 주장했다. 그리고 "인간 속의 현존재"Dasein, Da-sein im Menschen가 곧 "존재 개방의 처소"Da des Sein, 즉 "존재의 진리의 처소"Ortschaft der Wahrheit des Seins라고[63] 간주한 하이데거는 그의 주저에서 존재 또는 진리 그 자체의 의미를 규명하기 위해 존재의 의미를 원초적으로 이해하고 있는 현존재의 존재를 현상학적·해석학적으로 밝히려고 노력했다.

진정한 자신과 진리를 발견하고 인식하기 위해 우리 자신 속으로 되돌아가서 진중한 자기반성에 임할 것을 촉구한 이 위대한 사상가들의 권유에 우리 현대인들 모두가 귀를 기울여야만 함이 지당하다 하겠으나 우리의 판단으로는 이들이 중요한 한 가지를 소홀히 했음이 분명하다. 즉 그들은 진정한 자아 이해와 진리지의 문제와 관련해서 지나치게 인간의 내면의 세계에 집중한 나머지 외부 세계는 완전히 외면하거나 매우 피상적으로만 취급한 것이다.

그러나 이들과는 달리 경험론자들은 인간의 내면의 세계는 완전 등한시하고 외부 세계만을 중시하고 그 속에서 인간과 진리가 무엇임을 인식하려고 노력해왔다. 우리 각자는 이처럼 서로 전혀 상반되는 이 두 사상 노선 중 그 어느 한 편을 따르기보다 두 노선의 취지를 동시적으로 수용해야만 할 것 같다. 그렇게 함으로써 우리는 자기반성과 현상학적 직관을 통해 확보할 수 있는 것이 어떤 방법으로 외부 세계와 관계를 맺고 있는지를 구체적으로 인식할 수 있을 뿐만 아니라 내적인 반성과 분석만으로는 결코 발견할 수 없는, 우리 자아와 진리에 대한 다양하고 새로운 지식을 확보하게 될 것이다.

현상학적인 자기반성을 통해 내부에서 발견할 수 있는 내적인 것들이 외부 세계의 무수한 사물들과 현상들을 매체로 해서 구체적으로 표출되는 과정과 양태를, 앞으로 거론하게 될 한 고차원적인 초월적 입지점에서 생생하게 입체적으로 관망하는 데서 우리의 자아는 진·선·미·성이 진정 참이라는 사실을 더욱 실감나게 깨닫게 될 것이다. 또한 자신이 관망하는 모든 것이 하나하나 그 자체로 신비와 기적이며 그들이 합해서 이루어진 전체는 더 큰 신비와 기적이라는 점도 통감하게 될 것이다.

그리고 우리 각자의 자아는 이들 전체를 초월하여 그들 각자의 특성과 그들 간의 상호 관련성 등을 꿰뚫어 볼 수 있을 뿐 아니라 그들의 "존재"를 능동적으로 규정할 수 있는 특권, 환언하면 그들에게 존재론적 의미 부여를 할 수 있는 특권을 소유하고 있기에 상술한 진리의 역사, 빛의 역사를 매 순간 그렇게도 아름답게 전개할 수 있다는 점을 발견하게 될 것이다. 또한 그렇게 하는 데서 우리는 우리 각자의 자아가 과연 기적 중 기적이라고 고백하지 않을 수 없게 될 것이다. 이처럼 지극히 놀랍고 아름다운 세상의 모든 것, 모든 정신적인 것과 물질적인 것, 그리고 우리 자신 앞에서 우리는 진정 숙연해지지 않을 수 없을 것이다.

### 1) 칸트의 『순수이성비판』에 대한 메타비판(Metakritik)

그렇게도 막강한 힘으로 수백 수천 년 동안 서양인들의 마음을 장악해왔던 고전 형이상학이 그야말로 하루아침에 붕괴되는 대사건이 18세기에 발생했다. "만물분쇄자"라는 별명을 가졌던 극단적인 비판주의자 칸트가 등장해서 그의 "코페르니쿠스적 전환"으로 철학계에 거대한 지각변동을 일으켰기에 플라톤과 아리스토텔레스가 수립했고 중세 스콜라 철학자들과 데카르트, 스피노자, 라이프니츠, 볼프 등 다수의 근세 합리론자들이 전수해서 수정·보완해온 고전 형이상학은 졸지에 완전히 함몰하게 되었던 것이다. 칸트가 1781년에 『순수이성비판』을 출판함과 더불어 야기된 그 거대한 지각변동의 여파는 그 후에 대두된 낭만주의, 생철학, 실존주의, 실증주의, 실용주의를 거쳐 오늘날 우리 현대인들의 정신 생활에까지 계속 미치고 있다.

칸트가 『순수이성비판』을 출간하기 직전까지는 서구 사상가들이 영국의 경험론과 유럽 대륙의 합리론 중 양자택일을 할 수밖에 없을 만큼 적어도 유럽 대륙에서는 플라톤과 아리스토텔레스의 형이상학에 기초를 둔 데카르트, 스피노자, 라이프니츠, 볼프 등의 합리론이 절대적인 우세를 보이고 있었다. 그러나 스코틀랜드의 극단적인 경험론자 흄David Hume의 자극으로, 합리론에 도취해서 "독단적인 선잠"dogmatischer Schlummer을[64] 자다 깨어난 스코틀랜드 이민자의 후손인 칸트는 영국의 경험론과 대륙의 합리론을 절충하고 종합통일해서 획기적인 비판적 인식론을 구축하게 되었고, 그것을 통해 이 "만물분쇄자"는 과거 사상가들이 인생에게 가장 고귀하고 소중하다고 확신하며 오랫동안 견지해온 많은 것을 그야말로 산산조각내버렸다.

칸트가 새롭게 개발한 선험적 관념론에 따르면 아리스토텔레스가 언급한 10개의 범주들이나 칸트 자신이 거기에 2개를 추가해서 확보하게 된 12개의 범주들(양, 질, 관계, 양태 등 네 가지 부류에 각각 세 가지 세부적인 범주들이 속해 있음)은 "의식 일반"Bewusstsein überhaupt의 보편적인 사유의 범주, 인식론적 범주에 불과하며 그것이 규정하고 형성하는 현상물들의 가장 기본적인 특징을 나타낼 뿐 물자체와 정신계의 실재들의 존재와 관계되는 존재론적 범주들은 아니다.

칸트가 직접 언급하지는 않았지만 아리스토텔레스가 10대 범주들과 함께 언급한, 이상의 여타 존재론적 범주들(형상과 질료, 동일성, 상이성, 이질성, 전과 후, 능력, 완전성, 제한성, 전체와 부분, 유와 종 등)과 나아가서는 그들과 관련된 제반 논리적·수학적 기본공리들(동일률, 모순율, 배제된 제

3의 가능성, 충족이유율, 대수학적인 산정의 법칙들 등)도 다 이론이성의 사유의 기본적인 법칙에 불과할 뿐이며 물자체나 초감각적인 정신계에 속한 대상들에게 적용되거나 타당한 존재의 법칙들은 결코 아니다. 그들 모두는 아리스토텔레스와 과거 형이상학자들이 생각했던 것과는 달리 과학이성과 사변이성의 논리적 사유의 범주들에 불과하며 결코 존재자 일반의 존재의 범주들이 아닌 것이다.

그러나 칸트가 이처럼 과거 본질형이상학자들이 절대시했던 사변이성의 활동의 범위를 현상계 내로 제한함과 동시에 "오성의 순수개념들", 즉 12개의 사유 범주들과 그와 관련된 여타 논리적·수학적 공리들과 법칙들을 완전히 상대화시키려 했다고 하지만 과연 실제로 그렇게 했으며 또 그렇게 할 수 있었던가? 그는 결코 그렇게 하지 않았으며 그렇게 할 수도 없었다.

이 점은 "물자체"의 개념에서 당장 드러난다. 저명한 칸트 해설자였던 아디케스Erich Adickes가 『칸트와 물자체』Kant und das Ding an sich에서 지적한 바와 같이 칸트는 우리가 경험하는 자연물들 이면에 뿌리박고 있는 물자체das Ding an sich는 완전히 불가지적인 대상이라고 주장하면서도 그에 대해서 대단히 많은 것을 아는 자와 같이 그에 대해서 묘사했다. 예컨대 그는 자연물들을 인식하는 데 필요한 소재, 감각재感覺材가 시간의 흐름 속에서 계속 물자체로부터 흘러나와 인간의 감성을 자극하고 감성을 통해 의식 내부로 들어온다고 보았다. 그렇게 흘러 들어오는 인식의 자료들은 이성이 그것에 고유한 지적인 처리방법인 12범주들을 틀로 해서 종합하는 데서 우리가 아는 대로의 자연물 또는 현상물로 구성된다는 것이었다.

이것이 사실이라면 칸트는 물자체에 대해서 전혀 모르고 있었다기보다 많은 것을 알고 있었음이 분명하다. 그것이 객관적으로 존재한다는 것, 그것으로부터 다양한 감각재가 흘러나와 우리의 감성을 자극한다는 것, 감성을 통해 우리의 의식 속으로 흘러 들어오는 인식의 자료들이 우리의 이성으로 하여금 선험적인 차원과 경험적인 차원에서 종합을 수행하게 유도한다는 것 등을 그는 알고 있었다. 그러므로 그는 물자체와 인간의 의식 간에는 인과관계가 존재하고 있다고 보았음이 분명한 것이다. 물자체가 다수라는 것도 그는 확신하고 있었다. 즉 그는 우리가 경험하는 무수한 자연물의 수에 상당한 수만큼의 물자체가 존재한다고 보았던 것이다.

사실 그는 이성의 사유가 12가지 범주들과 나아가서는 모순율, 동일성, 상이성, 충족이유율, 전과 후 등 아리스토텔레스와 여타 형이상학자들이 거론한 다른 범주들도 다 직간접으로 물자체에 적용하며 그에 대한 다양한 주장을 펴면서도 그들을 후자와의 관계에서는 적용할 수 없고 오로지 현상계 내의 자연물과의 관계에서만 그렇게 할 수 있다고 했다.

그뿐 아니다. 칸트는 자신이 인간의 의식 내에서 타당하며 순수 의식이 구성하는 현상계, 자연계 속에만 타당하다고 주장한 바로 이 범주들을 척도로 해서 초월계와 관계되는 윤리관과 종교철학을 발전시켰다. 특히 그가 신의 존재와 인간의 자유의지 및 영혼의 불멸에 관한 유명한, 그러나 우리가 볼 때는 수긍력이 매우 빈약한 "도덕적 증명"moralischer Beweis을 제시했을 때 그는 줄곧 이 범주들을 척도와 기준으로 해서 제반 이론들을 전개했다.

그는 한순간도 그들 없이, 빈손으로 이러한 이론들을 제기하지 않았다. 그는 줄곧 자신의 주제와 관련된 제반 사실과 사리의 본질 또는 타당성 등에 대한 지적인 관찰, 식별, 분석, 비판, 판단, 평가 등의 작업을 전개하는 가운데 다양한 이론들과 결론들을 유도해냈다. 그러한 방식으로 윤리관을 정립했고 "요청要請의 형이상학"Postulatenmetaphysik도 발전시켰다. 이것은 이러하며 저것은 저러하고 이것과 저것은 이러이러한 관계로 연결되어 있는 만큼(동일률과 모순율 및 관계의 범주) 우리는 이러이러한 결론을 여기서 내리지 않으면 안 된다는 이유로(충족이유율), 즉 이론이성이 통찰할 수 있는 제반 이유와 근거를 감안하고 그들을 토대로 해서 그는 자신의 독특한 도덕철학과 신의 존재, 인간의 자유의지, 그의 영혼불멸의 문제를 해결하는 것을 과제로 하는 초월적 형이상학을 정립한 것이다.

자신이 이론이성의 사고력과 판단력의 도움으로 도덕철학 및 종교철학을 수립해야만 했다는 점을 칸트가 적어도 부분적으로 시인했다고 볼 수 있다. 왜냐하면 그는 실천이성이 독자적으로 도덕철학과 "요청의 형이상학"을 수립하는 것이 아니고 어디까지나 이론이성과의 긴밀한 협조로 die praktische Vernunft in ihrer Verbindung mit der spekulativen 그렇게 한다고 서술했기 때문이다.[65] 그는 여기서 이론이성과 실천이성이 서로 협력하여 이 두 분야의 문제들을 해결하게 된다 할지라도 그중 실천이성이 이론이성 앞에서 "우위"der Primat를 차지한다는 점을 역설했다. 그러나 엄격하게 말한다면 그 역이 참인 것 같다. 실천이성이 아닌 이론이성이 실천이성의 영역인 도덕적인 삶 및 종교적 삶에서 발생하는 다양한 사건들과 현상들을 총체적으로 검토하고 분석하며 평가하는 가운데 그들에 대한 다양한 이론들을 도출한다고 보지 않을 수 없기 때문이다.

칸트의 도덕철학과 종교철학을 발전시킨 궁극적인 주체는 결코 실천이성이라고 간주할 수 없다. 실천이성은 도덕이성이며 그것은 통속적인 표현으로 양심이다. 누가 보아도 도덕의식 또는 양심이 이 두 분야와 선험철학, 미철학, 자연 속의 유기체들에 대한 이론 등 다양한 분야에 관한 학문의 기초를 수립하거나 그들 각각에 속해 있는 다양한 문제들을 거론하고 조명하는 궁극적인 주체라 할 수 없을 것이다.

칸트의 도덕의식, 미의식, 의지력 혹은 감성이 그러한 작업을 수행했다기보다 그의 사고력과 판단력, 즉 지성이 주동이 되어 그러한 작업을 전개했음이 분명하다. 엄격하게 말한다면 지성, 감성, 양심, 미의식, 종교의식 등 다양한 기능들이 합해 구성된, 그러나 그들의 합 이상인 인간 칸트의 자아의 초월성이 그러한 작업을 수행한 궁극적인 주체였다고 보아야만 한다.

칸트는 『순수이성비판』 재판 서론에 "그러므로 신앙을 위한 터전을 얻기 위해서 지성[=사변이성]의 한계를 [현상계로] 제한하지 않으면 안 되었다"라는[66] 명언을 남겼다. 여기서 지성의 문제와 신앙의 문제를 해결하는 것이 자신의 철학의 중심 과제임을 인식하고 그 목적을 달성하기 위해 현상계와 초월계 간 엄격한 경계선을 긋는 등 그것을 위한 기초 작업을 벌였던 사유의 주체도 역시 그가 가장 중시했던 실천이성이 아니었음이 분명하다. 그렇다고 그것이 이론이성이었다고도 말할 수 없다. 여기서 인생에서 가장 중요한 두 문제인 지성과 신앙을 위한 기초를 수립할 목적으로 현상계와 초월계를 양분해야만 한다고 보고 그들 간에 플라톤 식의 엄격한 분계선을 그어야만 했던 사유의 주체는, 인간의 삶에서 이루어지는 모든 것을 총체적으로 간파하고 있을 뿐 아니라 현상계와 초월계, 자연계와 신앙의 영역을 한 초월적 입지점에서 내려다보듯이 조망할 수 있고 그들 각각의 특성도 꿰뚫어 볼 수 있는 그러한 초월성으로서의 칸트였음이 분명하다.

그러므로 그것은 단순히 그의 도덕의식일 수 없다. 상술한 대로 도덕의식은 양심이며 사물과 사리를 예리하게 판별하고 식별하는 지성이 아니기 때문이다. 그렇다고 해서 그것이 그가 이해한 대로의 이론이성일 수도 없다. 그가 뜻한 이론이성은 현상계를 초월할 수 없기 때문이다.

인생에서 가장 중요한 문제들이 무엇인지를 확실하게 인식하고 그들을 해결하기 위해 이처럼 현상계와 초월계 간에 엄격한 분계선을 그은 후, 『순수이성비판』과 『실천이성비판』에서 각각 인식론과 도덕철학 및 종교철학을, 『판단력비판』에서는 미철학과 유기론을 발전시킨 사유의 주체는 감성도, 의지력도, 도덕의식도, 미의식도, 단순한 지성만도 아닌 이들 전체로 구성되되 그들의 합 그 이상인 칸트의 자아, 초월성으로서의 그의 자아였다. 그의 자아가 전 실재와 자기 자신을 초월한 한 입지점에서부터 자신이 한 철학자로서 당면하고 있는 여러 문제들을 간파하고 그들을 해결하기 위해 이 모든 개별 기능을 활용하되, 그중 특히 지성을 주된 기능으로 활용하며 후자의 식별력과 판단력, 분석력과 사고력의 도움으로 자신의 목전에 전개되어 있는 제 현상들과 문제들을 분석하고 평가하는 가운데 새로운 비판적인 인식론, 윤리관, 종교철학, 미철학 등을 수립하고 그에 대한 여러 책들을 집필했던 것이다.

이것이 사실이라면 칸트가 전통 형이상학자들의 합리주의에 강경한 이의를 제기하고 이성, 즉 순수사변이성의 사유의 범주들은 이들이 주장한 것과는 달리 오로지 현상계 내의 문제들과의 관계에서만 판단의 척도로 삼을 수 있다고 역설했다는 사실은 명백한 자기모순과 자기부정 행위로 간주하지 않을 수 없다. 그는 엄연한 형이상학자로서 지성의 사고력과 판단력의 도움으로, 따라서 지성의 독특한 사유의 범주들을 척도로 해서 전 실재를 한 초월적인 입지점에서 관망하고 관조한 후 그것을 현상계와 초월계로 양분하게 되었으며 인간 이성이 전자에 속한 사물들, 현상물들을 인식하는 과정을 분석하는 인식론 및 후자에 속한 대상들과 관계되는 윤리관과 종교철학을 정립하게 되었다. 그리고 초월성으로 특징지어진 형이상학자로서 그는 또한 미철학과 다른 이론들을 발전시키게 되었다.

그의 철학의 주제가 이성의 지력의 범위를 현상계 내로 제한해야만 한다는 것이었으나 그는 바로 이 이성의 지력으로, 그것의 사고력과 판단력, 식별력과 분석력의 도움으로 방금 서술한 제반 작업을 전개했고 이성의 범위를 제한해야만 할 필요성을 감지하고 실제로 그렇게 하게 되었다. 그가 아리스토텔레스를 따라 주장한 12범주들과 그 외 모순율과 충족이유율 등 제반 이론이성의 사유의 범주들을 척도로 함이 없이 현상계와 초월계, 인간과 신, 이론이성들과 실천이성 및 판단력, 그리고 이들과 관계되는 모든 현상과 문제에 대해서 무슨 생각과 판단을 할 수 있었겠으며 무슨 주장과 이론을 제기할 수 있었겠는가?

칸트는 시종일관 그가 "환영의 변증법"으로 공중누각을 구축했다는 이유로 호되게 질타했던 스피노자와 여타 과거 철학자들과 동일하게 전 실재와 자기 자신, 그리고 자신과 여타 철학자가 연구하는 철학의 각 분야들을 초월할 수 있는 한 형이상학자로서 "영원의 관점에서"(스피노자) 이들 모두를 관망하고 통찰하는 가운데 그들에 대한 자신의 제반 이론들을 제기했으며 자신의 반형이상학적 비판주의도 발전시켰다. 만약 그가 이 모든 영역과 분야를 지적으로 뛰어넘고 그들을 분석과 조명의 대상으로 목전에 "표상"할 수 있는 초월 능력을 소유한 형이상학자가 아니고 순전히 내재성으로 특징지어져 있는 금수와 같이 그들 속에 완전히 침몰되어 있는 한 "형이하학적인" 존재였다고 하면, 그는 결코 위와 같은 작업을 수행할 수 없었을 것이다. 그는 근세철학의 대부라 할 만큼 위대한 철학가 되는 것은 고사하고 무명의 범인도 될 수 없었을 것이다.

이 모든 점들을 감안할 때 칸트가 과거 형이상학자들이 절대시한 이상의 기본적인 논리적·수학적 법칙들과 범주들이 단순히 인간의 사유의 범주들만이 아닌 존재자 일반과 나아가서는 초월계의 실재와 대상들에까지도 적용되는 절대적인 존재의 범주들임을 자신도 의식하지 못하는 가운데 시인했음이 확실하다고 단정할 수 있다.

칸트는 무의식적으로 자신이 상대화한 사변이성의 법칙들과 범주들을 절대시하고 있었다. 그렇게 하지 않을 수 없었다. 그렇게 하지 않는 한 칸트뿐 아니라 그 누구도 그 무엇에 대한 심오한 철학적 주장을 제기하는 것은 고사하고 그 어떤 평범한 한 마디의 바른 말도 할 수 없을 것이다. 논리적·수학적 공리들과 사유의 기본 범주들을 절대적인 척도로 하지 않고서는 그 누가 그 무엇을 바로 분별하고 식별할 수 있겠으며 그 무엇에 대해서 바로 판단하고 기술할 수 있겠는가? 그들을 사유와 판단의 척도로 사용하지 않는 한 그 누구도 초감각적인 대상에 대해서뿐 아니라 시공간 내의 감각적인 사물들에 대해서도 어떤 생각을 하거나 어떤 주장을 제기할 수 없다.

앞서 우리는 칸트가 『실천이성비판』, 제2장 III절 이하에서 실천이성이 사변이성과의 관계에서 "우위"를 차지한다는 점을 고조했다는 점에 대해서 지적했다. 그러나 철학적으로 볼 때 사변이성이 오히려 실천이성 앞에서 "우위"를 차지한다고 보아야만 할 것이다. 그 이유는 칸트 자신의 인식론을 전개하는 과정에서뿐 아니라 도덕철학과 종교철학 및 미철학을 정립하는 과정에서도 궁극적인 사유의 주체인 칸트의 자아, 그의 초월성이 사변이성을 주된 기능으로 하고 사변이성의 사유의 범주들을 필수적인 도구로 해서 모든 이론을 제기했음이 분명하기 때문이다. 또한 현상계에 속한 문제들뿐 아니라 초월계에 속한 문제들과의 관계에서 그가 그렇게 했음이 분명하기 때문이다.

칸트는 『순수이성비판』에서 순수 이론이성이 인식의 주체로서 인식의 대상인 사물을 어떠한 전제조건에서 선험적으로, 경험적으로 인식하는가 하는 문제를 예리하고도 치밀하게 분석하는 가운데 그 해답을 제시하려고 했다. 그와 같은 방식으로 그는 여기서 순수이성에 대한 철두철미한 비판 작업을 수행하고 있었으나 한 궁극적인 주체로서 여기서 그러한 비판 작업을 수행하는 철학자 칸트 및 인간 칸트의 초월성은 비판의 대상에서 완전히 제외시키고 말았다. 아니 그것을 의식하지 못하고 있었다. 전 실재를 초월한 형이상학적 입지점에 서서 영원의 관점으로 세상만사를 관조하고 투시하게끔 되어 있는 타고난 형이상학자 칸트 자신의 초월성은 의식하지 못하고 인간이 다수의 다른 기능들과 함께 본유하고 있는 순수이성만을 의식하여 그 본질과 특성만을 분석의 대상으로 삼았던 것이다. 그러므로 그의 『순수이성비판』은 진정 비판적인 비판서라고 간주할 수 없다.

만물분쇄자 칸트는 이론이성, 즉 과학이성과 사변이성의 지력에 대한 과거 사상가들의 무비판적인 독단론을 타파하고 이론이성이 할 수 있는 것과 없는 것을 비판적인 안목으로 예리하게 판별하여 그것이 할 수 있는 것에 대한 "학술적 형이상학"wissenschaftliche Metaphysik, 즉 선험철학 또는 인식론을 수립하려 했으며 그것이 할 수 없는 것, 그것의 한계 밖의 문제들은 실천이성의 "도덕적 신앙"의 도움으로 해결할 수 있다는 확신에서 "요청의 형이상학"을 수립하려고 했다. 그러나 그는 이와 같은 방식으로 이론이성과 실천이성, 그리고 판단력에 대한 예리한 비판과 분석 작업을 전개하고 선험철학과 초월계에 관한 형이상학을 수립하려고 노력하는 "제3의 긍정적인 요소"(키에르케고르), 즉 이론이성과 실천이성 및 판단력보다 한층 더 높은 차원에서 그들의 본질과 특성을 한정하고 그들 간의 차이점을 판별할 뿐 아니라 그들을 통해 그들에 해당하는 각각의 영역의 기초를 수립하려는 초월성으로 특징지어져 있는 형이상학자 및 인간 칸트의 궁극적인 주체성에 관해서는 전혀 언급하지 않았고 그에 대해 의식조차 하지 못했다.

칸트가 『순수이성비판』에서 발전시킨 반형이상학적 선험철학 또는 인식론은 이처럼 역설적으로 형이상학에 기초를 두고 있다. 초월성으로서의 철학자 칸트, 형이상학자 칸트는 여기서 순수이성의 지력을 빌려 순수이성 자체의 본질과 특성 및 그 활동 영역과 활동 방법에 대해서 학술적으로 논한다. 그의 선험철학은 그가 암암리에 정립했던 형이상학의 기초 위에 수립될 수 있었고 그러한 형이상학의 테두리 안에서만 가능했다. 그가 "선험적 통각의 단위"Einheit der transzendentalen Apperzeption라고도 칭한 이론이성 또는 오성이 인간의 인식 활동 전반의 궁극적인 주관적 극점이라고는 결코 볼 수 없다. 오성이 아닌 초월성이 인간의 인식 활동과 여타 활동의 궁극적인 주체이기 때문이다. 이 점을 간과한 칸트의 비판철학은 어떻게 보면 과거 사상가들의 무비판적인 독단론보다 더 무비판적이었다고 할 수 있을 것이다.

칸트는 여러모로 매우 비판적이었으나 충분히 비판적이지는 못했다. 그는 모든 것을 근시안적으로 짧게 보고 좁게만 보았다. 초월성에 대한 자기반성을 포함하지 않는 순수이성에 대한 비판은 뿌리에 대한 언급이 없는 나무에 대한 묘사와도 흡사할 것이다. 그러한 순수이성 비판을 누가 무비판적인 비판이라 하지 않겠는가? 그래서 근세철학의 대부로 지금까지 명성을 떨쳐온 그가 우리와 같은 소박하기 그지없는 사람들에게도 비판의 대상이 되어 푸대접을 받아야만 하는 것이다. 순수이성에 대한 그의 비판은 비판의 비판, 재비판을 받아야만 하고 그의 비판철학 전반도 엄정한 재심판을 받아야만 한다.

어떤 면에서 보면 칸트도 철학은 형이상학이라고 보았고 상술한 바와 같이 인간의 본성도 형이상학으로 특징지어져 있다고 주장했다. 그러나 그가 우리가 의도하는 것과 동일한 뜻으로 그러한 주장을 제기한 것은 물론 아니다. 그는 선험철학을 일종의 형이상학, "학술적 형이상학"이라 칭했으나 그것은 사실상 형이하학에 불과하다. 왜냐하면 그것은 현상계 내의 사물들의 근저에 깔려 있는 기본적인 원리와 법칙을 연구하는 학문에 불과하기 때문이다. 그리고 인간이 형이상학적 성향을 본성 Metaphysik als Naturanlage으로 한다고 서술하고 있으나 그에 따르면 인간의 지성으로는 이러한 본성에 따라 초월계에 대한 형이상학을 수립할 수는 없으며 어디까지나 도덕의식으로만 그렇게 할 수 있다. 방금 지적한 대로 인간이 순수이성으로는 단지 선험철학만 수립할 수 있을 뿐이라는 것이었다.

칸트에 대한 우리의 비판은 키에르케고르의 비합리주의에도 적용되고 비트겐슈타인의 과학주의와 하이데거의 반주지주의적 존재사유에도 적용된다. 뿐만 아니라 그것은 신에게는 모순율과 여타 논리적인 법칙들이 전혀 타당하지 않다고 선포한 신학자 에밀 브루너와 다른 "변증법적 신학자들", 그리고 하늘나라에서는 철학자들이 주장한 그 어떤 사유의 범주도 척도로 하지 않으며 신을 순수하게 직관적으로 체험하게 되리라고 믿는 모든 신앙인에게 적용된다.[67]

## 2) 아우구스티누스와 객관적 진리지의 가능성

상술한 대로 아우구스티누스는 중세철학과 중세신학 및 개신교 신학의 창시자였으며 "근세사상의 원조"이기도 했다.[68] 야스퍼스에 따르면 그는 플라톤과 방금 우리가 고찰한 칸트와 더불어 서양 철학사에 새 지평을 열었던, "철학함das Philosophieren에 있어서의 세 창시자들" 중 한 사람이었다. 그만큼 그는 서양 철학자 발전에 기여한 바가 큰 사람이었다. 그는 "근대철학의 아버지" 데카르트에게만 영향을 끼친 것이 아니고 후설과 하이데거와 같은 20세기 최대의 철학자들에게도 직간접적으로 많은 영향력을 행사했음이 확실하다.[69]

후설이 처음으로 개발했고 실러와 하르트만 등 다수의 현대 철학자들이 수락했던 현상학의 특성과 취지를 고려한다면 우리는 아우구스티누스를 일종의 현상학자로도 간주할 수 있을 듯하다. 현상학에 대한 권위자로 정평이 나 있는 슈피겔베르크H. Spiegelberg가 그의 역작『현상학적 움직임』The Phenomenonological Movement 초두에서, 그리고 하이데거가 그의 주저 초두에서 기술하는 대로 현상학은 한 사유자가 어떠한 선입견과 전제 없이 허심탄회한 자세로 자신이 소유하고 있는 지적 투시력 또는 직관력으로 자신의 의식 속에서 그 자체대로 나타나는 현상들Phänomenen을 있는 그대로 포착하고 그 속에서 항구적인 요소, 즉 그들의 본질Essenzen, Wesenheiten, Eidos을 분석하고 기술하는 학문이다. 따라서 우리가 투시하고 포착하는 본질은 비록 우리 자신의 의식 속에 나타나는, 현상하는 관념이라 할지라도 그것은 말하자면 그 자체의 명증Evidenz을 지니고 우리의 목전에 자기소여自己所與, selbstgegeben되는 것이기에 단순한 주관적인 관념이 아니고 어디까지나 객관적인 타당성을 지닌 관념이다.

아우구스티누스가 중기 플라톤주의자들의 회의론과 상대론에 맞서 진리의 객관적 실재성과 절대적인 타당성을 입증하려고 할 때 그도 자신이 "영원한 이치들"rationes aeternae이라고 칭한 진리에 속한 여러 원리들과 이치들과 관련해서 현대 현상학자들의 이러한 이론과 매우 흡사한 이론을 제기했다. 우리는 진리에 속한 다양한 관념들을 다른 그 어디에서가 아닌 우리 자신의 의식 속에서 발견하고 직시할 수 있는데 그럼에도 그들은 단지 우리의 의식 속에서만 타당한 주관적이며 상대적인 관념들이 아니고 객관적으로 타당하며 절대 타당한 관념들이라는 점을 다양한 방법으로 의심의 여지 없이 명증할 수 있다는 것이었다.

### i. 마음의 심연

키에르케고르의 반주지주의적 사상은 기독교와 세속철학을 매개하려고 시도한 헤겔의 사변적 관념론과 스콜라주의 및 정통 개신교 신학의 진리관에 대한 안티테제로 볼 수 있다. 하지만 그의 사상은 또한 사도 바울 이후 최대의 신학자이며 키에르케고르 자신의 신앙의 선조인 아우구스티누스의 진리관에 대한 반론으로도 볼 수 있다. 아우구스티누스는 진리, 즉 영원하고 절대적인 진리, 객관적인 진리, 그리고 그 근원과 통일이며 그 완성과 충만이자 진리 그 자체인 신을 순수하게 그대로 알며 온전히 아는 것*epignosis*이[70] 지혜*sapientia*이며 그러한 진리의 지식을 소유하는 것이 신앙인의 이상이고 인간이 누릴 수 있는 지고선과 지복이라고 설파했다. 그리고 그는 그러한 진리와 진리의 근원과 완성인 신이 놀랍게도, 너무나도 놀랍게도 그 어느 다른 곳이 아닌 인간 자신 속에 생득적으로 내재하고 있다고 확신했다.

[진리를 발견하기 위해] 외부로 나가지 말라. 너 자신 속으로 되돌아가라! 진리는 인간의 내부에 내재하고 있다. 만약 네가 본질상 변화무상하다는 사실을 발견한다면 너 자신을 초월하라. 그러나 그렇게 함에 있어서

네가 사유하는 영혼으로서의 너 자신도 초월한다는 점을 기억하라.…시간과 공간, 그리고 시공간적인 사물들에서 유래하는 모든 심상心象들을 초월하는 [진리의] 빛이 있다. 모든 사유자가 그들보다 저속한 동물들 가운데서 사망하거나 노화된다 할지라도 그 빛이 약간이라도 소멸될 수 있겠는가? 사유 활동은 진리를 창출하는 것이 아니고 그것을 발견하는 것이다. 그것이 발견되기 전에 그것은 그 자체대로 존재한다. 그리고 그것이 발견될 때 그것은 우리를 새롭게 한다.[71]

그리고 아우구스티누스는 진리 그 자체이시며 영원한 빛이신 신도 그 어느 다른 데가 아닌 인간의 마음속에 내재하고 계신다고 주장했다.

그는 멀리 떨어져 계시지 않는다. 그가 만물을 만드신 후 그들을 떠나가 버리신 것이 아니다. 그들은 그로부터 왔고 그 안에 거하고 있다. 보라. 그가 어디에 계시며 어디에서 진리가 감미롭게 느껴지는가? 그는 [인간의] 마음의 깊은 곳에 거하시고 계신다. 그러나 [인간의] 마음은 그로부터 멀어졌다. 오! 죄인들이여 너의 마음속으로 되돌아가라![72]

인간이 이처럼 진리를 자신의 의식 속에 품고 있다면 진리란 진선미와 관계되는 모든 절대 타당한 원리와 이치, 원칙과 법칙들의 총체를 뜻하는바 이들의 수도 엄청나게 많을 뿐 아니라 그들의 의미 또한 무한히 심오하다. 그 누가 진과 선과 미, 그리고 이들과 관련된 무수한 세부적인 개념들의 의미를 순수하게 그대로 이해할 수 있고 정의하며 설명할 수 있겠는가? 인간의 의식 속에 이 모든 "무한개념"이 심겨 있고 그들의 근원이며 완성이자 진리 그 자체와 무한자인 신도 내재하고 있다. 그와 같이 무수한 무한개념들뿐 아니라 무한자인 신까지 자신 속에 품고 있는 인간은 누구인가?

인간의 마음은 이처럼 무수하고 영원불변한 원리들과 이치들에 대한 지식, 그리고 사물과 인간 자신과 신 등 구체적인 대상들에 대해 의식적으로 또는 잠재의식적으로 소유하고 있는 지식으로 가득 차 있다. 인간의 의식과 잠재의식 속에 포함된 내용 전반을 아우구스티누스는 "메모리아"*memoria*라 칭했다. 그는 그러한 메모리아 자체의 내용도 극히 엄청나며 경이롭거니와 그러한 지식을 소유하고 있는 인간의 마음과 인간 자신도 지극히 경탄할 만하고 신비롭다고 보았다. 그러나 인간은 비록 메모리아의 내용을 자신의 의식 속에 품고 있다 할지라도 그 양과 심오성으로 말미암아 그것을 그대로 인식하거나 설명할 수 없다.

숫자적으로나 내용상으로 그다지도 놀라운 메모리아들을 티끌과 같이 미미하고 벌레와 같이 유약한 유한자 인간이 어떻게 소유할 수 있게 되었는가? 우리의 마음은 무엇이며 그 한계는 어디에서 끝나는 것인가? 우리 자신은 누구인가?

인간이란 바로 우리 각자다. 그럼에도 불구하고 우리는 우리의 마음과 우리 자신을 모르고 있다. 우리 자신을 알기 위해 자기반성과 자아 성찰을 통해 우리의 마음속 깊이 침투하면 할수록 우리는 "계속 더욱더 불투명한 메모리아들의 심연"*abstrusior profunditas memoriae*[73] 속으로 빠져들어 갈 따름이다. 인간은 유한자인가, 무한자인가?

인간은 한 깊은 심연이옵니다. 오, 주여, 당신이 그의 머리털들을 세시고 계시오며 당신 없이는 그것들이 땅에 떨어짐이 없나이다. 그러나 인간의 머리털을 세는 것이 그의 마음의 느낌들과 움직임들을 헤아리는 것보다

쉽사옵니다.[74]

메모리아의 위력은 크오며 과연 너무나도 크옵니다. 오, 나의 하나님이시여. [그것을 내포하고 있는 마음은] 하나의 거대하고 무한한 내실內室이옵니다. 그 근저를 누가 측량해보았나이까? 그럼에도 불구하고 그것은 나의 마음의 능력이오며 나의 본성에 속해 있나이다. 그러나 나는 나에 대한 모든 것을 포착하지 못하고 있나이다.I myself do not grasp all that I am. 그렇다면 나의 마음은 그 자체를 포용하기에는 너무나도 협소함이 분명하옵나이다. 나는 여기서 다음과 같은 질문을 제기하지 않을 수 없나이다. 그것[=마음]에 속해 있으면서도 그것이 포착할 수 없는 이것은 어디에 있나이까? 이것이 마음 밖에 있는 것이며 그 속에 있는 것이 아니니이까? 왜 그것이 그 자체를 포착할 수 없나이까? 내 앞에 한 크나큰 경이로움을 목도하오며 이 점으로 말미암아 나는 경악을 금치 못하겠나이다.[75]

누가 그것[=메모리아]의 본질을 이해할 수 있으랴! 오, 주여. 나는 분명히 그것에 대해 열심히 연구하옵는데 여기서의 나의 연구는 나 자신에대해 이루어지고 있는 것이나이다. 내가 바로 나 자신에게 어려움의 영역이며 너무나도 많은 땀의 영역이나이다. 우리는 하늘의 공간을 흥미롭게 바라보는 것도 아니오며 별들 간의 거리를 측정하는 것도 아니옵고 지구의 무게를 재려고 노력하는 것도 아니나이다. 기억하고 있는[=인식하고 있는] 자는 바로 나이며 마음은 곧 나 자신이옵나이다. 나 자신이 아닌 것 무엇이 나로부터 멀리 떨어져 있다면 그것은 그다지 놀라운 일이 아니겠나이다. 그러나 나 자신보다 나에게 더 가까운 것이 무엇이겠나이까? 그러나 보옵소서. 나 자신의 메모리아의 힘을 나는 이해하지 못하고

있나이다. 그러나 그와 동시에 또한 그것이 없이는 나는 나 자신에 대해 말할 수도 없나이다.[76]

메모리아의 힘은 크오며 그 심오한 [의미와] 무한한 양은 두려움을 자아내게 하는 그 무엇이나이다. 오, 나의 하나님이시여. 이것이 마음이며 나는 바로 나 자신이나이다. 그렇다면 나는 누구입니까? 오, 나의 하나님이시여. 나의 본성은 무엇이옵니까?[77]

이 모든 것을 감안할 때 인간은 세상의 모든 기적보다 "더 큰 기적"이라고 하지 않을 수 없다.[78] 인간이 이다지도 큰 기적, 기적 중 기적이라면 인간이 바라볼 수 있는 우주도 기적이다. 우주라는 기적을 바라봄으로써 우리는 그것이 신이 창조하신 피조물이 분명함을 깨닫게 되어 보이지 않는 그를 경배하게 된다. 키에르케고르는 자연 어디에서도 인간은 신을 발견할 수 없고 이성의 노력으로 자연 속에서 발견할 수 있고 입증할 수 있는 신은 참된 신이 아닌 우상이라 했다. 그러나 아우구스티누스는 결코 그렇게 보지 않았다.

신이 창조하셨음이 확실한 하늘과 땅으로 된 우주와 그 속의 만물들에 비해 세상이 지금까지 목도해온 모든 기적들은 비할 바가 못 된다. 그러나 창조주가 인간에게 계속 숨어 다니시며 불가지적이신 것 같이 그가 우주를 창조하신 방법 역시 불가지적이다.…우리가 한 철학자의 눈으로 우주를 관조하게 될 때 우리는 그 속에서 세상에서 가장 희귀하고 가장 특이한 기적들 이상의 큰 기적을 바라볼 수 있다.…보이는 하늘과 땅을 지으신 신은 은혜롭게도 우리의 영혼이 볼 수 있는 사물들에 집중하는 데서 마음이 움직이게 되어 볼 수 없는 그를 찬미할 수 있게 하기 위해 하늘과 땅에서 볼 수 있는 기적들을 행하신다는 것이 하나의 기정사실이다.[79]

### ii. 회의주의에 대한 반론

아우구스티누스가 주지주의자였든, 주의主意주의자였든 또는 중세판 "실존주의자"였든[80] 간에 그는 분명히 영원불변하며 객관적인 진리가 존재한다고 보았으며 인간이 이성의 지력으로 그것을 발견하고 인식할 수 있으되 다른 그 어디에서가 아닌 자기 자신의 마음속에서 직관적으로 그렇게 할 수 있다고 보았다. 사실은 아우구스티누스가 『아카데미아 학자들에 대한 반론』, 『자유의지론』, 『참된 종교론』, 『삼위일체론』, 『신국론』 등에서 신랄한 비판의 대상으로 삼고 맹공격했던 자들은 키에르케고르와 매우 흡사한 논리로 진리의 절대적인 타당성과 그에 대한 직관적 인식 가능성을 부인하며 극단적인 회의주의와 상대론을 주장했던 일부 중기 플라톤주의자들이었다.

그들에 따르면 인간은 감성의 감지 능력으로도, 이성의 사유 능력으로도 확실한 진리의 지식에 도달할 수 없다. 우리가 시시각각으로 경험하듯이 감성은 사물의 실체와 사리를 착각하기 일쑤다. 그리고 동일한 문제를 두고도 서로 엇갈리는 다양한 주장들을 제기하는 철학자들의 관행에서 짐작할 수 있듯이 이성도 사실을 사실로 파악하지 못한 채 사실 무근한 이론과 학설을 도출하고 그것이 진실이라고 주장하는 경우가 너무나 많다.

우리는 감성과 이성을 활용해서 때로는 진실에 매우 가까운 지식을 획득할 수는 있으나 결코 진실 그 자체, 절대적인 진리를 파악할 수는 없다. 진리 *verum* 는 파악할 수 없고 단지 그 근사치 *verisimile*, 즉 개연성

*probabilium*만 확보할 수 있을 뿐이다. 앞서 사용한 키에르케고르 자신의 용어를 빌리면 "근접지"만 획득할 수 있을 따름인 것이다.

그러나 비록 진리를 파악할 수 없다 할지라도 우리는 사유와 행동의 지침과 방향을 알지 못해 우왕좌왕하거나 좌절할 필요는 없다. 사유와 삶을 위한 절대적인 척도가 되는 진리 자체는 소유할 수 없다 할지라도 그 근사치 또는 근접지는 능히 확보할 수 있는 만큼 현자는 그것을 척도로 해서 의미 있고 보람찬 삶을 영위할 수 있기 때문이다. 아우구스티누스는 이런 주장에 맞서 진리 자체의 존재 사실과 그 인식 가능성에 대한 다양한 이론을 제기하는 가운데 회의주의와 상대주의를 퇴치하려고 열의를 다해 노력했다.

회의론자들에 따르면 어떤 인간도 진리의 지식에 도달할 수 없고 단지 그 근사치에 대한 지식만 소유할 수 있을 따름이다. 그러나 우리가 진리의 근사치에 대한 지식을 소유할 수 있기 위해서는 우선 진리 자체에 대한 지식을 의식·무의식적으로 이미 소유하고 있어야 한다. 그 무엇이 진리에 가깝다고 주장할 수 있기 위해서는 진리 자체에 대한 지식을 판단의 기준으로 이미 소유하고 있어야만 하는 것이다. 그것은 어떤 사람이 내 형제가 우리 부친과 닮았다고 말할 수 있기 위해서는 사전에 우리 부친을 본 일이 있어야만 하는 것과 같은 이치다.[81]

이 비슷한 논리는 사실 플라톤도 그의 『파이돈』*Phaidon*에서 전개한 바 있다.[82] 그 무엇이 다른 어떤 것과 유사하다는 점을 인식할 수 있기 위해서는 후자에 대한 지식을 이미 소유하고 있어야만 한다는 것이다. 예컨대 이 사람의 행동은 선한 행동에 가깝다고 할 수 있기 위해서는 진정으로 선한 행동과 나아가서는 선 자체가 무엇인지 알아야만 한다. 14K 금이 무엇인지 알고 그에 대해서 이야기할 수 있기 위해서는 24K 순금이

무엇인지 이미 알고 있어야만 함이 분명한 것과 마찬가지다.[83]

플라톤과 아우구스티누스는 우리가 그 무엇에 대해 한 의미 있는 질문을 제기할 수 있기 위해서도 그에 대한 많은 올바른 지식을 이미 소유하고 있어야만 한다고 보았다.

> 아무도 전혀 모르는 것을 사랑할 수 없다.…그 어떤 이치에 대한 약간의 지식이 우리의 마음속에 새겨져 있지 않다면 우리는 그것을 알고자 하는 열망으로 불타게 되지 않을 것이다.[84]

이러한 아우구스티누스의 회의주의 비판에서 매우 흥미로운 점은 1200여 년 후에 등장한 "근대철학의 아버지" 데카르트의 유명한 "*Cogito, ergo sum*"(나는 사유한다. 그러므로 나는 존재한다)이라는 명제를 예기하는 극히 예리한 이론들을 오래전에 이미 제기했다는 사실이다.

세상만사의 모든 실상 또는 타당성이 회의론자들이 주장하는 바와 같이 전혀 확실하지 않고 매우 불확실하다고 가정하자. 그러한 경우에도 단 한 가지만은 의심의 여지가 없이 절대 확실하다고 보지 않을 수 없다. 이 한 가지는 바로 세상만사의 존재 사실 또는 타당성 여부에 대해 계속 의심을 품고 점검하고 관찰하며 분석하고 판별하는 등 활발한 사유 활동을 전개하는 나 자신이 이러한 회의와 사유의 주체로 존재한다는 사실이다.

이 절대 확실한 사실과 관련된 아우구스티누스의 다수의 진술들을 "*Cogito, ergo sum*"이 아닌 "*Dubito, ergo sum*"(나는 의심한다. 그러므로 나는 존재한다)이라고 요약할 수 있겠으나 그 의미는 동일하다. 의심한다는 것은 곧 사유함을 뜻하며, 사실 극히 진지하고 예리하게 사유함을 뜻하기 때문이다.

진리의 문제와 관련해서 데카르트가 제시한 이론들 중 아우구스티누스가 이미 예기했던 것이 또 하나 있다. 그것은 곧 아우구스티누스가 단적으로 "*Si enim fallor, sum*"(왜냐하면 내가 비록 오류를 범한다 할지라도 나는 존재한다)이라고 한 단순 문장 속에 내포되어 있는 이론이다. 이 문구의 의미는 세상만사의 존재 사실 혹은 타당성의 진위 여부에 대해 의심을 품고 계속 사유하며 그 진상을 규명하려고 노력하는 나 자신이 비록 그 모든 것에 대해 처음부터 근본적으로 곡해하고 계속 실수와 오류를 범할 수 있다고 해도 "*Cogito, ergo sum*"이라는 논리는 여전히 타당할 수밖에 없다는 것이다. 데카르트도 "*Cogito, ergo sum*"이라는 이치를 "확고부동한 진리의 기초"fundamentum incocussum veritatis로 해서 하나의 공고한 사상 체계를 확립하기 위한 목적으로 그의 주저 『방법서설』과 『제일철학에 대한 명상』에서 이와 완전히 동일한 논리를 전개했다.

이와 관련해서 데카르트의 추종자였던 신학자 아르노A. Arnauld가 아우구스티누스가 오래전에 이미 그와 매우 유사한 언어와 논리로 회의주의를 논박하려 했다는 점을 지적했을 때 데카르트의 얼굴색이 달라졌다는 일화가 있다.[85]

회의론자들은 세상만사가 다 불확실하고 절대 확실한 것은 아무것도 없다고 했으나 적어도 그러한 주장을 한 회의론자들 자신이 존재하고 있어 세상 모든 것의 확실성에 대해 의심을 품고 치밀한 확인 작업을 벌이고 있다는 점만은 의심할 수 없이 확실한 사실이 아닌가? 만약 그들이 실제로 존재하고 있고 의심, 검토, 확인, 판단, 평가 등의 사유 활동을 올바른 또는 그릇된 방법과 방향으로 전개하지 않는다면 세상 모든 것이 다 불확실하고 세상에 확실한 것은 아무것도 없다는 주장을 어떻게 제기할 수 있겠는가?

그러나 이 점만 절대 확실한 것인가? 절대 확실한 것이 또 있다. 회의론자들은 세상에 절대 확실한 것이 있는지 없는지, 진리가 존재하는지 존재하지 않는지 확인하기 위해 무수한 사물과 사건을 관찰하며 검토하고 분석하고 평가하게 된다. 그렇게 할 때 그들은, 비록 스스로 분명히 의식하지는 못할지라도, 필연적으로 특정한 사유와 판단의 척도를 가지고 그러한 확인과 검증 작업에 임하게 된다. 이 점도 또한 확실한 사실이다. 아무런 사유와 판단의 척도가 없이는 그 무엇에 대해서도 의심하고 생각하며 비판하거나 판단할 수 없다. 잣대가 없이 무엇을 잴 수 있겠으며 저울이 없이 무엇을 달 수 있겠는가?

회의론자들은 진리의 존재 여부에 대해 그 누구 못지않게 진지한 관심을 가진 자들이었다. 그러한 이유에서 그들은 세상만사를 계속 극히 면밀하고 용의주도하게 검토하고 분석하는 작업을 활발하게 전개하고 있었다. 그들이 의식을 가지고 살아 움직이는 인간들인 한 그들은 한순간도 그 무엇을 정신적으로 확정하고 확인하는 작업, 식별과 판단, 분석과 평가 작업을 중단할 수는 없었다. 의식·무의식적으로 그들은 항상 주위의 사물이나 사건과 관련해서 "이것은 이것이며 저것은 저것이다" 또는 "~한 고로 ~하다" 등의 판단을 내리지 않을 수 없었다. 그들은 그렇게 하는 가운데 그것들의 정체와 본질, 존재 또는 발생 원인 및 그들이 야기하는 결과 등에 대한 분석과 평가 작업을 필연적으로 계속 펼치고 있었다.

이와 같은 양식으로 그들이 사물의 정체와 진상에 대한 식별과 판별, 판단과 평가 작업을 전개했다 함은 그들이 이를 위해 플라톤과 아리스토텔레스에서 빈델반트와 후설에 이르기까지 서양 철학자들이 이데아,

형상$^{eidos}$, 범주, 본질$^{Wesen,\ Wesenheiten}$, 가치, 보편개념$^{universalia}$ 등이라 칭했고 아우구스티누스 자신은 진리$^{veritas}$, 영원한 원리들$^{rationes\ aeternae}$ 등이라 일컬었던[86] 정신적인 원리들과 원칙들을 의식·무의식 간에 지속적으로 사유와 판단의 척도로 활용했음을 뜻한다.

아우구스티누스에 따르면 사실 극단적인 회의론자들은 의식 활동과 사유 활동을 전개하는 과정에서 필연적으로 위와 같은 사유와 판단의 범주들을 그 척도로 사용했을 뿐 아니라 자신들의 자아 이해와는 달리 이러한 사유와 판단의 척도들의 보편타당성과 객관성도 적어도 무의식적으로는 확신하고 있었음이 분명하다. 만약 회의론자들이 그러한 확신을 가지고 있지 않았다면 그들은 한순간도 사물과 사리의 진위를 판별하고 판단하기 위한 사유 활동을 전개하려고 시도하지 않았을 것이다. 그리고 회의주의와 상대론을 하나의 확고한 지론으로 제기할 생각조차도 할 수 없었을 것이다. 세상 그 무엇의 진위나 진상을 판정하는 사유 활동의 무위를 확신한 상태에서 어떻게 상대론이 올바른 학설인 반면 "절대론"은 완전 그릇된 주장이라고 고집할 수 있겠는가? 만약 그렇게 확신했다면 그들은 세상 그 무엇에 대한 그 어떤 판단과 주장도 할 수 없는 식물인간과도 같이 의식 활동과 사유 활동을 완전히 중단해야만 한다고 결론 내렸을 것이다.

플라톤은 『파이돈』, 『테아이테토스』 등에서 그러한 사유와 판단의 척도들 가운데는 단일성, 다수성, 동일성, 유사성, 상이성, 상반성, 지속성, 변화 등이 있다고 지적했고, 아리스토텔레스는 그의 논리학적 저서들 $^{Organon}$과 『형이상학』에서 그의 유명한 10대 범주들을 소개했다. 그것은 실체, 양, 질, 관계, 장소, 시간, 자세, 상태, 능동성, 수동성으로서 아리스토텔레스는 이러한 10개의 범주 외에 이들과 밀접하게 관련된 다른 기본 개념들, 즉 형상, 질료, 단일성, 동일성, 상이성, 상반성, 유와 종, 전체와 부분, 완전성, 가능성, 필연성, 현실성 등도 거론했는데, 그는 이들이 10대 범주들과 마찬가지로 인간이 사물에 대해 사유할 때 필요로 하는 논리적 범주들인 동시에 그가 사유하는 존재의 범주들, 즉 그들이 존재하는 기본적인 방식들이기도 하다고 주장했다.

그 후 중세철학에서는 소위 6대 초월개념들Transzendentalien, 즉 단일성unum, 선bonum, 진verum, 사물, 존재자, 특정물something과 더불어 6대 범주들(존재, 본질, 질, 양, 변화, 관계, 자세)이 존재한다고 주장했으며 근대철학의 데카르트와 존 로크는 3개의 범주들, 즉 실체, 상태, 관계의 범주에 대해 이야기했다. 그리고 칸트는 아리스토텔레스가 가르친 것들과 대동소이한 12범주들을 인간 의식 일반의 사유의 척도로 간주했다. 헤겔은 과거 그 어느 사상가들보다 더 광범위하고 상세한 범주론을 발전시킨 반면 그의 사상적 적수였던 쇼펜하우어는 단 하나의 범주, 즉 인과율의 범주만 타당하다고 보았다. 그리고 20세기에 와서 하르트만N. Hartmann은 그의 『실재계의 구성』Der Aufbau der realen Welt 등 다수의 저서에서 그의 유명한 계층론Schichtenlehre과 더불어 매우 포괄적인 범주론 체계를 소개했다.

그러나 문제는 역시 회의주의자들을 포함한 모든 사상가 및 전 인류가 매 순간 사용하고 있음이 분명하며 의식·무의식 간에 그 객관적 타당성을 확신하는 가운데 그렇게 하고 있는 사유와 판단의 척도들이 인간의 사유 활동과도 관계없이, 그리고 인간과 여타 피조물들의 존재 여부와도 관계없이 절대적인 의미에서 타당하며 영원히 타당하냐 하는 것이다.

이미 살펴보았듯이 선험적 관념론을 주장한 칸트는 여기서 거론되는 제반 범주들이 인간의 의식 일반, 즉 사변이성 또는 오성의 필연적인 사유의 범주들이며 나아가서는 그것이 선험적으로 구성하는 자연계 내의 현상물 일체의 존재의 범주들이라 간주할 수 있으나 결코 아리스토텔레스와 여타 형이상학자들이 상정한 것과 같이 인간의 의식권 외부에 실재하는 물자체나 정신계의 대상들에게 타당한, 그들의 존재의 범주들로 보아서는 안 된다고 주장했다.

비트겐슈타인과 그의 영향을 받은 논리실증주의자들과 언어분석 철학자들도 이 점에서 칸트와 공감대를 이루었다. 아리스토텔레스 이래의 과거 형이상학자들이 거론해온 범주들은 외부세계의 사물들에 대해서 내실적으로 아무것도 알려주는 바가 없다. 그들은 어디까지나 인간의 사유 활동과 논리 전개의 기본적인 원칙들에 불과하며 올바른 언어 사용의 규칙들에 지나지 않는다. 그러므로 그들은 아무런 형이상학적 또는 존재론적 의미를 지니고 있지 않으며 완전히 동어반복적인tautologisch 성질을 띠고 있을 따름이다.

### iii. 아우구스티누스의 실재론

소위 보편개념들의 객관적 타당성 여부에 관한 논쟁과 관련해서 아우구스티누스는 『아카데미아 학자들에 대한 반론』Contra Academicos을 위시한 다수의 저서에서 중세 말엽에 등장한 오컴William of Ockham의 유명론唯名論, Nominalismus이나 칸트의 선험적 관념론 또는 그와 유사한, 방금 언급한 현대 철학자들이 주장한 것과 같은 상대론은 완강히 거부하고 플라톤과 아리스토텔레스가 제기한 실재론實在論, Realismus에 따라 여기서 거론되는 인간의 제반 사유와 판단의 척도들이 결코 의식 내재적이며 주관적인 관념들만이 아닌 의식 외적으로도 타당하며 절대 타당한 객관적인 개념들임을 분명히 했으며 다양한 구체적인 실례를 들어 자신의 논거의 타당성을 입증하려고 노력했다.

이러한 물질적인 대상들을 비물질적이며 영원한 원리들에 따라 판단하는 것은 더욱 탁월한 이성의 소유자의 소관인바 이들이 인간의 마음을 초월하는 원리들이 아니었다면 그들은 분명히 변화무상하지 않을 것이고 만약 우리 자신에 속한 어떤 한 기능이 그들에게 예속되어 있지 않다면 우리는 그들을, 물질적 대상들을 판단하기 위한 기준들로 사용할 수 없을 것이다. [예컨대] 우리의 이성이 인식하는 바와 같이 변화무상한 물질적인 대상들을 우리는 차원들과 숫자들의 기준에 따라 판단한다.[87]

또한 그는 진리를 발견하기 위해 "외부로 나가지 말고 네 마음속으로 되돌아가라! 왜냐하면 진리는 인간의 내부에 내재하고 있기 때문이다.…너 자신이 변화무상하다는 점을 발견한다면 너 자신도 초월"해야 한다고 주장했다.[88]

그렇다면 아우구스티누스는 어떠한 방법으로 영원한 정신적 원리들에 대한 자신의 실재론을 정당화하려고 시도했을까? 이를 위한 그의 논증 내용은 사실상 대단히 단순하고 소박하다. 그러나 우리의 견해로는 그 소박한 논증이 동일한 목적으로 데카르트가 제시한 매우 복잡할 뿐 아니라 심각한 논리적 비약과 오류까지 노출하고 있는 이론들에 비해 월등히 구속력이 있는 듯하다. 사실은 소크라테스에서 현대 실용주의자들과 실증주의자들 또는 신실증주의자들에 이르기까지의 서양 철학자들 가운데 그 누구도 그의 논거를 무너뜨릴 수 없음이 확실할 만큼 그것은 견고한 논증인 듯하다.

데카르트는 절대 타당한 진리가 존재한다는 점을 입증하기 위해 자기 자신도 의식하지 못한, 소위 미입증未立證 원리 전제*petitio principii*의 오류를 범했으며 수긍력이 매우 박약한 신 존재에 대한 존재론적 증명도 끌어들여야만 했다. 우선 문제점은 그가 만인의 의식 속에 생득적으로 새겨져 있는 것으로 확신한, 신에 대한 "본유관념"의 출처 또는 원인을 캐묻는 과정에서 아직 그 타당성이 입증되지 않은 인과율의 타당성을 전제로 출발했던 것이다. 뿐만 아니라 그가 이처럼 만인의 의식 속에 새겨져 있다고 본 신에 대한 본유관념의 성격과 관련해서 제시한 주장도 매우 자의적이거니와, 신 존재에 대한 본유관념을 기초로 해서 그가 도출하는, 안셀무스의 유명한 존재론적 증명과 대동소이한 이론은 후일에 칸트가 지적한 바와 같이 더욱더 신빙성이 빈약하다고 보지 않을 수 없다.

데카르트는 이성의 지력을 절대시한 합리주의자로서 우리가 "민감한 정신", 즉 이성으로 무엇을 *"Cogito, ergo sum"*의 이치와 같이 "분명하고 석연하게" 투시하고 인식한다면 그것을 참이라고 볼 수 있다는 논리를 전개했다. 그러나 우리가 이성으로 분명하고 석연하게 생각하며 인식하는 것이 이성의 그러한 활동과 관계없이, 그리고 우리 자신과도 관계없이 외부에 실재하는 사물과 실제 다르다는 점을 명확하게 인식하지는 못했다.

물론 이러한 반론을 제기한 칸트 자신의 선험적 관념론에도 문제가 없었던 것은 아니다. 우리 두뇌의 생각과 두뇌 밖에 실재하는 것이 다르다는 주장은 지당하겠지만 칸트가 상정한 것과는 달리 양자가 완전히 다르며 필연적으로 다르다고 주장할 수는 없기 때문이다.

데카르트와는 달리 아우구스티누스는 19세기 말엽과 20세기 초에 대두된 논리적·수학적 원리들과 이치들에 관한 심리주의와 상대론을 무너뜨리기 위해 『논리연구』*Logische Untersuchungen*의 저자 후설이 제시한 논거들을 예기하는 매우 단순하면서도 예리하고 구속력이 있는 이론으로 절대 타당하며 영원히 타당한 진리의 존재 사실을 입증하려고 노력했다. 그러나 그가 이 이론들을 완전히 독자적으로 개발한 것은 아니며 어디까지나 플라톤, 아리스토텔레스, 스토아학파 철학자들 등 고대 그리스 사상가들이 이 질문과 관련해서 이미 제기했던 이론들을 나름대로의 방식으로 재정리하며 보완하고 구체적인 실례들을 곁들여 자신의 반회의론적 논거로 사용했을 따름이다.

아우구스티누스가 여기서 제시한 이론들은 방금 언급한 전기 후설의 기술적 현상학descriptive Phänomenologie의 접근 방법을 예기했을 뿐 아니라, 19세기 말과 20세기 초두에 가치철학을 발전시킨 하이델베르크 대학의 빈델반트와 리케르트, 전기 후설의 현상학을 매우 긍정적으로 평가했던 실러와 하르트만 등 현상학파 철학자들 및 다수의 신토마스주의자들이 이 문제와 관련해서 제시한 다양한 이론들과도 그 근본이 일치한다고 볼 수 있다.

빈델반트와 리케르트 등 현대 가치철학자들은 인간이 추구할 수 있는 가장 숭고하고 소중한 정신적 "가치들"Werte을 철학의 3대 주제인 진선미에 상응하게 세 부류로, 즉 "논리적 가치", "도덕적 가치", "미적 가치"로 구분해서 논했으며 때로는 성스러움이라는 "종교적 가치"도 이들과 마찬가지로 절대적인 의미를 띠고 있는 원리로 간주했다. 이들 중 첫째 부류에 속하는 원리들과 이치들에 대한 아우구스티누스의 논증은 반박의 여지가 없이 설득력이 있지만 둘째와 셋째 부류에 대한 논증은 그렇지 못하므로 이들에 대해서는 더욱 신빙성이 있는 논거가 요구된다.

만인이 선의식과 미의식을 소유하고 있고 선과 미의 본질이 무엇임을 적어도 전前이론적으로pre-theoretically 분명히 인식하고 있는 것은 부인할 수 없는 사실이다. 이 점에 대해서는 아우구스티누스가 이론적으로 밝히려고 노력할 필요도 없었을 만큼 그것은 자명한 사실이라 하겠다.

그러나 문제는 선과 미가 인간과 관계없이도 영원불변한 원리들로 객관적으로 실재하고 있으며 그것이 사실이라면 그 점을 어떻게 이론적으로 입증할 수 있느냐 하는 데 있다. 이 질문의 심각성에 대해서 아우구스티누스는 별다른 관심을 기울이지 않았던 것 같다.

### iv. 아우구스티누스의 핵심 논지

인간이 인간인 한 그리고 그가 살아 움직이고 있는 한 그는 불가항력적으로 자신과 주위의 사물과 사람 등 무수한 대상을 의식하고 그들에 대해서, 그들의 정체와 본질, 근원과 목적 등에 대해서 지속적인 사유 활동을 전개하지 않을 수 없다. 그렇게 하되 상술한 특정의 사유와 판단의 척도들을 가지고 그렇게 하기 마련이다.

아우구스티누스는 플라톤과 아리스토텔레스 등을 따라 단일성, 동일성, 유사성,[89] 모순율, 인과율, 대수학적 이치들,[90] 선과[91] 미[92] 등 수많은 원리와 원칙, 법칙과 이치를 그러한 인간의 필연적인 사유와 판단의 척도로 열거했다. 이러한 사유와 판단의 척도들이 과연 인간의 의식 활동과 관계없이도 객관적으로 타당한가? 더 나아가서는 그들이 인간 자신과 주위의 사물, 그리고 우주 전체와 관계없이도 절대적으로 타당하며 영원히 타당한가? 이에 대한 답변으로 아우구스티누스는 다음과 같은 만인에게 자명한 구체적인 사항을 고려해볼 것을 제안했다.

그 누구도 진(眞)과 관계되는 영원한 원리들과 법칙들이 객관적으로 존재하거나 타당함을 부인할 수 없다. 예컨대 논리학의 기본 법칙인 동일률과 모순율의 존재 사실과 그것의 객관적인 타당성은 그 누구도 부인할 수 없다. 가령 누가 생각해도 우주는 하나이거나 하나 이상일 것이며 그것이 하나인 동시에 하나 이상일 수 없다. 그리고 그것이 하나 이상이면 그 수는 유한하든지 무한할 것이며 유한한 동시에 무한할 수는 없다.[93] 또 우주의 원소는 넷인 동시에 다섯일 수 없고, 태양은 하나인 동시에 두 개일 수 없다. 인간의 영혼이 사멸하는 동시에 영생할 수 없으며 아무도 행복한 동시에 불행할 수 없다. 지금이 낮이면 낮이고 밤이면 밤일 것이며 낮인 동시에 밤일 수는 없다. 우리가 지금 자고 있거나 깨어 있는 것이지 결코 자고 있는 동시에 깨어 있을 수 없다.[94]

모순율과 더불어 인과율의 타당성도 부인할 수 없다. 누가 생각해도 그 어떤 선행하는 것이 있으면 그 결과가 필연적으로 뒤따른다는 것이 참된 이치라 보지 않을 수 없다.[95] 이러한 이치들은 단순히 우리가 머릿속에서만 생각하는 것이 아니고 외부 세계에서도 절대 타당한, 참된 이치, 즉 진리일 수밖에 없음을 그 누가 부인할 수 있겠는가?

수학에도 절대적인 진리가 있음을 아무도 부인할 수 없다. 하나의 우주가 있고 거기에 6개의 우주가 더 있다면 그 수를 세는 나의 상태가 어떠하든 간에 그것이 도합 7이라는 사실은 너무나도 확실하다. 7개의 사과와 3개의 사과를 합하면 10개의 사과가 된다. 우리가 세는 10개의 사과는 우리가 먹거나 저절로 썩어 없어진다. 그러나 7+3=10이라는 수학적 이치는 영원불변하다. 그리고 설령 인류 전체가 완전히 잠이 들어 있거나 세상에서 사라진다 하더라도 3×3=9는 필연적으로 참일 수밖에 없을 것이다.[96]

논리적인 차원과 수학적인 차원에서 영원불변하며 절대 타당한 진리가 존재하는 것과 마찬가지로 도덕적인 차원과 심미적인 차원에도 그러한 진리가 존재한다는 사실, 즉 선과 미가 절대 참이라는 사실을 아우구스티누스는 『자유의지론』, 『삼위일체론』 등에서 논증한다. 그는 여기서 논리학적·수학적 진리와 도덕적·미학적 진리, "형식적" 명제들과 "가치론적인" 명제들을 서로 분리해서 생각하기보다 동일한 정신적인 차원에 속한 영원한 원리들로 취급한다.[97] 이 점에서도 그는 플라톤과 플로티누스를 가까이 따르고 있다.

모든 인간은 예외 없이 다 정의롭게 살아야만 하고 도덕적으로 불완전한 상태를 극복해야만 한다고 믿으며 살아간다. 그들은 모두 동등한 것들은 동일한 기준으로 취급해야 하며 이들 각자의 권리를 무시해서는 안 된다고 인식하고 있다. 이러한 도덕적 판단들은 "나와 당신과 인식 능력을 가진 모든 사람들이 공히 시인하는 절대적인 진리다."[98] 따라서 모든 인간이 다 선의식, 도덕의식을 소유하고 있음을 부인할 수 없다.

우리가 선한 것은 선한 것으로, 악한 것은 악한 것으로 판단할 수 있고 어떤 것이 다른 것보다 더 선하거나 덜 선하다고 판단할 수 있는 이유는 우리가 선의식, 도덕의식을 소유하고 있을 뿐 아니라 우리의 마음속에 선의 이데아, 선의 원리 자체가 원래부터 새겨져 있기 때문임이 분명하다. 아우구스티누스는 『삼위일체론』에서 다음과 같이 말한다.

> 우리가 그 어떤 것을 선한 것으로 시인할 수 있고 그 어떤 것을 다른 것보다 도덕적으로 더 완전하다고 판단할 수 있게 하는 선의 이데아 자체가 [한 객관적인 척도로] 우리 마음속에 새겨져 있지 않다면 우리는 그 무엇을 다른 것보다 도덕적으로 좋은 것이라 부를 수 없을 것이다.[99]

모든 사람은 이미 미의식도 소유하고 있다. 우리가 자연 속 어디를 보나 우리는 그 속에서 아름다움을 감지할 수 있다. 우리 속에 "미의 법칙"에 대한 지식이 원래부터 심겨 있지 않다면 우리는 외부 사물과 현상들이 더 아름답거나 덜 아름답다 혹은 추하다고 판단할 수 없을 것이다.

당신이 어디로 몸을 돌릴지라도 [하나님의] 지혜는 그것이 창조물들 속에 새겨둔 흔적들을 통해 당신에게 이야기하며 당신이 외적인 것에 휘말려 들어가게 될 때 그것은 외적인 사물들 속에 감춰져 있는 형상의 아름다움을 통해서 당신으로 하여금 내적인 세계에로 되돌아가게 유도한다.…당신이 감지하는 대상이 무엇이든 간에 만약 당신이 그에 대한 평가의 기준으로 일정한 미의 법칙을 마음속에 지니고 있지 않다면 당신이 감관으로 인지하는 사물들에 대해 긍정적 혹은 부정적인 의미의 [심미적] 판단을 내릴 수 없을 것이다.[100]

아인슈타인의 상대성이론과 하이젠베르크의 양자물리학에 대해서 숙지하고 있고 카프라F. Capra 등의 "신과학"new age science에 대해서도 알고 있는 21세기 현대인들이 아우구스티누스가 이처럼 플라톤과 아리스토텔레스 등 고대 그리스 철인들을 따라 수백 년 전에 제시한 논거들에 대해서 어떻게 판단할 것인가? 앞서 기술한 바와 같이 "윤리적 가치들"과 "미적 가치들"의 객관적 타당성에 관한 그의 논거들은 설득력이 부족하므로 평가의 대상에서 제외한다면 "논리적 가치들"의 절대적 타당성에 관한 그의 이론은 우리 21세기의 현대인들이 수락할 수 있는 것인가?

아원자啞原子, subatomic의 세계에서는 인과율이 타당하지 않다고 한다. 블랙홀에서는 뉴턴의 자연법칙들도, 아인슈타인의 상대성원리도 적용되지 않는다고 한다. 카프라는 데카르트와 뉴턴 이후의 정적이며 기계론적인 고전물리학은 이제 극히 역동적이며 유기론적 또는 총체론적인 holistic 물리학으로 대체되고 있다고 주장했다. 이러한 상황에서 우리가 아우구스티누스의 위와 같은 형이상학적 실재론을 여전히 수락할 수 있겠는가?

이와 관련해서 우리는 우선 다음과 같은 점을 고려하지 않으면 안 될 것이다. 첫째로 아원자 차원의 미립자들의 존재 방식과 운동 방법은 정확하게 확정하거나 예측할 수 없다는 하이젠베르크의 "불확정성의 원리"가 타당하다고 가정할지라도 아리스토텔레스와 아우구스티누스와 여타 형이상학자들이 주장한 존재의 범주들과 원리들 중 전부가 아니면 적어도 다수는 거시의 세계에서뿐 아니라 이 미시의 세계에서도 타당할 수밖에 없다는 점이다.

　예컨대 아원자적인 미립자들에게 어떤 충격이 가해진다면 그 여파로 그들이 어떠한 방향과 방법으로 움직일지 정확하게 예측할 수는 없다고 할지라도 이 충격이 그들에게 필연적으로 어떤 영향을 끼칠 것임은 절대적으로 확실하다. 그들에게 충격이 가해졌음에도 그들이 그에 대해 전혀 반응을 보이지 않으며 아무런 결과도 따르지 않는다는 것은 절대 불가한 일이다. 그러한 의미에서 인과율이 여기에서 여전히 타당하다고 보지 않을 수 없다.

　블랙홀에서는 뉴턴과 아인슈타인의 법칙들과 이론들이 적용되지 않을지 모르나 여기서도 아원자들의 차원에서와 마찬가지로 대수학적 법칙, 인과율 등 상술한 형이상학적 범주들과 원리들이 타당할 수밖에 없다는 것은 너무나 자명하다. 예컨대 그 속의 한 미립자와 또 하나의 다른 미립자가 합하면 3개 또는 4개가 아닌 2개의 미립자가 된다. 그리고 그것의 엄청난 중력으로 인해서 외부에서 천체나 부유물들이 그 속으로 흡입되면 필연적으로 그 중력이 더 강력해지게 마련이다.

　이 모든 기본적인 사유와 존재의 범주들은 블랙홀에서도 타당하며, 인류가 이 우주에 등장해서 그 속의 만물에 대해 의식을 가지고 생각하며 판단하기 전의 우주에서도 타당했음이 분명하다. 또 인류가 그 어떤 원인으로 인해 전멸하게 되어 외부 사물에 대해서 생각하고 판단할 자가 한 사람도 남지 않아도 계속 존재하고 움직일 우주에서 역시 타당할 것이 분명하다. 한 혜성이 지구와 충돌함에 따라 인류가 전멸하게 되어 그 결과에 대해 생각하고 판단할 인간이 한 사람도 남지 않는다 할지라도 이 두 천체들 간의 충돌로 인해서 어떤 결과가 따를 것은 절대 확실하다. 인과율 또는 충족이유율과 더불어 상술한 여타 기본적인 존재의 법칙들과 범주들도 여전히 타당할 것이다.

이들 중 다수는 키에르케고르나 변증법적 신학자들이 일반적으로 상정하는 것과는 달리 절대자가 존재한다면 그에게도 타당한 영원불변한 법칙들과 범주들이라고 간주하지 않을 수 없다. 예컨대 모순율과 충족이유율이 절대자에게는 타당하지 않으며 기독교인들이 소망하는 내세에서는 타당하지 않을 것인가? 그들은 절대자에게도, 내세에서도 분명히 타당할 것이다.

어떻게 보면 티끌과 같이 미미하며 변화무상하고 유한한 인간이 절대자와 내세와 관련해서 이와 같은 엄청난 주장들을 제기할 수는 없을 것만 같다. 그렇게 한다는 것은 우리의 지적 오만에서 비롯된 불경인 것만 같다. 그러나 우리는 실제로 그렇게 할 수 있다. 인간이 신의 형상대로 지음을 받았다는 성경의 가르침이나, 인간이 시간성과 영원성, 유한성과 무한성으로 구성되어 있으며 정신이 양자를 매개하는 제3의 긍정적인 요소라는 키에르케고르의 인간관이 진실일진대 이것은 사실 그렇게 놀라운 현상도 아니다.

이 모든 것에 대한 이러한 생각과 판단이 지금 이 순간 우리가 우리의 의식 속에서 하고 있는 주관적인 생각과 판단임을 누가 부인할 수 있겠는가? 그럼에도 불구하고 그러한 생각과 판단은 객관적인 타당성과 필연성을 지닌 올바른 판단임을 우리는 절대적인 확신을 가지고 주장할 수 있다. 우리가 우리 자신의 특유한 사고력과 통찰력을 동원해서 위와 같은 의식 내재적인 현상들과 대상들을 현상학적으로 예리하게 투시하고 분석해볼 때 그들이 여기서 거론되는 원리들과 법칙들에 지배를 받고 존재하거나 움직일 수밖에 없다는 사실이 절대 자명한 이치로 우리에게 드러나기 때문이다. 우리가 데카르트 식의 극단적인 "방법적 회의"로 이러한 우리의 주관적인 확신에 대해 비판에 비판을 거듭하는 가운데 무한정 자아 성찰을 계속한다 할지라도 결국 동일한 결론에 이르게 될 것은 너무나도 자명하다.

많은 현대 사상가들과 지성인들이 우리의 이러한 생각과 주장은 완전 구시대적이며 무비판적인 사고방식에서 비롯한 순진무구한 생각과 주장에 불과하다고 보고 일고의 가치도 없는 것으로 지나칠지 모른다. 그러나 누가 더 무비판적이며 순진한 자들이라 할 수 있는가? 우리가 제기하는 주장들을 평가할 때 사람들은 우리가 키에르케고르, 하이데거, 비트겐슈타인 등의 반형이상학적 입장과 관련해서 전개한 "비판의 비판"도 함께 고려해야만 할 것이다. 우리의 입장을 비판하는 자들도 이들과 동일하게 알게 모르게 과거 형이상학자들이 주장한 모든 것에 대해 판단하고 비판하고 있음을 스스로 분명히 인식해야만 할 것이다. 그 누구도 그 어떤 새로운 이상과 이념에 과도하게 심취된 나머지 진실을 파헤치고자 하는 의지력을 상실해서는 안 될 것이며 시종일관 철두철미하게 비판적이어야만 할 것이다.

앞서 기술한 대로 "진"과 더불어 "선"과 "미", 그리고 "성"도 절대 타당하며 영원히 타당한 세계 원리들로서 그들은 사실 플라톤이 가르친 대로 서로 교체가 가능한 원리들, 즉 상호환치相互換置 개념들이라는 사실은 아우구스티누스가 충분히 구속력 있게 입증했다고 하기는 어렵다. 그러나 우리의 소신으로는 이 점이 우리가 다음 항목에서 인간의 초월성의 가능성의 전제조건들을 조명하는 과정에서 더욱 확연하게 밝혀질 수 있으리라 전망한다.


## 5. 초월의 사건과 그 가능성의 전제조건

### (1) 초월성으로서의 인간

인간은 본질상 초월성 그 자체다. 그는 본시부터 항상 이미 진리의 차원, 빛의 차원으로 초월해 있어 영원한 진리의 빛을 바라볼 수 있고 그렇게 바라보는 진리의 빛을 또한 자신의 개인적인 삶 속에서는 물론이거니와 자기 주변의 사회와 국가에서, 그리고 온 세계와 온 우주 전체에 발하는 가운데 자신과 이들 모두가 진리의 빛으로 화하게 하는 빛의 역사를 활발하게 전개하며 살아가게끔 되어 있다. 그는 초월성으로서 이처럼 영원한 진리의 빛을 다양한 차원에서 능동적으로 펼쳐나가는 것을 자신의 본령과 사명으로 하고 있는 "자연적 빛"*lumen naturale*(스토아학파 및 하이데거)이며 "빛의 역군" 또는 "세상의 빛"(성경)이다.

본 항목에서 우리가 규명하고자 하는 바는 인간의 주체성이 어떠한 구조를 지니고 있고 어떠한 여건 하에 존재하고 있기에 이와 같은 지극히 경이로운 우주적인 진리의 빛의 역사를 시시각각 전개할 수 있느냐 하는 것이다. 어떤 여건과 조건 하에서 그가 절대적인 의미에서 기적이라 할 수 있는 진리를 수동적으로 인식할 수 있고 그것을 또한 자신의 삶과 온 사회와 온 세계, 그리고 온 우주에 능동적으로 표현하며 실현할 수 있는 상대적인 의미에서의 기적을 연출할 수 있는 것인가? 칸트가 그의 주저에서 사용한 유명한 표현을 빌린다면 진리에 대한 지식 및 그 표출 능력의 가능성의 선험적 조건들apriorische Bedingungen der Möglichkeit은 무엇인가?

칸트는 『순수이성비판』에서 자신의 인식론의 타당성을 입증하기 위해 소위 "선험적 방법"die transzendentale Methode을 사용했다. 그는 자신의 사상 발전의 초창기부터 극단적인 회의론자 흄과는 달리 인간이 자연과 그 속의 개물들에 대한 일련의 보편타당하며 객관적인 지식을 그들에 대한 경험과 관계없이, "선험적으로" 소유하고 있다고 확신했는데 그의 과제는 자연물들에 대한 인간의 이러한 선험적 지식이 어떻게 가능한지를 이론적으로 해명하는 데 있었다. 이 과제를 해결하기 위해 그는 인간의 진화 과정을 되돌아보거나 인식의 대상인 사물들을 관찰하고 분석하는 대신 이들을 경험하고 인식하는 인간 일반의 의식 구조Bewusstsein überhaupt에 주의를 기울였다. 그렇게 하는 가운데 그는 그 속에서 선험적 지식을 가능하게 하는 형식적·구조적 전제들formal-strukturelle Apriori을 차례로 추적해냈다. 그렇게 한 것이 곧 그의 "코페르니쿠스적 전환"의 의미이며 그의 선험적 방법의 요지다.[101]

칸트에 의하면 인간이 자연에 대한 그러한 선험적 지식을 본시부터 소유하고 있기 위해서는 "감성의 형식"인 시간과 공간, 선험적 구상력, 오성의 순수개념들, 즉 사유의 12범주들, 그리고 선험적 통각의 단위 등이 그에게 생득적으로 주어져 있어야만 한다. 이들이 곧 인간이 소유하고 있는 자연과 그 속의 사물들에 대한 보편타당하며 객관적인 가능성의 선험적 조건들인 것이다.

이 점을 입증하는 것을 과제로 하는 그의 인식론에서 가장 핵심적인 이론은 "선험적 논리학"의 한 부분인 "오성의 순수개념들에 대한 선험적 연역"transzendentale Deduktion der reinen Verstandesbegriffe이란 표제를 가진 한 장에 포함되어 있다. 여기서 그는 오성의 12범주들이 비록 인간의 주관적인 사유의 척도로 작용하는 것이라 할지라도 그들은 동시에 인간이 경험하고 인식하는 사물들의 존재의 법칙으로도 작용할 수밖에 없다는 점(선험적 관념론)을 이론적으로 입증하려고 노력했다. 그와 동시에 그는 여기서 선험적 통각의 단위, 즉 오성이 사유의 "주관적인 극점"der subjektive Pol인 동시에 사물들을 선험적으로 구성하고 그들이 따르는 법칙들을 제정하는 "자연의 입법자"Gesetzgebung für die Natur임을[102] 천명하기도 했다.[103] 그러므로 "선험적 통각의 단위가 모든 오성의 활동과 심지어 논리학 전체와 나가서는 선험철학에까지도 연결되는 정점der höchste Punkt이다"라는[104] 것이 그의 결론이었다.

이제부터 칸트의 "선험적 연역"의 순서를 도치해서 그가 선험적 통각의 단위라고 칭하는 것에 해당하는 인간의 궁극적인 주체성에서 출발해서, 그것과 필연적인 관계로 연결되어 있는 그의 다양한 의식기능들과 여타 내·외적 여건들과 상황들을 추적하고 검토하는 가운데, 우리가 여기서 거론하고 있는 기적과도 같이 놀라운 인간 각자가 알게 모르게 수행하고 있는 빛의 역사의 가능성의 조건들을 재구성해보자. 그러나 근세와 현대 철학자들 중 가장 위대한 자로 간주되고 추앙되는 칸트도 인식론을 발전시키는 과정에서 고백한 바와 같이[105] 인간이 사물과 사리를 인식하는 데 개입되는 기능들과 조건들 일체를 세부적으로 추적하고 그 본질과 특성을 명료하게 분석하고 기술한다는 것은 극히 난해할 뿐 아니라 성취불가한 작업임을 시인하지 않을 수 없다. 그러므로 우리는 그들을 완전히 투명화하는 데 연구의 목표를 둘 수는 없다.

어떠한 전제조건에서 우리 인간은 진선미와 성聖과 관계되는 자연계와 정신계의 제반 원리들과 이치들, 대상들과 현상들에 대한 객관적이며 보편타당한 지식을 소유할 수 있으며, 어떠한 전제조건에서 우리가 또한 그러한 진리의 지식을 우리의 삶과 온 세계와 온 우주에 구체적으로 외화할 수 있는가? 인간에게 진리의 빛의 역사가 어떻게 가능한가?

방금 지적한 바와 같이 칸트는 인간이 사물을 사물로 바로 경험하고 인식할 수 있는 가능성의 조건들이 불과 다섯 손가락 정도로 셀 수 있을 만큼 소수에 지나지 않는다고 보았다. 시간과 공간, 선험적 구상력, 오성의 순수개념들, 선험적 통각의 단위 등이 곧 선험적 지식의 가능성의 전제조건이라는 것이다. 서양 철학사에 등장한 가장 위대한 3, 4명의 사상가들의 반열에 속해 있으며 과거 사상가들의 독단론들을 그 내부에서 예리하게 꿰뚫어 보고, 근본적으로 그릇된 기초 위에 수립된 그들의 사상 체계를 가차 없이 타파한 엄준한 비판철학자 칸트가 어떻게 그렇게도 순진할 수 있었던가? 근세철학의 대부이며 많은 사람들이 서양 철학의 저서 중 최대의 걸작으로 간주하고 있는 『순수이성비판』의 저자인 그의 생각이 어쩌면 그다지도 짧을 수 있었던가?

이제부터 자세히 다루겠지만 사실 우리의 손가락이 수십 억조 개가 되어도 우리가 진리의 지식을 확보하고 그것을 우주적인 차원에서 외화하는 데 필요한 전제조건들의 수를 다 셀 수 없다. 왜냐하면 그것이 가능하기 위해서는 우리 자신 속의 무수한 육체적 기능들과 정신적 기능들뿐 아니라 그들과 직간접적으로 연결되어 있는, 영원계에 속한 모든 것들과 시간계에 속한 모든 것들이 다 직간접적으로 그 역사에 동참하되 그들이 총체적으로 조율되어 일사불란하게 그렇게 함이 분명하기 때문이다. 심지어 우리가 "1+1=2"라는 단순 계산을 하거나 돌을 돌로 인식하는 행위, 또는 "1+1=2"라는 단순 계산을 수행한 후 마침표를 찍거나 우리가 돌로 보고 인식하는 것이 진정 돌인지 아닌지 확인하기 위해 눈을 깜빡이는 것도 비록 외관상으로는 지극히 단순한 행위에 불과하다 할지라도 사실은 시간계와 영원계에 속한 모든 것의 총체적인 참여와 일사불란한 공조 속에서 이루어지는 하나의 우주적인 사건임이 분명하다.

## 1) 인식론적·존재론적 극점(極點)

본 항목의 주제와 관련해서 우리는 우선 아우구스티누스, 데카르트, 칸트, 피히테를 포함한 무수한 사상가가 인식론적으로 심각한 성찰의 대상으로 취급하고 상론했으나 사실은 만인이 상식적으로 익히 잘 알고 있는 한 가지 절대 확실한 사실을 분석의 출발점으로 삼을 수 있는데 그것은 곧 우리의 자아라는 궁극적인 주체성의 존재 사실이다.

인간이 사유 활동과 인식 활동을 매 순간 전개하고 있는 것이 사실이며, 그가 참과 좋음과 아름다움과 관계되는 영원불변하거나 시공간 내에서만 타당한 원리들과 이치들, 그리고 그 속에 내재하는 무수한 개별자들의 정체와 본질에 대해서 인식할 뿐 아니라, 참과 좋음과 아름다움을 자신의 삶과 자신의 주변 사회와 나아가서는 온 우주에 실현하고 구체화하기 위해 의식·무의식 간에 계속 노력하고 있는 것이 사실이라면, 그의 모든 활동과 노력은 칸트가 『순수이성비판』 15장 이하에서 매우 설득력 있게 설파하고 있는 바와 같이 그것을 가능하게 하는 한 궁극적인 주체가 그들 모두의 절대적인 중심점으로 실재하고 있기에 가능하다는 것은 하나의 자명한 이치다.

인간이 다양한 차원에서 다양한 영적·정신적 활동을 전개하고 있는 것이 사실이라면 그의 궁극적인 주체성이 의식·무의식적으로 그가 수행하는 이 모든 활동들을 필연적으로 계속 "수반"隨班, begleiten하고 있음이 분명하며 또한 그렇게 할 수 있어야만 함이 분명하다.[106] 그리고 그가 그러한 활동들과 관계되는 모든 원리들과 존재자들, 현상들과 사건들도 동시에 "수반"하고 있음이 분명하다. 그렇게 할 수 없는 한 그들을 우리 자신의 활동들이라고, 혹은 우리 자신의 활동과 관련된 원리들 또는 개체들이라고 볼 수 없을 것이다. 우리가 그들을 수행하거나 지적으로 관계를 맺는 주인공이며 그들 모두는 그들과 관계를 맺고 있는 우리 자신의 의식권 내에서 하나로 연결되어 있는 만큼 우리의 주체성이 "그들을 항상 따라다니게 될 수밖에 없다"는 주장은 사실 동어반복Tautologie이다. 이 점을 칸트는 소위 "의식의 명제"der Satz des Bewusstseins라고 표현했다.

> 모든 경험적 의식[=의식 내용]이 하나의 선험적 의식, 즉 원초적인 통각의 단위인 나 자신의 의식과 필연적인 관계를 가지고 있다.[107]

논리적으로 볼 때 우리도 칸트가 여기서 주장하는 바에 동의하지 않을 수 없다. 그러나 문제는 여기서 자기 자신의 의식권 내에 포함된 내용 일체를 "동반"하고 그것을 서로 연결verbinden시키고 종합통일synthetisieren 시키는 궁극적인 인식 주체의 정체가 무엇인가 하는 데 있다.

이 질문과 관련해서 우리는 합리주의적인 독단주의와 경험론적 회의주의를 동시에 거부하고 그 중도노선을 따라 하나의 새로운 비판적인 인식론, 비판주의Kritizismus를 수립한 칸트보다 더 비판적이며 철저한 분석 작업을 전개하지 않으면 안 된다. 왜냐하면 인간의 의식 활동과 정신 활동 일체의 궁극적인 주체성을 결코 칸트가 주장하는 것과 같은 단순한 "논리적 주체" 또는 "주관적인 사유의 극"der subjecktive Gedankenpol으로 환원시킬 수도 없음은 물론이거니와 "선험적 통각의 단위", 즉 오성 또는 과학이성과도 동일시할 수 없음이 너무나도 명백하기 때문이다. 인간의 본성과 본령에 관해서 지금까지 우리가 키에르케고르와 더불어 주장해 온 바와 앞으로도 계속 주장하게 될 제반 사항들을 고려할 때 우리는 비록 칸트의 "의식의 명제"가 형식적으로는 타당한 명제라고 시인하지 않을 수 없다 할지라도 그것은 결코 칸트 자신이 의도한 대로 선험철학적 또는 인식론적 뜻에서만 타당한 명제가 아니고 존재론적인 뜻에서 타당한 명제라고 보지 않을 수 없다.

육체적·정신적 활동들을 부단히 전개하고 있는 우리 개개인의 궁극적인 주체성은 칸트가 상정한 것과는 전혀 달리 단순히 그것이 "수반하는" 표상들 일체의 한 논리적 중심점과 초점으로만 볼 수 없으며, 이론이성 또는 지성이라는 한 실제적인 의식기능만으로도 볼 수 없을 뿐 아니라, 그가 『판단력비판』에서 우리 속의 감성 Sinnlichkeit, 즉 동물적이며 비본래적인 자아와 완전 판이한 "예지적인 성질"intelligibler Charakter을 띤 진정한 자아로 취급하는 순수 실천이성 또는 도덕의식으로도 간주할 수 없다. 그리고 그가 『판단력비판』에서 자연의 유기체들 속에서 발견할 수 있는 합목적성 및 자연 경관과 예술품 속에서 발견할 수 있는 아름다움을 체험하고 평가하는 데 주동적인 역할을 한다고 해석한 "판단력"Urteilskraft 또는 "판단이성"과 그것을 동일시하기란 더더욱 어려운 일이다.

우리가 여기서 거론하고 있는 인간의 궁극적인 주체성은 진선미와 성聖 및 그와 관련된, 초시간적인 차원과 시간적인 차원에 속한 무수한 원리와 대상을 지속적으로 의식하고 인식하며 "수반"할 뿐 아니라 그들을 지정의가 합해진 전인으로 구체적으로 실현하려고 부단히 노력하는 그러한 내재적·초월적 자아이며 구체적으로 실존하는 정신과 인격이다.

그러므로 그러한 주체성이 칸트가 주장하는 바와 같이 단순히 인간의 이론의식 속에 내포되어 있는 "다양성"das Mannigfaltige 일체, 즉 그 속에 내재하고 있는 물질적 대상과 정신적 대상 일체를 논리적으로 연결하는 궁극적인 주관적 극점 또는 논리적 주체성일 수는 없으며 서로 이원론적으로 또는 삼원론적으로 분리되어 작용한다고 보아야만 하는 방금 언급한 세 기능들 중 하나일 수도 없다.

키에르케고르와 니체, 그리고 그들의 영향을 받은 다수의 20세기 실존주의 철학자들 및 생철학자들이 인간의 사유와 삶의 일체성을 그 무엇보다 더 중요한 주제로 쟁점화하며 그것을 체계적으로 조명하는 운동을 대대적으로 전개한 이후 오늘날에 와서는 아무도 칸트가 제기한 것과 같은 추상적인 이론을 인간의 주체성과 관련해서 제기할 수 없게 되었다. 인간의 궁극적인 주체성은 칸트가 주장하는 선험적 주체성과 인간의 3대 의식기능뿐 아니라 그 외 수많은 다른 심리적·정신적 기능들 그리고 나아가서는 무수한 육체적 기능들과 요소들 일체까지도 합해져 이루어진 인간 각자의 절대적인 중심점으로 간주해야만 함이 분명하다. 그것은 자신에게 "크나큰 빛을 가져다준"[108] 1769년 이후 대단히 복잡하고 난해한 분석과정을 통해 인식론, 도덕철학, 심미철학, 종교철학의 수립 가능성을 심각하게 타진하며 그와 관련된 과거 사상가들의 이론들을 비판적인 안목으로 검토하고 평가하며 매일 규칙적인 시간에 산책을 나가고 귀가 후에는 3개의 비판서批判書와 여타 저서들을 집필하기에 여념이 없었던 칸트, 야간에는 "자신의 위에 별이 반짝이는 하늘"과 "자신속의 도덕률" 등 자신 속과 밖의 무수한 신비롭고 놀라운 현상들에 대해서 생각하면 할수록 더 큰 경탄심과 경외심으로 차게 된[109] "타고난 형이상학자" 겸 실존하는 사유자 칸트의 인격의 중추였으며 그와 매우 흡사한 우리 각자의 인격의 중추임이 분명하다.

이처럼 칸트와 유사하게 진선미와 성의 문제 및 그들과 관련된 제반 원리들과 개체들에 대해 의식·무의식적으로 계속 반성하며 지적·도덕적·심미적·종교적으로 그들에게 나아가려고 노력하는 그러한 우리의 인격의 절대적인 중심점은 물론 바로 우리가 시시각각 "나"로 의식하고 자타에게 그렇게 지칭하기도 하는 우리 각자 자신이다. 그러나 그러한 우리의 주체성의 정체는 구체적으로 무엇인가?

이 질문에 대한 답변만큼 쉬운 것은 세상에 없는 듯하다. 왜냐하면 우리 자신 외 타인의 마음이나 외부 사물의 본질과 특성은 우리 자신이 아니기에 규명하기가 용이하지 않다 할지라도 우리 각자는 바로 우리 자신이 아닌가? 우리가 우리 자신의 주인이 아닌가? 우리 자신의 손바닥을 들여다보듯이 우리는 우리 자신이 누구이며 무엇인지를 꿰뚫어 볼 수 있지 않은가?

그러나 이러한 판단은 우리가 우리 자신을 완전 곡해하거나 극히 피상적으로 인식하는 데서 내리는 성급한 판단이며 매우 심각할 뿐 아니라 실로 치명적인 오판이다. 왜냐하면 우리 자신에 대한 그러한 피상적인 판단과 오해는 우리 자신에게뿐 아니라 우리와 필연적인 관계를 맺고 있는 타인에게 극히 치명적인 결과를 안겨주기 때문이다. 바로 그러한 이유로 소크라테스는 그의 청중들에게 줄곧 "너 자신을 알라"라고 외쳤고 키에르케고르도 이 구호에 따라 평생 자신을 바로 인식하려고 노력했으며 그의 주변의 타인들도 그들 자신을 바로 인식할 수 있게 하기 위해 활발한 저술 활동을 펼쳤던 것이다.

그렇다면 우리의 궁극적인 주체성은 무엇이란 말인가? 이 질문에 대한 가장 정확한 답은 아마도 그것은 한마디로 말해 신비와 수수께끼이며 경이와 기적이라는 답일 것이다. 우리가 우리 자신을 진정 순수하게 인식할 때 우리는 소크라테스처럼 우리 자신에 대해서 모르는 것만 안다는 무지의 고백을 해야만 할 만큼 우리가 신비로 둘러싸인 존재임을 통감하게 될 것이기 때문이다. 우리가 그러한 고백을 할 때 우리는 비로소 우리 자신에 대해서 무엇인가 바로 알기 시작하게 될 것이다.

아우구스티누스와[110] 하이데거는[111] 바로 그러한 의미에서 우리의 주체성, 우리의 자아가 세상의 그 무엇보다 우리에게 가까우면서도 바람을 잡는 것과도 같이 걷잡을 수 없어 인식론적으로 볼 때 우리에게서 너무나도 멀기만 하다고 고백했던 것이다. 아우구스티누스는 그것으로 "침투하면 할수록 더 불투명한 심연으로" 하강하게 되며 그것을 알면 알수록 알 수 없는 면이 더 많이 드러난다고 고백할 수밖에 없었다. 또한 같은 의미에서 키에르케고르와 사르트르는 인간에게 실존이 본질에 앞서는 것이며 그 역은 결코 진으로 볼 수 없다고 선포했다. 나아가 야스퍼스는 실존주의가 인간의 본질이 무엇인지 정의할 수 있다고 주장한다면 그것은 곧 실존주의의 와해를 뜻하는 것이라고 설파했다.

물론 우리가 우리 자신에 대해 전혀 모르는 것은 아니다. 단지 많은 것을 알면서도 더 많은 것은 모르고 있는 것이다. 그에 대해 더 많이 알면 알수록 더 많은 새로운 의문이 제기된다. 그리고 우리가 그와 관련해서 분명히 알고 있다고 믿고 있는 바에 대해서도 거듭 새로운 의문이 제기된다. 예컨대 우리 자신이 정신과 인격임을 우리는 익히 잘 알고 있다. 그러나 정신과 인격이란 무엇인가? 이에 대해 또다시 새롭게 캐묻지 않을 수 없다.

앞서 언급한 진리의 빛이 무엇이며 진리의 빛의 사건이 어떻게 일어날 수 있는지를 안다면 우리가 누구인지도 알 수 있을 것이다. 왜냐하면 상술한 대로 인간은 "진리의 빛의 사건"이기 때문이다. 그러나 진리가 무엇인가? 진리, 진리의 빛이 무엇인지 알고 그러한 빛을 우리가 어떻게 순수하게 바라볼 수 있으며 그것을 또한 세상에서 비출 수 있는지 알 수 있다면 우리는 우리가 누구인지 알 수 있을 것이다.

우리가 생득적으로 소유하고 있음이 확실한 제반 정신적·육체적 기능들과 요소들이 무엇이며 그들이 어떻게 작용하는지를 분명히 알 수 있다면, 그리고 우리가 본질적으로 소유하고 있고 내재적·초월적 관계로 연결되어 있음이 분명한, 시간성과 영원성에 속한 원리들과 대상들 각각이 다 무엇이며 그들 전체가 서로 어떠한 관계로 연결되어 있으며 우리 자신과 어떠한 관계로 연결되어 있기에 우리가 그다지도 놀라운 빛의 역사를 시시각각으로 수행할 수 있는지를 알 수 있다면 우리는 우리 자신의 정체성을 바로 인식할 수 있을 것이다.

플라톤이 그의 이데아론에서 지적했고 플라톤 이후 아리스토텔레스에서 헤겔을 거쳐 하르트만까지의 무수한 사상가와 더불어 하이데거가 그의 『존재와 시간』에서 "세계"die Welt라는 현상을 현상학적·해석학적 관점에서 분석하는 과정에서 천명한 바대로, 인간의 본성은 진선미 등 지극히 고차원적인 원리들과 목적론적인 관계에서 본질적으로 연루되어 있을 뿐 아니라 인간 이하의 무수한 사물 및 존재자와도 그와 같은 관계로 연결되어 있어 이들과의 유기적이며 목적론적인 관계를 떠나서는 그 본질과 정체를 이해할 수 없다. 그들은 인간이 인간 되기 위해 소유하거나 연결되어 있어야만 하는 절대 필수적인 구비 조건들이기 때문이다.

시간성과 영원성과 관계되는 원리들과 법칙들, 그리고 그들에 속하는 제반 대상들 및 현상들과 관계없이, 러셀과 비트겐슈타인 등 신경험론자들과 신실증주의자들처럼 인간의 실체와 정체성을 순전히 "원자론적으로" 인식하고 정의하려 하는 한 우리 각자 자신인 이 인간은 우리의 목전에서 말하자면 공중분해되듯 사라지고 말 것이다. 그렇게 하려 한다는 것은 우리 몸의 부분 부분의 기능과 의미를 몸 전체와 그 속의 다른 부분들과 관계없이 순전히 그것 자체대로 분리해서 이해하고 정의하려 하거나 한 권의 책 속의 부분 부분들을 그 책 전체의 대의와 그 속에 흐르는 문맥을 떠나 그 자체대로 이해하고 해석하려 하는 것보다 더 허망하고 어리석은, 아니 한없이 더 허망하고 어리석은 시도일 것이다.

그러나 인간과 관계되는 이 모든 정신적인 것들과 물질적인 것들에 대해서 우리는 아직 이해하지 못하고 있는 면이 너무나도 많다. 우리와 관련된 그 모든 것이 각각 우리에게 기적과 경이인 동시에 수수께끼이며 신비이기도 하다. 그러한 그들과 그들의 체계를 토대와 틀로 하여 그 속에서 내재함과 동시에 어떤 의미로는 그들 모두를 초월하고 있고 품고 있기도 한 우리 자신도 우리에게 기적과 경이인 만큼이나 수수께끼이며 신비라 보지 않을 수 없다.

우리 존재의 저변과 주변에 깔려 있는 모든 기적 및 신비와 직접적으로 연결되어 있으며 영원성과 무한성으로 구성되어 있는 우리 자신은 성경의 가르침과 키에르케고르의 인간관에 따르면 신의 형상으로 지음을 받았으며 그와 본질적으로 연결되어 있다. 그렇다면 우리는 우리의 존재가 무엇임을 알기 위해서 우리 자신의 존재의 원형이며 척도인 신을 알아야 한다.

키에르케고르가 지적한 바와 같이 우리의 실체, 우리의 실존은 신을 척도로 해서만 올바로 평가할 수 있다. 그러나 절대자시며 무한자이신 신을 우리가 어떻게 순수하게 그대로 인식할 수 있겠는가? 우리는 그러한 신도 알 수 없고 우리를 우리 되게 하는 시간성과 영원성의 의미도 있는 그대로 알 수 없다. 그러한 만큼 그들 안에 내재하고 있음과 동시에 그들을 초월하고 있기도 한 우리 자신의 존재와 정체성도 순수하게 그대로 알 수 없다. 우리는 우리 자신을 계속 알아 나아가야만 하며 알면 알수록 불가지적인 면이 더욱더 많이 드러나게 된다. 그러한 우리 자신을 어찌 놀랍고 큰 기적이라 하지 않을 수 있겠는가?

인간이 현실적으로 수행하고 있음이 분명한 모든 육체적·심리적·정신적 활동들과 나아가서는 상술한 우주적인 진리의 빛의 역사가 가능하기 위해서는 그 전제조건으로 무엇보다 먼저 정신, 영, 자아, 인격, 나 등의 명칭으로 칭해지는 어떤 궁극적인 주체성이 주어져 있음이 절대 확실하다. 그러나 그것은 우리 각자임에도 불구하고 그 실체는 우리 자신에게 너무나도 크나큰 신비다. 그런데 그러한 우리의 궁극적인 주체성이 어떠한 위치에 거점을 두고 있기에 이처럼 놀라운 진리의 빛의 역사를 전개할 수 있는 것인가?

## 2) 인간의 내재성과 초월성

키에르케고르는 성경의 인간관과 무수한 세속 철학자들의 인간관을 총체적으로 감안하고 인간의 본성과 본령에 대한 자신의 정의를 내렸다. 그에 따르면 인간은 시간성과 영원성, 유한성과 무한성으로 구성되어 있으며 그의 정신 또는 자아가 제3의 긍정적인 요소로서 이 양자를 매개한다. 인간이 시간성과 영원성으로 구성되어 있다는 것은 그가 동시적으로 영원성의 차원과 시간성의 차원, 자연계와 정신계, 물질계와 영계에 연결되어 있음을 뜻한다. 그는 전자의 차원에 완전 침몰해 있는 동물과 오로지 후자의 차원에서만 존재하고 활동하는 신 사이에 놓인 한 "중간존재"Interesse라고 볼 수 있다.

지금까지 우리가 인간의 본성에 관해서 거론한 모든 것들을 종합해 볼 때나 과거 사상가들의 인간관을 되돌아볼 때 우리도 키에르케고르의 이러한 인간관에 동의하지 않을 수 없을 것이다.

그러한 전제하에 우리가 여기서 지적하고자 하는 바는 우리 각자의 주체성이 영원성의 차원과 시간성의 차원 모두와 매우 특이한 방법으로 연결되어 있다는 점이다. 왜냐하면 그것은 일면 이들 각자에 의해 절대적인 의미로 포괄되어 있고 전적으로 그들에 의해서 규정되고 제한되고 있으면서도 또 한편으로는 역설적으로 그것이 오히려 그들을 자신 속에 포괄하고 있으며 그들을 나름대로의 방식으로 규명하며 규정하기까지 하기 때문이다. 그것은 이들 각자와의 관계에서 내재적인 동시에 초월적인 위치에 있는 것이다. 인간의 정신 또는 자아가 제3의 긍정적인 요소로서 그 속의 두 부분, 즉 시간성과 영원성, 유한성과 무한성을 서로 매개한다는 키에르케고르의 진술에도 우리의 이러한 관점이 반영되어 있다고 볼 수 있다.

자연계와 관련해서 제기하는 이러한 주장은 대다수의 사람들이 상식적인 이치로 받아들일 것이다. 그러나 티끌과 같이 미미하며 벌레와 같이 보잘것없는 우리 인간이 영원불변한 정신적인 원리들의 세계인 정신계와 나아가서는 그 절대적인 중심인 신과 그러한 관계로 연결되어 있다는 주장은 쉽사리 납득이 가지 않는 엄청난 주장임이 틀림없다. 그러나 우리가 계속 언급해온 아우구스티누스와 하이데거를 위시한 수많은 사상가들이 그러한 주장을 제기했으며 사실은 성경과 기독교 신학에서도 그렇게 가르치고 있다.

인간은 영원불변한 정신적인 원리들뿐 아니라 절대자도 자신의 의식 속에 품고 있고 이들을 인식과 평가의 대상으로 자신의 목전에 두고 관조하는 가운데 그 본질과 정체를 자신의 특유한 사유의 방법과 척도로 확정하고 해석할 수 있기도 하다. 그러한 놀라운 능력으로 말미암아 과거의 무수한 사상가와 신학자가 그들에 관한 세부적인 이론들은 물론 거대한 사상 체계까지 수립할 수 있었던 것이다.

불트만<sup>R. Bultmann</sup>을 필두로 한 현대 "변증법적 신학자들"이 키에르케고르의 정신에 입각해서 기독교 신앙의 내용을 이성의 척도와 개념으로 객관화하고 체계화하려는 노력, 즉 신앙을 "신학화"<sup>神學化</sup>하려는 노력에 강경한 이의를 제기했다. 그러나 우리의 판단으로는 신앙의 신학화 그 자체가 문제라기보다 그것을 스콜라신학에서와 같이 그릇된 정신과 방법으로 수행하는 것이 문제가 된다고 하겠다. 그리고 그 어느 신앙인이나 신학자도, 따라서 불트만과 브루너도 나름대로의 방식으로 신앙을 신학화하는 작업을 전개한다고 보지 않을 수 없다.

인간은 감성과 의지력 등과 더불어 지성을 소유하고 있는 존재이기에 그 어느 대상에 관해 생각하고 판단하며 이해하고 해석하든 앞서 다룬 지성의 기본적인 범주들을 척도로 해서, 그리고 특유한 사고방식과 언어 구사 방법에 따라 그렇게 하지 않을 수 없다. 그렇게 하지 않는 한 그 대상에 대한 식별과 변별, 평가와 판단, 이해와 해석이 그에게는 전혀 불가능할 것이다. "타고난 신학자들"인 평신도들도 그들 나름대로의 사고방식과 언어에 따라 신과 영적 대상 및 신적 차원을 이해하고 해석하게 된다. 평범한 신앙인과 전문적인 신학자 모두는 각각 그들 나름대로의 방식으로 신앙을 신학화할 뿐 아니라 신성을 인성화<sup>Anthropomorphismus</sup>하기도 한다. 그렇게 하지 않으면 안 된다. 왜냐하면 그렇게 하지 않는 한 인간에게는 신 인식과 신과의 영교가 전혀 불가능할 것이기 때문이다.

불트만과 브루너 등은 신앙인과 신학자에게 신과 영계에 대한 개념적 지식을 확보하는 데 급급해하는 대신 그에 대한 전인적이며 직관적인 체험지를 확보할 것을 강력하게 촉구했다. 신과 영계는 이성을 통한 객관적인 지식의 대상이 아니고 어디까지나 전인적이며 신비로운 체험의 대상이라는 것이었다. 그러나 우리가 앞서 지적한 바와 같이 이러한 신비로운 체험도 무아지경에서 하게 되는 것은 아니며 지성의 식별력과 판별력이 없이 순전히 감정, 의지력, 정열, 신앙 등의 힘만으로 하는 것도 아니라는 점을 알아야만 한다.[112]

지적 수준이 낮은 주일학교 아동들도 그들 나름대로의 방식으로 신앙의 신학화 및 신성의 인성화 작업을 전개한다. 그들은 극히 투박한 양식으로 그렇게 하나 그들도 그렇게 하지 않으면 안 된다. 성인들보다 아동들이 특히 그 작업을 필요로 한다. 그들은 하나님을 사랑이 많고 인자하신, 수염 달린 백발의 할아버지로 상상하며 다양한 개인적인 문제들을 안고 그 앞에 부복하고 기도하며 예배한다. 그러한 방식으로 신에 대해서 생각하지 않는다면 그들은 신에 대해 전혀 생각할 수 없고 그가 누구인지 전혀 인식할 수 없다. 주일학교 교사들이 그러한 방식과 언어로 그에 대해 이야기하고 가르치지 않는 한 그들의 가르침은 마이동풍이나 우이독경을 방불케 할 것이다. 이들에게는 신성의 인성화가 필수적이다.

인간들 중 신앙의 문제와 관련해서 완전히 장성한 성인들이 어디에 있겠는가? 영적인 세계와 신의 문제와 관련해서는 우리 모두가 미숙한 아동들이며, 이솝의 우화에 나오는 맹인들처럼 절대자와 무한자라는 크나큰 코끼리를 손으로 더듬어 짐작하고 그 실체를 확정하고 묘사하려고 노력하는 정신적 맹인들이 아닌가?

신앙의 신학화와 신성의 인성화가 극히 민감하고 위태로운 작업임은 분명하다. 그러나 그것이 인간에게 절대 필수적이라는 사실은 아무도 부인할 수 없다. 다만 우리가 그 작업을 전개하되 스콜라신학자들과 같이 완전 주지주의적이며 독단적인 방식으로 그렇게 하는 대신 키에르케고르가 고조한 것과 유사한 역동적이며 변증법적인 방법으로 그렇게 해야만 할 것이다. 신성의 인성화가 불가피하며 필수적인 것은 사실이나 우리는 항상 신성은 인성화된 것 그 이상이며 무한히 그 이상이라는 점을 항상 명심하고 인성화의 작업을 전개해야만 할 것이다. 그러므로 신성과 관련해서 인성화된 것을 "비인성화" 또는 "비신화화"非神話化, Entmythologisierung하는 작업을 동시적으로 수행해야만 할 것이다. 그렇게 하지 않는 한 우리가 믿는 신은 우상으로 굳어지게 될 것이다. 신성의 인성화와 인성화의 비인성화, 그리고 신앙의 신학화와 신학의 "신앙화" 信仰化를 동시적으로 수행할 때만 신앙의 순수성이 변질될 위험이 따르지 않을 것이며, 신이 인간의 형상대로 만들어지고 우상으로 전락하는 가공할 결과를 방지할 수 있을 것이다.

인간이 자연계와 맺고 있는 역설적인 관계를 생각해보자. 인간은 일면 이 영역을 자신의 존재와 삶의 터전으로 하고 있으며 그것을 모든 면에서 절대적으로 의존하고 있다. 자연과 그 속의 만물이 그의 육체적인 삶뿐 아니라 정신적인 삶도 가능하게 하며 그를 다양한 방법으로 한정하고 제약한다는 사실을 그 누가 부인할 수 있겠는가?

그러나 역으로 인간이 자연계와 그 속의 만물을 근본적으로 규정하고 통제하기도 한다. 칸트, 후설, 하이데거 등이 지적한 대로 그는 자연계에 속한 개물들의 존재와 의미를 자기 자신의 세계관과 가치관, 그리고 자기 자신의 "존재 이해"와 사유의 척도에 따라 "선험적으로"a priori, 그리고 "경험적으로"a posteriori (칸트), "존재론적으로"ontologisch, 그리고 "존재적으로"ontisch(하이데거) 규정하고 정립할 수 있는 위치에 있다. 인간이 그들을 어떠한 입지점과 각도에서 어떠한 방법으로 보고 판단하느냐에 따라 그들의 "존재", 즉 그들의 정체와 위상, 의미와 가치가 매번 달리 평가되며 규정된다. 사실은 인간에게 가장 특기할 만한 사실은 바로 그가 이처럼 지적으로, 도덕적으로 자연을 초월할 수 있고 그 속의 개물들의 존재를 선험적인 차원과 경험적인 차원에서 규정할 수 있는 초월성 그 자체(하이데거)라는 데서 발견할 수 있다.

우리가 키에르케고르와 함께 인간을 동물과 신 간의 중간존재로 보고 그의 궁극적인 주체성을 시간성과 영원성을 서로 매개하는 제3의 긍정적인 요소로 보아야만 한다면 그러한 그는 자신 속의 이 두 부분들과 각각 연결되어 있는 시간성의 차원과 영원성의 차원, 자연계와 정신계와 기하학의 탄젠트와도 같이 접촉하는, 그들 간의 접경에서부터 그들을 매개하는 상술한 "무한화" 및 "유한화"의 운동, 진리의 빛의 역사를 전개한다고 볼 수 있을 것이다.

인간은 동물들과 같이 완전히 시간성의 차원에 침몰해 있는 것도 아니고 신과 같이 완전히 영원성의 차원에 초월해 있는 것도 아니다. 그렇다고 해서 그가 이 두 차원과 연결되어 있지 않는 것도 아니다. 그는 이 양 차원과 연결되어 있으면서도 그중 한 차원에 완전히 종속되지 않는 중간존재다. 그러므로 그는 양자가 서로 접촉하는 그 교차점에 거점과 기점을 두고 제반 활동을 전개하고 있다고 볼 수 있는 것이다.

키에르케고르는 그러한 접촉점을 "순간"이라 일컬었다. 그에 따르면 인간은 "영원성이 시간성으로 침투하며 시간성은 영원성으로 충만해지는 순간", 즉 양자 간의 접경 또는 접점에서 거점을 두고 있어 항상 정신적인 위기, 즉 "실존적 불안"Angst 속에서 살아갈 수밖에 없는 그러한 실존자다. 그러한 접경에서 살아가는 인간을 단적으로 그는 "순간", 또는

순간의 연속인 "역사"라 칭하기도 했다.[113]

시간성과 영원성 간의 접촉점에서 "순간순간" 실존적 불안 속에서 살아가는 인간은 그 불안을 해소하기 위해서 영원성의 차원을 등지고 시간성의 차원으로 전락해서 비본래적인 자신으로, 즉 한갓 동물로서 살아갈 수 있다. 동물적인 차원에 속하는 자연적이며 물질적인 것들 속에 그는 자신을 파묻고 영원성의 차원에 속한 엄청난 영적·정신적인 것들과 그들과 연결된 본래적인 자기 자신은 전혀 망각한 채, 취급하기에 별반 부담이 없고 편리하기도 한 자연적인 것들 속에서 긴장 없고 안이하기만 한 삶을 추구할 수도 있다.

그러나 그는 또한 긍정적이며 창조적인 방법으로, 그리고 본래적이며 이상적인 방법으로 그가 순간 속에서 혹은 순간으로서 절감하는 실존적 불안감을 해소하려고 노력할 수도 있다. 즉 그는 시간성과 영원성으로 구성된 자기 자신을 절대 긍정하는 가운데 자신의 영원성과 연결된 영적·정신적인 것들을 그대로 직시하고 그들을 자기 자신을 포함한, 시간성의 차원에 속한 모든 것들과 연결시키고 이들을 그들 본래의 기능과 위치로 "자유롭게" 하며 그들 자신들로 빛나게 하는 업무, 진리의 빛의 역사에 충실할 수도 있는 것이다. 그가 그러한 역사를 전개함으로써 이들은 영원한 것들의 빛으로 빛나게 되고 영원한 것들은 그들대로 또한 이들을 통해 구체적으로 외화된다. 이것이 곧 인간이 본시부터 수행하게끔 되어 있는 것으로 키에르케고르가 인식했던 "무한화"와 "유한화"의 운동의 의미일 것이다.

이러한 운동을 전개할 수 있다는 것이 인간의 숭고한 특권이라면 그는 본질상 그러한 운동을 전개해야만 하는 막중한 임무도 띠고 있다. 키에르케고르가 성경의 가르침에 따라 인간의 본성과 본분을 그렇게 해석했으며, 하이데거도 존재와 불가분의 관계로 필연적으로 연결되어 있으며 존재의 "고경"苦境, Not을 돕는 "협조자"이기도 한 인간 현존재의 본래적인 특권과 책무를 그렇게 해석했다.[114]

성경신학biblical theology에서는 창세기 1장 22절을 토대로 해서 인간이 창조 시에 전 우주를 신의 뜻과 진리에 입각해서 개발하고 발전시켜만 하는 "문화명령"cultural mandate을 창조주로부터 부여받았다고 가르친다. 인간은 이 명령의 준수와 관련해서 우주 만물과 타인을 대상으로 일종의 왕과 선지자, 그리고 제사장의 자격으로 자신의 막중한 직무를 완수하여야만 한다는 것이다. 왕으로서 그는 자기 자신 및 타인을 포함한 우주 만물을 신의 뜻과 진리에 입각해서 다스려야만 하고 그의 나라의 건설을 위해 유용하게 활용해야만 한다. 선지자로서 그는 이들 각각의 정체와 기능을 이해하고 해석해야 할 뿐 아니라 그들에게 "존재"와 의미를 부여해야만 한다. 그리고 그는 자신이 왕과 선지자로서 수행하는 모든 일들을 창조주를 바라보고 수행해야만 하며 그의 영광을 위해 그렇게 해야만 하는데, 그렇게 하는 데서 그가 우주 만물과의 관계에서 수행하는 모든 일이 종교적인 의미를 지니게 된다. 이것이 곧 그가 제사장으로서의 천직을 수행하는 방법인 것이다.

성경신학자들은 "완전한 인간"인 그리스도가 아담의 후손들이 죄타락으로 말미암아 이행하지 못한 이 3대 직분을 완수했다고 해석한다. 키에르케고르가 거론한 무한화 및 유한화의 운동은 성경신학에서 이처럼 인간이 창조 시에 신으로부터 부여받았다고 가르치고 있는 문화명령과 관련된 운동이라고 볼 수 있을 것이다.

인간이 시간성의 차원과 영원성의 차원 간의 접점에 거점을 두고 실존하고 있고, 자신의 시간성과 영원성과 더불어 이들과 연결된 물질계와 영계를 어떤 의미로는 초월할 수도 있기에 거기서부터 그는 우주적인 진리의 빛의 역사를 전개할 수 있다. 만약 그가 양 차원 중 그 어느 한 차원에 완전 침몰되어 있다고 하면 그는 결코 양자를 서로 합목적적으로 매개하는 그런 놀라운 빛의 역사를 전개할 수 없을 것이다. 그러므로 그가 거점으로 삼고 있는 이 접점은 하나의 지극히 "유리한 입지점"vantage point이며 인식론적으로, 그리고 존재론적으로 극히 중요한 "아르키메데스적 기점"Archimedischer Punkt이라고 간주하지 않을 수 없다.

우리 각자는 지정의와 도덕의식, 미의식, 종교의식 등 수많은 개별적인 심적·정신적 기능들과 무수한 신체적 기관들과 부분들이 합해져 이루어진 유기적인 통일체다. 이 통일체의 궁극적 주체성인 정신과 자아, 인격과 영은 결코 이들 개별적인 기능들과 기관들, 그리고 부분이나 부분의 부분들 중 하나로 환원할 수 없는 것은 물론이거니와 그것을 단순히 그들 전체의 합으로 간주할 수도 없다. 그것은 일면 이들과 본질적으로 연결되어 있어 이들 없이는 존재하고 활동할 수 없으나 또 다른 한편으로는 이들 전체를 초월해 있다고 보지 않을 수 없다. 아리스토텔레스와 해석학Hermeneutik의 표현을 빌리자면 그것은 그가 소유하고 있는 이 모든 기능과 부분들의 합 그 이상The whole is more than the sum of its parts이라고 보지 않을 수 없다.

우리 각자의 주체성은 이들 개별적인 기능들과 부분들의 합 이상의 무엇이며 어떻게 보면 그것은 또한 그것 이상의 그 무엇, 즉 현실적인 자아 이상의 무엇이기도 하다. 왜냐하면 그것은 자기 자신을 지적으로, 도덕적으로, 종교적으로, 지속적으로 그리고 무한대로ad infinitum 초월하는 가운데 자기 자신을 계속 재발견하여 만들어가고 있기 때문이다. 또 거기에는 "본질이 실존에 앞서기보다 실존이 본질에 앞서기" 때문이다. 그러므로 인간의 주체성은 시간성의 차원 및 영원성의 차원과의 관계에서뿐 아니라 자기 자신과의 관계에서도 본질적으로 내재적이면서도 초월적이라 할 수 있다. 그러한 심오한 뜻에서 인간은 초월성 그 자체라 할수 있다.

아무튼 우리 각자의 주체성은 거의 무한한 수의 개별자들, 개별적인 원리들과 법칙들, 개별적인 대상들과 현상들에 연결되어 있다. 그들과의 그러한 관계 속에서 그가 수행하는 제반 활동의 범위가 지극히 방대하고 광활한 만큼이나 그 활동의 양태도 심히 다양하고 복잡하다. 그럼에도 불구하고 그것은 그러한 자신의 활동 일체와 그와 관련된 대상 전체의 항구적인 중심점으로 계속 남아 있다.

따라서 네덜란드 기독교 철학자 도예베르트Herman Dooyeweerd처럼 자아 또는 "마음"hart, heart이라는 인간의 궁극적인 주체성이 육체와 영혼으로 구성된 인간 인격의 절대적인 중심점 또는 초점인 동시에 그의 육체와 본질적으로 연결되어 있는 시간성의 차원, 즉 우주라는 무수한 개물이 서로 유기적으로 결합되어 이루어진 하나의 거대한 구성체의 절대적인 중심점과 초점이라고도 볼 수 있을 것이다. 아리스토텔레스와 니콜라이 하르트만 등의 우주론과 계층론, 그리고 특히 칸트의 인식론, 후설의 선험적 현상학 및 하이데거의 세계 개념과 인간관도 도예베르트의 그러한 견해를 뒷받침해주고 있다.

아리스토텔레스나 하르트만이 그랬던 것처럼 우주를 하나의 거대한 피라미드와도 같은 목적론적 존재의 계층으로 간주할 수 있다면 인간의 주체성은 그 정점頂點이라고도 볼 수 있을 것이다. 그러나 그렇게 보는 경우 우리는 그것을 이 거대한 피라미드의 최상단에 고정되어 있는 단순한 하나의 정적靜的인 정점으로만 간주할 수는 없다. 왜냐하면 초월성 그 자체인 이 주체성은 극히 역동적일 뿐 아니라 이 거대한 구조물을 존재론적으로 "기투"企投, entwerfen, project하고 정립하는 기획자 겸 건립자(칸트, 후설, 하이데거)로도 보아야만 하기 때문이다.

그러나 인간의 자아가 거점으로 두고 활동하는 이처럼 놀랍고 신비로운 아르키메데스적 기점은 구체적으로 어디에 위치한다고 보아야 하는가? 그것이 시간성의 차원과 영원성의 차원 간의 탄젠트에 위치하고 있다는 말의 구체적인 뜻은 무엇인가? 우주적인 진리의 역사를 전개하고 있는 우리 각자의 궁극적인 주체성은 구체적으로 어디에 그 존재와 활동의 거점을 두고 있는 것인가?

이에 대해 우리는 확실한 답변을 할 수 없다. 사람들은 일반적으로 우리의 자아 또는 영이 두뇌 속에 거처를 두고 있다고 본다. 인간의 육체가 죽고 두뇌가 그 활동을 멈추게 되면 그의 영도 함께 죽던가 아니면 두뇌를 떠나 천당 또는 지옥에 가서 살게 된다고 생각하는 것이다.

그러나 우리의 자아가 우리의 두뇌 속에 내재하고 있다면 그것은 두뇌 세포 속의 DNA와 유전자 속 어딘가에 뿌리를 내리고 있음을 뜻한다. 그것이 사실이라면 자아는 시공간적인 차원에 내재할 뿐이다. 우리의 자아와 관련해서 우리가 지금까지 지적한 점들을 감안할 때 이러한 생각은 전혀 사실에 부합하지 않는 그릇된 생각임이 분명하다. 그렇다면 우리는 그것의 구체적인 위치가 어디라고 보아야만 하는가?

시간성의 차원과 영원성의 차원 간의 접점에 거점을 두고 있음이 확실한 우리 각자의 주체성은 우리 자신의 인격의 중심점이며 그와 더불어 우주 전체의 중심이므로 그것은 분명히 광선의 초점이나 기하학적 점 또는 물리학적 점과도 같이 그것과 관련된 "표상" 일체와 그것이 수행하는 활동 전체가 완전히 하나로 통일되고 집결되는 절대적인 하나의 단위로 간주하지 않을 수 없다. 그러나 그것은 방금 언급한 세 종류의 점과는 달리 물질적인 점이 아님은 물론이거니와 너비뿐 아니라 위치도 없는 보이지 않는 정신적인 점이다. 그것이 여기에 있다 저기에 있다고 누가 손가락으로 가리킬 수 있겠는가? 그렇다고 해서 그것은 기하학에서 빈번히 특정의 문제를 풀기 위해 실재하는 것으로 가정해야만 하는 하나의 가상점과 같이 이론적으로만 존재하는 점만도 아니다. 그것은 실재하고 있을 뿐 아니라 앞서 언급한 그러한 역동적이며 존재론적으로 막강한 위력을 가진 영적·정신적 에너지의 집결점으로 실재하고 있기 때문이다.

그런가 하면 우리는 그것을 하나의 점으로 보아야 하기보다 지극히 광대한, 그야말로 무한히 광대한 하나의 정신적 공간으로 보아야만 할 것 같기도 하다. 왜냐하면 그것은 아우구스티누스가 고백한 대로 그 자체 속에 무한한 수와 양의 "메모리아"를 내포하고 있고, 칸트가 지적한 대로 그것과 연관된 무수한 "표상들"을 "동반"하고 계속 그들을 따라다니고 있으되 역설적으로 자신 밖이 아닌 자신 속에서 그렇게 하고 있기 때문이다. 따라서 그것은 자신 속에 포괄하고 있거나 계속 동반하는 표상과 대상 중 어느 특정의 것과 특정한 처소에 머물러 있다기보다 그들 전반 속에 동시적으로 편재해 있다고 보아야만 할 것 같다.

그런 이유로 그것을 구체적으로 포착한다는 것은 바람을 잡는 것과도 같이 난해한 일이어서 그것이 무엇이라고 꼬집어 정의하고 설명하기란 불가능하다. 그것은 개인의 영혼과 육체, 나아가서 온 우주 내 모든 곳에 항상 두루 편재해 있으면서도 그 속 아무 데서도 구체적으로 포착할 수 없는 그러한 진기하고 신비로운 그 무엇이다. 그래서 그것이 곧 우리 각자의 자아임에도 불구하고 우리는 그에 대해서 모르는 것만 안다는 무지의 고백을 여기서도 다시금 하지 않을 수 없다.

이러한 경이롭고 신비스러운 우리 각자의 자아가 초월성 그 자체로 존재하고 있기에 상술한 놀라운 우주적인 진리의 역사가 전개될 수 있다. 그러나 그것이 완전 독자적으로 그러한 놀라운 역사를 전개하고 있는 것은 물론 아니다.

## (2) 자아와 의식기능

인간의 주체성이 무한히 광활한 자신의 의식권을 계속 횡단하며 그 속의 인식의 대상 일체를 동반하고 그들의 의미를 이해하고 해석할 뿐 아니라 그들을 서로 유기적으로 매개함으로써 개인적인 차원과 우주적인 차원에서 빛의 역사를 전개할 때 그것은 물론 그에게 천부적으로 주어진 감성, 지성, 의지력, 구상력, 도덕의식, 미의식, 종교의식 등 다양한 기능과 잠재력을 총체적으로 활성화하고 활용하는 가운데 그들을 매체로 해서 간접적으로 그렇게 하게 된다. 그것의 인식과 해석 및 표현과 실현 대상의 종류에 따라 그것은 각각 상이한 기능들과 잠재력을 활용하나 여타 기능들도 직간접적으로 이들을 보조하게 된다.

도예베르트는 철학적 사유의 "아르키메데스적 기점"이라고 칭하며 영원성과 시간성 사이의 한 중간영역aevum에 거점을 두고 있다고 보는 인간의 "마음"hart, heart이 어떠한 인간 본래의 기능과 잠재력을 활용해서 자신의 정신적 활동을 전개하는지에 대해서 매우 흥미롭고 설득력이 있는 이론을 제기했다. 그것은 상술한 니콜라이 하르트만의 계층론Schichtenlehre과 아리스토텔레스의 존재의 계층scala naturae, scale of being도 연상시켜주는 이론이다.

도예베르트는 사람들이 일반적으로 영혼이라고 칭하고 있는 것에 해당하는 인간의 심적·정신적인 부분 속에 감정과 의지 및 의식이 주어져 있고 이 중 의식은 무려 16개의 개별적인 "양상적 기능들"modal functions 이 서로 목적에 부합하며 체계적으로 연결되어 이루어진 하나의 유기적인 구성체라고 한다. 즉 대수학적 기능, 기하학적 기능, 물리학적 운동기능kinematic function, 물리학적 에너지 기능, 생물학적 기능, 심리적 기능, 논리적 분석 기능, 역사적 기능, 언어적 기능, 사회적 기능, 경제적 기능, 심미적 기능, 법률적 기능, 윤리적 기능, 신앙적 기능 등이 그것이다.

도예베르트에 따르면 이 개별적인 의식기능들은 제각기 특유한 기능을 발휘하면서도 또한 그들과 본질적으로 연결되어 있는 다른 모든 기능과 보조를 맞추는 가운데 그렇게 한다. 우리 각자가 다양한 방향과 방법으로 수행하는 모든 활동은 예외 없이 이 의식기능들의 이러한 일사불란한 상호작용과 유기적인 공조로 수행되는바 그 활동들은 최종적으로 우리 각자 및 우주 전체의 절대적인 중심점이며 초점인 "마음"에 의해 하나로 조율되고 통일된다. 우리가 개별적인 의식기능들을 통로로 해서 수행하는 이러한 활동들과 더불어 감정과 의지력으로 수행하는 제반 활동들도 또한 한결같이, 그들이 함께 뿌리를 내리고 있는 우리 각자의 마음에서 발원되며 그것에 의해 하나로 통일된다.

그와 같은 방식으로 인간의 제반 심리적·정신적 활동들과 그것과 본질적으로 연결된 육체적 활동들을 하나로 조정하고 통일하는 이 마음은 항상 절대적인 초월자 신을 향해 있고 그를 바라보는 가운데 모든 것을 도모하고 추진한다. 이와 관련해서 도예베르트는 아우구스티누스의『고백록』초두에 나오는 "불안한 마음"cor inquietum에 관한 명언을 인용한다.

당신이 우리들을 당신을 향해 만드셨기에 우리가 당신 안에 거하기 전까지 우리의 마음에는 쉼이 없나이다.

　인간이 그 존재의 중추인 마음에서부터 계획하고 수행하는 모든 행동은 신을 바라보고 하는 행동들이므로 항상 종교적인 의미를 띠게 된다.

　도예베르트의 기독교적 "우주론"(자연계와 정신계를 망라한 피조물의 세계 전반에 대한 이론)에서 흥미로운 점은 첫째로 그가 마음이라고 일컫는 것이 앞서 지적한 바와 같이 키에르케고르의 자아와 흡사하게—그리고 아마도 파스칼의 "마음"coeur과도 흡사하게—신의 영원성과 피조물의 시간성 간의 중간영역 즉 "*aevum*"에 위치하고 있다는 것이며, 둘째로는 방금 언급한 인간 의식의 16개 양상적 기능들과 정확하게 일치하는 16개의 "양상적 국면들"modal aspects이 인간과 본질적으로 연결되어 있는 존재자들 일반의 세계, 즉 자연계와 정신계에 표현되어 있다는 것이다. 칸트의 선험적 관념론에서 이성의 사유의 범주들이 이성의 사유의 대상, 즉 현상계 내의 사물의 존재의 범주들과 일치하듯이 도예베르트의 "우주론"에서도 의식의 16개 양상적 기능들과 의식의 교섭 대상인 자연계 및 정신계의 양상적 국면들이 서로 일치한다. 창조주가 인간의 마음을 겨냥하고 우주 만물을 창조했기에 양자의 구조가 일치할 수밖에 없다는 것이 그의 해석이다.

　그러한 이유에서 도예베르트는 인간의 마음이 인간 인격의 절대적인 중심점과 초점일 뿐 아니라 전 우주, 즉 자연과 인간의 정신계 전반의 중심점과 초점이 된다고 보는 것이다. 인간의 마음은 그의 영혼 속의 제반 기능들과 그들이 주동이 되어 수행하는 제반 활동들을 통제하고 통일하는 궁극적인 주체성으로만 볼 수 없다. 그것은 이 의식기능들에 상응하고 그들과 본질적으로 연결되어 있어 이들의 활동을 통해 필연적으로 제약되고 형성되며 개발되고 개방되는 자연계와 정신계의 현상들 일체의 움직임도 함께 조율하며 통일하기 때문이다.

인간의 자아는 그의 의식권과 그 속에 포괄되어 있는 대상 일체의 절대적인 중심점이며 내재적인 동시에 초월적이므로 그것은 도예베르트가 거론하고 있는 제반 양상적 기능들과 여타 심적·정신적 기능들과는 질적으로 상이한 특수 기능임이 분명하다. 그의 해석이 타당하다면 이들은 시간성의 차원에 속하는 기능들, 시간 내재적 기능들이다. 이들과는 달리 영원성과 시간성 사이의 중간영역에 거점을 두고 활동하는 자아는 내재적인 동시에 초월적이다. 따라서 후자는 전자와 질적으로 상이한 기능이라 보지 않을 수 없다. 그것은 그들보다 한층 더 높은 차원에 거점을 두고 거기서부터 이들을 활성화하고 활용하되 위로는 정신적·영적 "가치들"과 그들의 통일과 충만인 신을 우러러보는 가운데 그렇게 하며 아래로는 시간계의 존재자 일반을 하감<sup>下瞰</sup>하는 가운데 그들을 대표해서, 그리고 그들을 위해서 그렇게 한다. 그가 그렇게 하는 데서 이들은 영원한 것들에 의해 비췸을 받아 그들 각자의 참된 모습 그대로 드러나며 그들 각자의 고유한 본령을 아름답고 훌륭하게 발휘하게 된다.

자아가 이처럼 자신의 정신적 활동 및 육체적인 활동을 전개할 때 필수적인 매개체들로 활용하는 이러한 다양한 의식 내재적 기능들과는 질적으로 상이한, 내재적인 동시에 초월적인 중추 기능임을 감안하면 우리는 "전체는 부분의 합 이상이다"라는 명제가 어느 현상과 이치와의 관계에서보다 바로 우리 각자의 자아와의 관계에서 더 타당함을 깨닫게 될 것이다.

그러나 해석학과 마찬가지로 여기서도 "전체"는 그 "부분들"의 합 그 이상임이 분명하나 또 한편으로는 "부분들"이 없이는 "전체"도 있을 수 없다는 점을 잊어서는 안 된다. 즉 우리의 자아는 우리가 소유한 모든 기능과 능력이 합해진 것 이상의 무엇이며 그러한 자아는 우리가 정신적 활동들과 육체적 활동들을 전개할 때 그야말로 절대적인 위치에 있는 중추 기능임이 확실하다 할지라도 그것은 그러한 활동을 위해 제반 의식 내재적인 기능들과 요소들을 전적으로 의존하지 않으면 안 된다는 점을 잊어서는 안 된다는 말이다.

그러므로 우리 인간에게 기적과도 같은 현상―그가 지극히 유한한 존재로서 영원불변하며 절대적인 무수한 원리와 그들을 토대로 해서 존재하고 움직이고 있는 존재자들의 의미와 가치를 순수하게 그대로 인식하고 나아가서는 영원불변한 정신적인 것들을 그의 현실적인 삶과 온 세상과 온 우주에 표현하고 실현하기 위해 지속적으로 노력하고 있다는 사실―을 이론적으로 재구성하고 해명하는 작업의 일환으로 우리는 자아와 이와 같은 필연적인 관계를 맺고 있는 제반 의식 내재적 기능들의 본질과 특성 및 그들 간의 상호관계도 면밀하게 분석하고 조명해볼 필요가 있다.

그러나 여기서도 우리는 이 모든 의식기능이 각각 독특한 방법과 방향으로 지극히 놀라운 일들, 실로 기적적인 일들을 수행하고 있다는 사실을 있는 그대로 기술할 수 있을 뿐 그 가능성을 과학적으로 정확하게 재구성할 도리는 없다. 칸트 당시보다 과학이 엄청나게 더 발전한 오늘날에 와서도 우리는 이들의 비밀, "인간의 영혼 깊은 곳에 숨겨져 있는 이들의 묘리"를[115] 결코 완전히 규명할 수는 없다. 인간의 지성이 소유하고 있는 지극히 놀라운 식별력, 사고력, 판단력, 비판력, 분석력, 투시력, 통찰력 등의 가능성을 그 누가 만족스럽게 해명할 수 있겠으며 인간의 도덕의식과 미의식의 본질과 구조 및 그 활동 가능성을 그 누가 다 정확하게 분석하고 조명할 수 있겠는가? 이들 외에도 인간이 도예베르트가 언급한 것과 같은 수많은 여러 기능들과 능력들을 소유하고 활용하고 있음이 분명하다면 이들의 본질과 활동 가능성에 대해서도 동일한 질문을 제기하지 않을 수 없다.

거대한 도서관의 장서들의 내용보다 더 많은 용량의 정보를 매우 협소한 공간 속에 수십 년간 계속 보존하고 있으면서 필요할 때마다 그들을 순간적으로 불러내어 활용할 수 있는 인간의 두뇌와 극히 놀라운 기억력을 위시한 수많은 능력과 잠재력을 의식하고 그에 대해 반성하게 될 때마다 우리도 "메모리아"에 대해서 아우구스티누스가 『고백록』에서 한 고백을 되풀이하지 않을 수 없다. 우리는 그러한 능력들을 소유하고 있는 우리 자신으로 말미암아 놀라움을 금할 수 없으며 바로 우리 자신 앞에서 진정 숙연해지지 않을 수 없다.

데카르트가 인간이 마음속에 본질적으로 소유하고 있는 한 "본유관념"인 신 관념이 사실은 인간 자신이라고 해석한 데는 이유가 없지 않았다. 우리가 신 관념을 마음에 소유하고 있다고도 볼 수 있겠거니와 신의 형상으로 지음을 받은 우리 자신이 바로 그 원형인 신을 반영하고 있는 신 관념이라고도 간주할 수 있다는 것이었다. 위대한 예술가가 자신의 작품을 완성한 후 그것이 자신의 작품임을 알려주는 서명을 하단에 표시해두듯 창조주도 인간이라는 한 아름답고 훌륭한 창조물을 창조한 후 그의 마음속에 자기 자신에 대한 생각, 즉 신에 대한 본유관념을 지우려야 지울 수 없이 깊이 새겨두었다고도 할 수 있겠거니와 그가 창조한 인간이란 아름답고 놀라운 창조물 자체가 곧 그것을 창출한 창조자를 가리키고 있는 신 관념이라고도 볼 수 있다는 것이 데카르트의 해석이었다.

우리가 여기서 거론하고 있는 인간의 개별적인 의식기능들은 그와 같이 놀라운 일들을 각각 독특한 방법으로 수행하되 그들은 또한 오케스트라의 구성 요원들과도 같이 상호협조적인 관계로 서로 하나같이 조율되어 그렇게 하고 있다는 사실도 잊어서는 안 된다. 그들은 서로 이질적이며 제각기 특수한 기능들이다. 그럼에도 불구하고 그들이 인간의 궁극적인 주체성, 자아가 전개하는 제반 활동들을 위해 일사불란하게 공조한다는 사실은 실로 경탄할 만한 현상이라 하지 않을 수 없다.

감성과 의지력이 없는 이성, 앎에 대한 욕구가 없는 이성이 어떻게 제 기능을 정상적으로 발휘하여 무엇을 인식하고 판단하며 평가할 수 있겠으며 이성이 없는 감성과 의지력은 어느 방향으로, 그리고 무슨 목적으로 그 무엇을 욕구하며 추구하겠는가? 그들은 상부상조하는 가운데서만 각각의 독특한 역할을 수행할 수 있다. 다른 의식기능들도 이들과 마찬가지로 서로 유기적으로, 목적론적으로 연결되어 각각의 독특한 기능을 발휘하면서도 서로 협조하는 가운데 우리의 자아가 제반 정신 활동과 나아가서는 육체적인 활동까지도 원만하게 수행할 수 있게 해준다.

개별적인 의식기능들을 각각 분리해서 고찰할 때도 그들이 모두 지극히 놀라운, 실로 기적과도 같이 놀라운 현상들이라고 고백하지 않을 수 없거니와 그들이 하나의 오케스트라의 구성원들처럼 그들보다 한층 더 높은 단상에서 그들을 총지휘하는 지휘자와 같은 자아, 위에서 언급한 제반 숭고한 정신적 가치들과 절대자를 우러러보며 그들의 빛으로 우주 내에서 진리의 역사를 활발하게 전개하는 자아를 도와 각각 맡은 몫을 아름답게 수행하고 있음을 목격할 때 우리는 더욱더 큰 놀라움을 표시하지 않을 수 없다.

이 모든 의식기능은 우리 자신에 속한 것들이며 그들을 통해서 수행되는 모든 활동은 물론 우리 자신이 스스로 수행하는 것들이다. 그럼에도 불구하고 우리는 이들의 본질과 구조 및 그들 간의 상호 관련성 등에 대해 정확하게 재구성하고 해명할 수 없다. 여기서도 우리는 우리 자신에 대해 모르는 것만 알고 있다는 무지의 고백을 하지 않을 수 없다.

그러나 우리가 경탄해마지않을 수 없는 기적적인 현상들은 우리 마음 내부에서만 발견할 수 있는 것이 아니다. 수없이 많은 기적은 그 외부에서도 관찰하고 체험할 수 있다.

### (3) 인간의 육체와 자연계

플라톤과 아우구스티누스에서 데카르트와 칸트를 거쳐 후설과 하이데거에 이르기까지의 대부분의 서양 철학자들, 그중에서도 특히 주지주의적 철학자들은 우리가 지금 고찰하고 있는 인식론적·해석학적인 문제를 조명함에 있어서 앞선 두 항목에 언급된 문제들에 대해서만 시선을 집중해왔다. 참된 지식의 가능성과 그 내면화 및 외화의 가능성, 즉 우리가 진리의 빛의 역사라고 칭한 것의 선험적 조건들을 이론적으로 재구성하고 해명하려 함에 있어서 그들은 주로 우리의 의식 내부의 제반 요소들과 기능들에 대해서만 유의했으며 이들을 밑받침하고 그들의 활동을 적극적으로 돕는 외적인 요인들과 여건들은 도외시했다. 이들을 감안하고 거론하는 경우에도 그들은 이들을 매우 피상적으로 취급할 따름이었으며 결코 우리가 여기서 의도하는 그러한 취지와 그러한 방식으로 체계적으로 분석하고 조명하지는 않았다.

우리의 주제와 관련해서 의식 외부의 제반 요소들과 여건들을 심각하게 고려하지 않을 수 없는 이유는 매우 단순하다. 그들이 위에서 거론된 의식 내부의 제반 기능들과 요소들의 존재와 활동을 가능하게 하는 절대적인 전제조건들이기 때문이다.

진리를 알고 우리 자신을 알기 위해서 우리는 분명히 플라톤과 아우구스티누스, 데카르트와 칸트, 후설과 하이데거의 권유에 따라 우리의 마음 내부로 되돌아갈 필요가 있다. 그러나 우리는 거기서 이들과 더불어 지극히 놀랍고 신비스러운 기적과 기적 중 기적을 목격하고 체험한 후 다시금 외부로 되돌아 나와야만 한다. 우리의 마음 내부에서뿐 아니라 그 외부에서도 무궁무진한 진리의 지식을 획득할 수 있고 무수한 기적을 발견할 수 있기 때문이다.

그러나 여기서 우리가 유의해야 할 두 가지 사항이 있다. 첫째로, 우리는 앞에서 비록 시간성의 차원과 영원성의 차원 간의 접촉점과 거기에 거점을 두고 제반 활동을 전개하는 우리 각자의 궁극적인 주체성을 거론함과 더불어 우리는 사실상 우리 자신의 내부에서 외부로 되돌아 나왔다고 볼 수 있으나 거기서는 우리가 시간성의 차원에 속한 현상들에 대해 상론하지는 않았으며 다만 그들을 인식론적으로, 존재론적으로 규정하는 자아에 초점을 맞추고 그것이 드러내 보이는 매우 놀랍고 신비스러운 몇몇 사항들을 검토했을 따름이다. 그러나 우리는 여기서 자아와 그 다양한 기능들에 본질적으로 연결되어 있는 시간성의 차원에 속한 제반 대상들과 현상들에 시선을 집중하고 그들을 더욱 면밀하게 검토할 것이다.

우리가 유의해야 할 또 한 가지는 우리가 비록 외부의 세계로 나아간다고 할지라도 우리가 경험하고 발견하는 외부 세계는 여전히 우리의 의식권 내에 존재한다는 사실이다. 우리는 우리 자신의 의식권 내에 존재하지 않는 그 어떠한 대상도 사유와 분석의 대상으로 삼을 수 없다. 단 우리가 거기서 발견하고 경험하는 것이 순전히 우리의 의식 속에서만 존재하거나 움직이고 있는 주관적인 관념들이 아니고, 그 밖에서 존재하거나 움직이기도 하는 객관적인 현상들이므로 우리가 여기서 외부로 나아간다고도 할 수 있는 것이다.

우리가 우리의 마음 내부에서 외부로 되돌아 나와서 거기에 존재하거나 전개되고 있는 현상들을 면밀하게 관찰하는 것이 우리에게 필수적인 작업이라 하지 않을 수 없는 이유는 첫째, 우리가 내부에서 결코 발견할 수 없는 지극히 풍성한 객관적인 진리지를 확보할 수 있게 되며 그와 더불어 그만큼 더 깊은 자아 이해에 이를 수 있기 때문이다. 둘째, 우리가 내부에서 발견한 것을 외부에서 발견하는 것과 서로 연결해서 하나로 통일해보는 데서 정신주의적 사상가들이 예부터 계속 거론해온 참과 좋음과 아름다움, 그리고 성스러움이 객관적으로 실재하는 원리들이라는 점과 그 자체로 지극히 심오한 만큼이나 막연하기도 한 이들이 구체적으로 무엇을 뜻하는지도 더욱더 확실하게 인식할 수 있게 될 것이기 때문이다.

이와 더불어 우리는 그 자체로 정신적인 의미와 가치가 없는, 그래서 정신적으로는 없는 것과도 같은 대상, 즉 "비–존재"me-on, non-being (플라톤, 아리스토텔레스)로 취급하지 않을 수 없는 외적·물질적인 것들을 이 숭고한 원리들의 빛으로 보고 이해하게 되어 그 "존재"의 의미, 그리고 그들의 "진리"가 진정 무엇임도 더 밝히 파악할 수 있게 될 것이기 때문이다. 그렇게 하는 데서 우리는 하나의 돌을 단순히 무지한 원자들로 구성된 어떤 물질로만 감지하는 대신 도예베르트가 지적한 그러한 다양한 측면들로 특징지어져 있을 뿐 아니라 참됨, 좋음, 아름다움 그리고 성스러움의 빛으로 빛나며 우리의 자아 이해와 세계관도 반영되어 있는 그러한 사물로 이해하게 될 것이다. 신앙인은 그 속에서 신의 능력과 지혜와 좋음과 아름다움 등도 발견하게 될 것이며 나아가서는 이 돌과 다른 사물들이 합해져 구성된 자연을 통해서 자아 계시하시는 신(자연계시) 자신도 발견할 수 있게 될 것이다.

러셀과 같은 경험론자들은, 말하자면 빈손으로 외부로 뛰쳐나가 그 속에서 돌과 여타 사물을 발견하게 되므로 이들 속에서 원자들과 분자들 외에 아무것도 발견할 수 없다. 그들이 바라보는 돌은 존재론적인 견지에서 볼 때 전혀 없는 것과도 같이 무의미한 "비-존재"에 불과하다. 그러나 우리는 아우구스티누스, 후설, 하이데거 등과 더불어 진리를 발견하기 위해 먼저 우리의 내부로 하강한 후 그 속에서 외부로 되돌아 나왔다. 우리는 그들과 더불어 내부에서 현상학적으로 투시하거나 해석학적인 견지에서 체험하고 확정한 지극히 놀라운 진리의 지식을 소유한 자로서 외부로 되돌아 나왔다. 그러한 이유에서 우리는 하나의 돌 속에 시간성과 영원성이 교차하면서, 말하자면 하늘과 땅이 만나고 우리 자신과 우리의 세계가 반영되고 있음을 체험할 수 있다. 우리가 그들을 우리자신의 가치관과 세계관에 입각해서 이해하고 해석할 뿐 아니라 그들의 존재를 정립하며 그들에게 의미를 부여하기까지 하되(칸트, 후설, 하이데거) 역시 우리 자신의 가치관과 세계관에 입각해서 또는 그 빛으로 그렇게 한다는 점을 인식한다면 이러한 주장이 지나친 과장이 아님을 알 수 있을 것이다.

하이데거도 우리가 여기서 지적하고 있는 것과 유사한 제반 사항들을 감안하고 인간이 경험하고 취급하는 각각의 사물, 예컨대 하나의 포도주 잔, 하나의 교량을 단순한 정물이 아닌 하나의 역동적인 "사건"Geschehen으로 보게 되었던 것이다. 그들 각각은 모두 그가 주장한 존재 또는 세계가 반영되고 있고 그와 더불어 원초적인 진리의 빛으로 빛나는 역동적인 사건이라는 것이었다.[116]

내부 세계에서 외부 세계로 되돌아 나옴으로써 우리는 또한 "평가와 결론"이란 주제가 붙은 이번 마지막 장에서 키에르케고르의 비합리론의 문제점과 맹점을 지적하고 극복 가능성을 제안하는 과정에서 숨은 주제로 계속 안중에 두어온 한 중대 사안에 대한 우리의 관점을 더욱 설득력 있게 관철할 수 있게 될 것이다.

## 1) 신체의 신비

우리 각자는 의식·무의식적으로 진리의 빛의 역사를 매 순간 전개하고 있다. 우리 각자의 개인적인 삶 속에서뿐 아니라 온 사회와 온 세계, 그리고 온 우주에서 진리의 빛이 드러나게 하는 그러한 놀라운 역사를 계속적으로 전개하고 있다. 우리가 이러한 놀라운 빛의 역사를 전개할 수 있기 위해서는 무엇보다 먼저 우리 자신의 시간성과 영원성 및 그들과 연결된 제반 물질적인 것들과 정신적인 것들을 서로 유의미하게 매개하되 그들과 접촉을 가지면서도 그들을 또한 초월하기도 하는 한 고차원적인 입지점에서 그렇게 할 수 있는 "제3의 긍정적인 요인"인 자아가 전제되어야만 함이 분명하다.

그러나 우리의 자아가 이 양 차원과 그들에게 각각 속해 있는 물질적인 것과 정신적인 것들을 서로 연결시키고 매개하는 데서는 위에서 언급한 제반 의식기능들과 능력들이 또한 전제되어야만 한다. 그리고 자아와 이들이 각자의 기능을 원활하게 발휘할 수 있기 위해서는 그 존재와 활동의 바탕이 되며 그릇과 도구가 되는 육체가 필요함은 물론이다.

그렇다면 육체란 무엇이며 그것의 제반 활동 가능성의 전제조건은 무엇인가? 이에 대해서는 만인이 다 익히 잘 알고 있으므로 이 질문보다 더 진부한 질문은 없을 것 같다. 평범한 사람들은 그에 대해 아는 바가 다소 피상적이며 단편적이라 할지라도 생물학자나 의사와 같은 전문인들이야 그에 대해 모든 것을 다 알고 있지 않은가? 이들이 저작한 전문 서적을 참조하면 평범한 대중도 몸의 구조와 기능에 관한 모든 것, 거의 모든 것을 다 알게 되지 않겠는가?

그러나 이 전문가들이 과연 이에 대해 진정 확실하고 정확한 지식을 소유하고 있을까? 그들이 보고 이해하는 몸이란 주로 전자현미경과 다른 첨단 장비들을 동원해서 볼 수 있는 무수한 고분자들로 구성된 수십조 개의 세포들의 결합체이며 무수한 개별적인 기관들과 조직들이 유기적으로 연결되어 이루어진 한 생명체다.

자연과학적인 시각에서 볼 때 이것은 분명히 몸을 정확하게 인식하고 정의하는 방법이다. 그러나 정신과학적인 시각에서 혹은 철학적인 관점에서 볼 때 그것은 몸의 실체에 대한 매우 부적절하며 부정확한 정의라고 간주하지 않을 수 없다. 왜냐하면 몸도 인간 각자의 인격과 마찬가지로 자연과학자들이 주로 포착하는 사실적인 측면들, 각 부분들의 합 이상이기 때문이다. 그것은 이들이 감지하는 표면적인 것들 이면에 감추인 지극히 놀라운 것들을 바탕과 배경으로 하고, 그것들과의 본질적인 관계에서 그것으로 존재하며 활동하고 있다. 그것은 위로는 영원성의 차원에 속한 정신적인 것들과 연결되고 아래로는 우리가 지금부터 고찰하고자 하는 시간성의 차원에 속한 무한한 수와 양의 물질적인 것과도 본질적으로 연결된다. 그래서 그것은 자연과학자들이 첨단 장비를 동원해 정밀하게 관찰하고 연구하는 것에 정신이 팔려 포착하지 못하고 의식하지 못하는 대단히 신비롭고 경이로운 면을 그 자체 속에도 지니고 있다. 몸은 원자와 분자가 합해 이루어진 하나의 유기적인 구성체라기보다 한마디로 기적과 신비다.

도예베르트가 우주와 그 속의 개별자들의 양성적 국면에 대한 이론에서 매우 설득력 있게 묘사한 바와 같이 우리의 몸뿐 아니라 원자로부터 동식물과 인간, 인간의 사회와 국가, 그리고 태양계와 은하계를 거쳐 우주 자체에 이르기까지의 무수한 종류와 수의 개별자들은 예외 없이 다 기하학적 국면, 물리학적 국면, 생물학적 국면 등 물질적인 국면들뿐 아니라 논리적 국면, 심리적 국면, 윤리적 국면, 신앙적 국면 등 정신적인 측면들도 지니고 있음을 잊어서는 안 된다. 신앙인이 그들을 바라보게 되는 경우 그는 분명히 그들 각자 속에서 참됨과 좋음과 아름다움뿐 아니라 성스러움까지 체험하게 될 것이며 더불어 신 자신의 지극히 고차원적인 성품들과 신 자신도 체험하고 발견할 수 있게 될 것이다.

　　한 송이의 백합화 속에서 우리는 무엇을 발견할 수 있는가? 인간의 몸속에서는 무엇을 발견할 수 있는가? 한 송이의 백합화나 우리의 몸은 분명히 유능한 생물학자들이 보고 정의하는 것 그 이상의 그 무엇임이 분명하다. 무한히 그 이상임이 분명하다. 기적과 신비임이 분명하다.

　　우리의 몸을 그 자체로 두고 생물학적인 견지에서 고찰하는 경우에도 그것이 대단히 경탄할 만한 현상, 아니 기적적인 현상이라는 점은 사물과 사리를 예리하게 꿰뚫어 볼 줄 아는 자연과학자라면 무신론자이건 유신론자이건, 진화론자이건 창조론자이건 간에 시인하지 않을 수 없을 것이다. 인간의 게놈 지도를 작성하는 데 중요한 역할을 담당한 콜린스Francis Collins는 원래 무신론자였으나 이 지도를 작성하는 과정에서 독실한 종교인으로 변신했다. 유전공학과 여타 과학이 더욱 발전하게 되어 인간의 신체 구조와 여러 자연 현상들을 더욱더 정밀하고 정확하게 분석하게 된다면 과학자들 중 얼마나 많은 수가 콜린스처럼 종교인으로 변하게 될까? 미국의 생화학 교수 비히Michael J. Behe는 그의 저서 『다윈의

블랙박스』*Darwin's Black Box*에서 만약 찰스 다윈이 현재 생물학자들이 사용하는 전자현미경과 여타 첨단 장비를 소유하고 있었다면 진화론을 결코 주장할 수 없었을 것이라고 서술했다.

우리나라의 생화학자 김종배도『신비한 인체 창조 섭리』에서 우리의 몸이 "신묘막측한" 현상이라는 점을 구구절절이 역설하고 있다. 그는 이 저서에서 생명의 탄생 과정에서 시작해서 세포와 세포 속의 DNA, 시각과 청각을 위시한 감각 기관들, 심장과 위와 폐를 위시한 오장육부, 피부와 골격 조직 등에 이르기까지 다양한 몸의 부분들을 매우 정밀하게 분석했다. 그는 이들 각각의 지극히 놀라운 구조와 특성을 고려할 때, 그리고 그들이 정교하고도 조직적으로 서로 조율되어 몸 전체가 여러 활동을 전개하는 데에 일사불란하게 총체적으로 협조한다는 사실을 감안할 때 우리의 육체는 하나의 기적이며 신비라고 보지 않을 수 없다고 주장한다.

생명공학과 유전공학에 대한 전문적인 지식이 없는 우리가 봐도 우리 몸은 놀라운 신비임이 분명하다. 하루가 다르게 눈부시게 계속 발전하는 생명공학과 유전공학이 발전할수록 그것이 "신묘막측하다"는 말에 그렇다라고 화답할 과학자들과 지성인들이 더 많이 나타나지 않을까?

여기서 우리에게 관심의 초점으로 떠오른 것은 무엇보다 그와 같이 놀라운 구조와 특성을 가진 몸이 앞서 언급한 제반 심적·정신적 활동을 전개하는 데 그렇게도 훌륭하게 잘 보필할 수 있느냐 하는 질문이다.

지성, 감성, 의지력, 도덕의식, 심미의식, 종교의식 등 여러 의식기능들이 우리의 모든 행동의 궁극적 주체성인 자아의 총지휘 아래에서 시공간 내의 사물과 사건들뿐 아니라 초시간적인 세계의 영적·정신적인 것들에까지 초월해서 그들을 객관적으로 포착하고 투시하며 내적으로

소화하고 외적으로 표현하며 실현한다는 점은 실로 지극히 불가사의한 현상이라 보지 않을 수 없다. 그런데 그들은 허공에서 그렇게 하는 것이 아니다. 그들은 분명히 우리의 우뇌와 좌뇌 속의 다양한 부위를 토대로 하고 무수한 뇌세포와 그 속의 미세 분자들의 적극적인 협조를 통해서 그렇게 한다. 이는 또한 그들과 본질적·유기적으로 연결된 몸의 모든 부분과 부분 속의 부분들을 바탕으로 하고 그 부분들과의 긴밀한 협조 하에서 그렇게 한다. 그러나 우리는 여기서 이 사실을 확인할 뿐 그들 간의 공조관계를 이론적으로 확실하게 해명할 수는 없다. 그 어느 생명공학자나 유전공학자가 그렇게 할 수 있을까?

우리의 자아가 시시각각 수행하고 있는 모든 정신 활동 및 신체 활동은 서로 유기적인 관계로 연결되어 움직이는 개별적인 의식 내재적 기능들의 총체적인 공조 하에서만 이루어질 수 있다. 그런데 이들은 이들대로 역시 서로 유기적인 관계로 연결되어 있는 신체와 그 부분들, 그리고 부분 속의 부분들을 바탕으로 하고 매개체로 해서만 각각의 특수한 활동을 전개할 수 있다는 점은 그 누구도 부인할 수 없을 것이다. 우리의 영혼과 육체에 속한 모든 부분과 부분의 부분들은 이처럼 서로 유기적으로, 목적에 부합하도록 연결되어 있으며 그렇게 연결된 그들은 또한 궁극적으로 자아라는 절대적인 인식론적·존재론적 중심점 또는 내재적·초월적 정점과도 연결된다. 그리고 후자는 그것대로 또한 영원성의 차원과 거기에 속한 제반 원리들과 연결된다.

이처럼 우리가 여기서 검토하고 있는 모든 기능과 요소가 목적과 수단의 관계에서 목적론적으로 하나로 연결되어 있기에 우리가 매 순간 수행하는 진리의 역사, 빛의 역사가 가능한 것이다. 즉 그들 각각의 특수한 역할과 그들 모두의 일사불란한 총체적인 공조가 후자의 가능성의 선험적 조건이라고 할 수 있다.

## 2) 인간의 몸과 몸 밖의 몸

우리의 의식기능들과 동일하게 우리의 몸 또한 결코 공중에 떠 있는 것이 아니고 존재의 기반이 되며 활동의 수단과 방편이 되는 외부 세계, 즉 자연계와 본질적으로 연결된다. 만인이 상식적으로 아는 바와 같이 자연계는 말하자면 몸 밖의 몸이라 할 수 있을 만큼 우리 자신의 육체와 직결되어 있다. 몸 밖의 몸, 광의의 육체가 없는 협의의 육체는 절단된 육체이며 죽은 목숨과 같다. 그러므로 우리 몸을 거론함과 동시에 몸 밖의 몸, 자연계를 거론하지 않을 수 없다.

자연계 전체를 앞서 묘사한 우리의 몸과 똑같이 정교하고 목적에 부합하는 구조와 특성을 지닌 현상이라고 볼 수는 없을 것이다. 그러나 그 속에는 우리의 몸과 동일하거나 심지어 때로는 그 이상으로 잘 발달된 생명체들, 동물과 식물들도 있다는 사실을 잊어서는 안 된다. 또한 쿼크 quark나 원자와 같은 미립자에서 시작해 초신성超新星, supernova과 은하계와 대 우주에 이르는 무수한 무생물이 각각 대단히 경이로운 구조와 특성을 지니고 존재하며 움직이고 있을 뿐 아니라 그들 내부와 외부에서 작용하는 다양한 자연적 힘들과 법칙들로 말미암아 서로 조화를 이루며 질서정연한 모습으로 그렇게 하고 있음도 유의해야만 한다. 칸트가 이유 없이 자신의 "머리 위에 별이 반짝이는 하늘"에 대해서 그렇게 감탄해마지않은 것이 아니다. 그에 대해서와 자신 속에서 시시각각 들려오는 지상명령에 대해서 생각하면 할수록 그의 마음은 더 큰 경탄과 경외심으로 채워진다는 것이었다. 20세기 최대의 수학자 겸 물리학자인 아인슈타인은 이유 없이 "세상에서 가장 신비스러운 것이 가장 아름다운 현상인데 우주가 바로 그러한 현상, 세상에서 가장 신비스러운 현상"이라고 말하지 않았다. 그리고 아리스토텔레스에서 시작해서 다수의 중세 스콜라철학자들과 근세의 헤겔, 현대의 니콜라이 하르트만과 도예베르트에 이르기까지의 무수한 사상가가 이유 없이 우주를 질서정연하며 목적론적인 "존재의 계층"으로 묘사한 것이 아니다.

자연의 신비와 아름다움에 대해서는 이들 위대한 사상가들과 과학자들의 의견을 참작해야 할 필요조차 없다. 우리의 평범한 소박의식素朴意識으로도 그 점을 정확히 인식하고 있지 않은가? 만물분쇄자라고 불리며 비판주의의 원조로 알려진 칸트도 신 존재의 문제와 관련해서 과거 사상가들이 제시한 3대 증명들, 즉 우주론적 증명, 존재론적 증명, 목적론적 증명의 타당성을 부인했으나 그중 우주의 질서와 조화, 신비와 아름다움을 지적하고 그것을 가능하게 한 우주의 계획자와 궁극적인 목적인으로서의 신의 존재를 추리하는 목적론적 증명만은 상당한 신빙성과 구속력이 있다고 보았다. 칸트는 그것으로 창조주의 실재성은 입증할 수 없으나 세계 형성자, 즉 플라톤이 그의 후기 작품인 『티마이오스』에서 묘사하고 있는 데미우르고스Demiurgos와 같이 이미 존재하고 있던, 그 자체로 혼동되고 무질서한 소재Chaos를 바탕으로 지금의 질서정연하고 조화된 우주Kosmos를 만들어낸 막강한 능력을 소유한 실재의 존재는 입증할 수 있다고 본 것이다.

우주는 거대한 기계와 같다. 매우 크고 복잡할 뿐만 아니라 정교한 질서가 있다. 우주를 만든 자가 사람이라면 위대한 수학자였음이 틀림없다.… 믿을 수 없을 정도로 복잡하고 정밀한 우주는…. 우리는 태양계가 시계같이 움직인다고 말할 수 있다. 당신은 시계를 우연히 만들 수 있는가?

보석상에서 일어난 폭발이 시계를 만들 수 있는가? 비록 당신이 시계의 모든 부품을 가방 안에 넣고 수십억 년 동안 흔든다 할지라도 시계를 얻을 수 있겠는가? 시계는커녕 부품들만 닳아 없어질 것이다. 그렇다면 먼지와 가스의 구름으로부터 시작된 것이 이런 놀랍고 경이롭고 복잡한 태양계를 간단히 스스로 만들어지게 할 수 있겠는가?

이 인용문은 기쉬D. Gish라는 미국의 생화학 교수가 한 말이다.[117] 우리의 몸이 이처럼 질서정연하며 조화된 모습을 보이고 있는 자연계를 떠나서는 한순간도 존재할 수 없고 활동할 수 없다는 사실은 언급할 필요조차 없다. 자연이 파괴되면 우리의 몸도 온전할 수 없고 건전한 몸 없이는 건전한 영혼과 정신도 있을 수 없다.

우리의 자아가 그 어떤 정신적인 활동을 이 순간에 전개하고 있다면, 예컨대 "1+1 = 2"라는 단순 계산을 올바로 할 수 있다면 우리의 수리 이성이 온전하기 때문이며 후자가 온전한 이유는 우리의 몸이 온전하기 때문이다. 그리고 후자가 그러할 수 있는 이유는 우리의 "몸 밖의 몸"이 비록 매우 오염되고 파괴된 상태라 할지라도 그나마 아직 비교적 정상적으로 움직이고 있기 때문이다.

우리에게는 자아 또는 정신이 있고 영혼이 있는가 하면 몸이 있다. 그리고 몸 밖의 몸, 자연계가 있다. 그러나 그밖에 또 다른 하나가 더 있다. 몸 밖의 몸을 지탱해주고 그 존재를 가능하게 하는 무한한 우주 공간이 있다. 어떻게 보면 공간은 없는 것 같다. 그것은 감각적으로도, 이성적으로도 포착할 수 없다. 보이지도 잡히지도 않으며 무엇이라 확실하게 규정하고 정의할 수도 없는 그러한 무엇이다. 그래서 그것은 칸트가 『순수이성비판』의 "선험적 감성론"에서 상정한 것처럼 우리의 마음속에만

존재하고 뉴턴이 가정한 것처럼 객관적으로 실재하는 것은 아닌 것 같이 보인다.[118]

칸트는 공간과 더불어 시간도 인간의 의식 속에서 존재할 뿐이며 그 외부에 객관적으로 존재하는 것은 아니라고 해석했다. 그들은 감성의 형식이라는 것이었다. 그의 주장에 따르면 오감을 통해 사물들을 보고 경험할 때 우리는 필연적으로 공간과 시간을 통로로 해서 그렇게 한다. 그래서 우리는 그들을 필연적으로 3차원으로 된 사물들로 혹은 시간의 흐름 속에서 함께 흘러 지나가며 계속 변하는 것들로 보고 경험하게 된다는 것이다.

그러나 이 문제와 관련해서도 근세철학의 대부 칸트가 오류를 범한 것으로 보인다. 공간이 객관적으로 실재할 뿐 아니라 어떤 의미로는 우리가 자연 속에서 시시각각 접하고 경험하는 구체적인 대상들보다 더 원초적인 뜻에서 객관적으로 실재한다고 볼 수 있다. 왜냐하면 공간이 없으면 "물샐 틈"도 없을 뿐만 아니라 쿼크도, 원자도, 분자도, 아무것도 세상에 존재할 수 없기 때문이다. 공간이 먼저고 그다음이 미시계微視界와 거시계巨視界의 구체적인 사물들이다. 공간은 이들의 존재와 움직임을 위한 절대 필수적인 전제조건이다. 보이지도 않고 걷잡을 수도 없어 마치 없는 것과도 같은 공간은 이들 모두를 위해 절대적인 의미를 지니고 있다. 우리 인간을 위해서도 물론 그렇다. 그것이 있다는 것은 우리에게 말할 수 없이 큰 축복이다. 우리 중 다수는 한 평의 토지도 소유하고 있지 않으나 우리 모두는 무한한 가치를 소유하고 있는 무한한 우주 공간을 값없이 자신의 것으로 소유하고 있다.

우리의 몸과 거기에 직결된 "몸 밖의 몸들"인 우주와 무한한 우주 공간은 서로 상이한 개별적인 계층과 그들에게 속한 각각 특수한 개별적인 부분들과 요소들이 서로 유기적으로 연결되어 하나의 목적론적인 구성체를 형성하고 있고 그 최고봉에 다수의 심적·정신적 기능들과 능력들을 활용해서 제반 육체적·정신적 활동들을 지속적으로 전개하는 우리의 자아가 우뚝 서 있으므로 우리는 이 구성체를 하나의 거대한 피라미드로도 볼 수 있을 것이다. 이 피라미드는 물론 그 규모와 정교함이 이집트의 피라미드를 무한히 능가할 뿐 아니라 단순히 돌로 축조된 물질적인 구조물이 아니고 영원성과 시간성이 연결되어 건립된 물질적·정신적 구조물이다. 그래서 이집트의 피라미드는 단지 그것을 건축한 고대인들이 숭배했던 태양 광선으로 빛날 뿐이지만 우주적인 진리의 역사, 빛의 역사의 주역들인 우리 자아의 매개 활동을 통해 정립되는 이 피라미드는 영원한 진리의 빛, 참됨과 좋음과 아름다움의 빛으로 빛나고 있는 것이다.

이 거대한 물질적·정신적 피라미드를 비추는 이 진리의 빛은 물론 우리의 자아가 그 정상에서 우러러보는 영원계로부터 발원한다. 그러나 엄격하게 말한다면 영원계가 반드시 자아가 우러러볼 수 있는 지극히 높은 곳에 있다고 주장할 수 없다. 그것은 특정의 공간도, 위치도 차지하지 않는 정신적인 차원이므로 형이상학자들이 고래로 상정한 대로 우리가 묘사하는 이 구조물 이면에 혹은 그 저변에 깔려 있다고 볼 수도 있을 것이다.

후기 하이데거도 그가 절대시한 "존재"Sein가 "존재자"das Seiende의 세계 근저에 위치하고 있는 것으로 보았다. 그가 세계Welt, "비-은폐성" A-letheia, Un-Verborgenheit, 진리Wahrheit, 빛Licht, 조명과정 또는 조명의 사건 Lichtung, 거룩한 자das Heilige 등의 명칭으로도 불렀던 존재는 무한히 심오한, "무근저적無根底的 심연"grundloser Abgrund으로서 존재자 일반의 세계 근저 깊은 곳에 거점을 두고 자신의 자아 개방 및 존재자를 위한 개방의 역사役事를 전개한다는 것이었다.

우리도 하이데거와 다른 사상가들을 따라 진리의 빛의 발원지인 영원계가 우리가 거론하고 있는 이 거대한 구조물 근저에 위치하고 있다고 본다면 우리가 이 구조물을 바라볼 때마다 그것을 부축하는 그 깊은 근저, 즉 영원한 원리들과 "가치들"의 세계, 절대적인 질서의 차원을 염두에 두어야 함은 물론이다. 우리가 볼 수 있는 이 피라미드는 이처럼 마치 빙산의 일각과도 같이 주로 불가시적이며 불가지적인, 무한히 심오한 정신적인 원리들과 이치들의 차원에 뿌리를 내리고 있으므로 우리가 이 피라미드와 그 속의 각 부분을 바라볼 때마다 항상 그것이 기초하고 있는 이 무한히 깊고 방대한 근거를 염두에 두어야만 한다. 우리는 후자를 배경으로 하고 빛으로 해서만 그 "존재"의 진정한 의미를 바로 이해할 수 있기 때문이다.

우리가 이 무한히 심오한 정신적인 원리들과 가치들, 이 "무한개념들"의 의미를 바로 인식하기 위해 개인적으로 계속 노력해야만 할 뿐 아니라 인류 전체와 힘을 합해서 영원히 계속 찾아 나아가야만 하므로 이 피라미드와 그 부분 부분의 정체와 실상이 무엇인지에 대해서도 개인적인 노력과 인류 전체의 협조로 계속 알아나가야 할 것이다.

이처럼 거대하고 정교한 만큼이나 신비롭고 경이로운, 그야말로 기적과도 같이 놀라운 이 물질적·정신적 피라미드 내의 다양한 존재의 계층 중 하나가 붕괴되거나 그들 속의 한 주요 부분이나 요소가 존재하지 않거나 그 활동을 중단한다고 하면 우주라는 전체와 그 속의 개체들과 부분들에게 큰 이변과 교란이 발생할 것은 분명하며 경우에 따라서는 모든 개체와 부분, 그리고 전체의 체계도 붕괴할 수 있음은 물론이다. 예컨대 중력이 존재하지 않고 중력의 법칙이 더 이상 작용하지 않는다고 한다면 우주 전체와 그 속의 모든 개물에게 그 어떠한 결과가 따를 것인가? 모든 결정체와 구성체가 공중분해되어 무한한 우주 공간 어디에론가 사라져버리지 않겠는가?

그러므로 중력이 존재하고 있다는 것은 우리 인간들과 여타 우주 내의 모든 생물들, 그리고—적어도 우리의 견지에서 볼 때—무생물들에게까지 너무나 큰 축복이라 하지 않을 수 없다. 중력으로 인해 사람들이 낭떠러지에서 굴러떨어져 다치거나 죽을 수도 있다. 그로 인해 피해를 입는 자들에게는 그것이 크나큰 악으로 인식될 수도 있다. 그로 말미암아 사망하는 자에게는 그것이 사실 최대의 악이라 할 수 있을 것이다. 그러나 만약 중력이 존재하지 않는다면 그로 말미암은 악은 인류 전체와 우주 만물에 대해서 그보다 무한히 더 클 것이다. 공기, 물, 열, 전기 등 우주 내의 모든 주요 원소와 힘에 대해서도 그와 같이 생각하지 않을 수 없다.

그들이 존재한다는 것은 인간과 우주 만물에게 매우 포괄적인 그리스적 의미에서 선<sup>to agathon</sup>이며 사실은 절대적인 의미에서 선이라고 보지 않을 수 없다. 히브리적인 의미로도 마찬가지다. 창세기에 따르면 야웨께서 6일 동안 천지를 창조하신 후에 그가 창조하신 모든 것을 보시매 그들이 "좋을"<sup>tob, good</sup> 뿐 아니라 "매우 좋다"<sup>tob meod, very good</sup>라고 하셨다(창세기 1:25, 31). "*tob*"는 좋다는 뜻과 더불어 아름답다는 뜻도 내포하고 있는데 그가 지으신 것들이 얼마나 좋고 아름다웠기에 절대자이신 그가 그들을 그토록 극찬하셨을까?

## 6. 우주적인 빛의 역사(役事)와 그 가능성의 전제조건들의 조건

우리가 여기서 묘사하고 있는 이러한 물질적·정신적 피라미드가 그리스적인 의미에서와 히브리적 의미에서 이토록 좋고 아름답다면 그 근저에 뿌리를 내리고 있을 뿐 아니라 그것을 존재론적·근본적으로 규정하기까지 하는 영원한 진리의 세계, 빛의 세계에 속한 원리들과 이치들이 객관적으로 실재하고 있다는 사실은 더욱더 그러하다고, 무한히 더 그러하다고 보지 않을 수 없다. 그들은 우리 자신의 지력과 표현력으로 이해하고 묘사하기에는 너무나도 심오한 원리들과 이치들이다. 그러한 의미에서 그들을 "무한개념들"이라고 칭할 수 있을 것이다. 참, 좋음, 아름다움 등과 관계되는 이들 무한개념들은 그 자체로 측량할 수 없이 큰, 무한히 큰 자아 가치를 소유하고 있는 개념들이다. 그러한 그들이 존재한다는 것은 우리 인간과 여타 피조물들을 위해서는 무한히 큰 축복이라 하지 않을 수 없다. 왜냐하면 우리가 방금 언급한 자연 속의 제반 힘들과 법칙들 그리고 개체들은 이들이 실재하지 않는다면 존재하거나 작용할 수 없기 때문이다.

모순율, 충족이유율, 선과 후, 실체성, 관계성, 상태성, 1+1=2 등의 "논리적 가치들"은 비록 매우 단순해 보이는 원리들과 이치들이라 할지라도 그들이 실재하지 않는다면 우주가 붕괴할 것이며 그 속의 만물들은 완전히 파괴될 것이 자명하다.

다양한 논리적 가치들이 합해져 구성된 질서의 체계가 존재하지 않는 우주는 우리가 상상조차 할 수 없이 혼란스럽고 무질서한 아수라장이 되지 않겠는가? 해가 달이 되며 달이 해가 되든지, 해가 존재했다 사라지고 존재하지 않았던 해가 무에서 갑자기 나타나든지, 아니면 하나의 해가 여러 개로 변했다 여러 개의 해가 하나가 되었다 하는 등 말할 수 없이 괴이한 현상들이 계속 일어나지 않겠는가? 그러므로 그들이 실재하고 있다는 사실은 매우 좋고 아름다운 현상일 뿐 아니라 무한히 좋으며 아름답고 절대적으로 좋고 아름답다고 보지 않을 수 없다. 절대적인 의미에서 진=선=미라고 보지 않을 수 없다.

앞서 중기 플라톤주의자들의 회의론에 대한 아우구스티누스의 반론을 소개하는 과정에서 그가 제시한 "진"에 속한 제 원리들과 이치들의 보편타당성에 대한 이론은 아무도 무너뜨릴 수 없을 정도의 구속력을 지니고 있으나 "선"과 "미"에 관계되는 원리들과 개념들의 보편타당성에 대한 그의 이론은 그렇지 못하다는 점을 지적했다. 지금까지 묘사한 바를 총체적으로 감안하고 특히 우리 각자가 본시부터 위치하게끔 되어 있는 내재적·초월적 입지점에서부터 우리의 시야에 들어오는 분명히 보이는 모든 것과 분명히 보이지는 않으나 전제하지 않을 수 없는 모든 것을 고려할 때, 우리는 이 숭고한 원리들의 보편타당성 여부에 관해서 어떠한 입장을 취해야만 하겠는가?

우리는 본시부터 항상 우주의 정점이자 시간성과 영원성 간의 접촉점이기도 한 이 내재적·초월적 입지점에 거점을 정하고 있다. 거기에 우뚝 서서 우리가 내다볼 수 있는, 사방팔방으로 전개되고 있는 모든 것은 하나하나 다 기적들이라 하지 않을 수 없으며 그들이 합해진 전체는 더 큰 기적이라 하지 않을 수 없다. 그리고 이들을 그와 같이 평가할 수 있을 뿐 아니라 그들을 존재론적으로 규정하거나 서로 매개할 수 있는 위치에 있는 우리의 자아는 분명히 기적 중 기적이다.

앞서 언급한 바와 같이 아우구스티누스, 후설, 하이데거 등과 여러 다른 정신주의적 철학자들은 인간의 마음속에서 발견할 수 있는 지극히 놀랍고 진귀한 정신적인 현상들과 사건들, 그리고 이들이 발생하고 있는 인간의 마음 또는 의식 자체를 가리켜 기적 또는 기적 중 기적이라 칭했다. 그리고 무수한 경험론자들과 자연과학자들은 인간의 마음 외부, 즉 그의 신체와 우주 전체 속에서 발견할 수 있는 놀라운 현상들을 가리켜 "신묘막측하다", 무한히 신비스러운 만큼이나 아름답다고 하는 등 최상급의 형용사들로 그들을 묘사했다.

그러나 우리 인간 각자가 본시부터 지극히 고차원적인 입지점에 사유와 삶의 거점을 두고 거기서부터 매 순간 진리의 빛의 역사를 전개하고 있으므로 우리는 분명히 방금 언급한 정신주의 철학자들과 경험론적 철학자 및 자연과학자들이 묘사한 기적들을 동시적으로 관망할 수 있는 유리한 입장에 있다. 우리는 영원계에 속한 기적들과 시간계에 속한 기적들을 동시에 관망할 수 있고 그들을 서로 연결해서 하나로 볼 수도 있다. 그리고 그렇게 하는 우리 자신도 초월해서 관망할 수 있기도 하다. 그와 같이 모든 것을 관망하고 그들을 기적들이라고 인식하고 감탄해 마지않는 우리 자신은 진정 기적 중 기적임이 분명하다.

본질상 초월성이며 진리의 빛의 사건 그 자체인 우리 인간은 무수한 **기적 속에서**, 그리고 무수한 **기적으로 말미암아** 살아가고 있다. 그리고 기적, 아니 **기적 중 기적으로서** 살아가고 있다. 우리 위 높은 곳에서 우러러볼 수 있는, 말할 수 없이 큰 기적들과 우리 마음속과 밖에서 존재하거나 연출되는 무수한 기적을 계속 관망하면서 우리는 시시각각으로 새로운 기적들을 창출하고 연출하며 살아가고 있다.

우리 위와 아래에서, 그리고 우리 속과 밖에서 이처럼 존재하거나 창출되고 있는 이 모든 기적을 진정 순수하게 그대로 바라보고 체험하게 되는 경우 우리 중 그 누가 이들 앞에서 숙연해지지 않을 수 있겠는가?

칸트는 단지 자연현상과 인간의 도덕성만을 감안하고도 그에 대해 생각하면 할수록 더 깊은 경탄Bewunderung과 경외Ehrfurcht로 차게 된다고 고백했다. 만약 그가 우리가 지금까지 묘사한 이 모든 기적이 우리가 해석한 그대로 존재하거나 일어나고 있다는 점을 체험적으로 인식했다면 그 앞에서 어떠한 고백을 했을까? 그의 마음은 분명히 경탄과 경외뿐 아니라 경건Frömmigkeit으로도 가득 찼을 것이다.

앞서 살펴본 대로 칸트는 그 이전 철학자들과 신학자들이 제시했던 목적론적 증명이 다소의 수긍력은 있으며 그것으로 플라톤이 주장한 데미우르고스와 같은 세계 형성자의 존재는 입증할 수 있을 것이라고 보았다. 이 증명의 타당성 여부에 관해서 자신의 입장을 표명하는 문맥에서 그가 과거 철학자들과 같이 우리가 일반적으로 소박의식으로 바라보는 저 질서정연하고 아름답고 신비로운 우주를 염두에 두었는지 아니면 자신이 『순수이성비판』에서 인간 오성의 구성물이라고 해석한 그러한 우주를 염두에 두었는지는 확실하지 않다. 다만 그가 과거 철학자들이 발전시킨 그 목적론적 증명을 거론하고 있었으므로 전자일 가능성이 매우 높을 것이다.

그가 거기서 소박의식의 대상인 우주를 감안하고 목적론적 증명에 관해서 그와 같은 입장을 취한 것이 사실이라면 그도 토마스 아퀴나스와 무수한 다른 철학자나 신학자와 동일하게, 그리고 그가 "머리 위에 별이 반짝이는 하늘"에 대해 감탄해마지않았을 때와 마찬가지로 우리가 거론하고 있는 물질적·정신적 피라미드의 극히 작은 일부를 바라보았을 뿐 아니라 그것도 매우 피상적으로만 바라보면서 그러한 입장을 취했던 것이 분명하다.

만약 칸트가 우리가 사물을 인식하는 데 필요한 선험적 조건들이 다섯 손가락으로 셀 수 있을 정도로 소수에 불과하다고 보지 않고 우리가 지적한 바와 같이 무수할 뿐 아니라 그들 모두가 하나하나 기적이라는 사실을 확연하게 인식했다고 하자. 그렇다면 그가 그 앞에서 숙연해져서 그의 마음이 경탄과 경외뿐 아니라 경건으로도 차게 되었을 것이 분명하지 않은가?

칸트는 지성과 신앙Wissen und Glauben의 문제를 해결하기 위해 평생토록 골똘히 철학을 연구했다. 인간이 소유한 일련의 자연과학적 지식이 객관적으로 타당하다는 점과 인간이 자유의지를 소유하고 있고 그의 영혼이 영원히 산다는 점, 그리고 신이 존재한다는 점 등을 학술적으로 입증하는 것이 그의 철학의 중심 과제였다. 그는 이러한 자신의 철학적 과제를 해결하기 위한 목적으로 플라톤 식으로 전 실재를 2개의 상이한 영역들, 즉 현상계와 초월계로 엄격하게 이분하게 되었고 현상계에 대한 지식의 문제와 관련해서 "코페르니쿠스적 전환"을 수행했으며 초월계와 관계되는 신앙의 문제를 해결하기 위해서는 "요청의 형이상학"을 발전시켰다.[119]

그러나 그의 철학의 이중 과제, 즉 지성과 신앙의 문제를 해결하는 과제는 결코 그가 의도했던 대로 만족스럽게 해결되었다고는 볼 수 없다. 그의 인식론이 노출하고 있는 근본적인 문제점들은 앞서 자세히 다루었다. 그의 획기적인 "선험적 관념론"에 따르면 아리스토텔레스가 주장한 10대 범주들은 물론이거니와 심지어 1+1=2를 위시한 제반 대수학적인 이치들도 인간의 오성의 사유과정 속에서와 오성이 선험적으로 형성하는 현상계 내에서만 타당하며 그 밖에서는 타당하지 않다. 그렇다면 인류가 도래하기 전의 태양계에 존재했음이 분명한 해 하나에 달 하나를 더하면 2개의 천체가 되었는지 되지 않았는지 아무도 말할 수 없다는 이야기가 된다. 그들이 홀수였는지 다수였는지도 말할 수 없다. 그들 간에 인과관계가 존재했는지 존재하지 않았는지도 알 수 없다. 그들에 대해 현재 과학자들이 주장하는 어떤 이론과 학설도 제기할 수 없다. 그들은 물자체들이었기 때문이다. 이러한 그의 인식론을 오늘날 그 누가 수락할 수 있겠는가?

그리고 자신이 가장 중요한 문제로 간주한 신앙의 근거를 수립하기 위해 칸트가 정립한 "요청의 형이상학"Postulatenmetaphysik 체계는 모래 위에 지은 건물과 진배없이 그 기반이 연약하기 짝이 없다. 그것을 수립하기 위해 그가 제시한 "도덕적 증명"은 일고의 가치도 없다 할 정도로 수긍력이 빈약한 이론이다. 앞서 우리는 이미 "만물분쇄자" 칸트의 비판철학을 그야말로 완전히 분쇄해서 산산조각을 내다시피 했다. 그러나 아직 분쇄되지 않고 남아 있는 그의 도덕철학과 종교철학도 함께 분쇄되어야만 할 것 같다.

그가 자신의 도덕철학과 종교철학을 수립하기 위한 목적에서 하나의 대전제로 내세우고 출발한 것은 만인이 마음속에서 의식하는 도덕적 당위當爲, Sollen, 즉 "지상명령"der kategorische Imperativ의 절대적인 타당성이다. 그러나 오늘날에 와서 그에 관한 칸트의 깊은 소신에 공감할 사람은 극히 소수에 불과한 실정이다. 칸트 자신도 지상명령의 타당성은 아무도—이론적으로나 경험을 바탕으로 해서도—입증할 수 없다는 점을 분명히 하지 않았던가? 그렇다면 우리가 무엇을 근거로 해서 그것의 타당성을 확신할 수 있다는 말인가? 대부분의 현대인들이 양심의 소리라는 것을 매우 가소롭게 여기는 가치론적 상대주의자들인 현실에서 그들에게 도덕적 선의 절대성에 관한 우리의 소신을 어떻게 관철할 수 있겠는가? 칸트의 논리로 그렇게 한다는 것은 전혀 불가능한 듯하다.

그의 요청의 형이상학에 관해서 말한다면 여기서 그것을 자세히 다룰 수는 없겠으나 한 가지는 지적하고 넘어가야 한다. 그것은 그가 인간의 자유의지와 영혼불멸 및 신의 존재를 입증하기 위해 제시한 "도덕적 증명"moralischer Beweis은 그가 배격한 과거 사상가들의 전통적인 세 가지 증명보다 훨씬 더 설득력이 부족하다는 점이다.

방금 지적했듯이 그는 이 새로운 증명을 전개하기 위해서 지상명령의 절대적인 타당성을 대전제로 내세웠다. 그가 그렇게 했다는 것은 그가 지상명령을 인간 각자에게 시달하는 이성, 즉 만인이 소유하고 있고 인간 외에 그 어떤 인격을 소유한 실재가 존재한다면 그도 소유하고 있음이 분명한 실천이성의 절대적인 권위를 전제로 하고 출발했음을 뜻한다.

실천이성의 절대적인 권위를 전제로 하고 칸트는 다음과 같은 논리를 전개했다. 실천이성이 우리에게 지상명령을 시달하고 있는 만큼 우리가 그것을 준수할 수 있음은 분명하다. 우리가 그것을 준수할 수 없음에도 불구하고 절대적인 실천이성이 무책임하게, 그리고 무의미하게 우리에게 그러한 지엄한 명령, 즉 우리가 도덕적으로 완벽해야만 할 것, 성스럽게 되기까지를 명할 리 만무하다. 그의 논리는 그러므로 "우리가 도덕적으로 완벽해야만 하므로 그렇게 할 수 있음이 분명하다"Sollen ~ müssen können, Shall ~ must be able to라는 것이다.

그런데 칸트의 소신으로는 우리가 도덕적으로 완벽할 수 있기 위해서는 세 가지 사항, 즉 인간의 자유의지와 영혼불멸 및 신의 존재가 전제되어 있어야만 한다. 이들이 전제되어 있지 않다면 우리는 결코 지상명령에 따라 도덕적인 완성에 이를 수 없다는 것이 그의 주장이다. 그래서 칸트는 그들이 실제로 전제되어 있음이 분명하다는 결론을 도출했던 것이다. 그는 이들이 전제되어 있지 않음에도 불구하고 절대적인 위치에 있는, 따라서 모든 것을 알고 있는 실천이성이 우리 각자에게 무책임하게 매 순간 그러한 지엄한 명령을 시달할 리가 없다는 이유에서 그러한 결론에 도달했다.

우리의 의지가 자유롭지 않다면 우리는 금수와 마찬가지로 본능적인 욕구에 따라 완전히 이기주의적으로 행동하며 살아갈 수밖에 없을 것이며 결코 사회 전체의 공익을 염두에 두고 도덕적으로 숭고하게 살아갈 수 없을 것이다. 우리의 의지가 자유롭다 할지라도 우리의 영혼이 육체의 사후에도 계속 살아남아서 장구한 수련과 연마의 기간을 거쳐 점차적으로 도덕적으로 완전해지기 위해 노력할 수 없다면 우리는 결코 성스럽게 되기까지 하라고 지시하는 실천이성의 명령을 준수할 수 없을 것이다. 그러므로 우리의 영혼이 영원히 살아야만 한다. 왜냐하면 인생은 짧고 이 세상에는 시험과 난관이 너무나도 많은 데 비해 우리의 의지력은 너무나도 약하기 때문이다.

그러나 우리의 영혼이 영원히 살 수 있다 할지라도 우리가 힘겹게 쌓는 덕행에 상당한 보상을 받아 누릴 여망이 보이지 않는다면 우리는 굳이 그와 같이 준엄한 지상명령을 그렇게 오랫동안 준수하며 살아가야만 할 동기를 발견하지 못할 것이다. 그러므로 우리가 쌓는 덕행에 비례해서 보상을 받을 수 있어야만 함이 분명하다. 우리가 도덕적 완성에 도달한다면 그에 상당한 보상, 즉 참되고 영원한 복, 지복을 누릴 수 있는 소망이 보여야만 우리는 영원토록 실천이성의 명령에 따라 도덕적으로 완벽해지기 위해 전력투구의 노력을 계속할 수 있을 것이다.

그런데 우리가 쌓는 도덕적 완성에 정비례해서 지복을 누릴 수 있기 위해서는 모든 면에서 이상적인 여건과 지극히 복되며 영원히 복된 처소가 마련되어 있어야만 한다. 아무 유한한 존재도 그러한 여건과 처소를 마련할 수 없다. 오로지 한 전능하신 실재, 즉 절대자 신만이 그렇게 할 수 있다. 그러므로 신이 존재해야만 하며 존재함이 분명하기도 하다. 신이 존재하지 않는다면 우리가 결코 지상명령을 준수할 수 없을 것이기 때문이다.

칸트의 주장을 정리하면 우리가 이 명령을 준수할 수 있기 위해서는 우리의 자유의지와 영혼불멸과 신의 존재가 전제되어 있어야만 하므로 그들이 실재로 전제되어 있음이 분명하다. 그렇지 않는데도 불구하고 실천이성이 우리에게 그 명령을 준수할 것을 계속 요청할 리 만무하기 때문이다. 오늘날 누가 칸트의 이러한 도덕적 증명이 구속력이 있는 이론이라고 간주할 것인가? 그렇게 볼 사람은 아마 아무도 없을 것이다.

이것이 서양 철학자들 가운데 가장 위대한 2, 3명의 인물들 가운데 한 사람으로 간주되며 근세철학의 대부로 불리는 칸트의 비판철학에 대한 결산이다. 우리는 이 만물분쇄자의 주요 이론들을 철저하게 분쇄하지 않으면 안 될 것 같다. 그것을 완파하고 그 터전에 새로운 사상 체계를 건립하는 것이 절실히 요청된다.

칸트는 극단적인 회의론자 흄의 영향으로 "독단적인 선잠"에서 깨어났다고 고백했다. 그래서 그는 유서 깊은 과거 사상가들의 형이상학 체계를 완전히 무너뜨리고 플라톤 식으로 전 실재를 엄격하게 이원론적으로 분리하고 현상계의 사물들과의 관계에서 코페르니쿠스적 전환을 시도하여 실천이성의 "도덕적 신앙"으로 도덕철학과 요청의 형이상학을 수립하게 되었다.

칸트 자신이 그가 흄으로부터 받은 영향에 관련해서 다소 익살맞은 은유를 사용했으므로 우리도 여기서 다소 익살스러운 표현으로 그가 그 중대한 사건 이후에 취했던 행보에 관해서 일침을 가해도 무방할 듯하다. 그는 흄으로부터 자극을 받고 "독단적인 선잠"에서 깨어난 후 곧바로 플라톤 식의 이원론을 도입해 앞서 다룬 여러 문제점들을 노출하고 있는 그의 인식론과 도덕철학 및 종교철학을 발전시키기 전에 먼저 찬물로 세수부터 하고 커피도 한잔 마신 후 정신을 가다듬어 일단 흄의 관점의 타당성을 신중하게 재검토해보았어야만 했다. 왜냐하면 그가 흄의 영향 하에 앞으로 수행하게 될 작업으로 인해 서양 철학자들과 일반 대중이 수백 수천 년간 확고하게 견지해왔던 세계관이 졸지에 완전히 허물어지는 엄청난 사건이 발생할 것이었기 때문이다.

칸트는 코페르니쿠스적 전환을 시도하기에 앞서, 흄과 매우 유사한 극단적인 회의론을 주장했던 중기 플라톤주의자들에 맞서 진리의 객관적인 타당성을 현상학적인 방법으로 매우 설득력 있게 입증했던 아우구스티누스의 『아카데미아 학자들에 대한 반론』, 『고백록』 등을 주의 깊게 일독했어야만 했다. 그가 만약 중세판 현상학자라고 간주할 수 있는 아우구스티누스의 위와 같은 반회의론적 인식론과 진리관을 심도 있게 분석·검토해보았다면 그는 우선 아우구스티누스와 더불어—그리고 후설, 셸러, 하르트만, 빈델반트 등 다수의 20세기의 사상가들을 앞질러서—가치철학자들이 "논리적 가치들"이라 칭한 형이상학적 원리들과 이치들이 비록 인간이 마음속에서 상정하는 주관적인 관념들이라 할지라도 필연적인 타당성에 대한 명증Evidenz을 그 자체 속에 지니고 있는 절대 자명한 관념들임을 현상학적으로 투시할 수 있었을 것이다. 또한 그들이 인간의 의식 속에서만 아닌 밖에서도 타당하며 영원히 타당할 수밖에 없다는 점을 그야말로 햇빛과 같이 "분명하고 석연하게"clare et distincte (데카르트) 인식할 수 있었을 것이다.

만약 그가 그렇게 했다면 그는 우선 방금 언급한 "논리적 가치들"

의 절대적인 타당성과 그들을 지극히 유한한 우리 인간이 객관적으로 그대로 인식할 수 있다는 사실을 그의 모든 이론의 대전제로 삼았을 것이다. 그러한 대전제하에 그는 자신이 개발한 유명한 "선험적 방법"transzendentale Methode을 동원해서 우리가 지금까지 시도한 바와 유사하게 우리 인간이 어떠한 조건에서 논리적 가치들을 그대로 인식할 수 있으며 나아가서는 그들을 척도로 해서 시간계에 속한 현상들 일체의 정체와 의미를 이해하고 해석할 뿐 아니라 그들을 존재론적으로 규정할 수 있기까지 할 수 있는지를 학술적으로 조명하는 작업을 전개했어야만 했다. 그렇게 하되 그는 자신의 선험적 방법을 대폭 급진화Radikalisieren해서 인간이 이 모든 원리들과 대상들을 인식할 수 있는 가능성의 조건들을 남김없이 끝까지 역추적하고 재구성하려고 노력했어야만 했다. 그가 『순수이성비판』에서 시도했던 것보다 월등히 더 철저하고도 조직적으로, 그리고 더 광범위하게 그렇게 했어야만 했다.

칸트가 그러한 방법으로, 만인이 현상학적인 직관을 통해 절대 자명한 것으로 확정할 수 있는 제 원리들과 이치들에서 출발해서 그들을 인식하고 표출할 수 있는 우리 인간의 지적인 초월 능력의 가능성을—나아가서는 도덕적, 심미적, 종교적 초월 능력과 자기 초월 능력의 가능성도—역추적하는 과정에서 다루었던, 시간계와 영원계 간의 접점에 위치한 지극히 높은 "망대"(도예베르트)에 올라 거기에 관찰과 분석의 거점을 두고 우리가 지적한 그 모든 놀라운 현상들을 있는 그대로 관망하되 영원계의 원리들과 이치들을 빛으로 해서 그렇게 관망했다면 그는 어떠한 고백으로 그들에 대한 놀라움을 표시했을 것인가?

칸트는 거기서부터 바라볼 수 있는 모든 것, 영원계와 시간계에 속한 모든 것이 진정 기적들과 기적 중 기적들이라고 고백하지 않을 수 없었을 것이며 그 모든 것이 진정으로 참되고 좋으며 아름답다고 고백하지 않을 수 없었을 것이다. 그는 또한 참된 것이 좋은 것이며 좋은 것이 아름다운 것이라는 점도 아울러 고백하지 않을 수 없었을 것이다. 그리고 그의 마음은 말할 수 없이 큰 경탄과 경외, 나아가서는 경건심으로 채워졌을 것이다. 왜냐하면 그는 거기서 그 모든 기적과 기적 중 기적들을 관망하고 그들이 단지 우연에서 비롯된 것들이라는 생각은 꿈에도 할 수 없었을 것이기 때문이다. 이 모든 기적이 우연에서 비롯되었다고 보기에는 그들은 너무나도 불가사의하고 신비로우며 좋고 아름답다. 이 모든 기적의 가능성을 위한 절대적이며 궁극적인 조건이 분명히 존재한다고 고백하지 않을 수 없다.

유물론과 진화론을 하나의 종교와도 같이 굳게 믿고 있는 자들은 물론 우리가 기적이라 칭하는 것들을 기적으로 보지 않을 뿐 아니라 그것들을 기적으로 보더라도 그것들이 단순히 우연에서 비롯되었으므로 그 가능성의 선험적 조건들의 조건, 궁극적인 조건에 대한 질문은 전혀 불필요하고 부질없다고 간주할 것이다. 그러나 우리가 거론하고 있는 이 모든 현상들이 우연에서 비롯되었다고 보기에는 그들은 너무나도 놀랍고 엄청난 현상들이다. 너무나도 진귀하고 기이하며 불가사의한 만큼이나 목적에 부합하며 신비롭고 아름다운 현상들이다.

미국의 생화학 교수 기쉬는 우리가 거론하는 대상의 일부에 불과한 태양계만을 두고도 시계의 비유를 들어 그것이 단지 물질들이 수십억 년 동안 이합집산하는 과정에서 우연히 생성될 수는 없었을 것이라는 점을 매우 실감나게 지적했다. 어떤 영국 과학자는 우리가 거하고 있는 우주가 우연에서 생성할 수 있을 확률은 완전히 해체되어 땅바닥에 무질서하게 널려 있는 보잉 747기의 부품들이 갑자기 불어오는 강력한 토네이도의 힘에 의해 온전한 비행기로 조립될 확률보다 더 낮다고 했다.

순전히 양적인 측면을 두고 말한다면 기쉬와 이 영국 과학자가 묘사하고 있는 태양계와 우주는 분명히 우리가 여기서 거론하고 있는 거대한 피라미드의 매우 큰 부분을 차지한다고 볼 수 있을 것이다. 그러나 그 질적인 측면을 감안할 때 그들은 이 피라미드의 매우 작고 미미한 부분에 불과하며 그것도 저차원적인 하부구조에 속할 뿐이다.

앞서 지적한 바와 같이 이 피라미드는 순수하게 물질적인 피라미드가 아니고 물질적인 것과 정신적인 것들이 어우러져 형성된 피라미드다. 이 피라미드의 상부구조에는 각각 지극히 놀라운 기능을 발휘하는 우리의 의식기능들이 배치되어 있고 그 정점에는 이들과 하부구조에 속한 모든 개체와 부분을 총체적으로 관할하고 통제하는 자아가 자리 잡고 있다. 그리고 자아는 영원성에 속한 정신적인 것들을 바라보며 그들을 빛으로 해서 시간성에 속한 모든 것을 존재론적으로 정립하고 그들에게 의미를 부여함과 동시에 인식론적·해석학적으로 평가하고 해석하기도 한다. 그리고 다양한 선한 목적을 위해 유용하게 사용하고 이용하기도 한다.

그러므로 이 피라미드가 비록 물질적인 것을 바탕으로 하고 "외피"로 한다 할지라도 그 전체와 각 부분, 그리고 부분 속의 부분은 정신적인 의미로 채워져 있는, 달리 표현하면 진리의 빛으로 영롱하게 빛나는 그러한 피라미드다. 진리의 빛, 참됨, 좋음, 아름다움의 빛, 나아가서는 거룩함의 빛이 전혀 파급되지 않는 그 어떤 부분도 그 속에 존재할 수 없다.

방금 언급한 기쉬와 영국 과학자는 이 피라미드의 작은 일부만을 고려했을 뿐 아니라 드러나는 표면, 즉 자연과학적인 차원만을 감안하고도 그와 같은 결론을 내리지 않을 수 없었다. 그러나 이 피라미드의 정상에서부터 그 방대한 하부구조에 이르기까지의 전모와, 빙산의 몸통처럼 그 아래에 감추어져 있는 무한히 심오하며 방대한 근저를 총체적으로 함께 고려하고, 여기서부터—혹은 그 위 높은 곳에 초월해 있는 영원계로부터—방사되어 이 피라미드 전체를 비추는 정신적인 빛, 참됨과 좋음과 아름다움과 거룩함의 빛을 동시에 감안하는 경우 우리는 어떠한 결론을 내려야만 할 것인가?

우리가 묘사하고 있는 이 피라미드를 그 위 높은 곳에서 비추고 있다고 할 수도 있고 그 저변에서 그것을 지탱하고 있다고도 할 수 있는 영원계에 속한 정신적인 원리들은 어떤 유물론자들이나 진화론자들도 간과weginterpretieren(=적당히 해석해 치워버리다)하고 상대화할 수 없는 필연적이며 절대적인 원리들이다. 그리고 우리의 자아는 앞서 묘사한 그 모든 기적을 총동원해서 이들을 현상학적으로 그대로 투시해 우리의 의식 속에 복제copy할 수 있고 그들을 외적으로 표현하고 실현할 수도 있다. 그들은 사실 우리의 의식 속에, 우리의 DNA와 유전자 속에 원래부터 새겨져 있다.

그래서 우리는 1+1=2라는 단순 계산뿐 아니라 그보다 훨씬 더 복잡한 $(a+b)(a-b)=a^2-b^2$이라는 계산도 머릿속에서 하면 그 계산은 실재에 부합한다. 아무도 $(a+b)(a-b)=a^2-b^2$이라는 계산을 할 수 있는 능력을 우리가 외무 사물들을 경험하는 과정에서 획득한 것으로 보지는 않을 것이다. 누가 보아도 그렇게 할 수 있는 수리적 잠재력이 우리의 DNA에 생득적으로 새겨져 있기에 그러한 계산을 할 수 있는 것이며 우리가 그와 같이 두뇌 속에서 하는 계산이 외부 사물의 세계에서도 타당한 계산이기도 하다. 누가 보아도 그 계산은 지구에서도, 블랙홀에서도 타당하며 인류가 도래하기 전의 우주에서나 인류가 언젠가는 전멸하고 없을지도 모르는 그러한 우주에서도 타당할 것이다.

어떻게 보면 현대 유전자공학이 플라톤의 이데아론과 아우구스티누스의 "메모리아"에 대한 이론의 타당성을 재확인해준다고 볼 수 있다. 어떤 유전공학자들도 토마스 아퀴나스와 존 로크가 상정한 바와 같이 인간의 의식이 원래는 아무 정보도 새겨져 있지 않은 백지 tabula rasa와 같다고 보지 않을 것이다. 그러나 우리의 DNA 어딘가에 새겨져 있음이 분명한, 더 정확하게는 우리의 부모와 조부모, 그리고 또 그 위 조상의 DNA로부터 우리에게 전달되었음이 분명한 유전 정보들인 이데아들과 메모리아들 또는 본유관념들(데카르트)이 의식 외적으로도 타당한지 타당하지 않은지에 대해서는 유전공학적인 견지에서 쉽게 확정할 수 없을 것이다. 그것은 철학자들에 의해 현상학적으로 확정될 수 있는 문제로 보아야만 할 것이다. 현대 현상학의 견지에서 볼 때 플라톤이 열거한 이데아들 중 다수는 객관성이 없는 주관적인 관념에 불과하다 하겠으나 그들 모두가 그러하다고는 결코 주장할 수 없을 것이다.

아무튼 우리는 지금까지 아우구스티누스와 후설 등의 "현상학적 방법"과 칸트가 고안한 "선험적 방법"을 병용하되 후자를 급진화해서 우리 인간 각자가 알게 모르게 시시각각으로 다양한 차원에서 다양한 방법으로 수행하고 있음이 분명한 정신적 초월 활동 또는 진리의 역사의 가능성의 전제조건들을 역추적해왔다. 그렇게 하는 과정에서 우리는 우리의 내부와 외부, 위와 아래 사방팔방에서 무수한 기적과 신비를 관망할 수 있게 되었고 이 모든 기적을 전제로 할 때만 우리의 자아가 그 범우주적인 진리의 역사, 빛의 역사를 수행할 수 있음을 확인하게 되었다.

사실은 우리가 하나의 돌을 돌로 인식할 수 있고 1+1=2라는 단순 계산을 할 수 있는 것도 그들이 전제되어 있기 때문이다. 우리가 무수한 기적 속에서, 무수한 기적으로 말미암아 활동하고 살아가고 있고 기적 중 기적으로 그렇게 하고 있기 때문에 이것이 가능하다.

그러므로 이 단순한 인식 활동이나 계산은 결코 단순히 우리의 과학 이성 또는 수리이성이 독자적으로 수행하는 것이라고 볼 수 없다. 그것은 우리가 거론한 우주 내외의 모든 개별적인 인자들과 기능들 및 요소들이 총체적으로 서로 완벽하게 조율되어 함께 뒷받침하고 있기에 가능한 활동임이 분명하다. 그러므로 그것은 범우주적·초우주적 사건이라고 보지 않을 수 없다. 그 모든 인자와 기능 및 요소가 우리의 자아가 수행하는 그러한 단순한 인식 활동 또는 단순 계산의 가능성의 선험적 조건들이기 때문이다.

이처럼 우리가 오로지 이들을 전제할 때만 우리가 수행하는 모든 크고 작은 활동들을 전개할 수 있는 것이 사실이라면 여기서 우리는 선험적 방법의 논리에 따라 이 모든 선험적 조건 자체를 가능하게 하는 조건, 즉 조건의 조건에 대해서 캐묻지 않을 수 없다. 그 모든 선험적 조건들을 가능하게 하는 한 궁극적인 조건, 절대적인 조건에 대해서 캐묻지 않을 수 없는 것이다.

그 모든 선험적 조건이 하나하나 기적과 같이 놀랍고 그들이 합해진 전체는 더욱더 그러하다고 보지 않을 수 없다면 이들 모두의 가능성의 궁극적인 조건이 되며 그들 모두의 존재 및 활동의 원천과 근거가 되는 이 절대적인 대상과 관련해서는 어떠한 표현과 수식어로 그 고상함과 신비로움을 묘사할 수 있을 것인가?

앞서 나는 인간 각자가 우주적인 진리의 역사, 빛의 역사를 전개하는 것이 사실이라면 그것이 가능하기 위한 전제조건으로, 다수의 각기 다른 파트를 맡아 연주하는 악사들을 한 계단 높은 단상 위에서 총체적으로 훌륭하게 통솔하며 아름다운 교향곡을 뽑아내는 오케스트라의 지휘자와도 같은 역할을 하는 궁극적인 주체성이 존재함이 분명하며 그가 자신에게 예속되어 있는 다양한, 각기 상이한 의식기능들과 육체의 부분들을 훌륭하게 통제하고 관할하며 통일할 수 있음이 분명하다고 피력했다.

그러나 여기서 우리는 인간 각자의 자아라는 이 훌륭한 지휘자 배후에는 보이지 않는 제2의 지휘자가 존재하고 있어 그가 이 보이는 지휘자를 앞서 언급한 피라미드 정상에 우뚝 세우고 그 아래에 개별적이며 각기 상이한 수많은 사물과 현상, 인자와 요소를 각기 상이한 계층의 적재적소에 배치해, 그들이 총체적으로 조화를 이루는 가운데 이 보이는 지휘자를 돕기에 그가 그러한 놀라운 우주적인 진리의 빛의 역사를, 하나의 지극히 아름다운 교향곡을 뽑아내듯 아름답게 전개할 수 있음이 분명하다고 결론을 내리지 않을 수 없다.

우리는 지금까지 아우구스티누스와 후설의 현상학적 방법을 활용하고 칸트의 선험적 방법을 칸트 자신보다 더 철저하게 급진화시켜 적용하는 데서 우리 인간 각자의 자아가 다양한 차원에서 다양한 방법으로 시시각각 수행하고 있는 초월의 역사의 가능성의 전제조건들을 차례로 역추적하고 최종적으로는 그들 모두의 가능성의 궁극적인 전제조건에 도달하게 되었다. 여기서 우리는 또한 이 선험적 방법을 역방향으로 전환해서 이 궁극적인 전제조건, 조건의 조건을 출발점으로 해서 그가 가능하게 했음이 분명한, 우리 각자의 초월 활동을 위한 위와 같은 무수한 전제조건을 재조명하고 재평가하는 작업을 전개해볼 필요가 있다. 왜냐하면 이 모든 조건을 이 궁극적인 조건과 연결해서 살펴보고 재조명해보는 데서 그 "존재"의 의미를 완전히 재인식할 수 있을 것이기 때문이다.

그렇게 하는 경우 우리는 이 모든 개체가 어떠한 빛으로 나타나며 어떠한 의미로 채워져 있음을 발견하게 되겠는가? 참됨과 좋음과 아름다움, 그리고 그들의 충만과 통일인 거룩함의 원천임이 분명한 이 궁극적인 조건과 그들을 연결해보고 그 빛으로 재평가해보는 경우 우리는 분명히 그들 모두 위에 거룩함의 빛이 비추고 있음을 발견하게 될 것이다. 무한한 공간과 그 안에 있는 무궁무진한 원소들에서 시작해서 인간의 자아와 그가 우러러보는 영원계의 제 원리들에 이르기까지 전 실재의 모든 개체와 요소들이 그들이 배정되어 있는 차원과 위치에 따라 각각 다른 강도로, 더욱 영롱하게 또는 더욱 은근하게 참됨과 좋음과 아름다움의 빛과 더불어 거룩함의 빛을 발하고 있음을 재확인하게 되어 우리는 그 앞에서 진정 숙연해지게 될 것이다. 진정 깊은 경탄과 경외감, 그리고 경건으로 우리의 마음이 채워짐을 체험하게 될 것이다.

이처럼 급진화한 선험적 방법을 역방향으로 전환해서 적용함으로써 우리는 또한 참됨, 좋음, 아름다움, 거룩함 등 인간이 생각할 수 있는 가장 고상하며 가장 심오한 개념들과 더불어 우리가 지금까지 남용하다시피 빈번하게 사용해온 초월성, 진리의 빛과 진리의 빛의 역사, 기적, 기적 중 기적, 신비 등 많은 독자들에게 매우 공허하고 허황된 표현으로 감지되었을 것이 분명한 최상급의 수식어들이 사실에 적중하는, 근거와 내실이 있는 용어들임을 확인할 수 있게 될 것이다. 왜냐하면 그들 모두는 그들을 뒷받침해주는 무한히 심오한 근저와 연결되어 있어 빙산의 일각이 일률적으로 그 근저를 가리키듯 그것을 직간접적으로 가리키고 있기 때문이다. 참됨과 좋음과 아름다움과 충만과 통일인 거룩함, 그리고 그 원천인 거룩한 자를 가리키고 있기 때문이다.

그러나 이 모든 용어들과 그들이 가리키는 거룩함과 거룩한 자는, 성경 속에서 사람들의 말과 신의 말씀을 엄격히 이원론적으로 구별하는 칼 바르트의 계시관이 가르치는 것처럼 이원론적으로 분리되어 있는 것은 아니다. 보이는 빙산의 일각이 그 보이지 않는 근저와 이원론적으로 분리되어 있는 것이 아니고 하나로 연결되어 있듯이 양자는 서로 연결되어 있다는 사실을 잊어서는 안 된다.

그러므로 우리가 플라톤에서 하이데거까지의 무수한 과거 서양 사상가 및 신학자의 관점을 감안하고 여기서 내려진 최종 결론을 예기하기도 하는 가운데 사용한 이 모든 최상급 수식어는 중세 말기의 유명한 유명론자唯名論者 오컴도 결코 문제 삼을 수 없는 내실이 있고 사실에 적중하는, 혹은 적어도 사실을 바른 방향으로 가리키는 타당한 용어들임을 알 수 있다. 다시 말하면, 우리는 지금까지 이 모든 용어를 활용하는 가운데 단지 오컴이 비판의 대상으로 삼았던 종류의 말장난과 과장어 hyperbole의 잔치를 벌이고 있지 않았음을 여기서 재확인할 수 있다.

만약 키에르케고르가 우리와 같이 아우구스티누스와 후설의 현상학적 방법을 적극 활용하고 칸트의 선험적 방법을 급진화하는 가운데 우리가 지금 서 있다고 할 수 있는 높디높은 내재적·초월적 입지점에 도달해 우리가 관망하는 모든 것을 남김없이 다 관망할 수 있었다면 그는 꿈에도 "객관적인 진리지"를 경시하거나 조소할 수 없었을 것이다. 그렇게 하기보다 그는 오히려 거기서 바라볼 수 있는 영원계의 모든 것과 시간계의 모든 것, 그 모든 참됨, 좋음, 아름다움, 성스러움의 빛으로 빛나는 원리들과 현상들에 대한 객관적 진리지가 과연 가능할 뿐 아니라 그들에 대한 객관적인 지식은 우리를 진정한 우리 자신으로 자유롭게 하며 구원에 이르게 하는 지식, 그러한 의미에서 "주체적 진리지", 실존적 진리지라는 사실을 진심으로 고백하며 진리의 문제에 대한 자신의 오해를 자백했을 것이다.

그는 또한 여기서 발견하게 될 모든 객관적 진리지를 "무한성의 정열"과 의지력을 통해 주체적 진리로 애써 전환하기보다 그들이 지닌 지극히 육중한 "가치론적 무게"로 인해 중심 깊은 데서부터 완전히 압도되고, 그의 전인이 그야말로 녹아져 자연스럽게 참되고 선하며 아름다운 자신, 거룩한 자신이 되지 않을 수 없고 참되고 선하며 아름답고 거룩하게 살아가지 않을 수 없음을 실감했을 것이다. 그가 획득하는 객관적 진리지는 곧 다름 아닌 주체적 진리지이지 않을 수 없는 것이다.

키에르케고르는 헤겔의 "부정직한 길"을 따르는 대신 칸트의 "정직한 길"을 따라 철학적 사유에 임했다고 스스로 고백했다. 그가 문제 많은 칸트의 『순수이성비판』과 여타 저서들을 탐독한 흔적은 역력하나 그의 선조격인 아우구스티누스의 저서를 읽은 흔적은 전혀 보이지 않는다. 그도 칸트의 소위 정직한 길을 따라 나서기 전에 후자와 함께 아우구스티누스의 저서들을 주의 깊게 일독했어야만 했다.

만약 비트겐슈타인이 우리가 사용한 그러한 현상학적·선험적 방법으로 이 높은 관망대에 함께 올라서서 그 위와 아래의 모든 기적적인 현상들을 바라볼 수 있었다면 그가 독자들에게 불필요한 것이기에 밀쳐버리라고 권장한 그 유명한 사다리에 관해서 어떠한 입장을 취했겠는가? 그는 분명히 자신이 거론한 그 사다리가 한 인간이 구축한 사상적 빌딩을 오르락내리락하는 데 사용할 수 있고 사용 후 밀쳐버릴 수도 있는 그러한 사다리가[120] 아니라 사실은 인간으로 하여금 시간계와 영원계를 오르락내리락할 수 있게 해주는 "야곱의 사다리"라는[121] 사실과 아무도 자의로 그것을 밀쳐버릴 수 없다는 사실을 깊이 깨닫게 되었을 것이다. 아무도 자의로 그것을 밀쳐버릴 수 없는 이유는 그것이 바로 "초월성 그 자체"이며 "형이상학의 사건"(하이데거)인, 비트겐슈타인 자신을 포함한 인간 일반의 주체성을 뜻하기 때문이다. 그가 만약 자신의 과학주의를 독단적으로 고집하는 대신 이 높디높은 전망대에 올라서서 허심탄회한 마음으로 사방팔방에서 전개되는 모든 기적들을 그대로 관망하고 기적 중 기적인 자기 자신도 바로 바라볼 수 있었다면 이 점을 시인하지 않을 수 없었을 것이다.

만약 키에르케고르가 이 높은 관망대에 올라설 수 있었다면, 아니 자신이 항상 이미 여기에 올라선 상태임을 인식했다면 인간은 시간성과 영원성의 종합통일인데 제3의 긍정적인 요인인 자아 또는 정신이 양자를 매개하는 가운데 지속적인 무한화와 유한화의 운동을 전개한다고 주장했던 그도 분명히 야곱의 사다리가 따로 있는 것이 아니고 야곱과 같은 인간 각자가 바로 야곱의 사다리라는 점을 시인하게 되었을 것이다.

인간은 그 누구도—야곱도, 칸트도, 키에르케고르도, 비트겐슈타인도—비트겐슈타인의 사다리가 아닌 야곱의 사다리를 타고 시간계와 영원계를 계속 오르락내리락함이 없이는 그들로 존재할 수 없고 활동할 수 없다. 인간은 그 누구도 야곱의 사다리가 아니고서는, 즉 초월성 그 자체, 진리의 빛의 사건 그 자체가 아니고서는 그로 존재하고 활동할 수 없다.

우리는 줄곧 참됨과 아름다움과 거룩함과 더불어 좋음의 문제에 대해서 언급해왔으나 우리가 안중에 둔 좋음은 주로 그리스적·히브리적인 의미의 선$^{to\ agathon,\ tob}$, 즉 광의의 선이었다. 칸트적인 의미의 협의의 선, 즉 도덕적 선$^{das\ sittliche\ Gute}$의 문제는 도외시해온 것 같다. 단, 칸트가 자신이 절대시한 도덕적 선의 근거와 타당성을 전제했을 뿐 입증되지는 못했다는 점에 대해서는 앞에서 살펴보았다. 그렇다면 우리가 지금 서 있는 이 물질적·정신적 피라미드의 정점에서부터 그 위와 아래, 그리고 그 주위 사방팔방에서 보이는 모든 기적을 두루 관망하고 최종적으로 기적 중 기적이라 할 수 있는 이 피라미드의 정점 자체를 분석과 평가의 대상으로 목전에 두고 검토하되 우리가 방금 최종 결론으로 도출하게 된 이 모든 기적의 궁극적인 원인을 감안하고 그렇게 하는 경우, 우리는 이 협의의 선의 문제에 관련해서 어떠한 입장을 취해야만 하겠는가? 그렇게 하는 경우 우리는 분명히, 광의의 선이 진정 참이며 아름다움인 것과 똑같이 협의의 선도 진정 참이며 아름다움이라고 고백하지 않을 수 없을 것이다.

선의 문제에 대한 우리의 입장을 정리해보자. 무無가 아닌 유有가 존재하고, 유가 존재하되 위와 같은 지극히 놀랍고 기묘한 구조와 형태와 양상으로 존재한다는 사실이 우리 인간과 우주 만물에게 지극히 큰 축복이며 절대적인 의미에서의 선임은 절대 확실하다. 적어도 우리 인간이 보기에는 분명히 그렇다.

서로 질서정연하게 유기적으로 연결되어 있는 무수한 개체와 그 부분들로 구성된, 다양한 자연적인 힘과 법칙과 원소에 의해 지탱되는 우주라는 거대한 피라미드를 바라보거나 그 속에서 진리의 빛의 사건을 전개하기 위한 주역으로 그 정상에 우뚝 서 있는 우리 자신을 관망할 때 우리는 그 모든 것이 진정 좋을 뿐만 아니라 아름답다고 고백하지 않을 수 없다.

우리 인간 외에 그 어떤 지력과 판단력을 소유하고 있어서 우리가 보는 바를 동일하게 바라볼 수 있고 평가할 수 있는 그 어떤 실재가 지금 존재하거나 미래에 도래한다고 하면 그러한 실재는 우리와 동일한 판단을 내리지 않을 수 없을 것이다. 그러한 실재가 존재한다면 그가 어떻게 유보다 무가 좋고 아름다우며, 무질서와 혼동이 질서와 조화보다 좋고 아름답다 할 수 있겠는가?

그러나 그와 같이 모든 면에서 진귀하고 신비스러운 만큼이나 좋고 아름다운 우주 전체와 그 중심과 정점인 우리 자신은, 아리스토텔레스와 아우구스티누스 등 고대와 중세 형이상학자들에서 시작해서 현대 가치 철학자들과 현상학자들에 이르기까지의 위대한 서양 사상가들이 주장 해온 영원불변한 존재론적 원리들과 범주들에 근거를 두고 있다. 이들이 존재하고 타당하기에 우주 만물과 우리 자신이 그러한 모습과 상태에서, 그러한 의미와 가치를 소유한 개체들로 존재하거나 움직일 수 있는 것 이다. 시간성에 속한 모든 개체와 그들로 구성된 우주 전체를 지극히 좋 고 아름답다고 할 수 있다면 그들의 존재의 근거와 틀이 되는 영원불변 한 정신적인 것들은 더욱더 그러하다고 간주하지 않을 수 없다.

플라톤과 수많은 다른 사상가들이 가르친 대로 "진"에 속한 모든 원리 들과 이치들은 절대적인 의미에서 선하고 아름답다고 보지 않을 수 없다. 어떻게 보면 이들은 그 내용의 단순성으로 인해 전혀 대수롭지 않은 원리 들과 이치들로 비춰질 수도 있다. 그러나 그들이 존재하거나 타당하지 않 다면 우리가 지금 경험하고 향유하는 이 아름답고 신비로운 우주는 완전 히 붕괴될 것이다. 그것은 혼동과 무질서, 어둠과 죽음의 나락으로 빠져 들어 가게 될 것이다. 그러므로 이 영원한 원리들과 범주들은 우주 만물 과 특히 인간을 포함한 생물 전반에게 생명과 같이 소중하고 고귀하다고 보지 않을 수 없다. 그들은 이들에게 절대적인 의미에서 선이며 지고선이 라 하지 않을 수 없다. 지고선은 물론 "지고미"이기도 하다.

우리 인간이 보아도 그러하며 우리와 동일한 지력과 분별력을 소유 한 그 어떠한 실재가 있다면 그가 현존하고 있든, 미래 그 어느 시점에 도래하든 간에 항상 그렇게 보지 않을 수 없을 것이다. 참됨, 좋음, 아름다움은 영원하고 절대적이며 그들의 충만과 통일을 뜻하는 거룩함은 더욱더 그러하다.

우리가 지금까지 묘사한 모든 놀랍고 기적적인 현상들과 원리들을 총체적으로 관망하고 이러한 최종 결론을 내리는 우리 자신도 지극히 놀랍고 기적적인 존재들임이 분명하다. 우리 인간은 우주 만물과 그들이 뿌리를 내리고 있는 영원하며 절대적인 것들을 지극히 고차원적인 내재적·초월적 입지점에서 두루 관망할 수 있을 뿐 아니라 전자와 후자를 서로 존재론적으로 매개할 수 있는 놀라운 "존재능력"Sein-können과 그렇게 해야만 하는 막중한 책무를 띠고 있는 "존재필연성"Zu-sein(하이데거)을 안고 있는 숭고한 정신과 인격이다. 인간은 이와 같은 포괄적인 의미의 초월성을 본성으로 소유하고 있는 우주적인 진리의 빛의 역군이다. 우리는 이러한 우리 자신을 아우구스티누스, 후설, 하이데거가 고백한 바와 같이 기적 중 기적, 또는 "세상에서 가장 비범한 자"to deinotaton로 간주하지 않을 수 없다.

이처럼 놀랍고 비범한 우리 인간 각자가 예수 그리스도의 황금률과 칸트의 지상명령이 지시하는 대로 서로의 인격을 존중하고 사랑하는 것은 극히 지당하고 온당한 일이라고 간주하지 않을 수 없다. 아리스토텔레스가 지적한 바와 같이 우리 주변의 타인들은 어떠한 의미로는 우리 자신의 일부라 할 만큼 우리와 모든 면에서 필연적으로 연관되어 있다. 타인들이 없으면 우리 자신도 없다. 그러므로 우리 자신의 이해관계를 위해서도 그들을 경시할 수 없고 홀대할 수 없다.

초월성 그 자체이며 자아와 정신인 인간 각자가 우주 내에서 차지하는 지극히 높은 위치와 위상을 감안하거나, 그가 타인들과 맺고 있는 필연적인 연대관계를 고려할 때 우리는 타인들의 인격의 존엄성과 가치를 어떠한 경우에도 상대화할 수 없음이 분명하다. 인간 각자는 절대적인 자아 가치를 소유한 개별적인 인격체다. 칸트의 지상명령der kategorische Imperativ의 "제2파생형식"(목적 자체의 형식)이 지시하는 바와 같이 우리는 타인들을 결코 우리 자신의 그 어떤 사사로운 목적을 달성하는 데 필요한 수단과 방편으로 사용하고 이용하려고 해서는 안 될 것이며 어디까지나 절대적인 자아 가치를 소유한 "목적 자체"로 존중하며 예수께서 가르치신 대로 그들을 우리 자신의 몸과 같이 사랑해야만 할 것이다.

인간 각자의 인격에 대한 존중심, 사회동포주의, 정의 즉 사회정의와 경제정의, 민주주의 등 칸트가 중시한 협의의 선, 도덕적 선도 참이다. 그것도 단지 상대적인 참이 아니고 절대적인 참이다. 그것은 결코 인간이 자신의 이해관계를 겨냥하고 생각해낸 주관적인 범주가 아니고 절대적으로 타당한 범주다. 그것은 플라톤과 여타 그리스 철학자들이 거론했던 광의의 선과 같이 절대인 의미에서의 참인 것이다.

인간이 수행하고 있는 우주적인 진리의 빛의 역사, 즉 참됨, 좋음, 아름다움, 그리고 거룩함과 관계되는 그의 제반 활동을 감안할 때 여기서 우리가 거론하고 있는 협의의 선은 우주적인 광의의 선과 필연적으로 연결되어 있음을 알 수 있다. 그러한 이유에서 협의의 선은 절대적인 의미에서 참이라 하지 않을 수 없다. 인간 각자를 우주적인 진리의 역사의 주역이라 할 수 있다면 그의 인격을 한순간도 홀대하지 말고 항상 목적 자체로 존중해야만 한다는 칸트의 지상명령은 우리도 칸트 자신과 동일하게 마치 절대자가 우리 각자에게 시달하고 있는 명령과도 같이 절대 타당한 명령으로 심각하게 받아들이지 않을 수 없다. 살신성인과 같은 갸룩한 도덕적 행위에서 우리가 구체적으로 목격할 수 있듯이 도덕적 선은 아름다움이기도 하다. 여기서도 선은 참이며 아름다움이다.

라이프니츠를 따라 우리가 비유 삼아 언급한 범우주적·초우주적 심포니를 마지막으로 다시 한 번 감상해보도록 하자. 우리는 현실적으로 우주라는 거대한 물질적·정신적 피라미드의 정상에서 이상 언급한 제반 정신적 활동들과 육체적인 활동을 적어도 원칙상으로는 훌륭하게 수행하고 있다. 우리는 거기서 초월성으로서의 우리의 본령, 진리의 빛의 사건으로서의 우리의 본령을 적어도 잠정적으로는 원만하게 발휘하고 있는 것이다. 우리가 그렇게 할 수 있다는 것은 무엇을 뜻하는가? 어떠한 전제하에서 그것이 가능한가? 우리가 수행하고 있는 우주적인 빛의 역사의 가능성의 선험적 조건들은 무엇인가?

앞서 지적한 바와 같이 근세철학의 대부였으며 그의 유명한 "코페르니쿠스적 전환"을 통해 서양 인식론 사상 일대 전기를 가져온 비판철학자 칸트는 우리가 사물을 사물로, 예컨대 하나의 돌을 돌로 인식할 수 있는 데 필요한 선험적 조건들은 불과 다섯 손가락 정도로 셀 수 있을 것이라고 보았다. 그는 얼마나 순진무구한 철인이었던가!

지금까지 우리가 살펴본 바에 따르면 우리가 하나의 돌을 돌로 인식하거나 하나의 돌과 또 다른 돌을 합하면 2개의 돌이 된다는 단순 계산을 할 수 있기 위해서는 영원계에 속한 모든 원리와 이치 및 시간계에 속한 모든 원소와 힘, 법칙과 개체가 직간접으로 총동원되어야만 할 뿐 아니라 그들이 시계 속의 부품처럼 일사불란하게 잘 조율되어 우리 각자의 자아를 총체적으로 조력해야만 한다. 우리가 전개하고 있음이 분명한 중차대한 우주적인 빛의 역사를 위해서는 더 말할 나위 없이 이 모든 정신적·물질적 요인들이 선험적 조건들로 마련되어 있어야만 한다.

하나의 돌을 돌로 인식하는 행위나 1+1=2라는 단순 계산은 이처럼 우리가 불과 다섯 손가락으로 셀 수 있는 선험적 조건들로 인해 가능하기보다 영원계와 시간계 속에서 우리가 발견할 수 있는 모든 기적을 전제조건으로 해서만 가능하다. 그러므로 그러한 단순한 인식 작용과 단순 계산도 하나의 대 기적임이 분명하다. 그들은 무수한 기적 속에서, 무수한 기적으로 말미암아 하나의 기적으로 일어나는 범우주적·초우주적 사건이다. 그리고 그것은 오로지 기적 중 기적인 우리가 그 활동의 주체성이기에 가능하다.

우리 각자의 자아가 수행하는 매우 사소한 활동에서부터 지극히 신중하고 중차대한 활동에 이르기까지 모든 육체적·정신적 활동들은 다 우리의 영혼의 제 기능들과 우리의 몸과 몸 밖의 몸들, "제2의 몸"과 "제3의 몸"으로 구성된 이 거대한 피라미드에 속한 모든 계층과 거기에 속한 모든 부분과 부분의 부분이 각각 제 위치에서 제 몫을 하고, 그들 모두가 서로를 부축하거나 이끄는 가운데 궁극적으로 우리의 자아를 지탱하며 그가 수행하는 제반 활동들에 총체적으로 협조하기에 가능한 것이다. 그들은 모두 그렇게 할 수 있게 무수한 개별적인 차원에서 각각 놀랍고 기묘한 구조와 특성으로 형성되고 조성되어 있다. 그뿐 아니라 그들은 또한 그들 모두로 구성된 전체 속에서 각각 적재적소에 배치되어 서로를, 그리고 궁극적으로는 그 정상에 위치하고 있는 우리의 영혼의 제 기능들과 자아를 지탱하고 그들의 활동을 적절하게 보필한다.

1+1=2. 언뜻 보기에 이것은 하나의 지극히 단순한 계산식이다. 그러나 그것은 결코 단순히 우리의 자아 속의 수리이성이 단독으로 하는 계산이 아니다. 그것은 말하자면 각기 신묘한 개인기를 소유한, 헤아릴 수 없이 많은 단원들로 구성되어 있고 우리의 수리이성도 그중 한 멤버로 등장하는 지극히 웅대한 우주적 심포니 오케스트라의 협연으로 가능한 계산이다. 이처럼 지극히 웅대하고 완벽하게 조율된 우주적인 교향악단

의 연주로 들려오는 아름다운 심포니의 한 미세한 부분이 바로 이 단순 계산이라면 이 악단을 구성하고 편성하며 단상에 올라 그것을 총지휘하는 지휘자가 없이도 이 계산이 가능하다고 볼 수 있는가?


## 7. 결론

현대인들은 키에르케고르가 소크라테스의 뒤를 이어 19세기 덴마크인들에게 당부한 말대로 자신을 알아야 한다. "*Gnothi seauton!*" 왜냐하면 현대인들은 자신과 세상만사를 크게 곡해하며 진정한 자신이 아닌 다른 그 무엇으로 살아가기 때문이다. 또 자신을 고귀한 인격과 정신으로 이해하기보다 단순한 동물이나 고작해야 과학이성으로 평가절하하며 살아가기 때문이다. 현대인들은 자신과 세상만사에 대한 오해를 풀어야만 하며 진정 숭고하고 존귀한 자신을 회복하고 그러한 자신으로 우뚝 서야만 한다.

이를 위해 그들은 지금까지 우리가 묘사한 모든 것과 관련시켜 자신을 폭넓게 이해하고 평가할 수 있어야만 한다. 앞서 우리가 제시한 영원성의 차원과 시간성의 차원에 속한 모든 것에 대한 엄청난 "객관적 진리지"를 배경과 바탕으로 해서 자신의 본령과 위상을 근본적으로 재평가하는 가운데 자신의 정체와 위상을 재발견해야만 한다. 그들은 자신들이 무수한 기적 속에서, 그러한 기적들로 말미암아, 기적 중 기적으로서 살아가고 있음을 알아야 한다. 자기 자신과 세상 만물을 모두 기적으로 체험할 때 그들은 비로소 그들에 대해 무엇인가 바로 알기 시작할 것이다.

그들이 이 모든 기적과 기적 중 기적인 자기 자신들에 대해 진정 깊고 폭넓은 동시에 순수하며 확실한 객관적 진리지를 확보할 때, 그러한 객관적 진리지는 그들을 진정한 그들로 자유롭게 하며 그들을 살리는 산 지식이 될 것이다. 그러한 객관적 진리지가 곧 키에르케고르가 그렇게도 중시했던 주관적 진리지일 것이다.

21세기가 필요로 하는 "제2의 키에르케고르"는 객관적 진리지를 경시하거나 무시하는 대신 그것을 적극적으로 개발하고 확보해서, 가치관의 부재로 인해 정신계는 등지고 오로지 물질계에만 몰두하여 현실주의적으로, 감각주의적으로 살아가는 현대인들—중세 때보다 더 어두운 암흑시대에 살아가고 있는 사람들—에게 전달하고 가르치되, 키에르케고르가 중시한 주관적 진리, 실존적 진리지로 그들에게 관철되게 할 수 있는 유능한 사상가여야 할 것이다.

그러나 우리가 여기서 각별히 유념해야만 할 한 가지 중요한 사항이 있다. 그것은 우리가 우리 자신과 세상만사에 대해 광범위하고 심오한 객관적·주관적 진리지를 확보하고 그와 더불어 우리와 관계되는 모든 것과 우리 자신이 그야말로 기적과 기적 중 기적이라는 사실을 깊이 깨달으면 깨달을수록 우리는 역설적으로 소크라테스와 같이 진리와 우리 자신과 세상만사에 대해 모르는 것만 안다는 무지의 고백을 마음속 깊은 데서 더욱더 진심으로 하게 되리라는 점이다.

오늘날 사람들은 사물과 사람에 대한 모든 것을 정확하게 규정하고 정의하며 숫자적으로 산정해서 표현하기를 선호한다. 나아가 모든 정보를 사이버 공학적으로 정확하게 포착하고 정리하며 체계화하고 객관화하기를 애호한다. 그러나 우리는 진리와 인간 각자의 실존과 인격, 그리고 세상만사가 소크라테스와 키에르케고르가 가르친 바와 같은 "변증법적 성격", 즉 그 무한한 심오성과 개방성으로 인해 어떤 방법으로도 개념적·이론적으로 분명하게 정의되거나 규정될 수 없다는 사실을 한순간도 잊어서는 안 된다.

진리와 우리 자신, 그리고 세상만사에 대해 앞서 언급한 것처럼 폭넓고 깊은 지식을 확보할 때 우리는 우리가 소유한 이러한 지식 내용의 고상함과 소중함으로 인해, 특히 참과 좋음, 아름다움, 거룩함 등 영원한 정신적인 것들의 가치론적인 "무게"(아우구스티누스, 셸러)에 압도되어, 즉 그 고귀함과 신비로움과 아름다움에 완전히 사로잡혀 그 진정한 의미를 더 깊이 조명하고 규명하려고 노력하게 될 것이다. 그러나 우리가 그렇게 하면 할수록 우리는 그들의 본질과 정체, 의미와 가치에 대한 소크라테스 식의 무지의 고백을 마음속 깊은 데서 더욱더 절실하게 하지 않을 수 없을 것이다.

키에르케고르의 표현을 빌린다면 진리, 즉 참과 좋음과 아름다움, 그리고 성스러움으로 요약할 수 있는 진리는 길Weg이며, 우리는 계속 진리와 진리에 근거를 둔 우리 자신에 이르는 도상에 있는unterwegs 자들이다. 그러한 의미에서 키에르케고르는 "진리와 더불어 인간 실존도 단적으로 노력과 정열이며 길이다"라고 역설한 것이다. 우리의 실존은 가도 가도 계속 지적으로나 존재론적으로 더 나아가야만 하는, 무한정으로 개방되어 있는 길이다. 진리는 더욱더 그와 같이 개방되어 있는 길이다. 진리와 우리 자신은 우리가 지적으로, 도덕적으로, 전인격적으로 도달해야만 하는 목표로 계속 목전에 두고 그것에 나아가려고 노력해야만 할 뿐, 그 어떤 시점에 완전히 도달할 수 있으리라는 기대는 걸 수 없는 그러한 무한성과 개방성으로 특징지어진 이치 또는 존재다. 그러므로 이에 대해 성찰하면 할수록, 알면 알수록 우리는 그만큼 더 그에 대해서 모르는 것만 안다는 무지의 고백을 하지 않을 수 없을 것이다.

진리와 자기 자신, 그리고 세상만사가 다 기적과 신비라는 점을 절감하고 그 진정한 의미와 정체에 대해 소크라테스 식의 무지의 고백을 할 수 있을 때 현대인들은 비로소 이들 전반에 대해 무엇인가 바로 알기 시작할 것이다. 자기 자신을 잃고 살아가는 현대인은 그때에야 비로소 자기 자신에 대해 올바로 알 수 있을 것이다.

그와 더불어 그들은 또한 이 모든 기적과 신비가 우연에서 비롯될 수 없다는 점도 결국은 인식하게 될 것이다. 그래서 그들은 우주와 세상 만물을 놀라운 모습과 상태로 존재하게 했음이 분명하며, 그중 특히 기적 중 기적이라 할 수 있는 그들 자신을 그들에게 세상에서 가장 고귀한 선물Gabe로 하사하되 그들 스스로 피땀을 흘리며 풀어가야만 할 심히 난해한 만큼이나 보람된 과제Aufgabe로 그들의 어깨에 짊어지워준 한없이 고마운 실재에게 엎드려 감사와 경배를 드리기 위해 그를 두루 찾아 나서지 않을 수 없을 것이다.

## 서문
1) 하이데거의 개념이다.

## 제1장 키에르케고르의 사상적 배경
1) PV, 166.

2) H. Diem, *Sören Kierkegaard*, 17; 13 이하, 20, 93, 97-99, 101 참조; H. Diem, *Die Existenzdialektik von Sören Kierkegaard*, 41, 194 참조.

3) Fr. Copleston, *A History of Philosophy* VII, 337.

4) Pap. X, 1 A 8.

5) PV, 131; 27 참조.

6) Pap. I, A 161, 93.

7) Pap. II, A 804-805.

8) F. Brandt, "The great earthquake in S. Kierkegaard's life" in *Theoria* XV(1949), 38-53.

9) Pap. VII, 1, A 5(키에르케고르의 1846년 일기 중).

10) Pap. II, A 228.

11) Pap. II, A 517.

12) PV, 87, 137.

13) PV, 11.

14) Pap. IV, A 107.

15) Pap. X, 5, A 149-6.

16) Pap. IX, A 224.

17) Pap. IX, A 67; Pap. X, 1, A 663; Pap. X, 4, A 600 참조.

18) Pap. X, 1, A 584.

19) 1847년 무렵에 쓴 일기에서.

20) Pap. VIII, A 108, 286, 482, 551.

21) PA에서.

22) S. Kierkegaard, *Christian Discourses*, 159.

23) S. Kierkegaard, *Training in Christianity*, 136.

24) UN, 412, 414, 432, 446.

25) UN, 405, 407.

26) PV, 21.

27) Pap. VIII, A 108, 286, 482, 551.

28) PV, 130, 136-137.

29) SD, 123 각주.

30) SD, 121 각주; FT, 54-56, 61-62, 69-71, 74-79, 97-99 참조.

31) UN, 537.

32) PV, 42.

33) G. Malantschuk, *Kierkegaard's Thought*, 64 이하; 201 참고.

34) G. W. F. Hegel, *Phänomenologie des Geistes*, 21. "Das Wahre ist das Ganze. Das Ganze ist nur das durch seine Entwicklung sich vollendende Wesen. Es ist von dem Absoluten zu sagen, daß es wesentlich Resultat ist, daß es erst am Ende das ist, was es in Wahrheit ist."

35) G. W. F. Hegel, *Die Grundlinien der Philosophie des Rechts*, 14. "Was vernünftig ist, das ist wirklich, und was wirklich ist, das ist vernünftig···Darauf kommt es dann an, in dem Scheine des Zeitlichen und Vorübergehenden die Substanz, die immanent, und das Ewige, das gegenwärtig ist, zu erkennen. Denn das Vernünftige, was synonym ist mit der Idee, indem es in seiner Wirklichkeit zugleich in die äußere Existenz tritt, tritt in einem unendlichen Reichtum von Formen, Erscheinungen und Gestaltungen hervor und umzieht seinen Kern mit der bunten Rinde···welche der Begriff erst durchdringt, um den inneren Puls zu finden und ihn ebenso in den äußeren Gestaltungen noch schlagend zu fühlen."

36) Enzykl., 50, 573 참조.

37) *Theologische Jugendschriften*; *Das Leben Jesu*; *Die Positivität der christlichen Religion*; *Der Geist des Christentums und sein Schicksal* 등.

38) UN, 361, 682, 587, 588; SD, 99, 121, 122, 126, 127, 129.

39) SD, 17.

40) G. W. F. Hegel, *Vorlesungen über die Philosophie der Geschichte*, 38.

41) Enzykl., 564.

42) G. W. F. Hegel, *Vorlesungen über die Philosophie der Religion*, 200.

43) Hegel, *Grundlinien der Philosophie des Rechts*, 258 부록.

44) Hegel, *Grundlinien der Philosophie des Rechts*, 577.

45) Hegel, *Grundlinien der Philosophie des Rechts*, 774.

46) Aristoteles, 『형이상학』, XII, 7, 1072b.

47) Enzykl., 63, 554 참조.

48) Hegel, *Vorlesungen über die Religion*, 200.

49) G. W. F. Hegel, *Vorlesungen über die Ästhetik* I, 139.

50) G. W. F. Hegel, *Vorlesungen über die Geschichte der Philosophie* III, 455 이하.

51) G. W. F. Hegel, *Vorlesungen über die Philosophie der Weltgeschichte*, xx.

52) EO, 784.

53) G. W. F. Hegel, *Wissenschaft der Logik*, 59 이하; UN, 244 참조.

54) Hegel, *Grundlinien der Philosophie des Rechts*, 257장.

55) Hegel, *Grundlinien der Philosophie des Rechts*, 258장.

56) Hegel, *Grundlinien der Philosophie des Rechts*, 258장 부록.

57) Enzykl., 535장.

58) J. Hirschberger, *Geschichte der Philosophie* II, 430.

59) 셸링의 『세계사』는 1815년 발간 이후 무려 12회에 걸쳐 수정 및 보완되었으며 총 세 권으로 되어 있음.

60) Adam Margoshes, "Schelling" in P. Edwards ed., *Encyclopedia of Philosophy*, vol. 7; Hirschberger, *Geschichte der Philosophie* II, 391 이하 참조.

61) PhB, UN 참조.

62) Pap. V, C 1; Pap. VIII, 2, C 1 참조.

63) 특히 UN, 214-259 참조.

64) J. Collins, *The Mind of Kierkegaard*, 110 참조.

65) Fr. Schlegel의 평가다. R. Schmidt ed., *Philosophisches Wörterbuch*, "Ironie" 참조.

66) Friedrich Nietzsche, *Jenseits von Gut und Böse*, 131. "zugleich jung und veraltet, übermürbe und überreich noch an Zukunft…sie sind von vorgestern und von übermorgen, —sie haben noch kein Heute."

67) JP, V; Malantschuk, *Kierkegaard's Thought*, 49 이하 참조.

68) JP, III, 3796.

69) JP, V.

70) 예컨대 B. Ramm, 김종두 역, 『변증학의 본질과 역사』(나단, 2001), 85 이하 참조.

71) J. D. Mullen, *Kierkegaard's Philosophy*, 101-120; 11-22 참조.

72) Mullen, *Kierkegaard's Philosophy*, 102.

73) Mullen, *Kierkegaard's Philosophy*, 102 이하.

74) Malantschuk, *Kierkegaard's Thought*, 26, 34, 40 참조.

75) 이와 관련해서 R. Bretall ed., *A Kierkegaard Anthology*, xxii, 각주 13 참조; "S. Kierkegaard uses the word 'aesthetic' in its etymological sense of feeling[Greek *aisthanomai*, 'to feel']."

76) Schmidt ed., *Philosophisches Wörterbuch*, "*Ironie*" 중 "Friederich Schlegel" 참조.

77) CI, 275 각주.

78) CI, 259-323.

79) CI, 211 이하, 270 이하, 326 이하; UN, 697 참조.

80) UN, 694.

81) CI, 247.

82) CI, 255.

83) Hegel, *Vorlesungen über die Ästhetik* I, 89 이하, 205.

84) CI, 254 이하

85) UN, 697.

86) CI, 213.

87) CI, 338 이하.

88) M. Heidegger, *Erläuterungen zu Hölderlins Dichtung* 참조.

89) M. Heidegger, *Unterwegs zur Sprache* (Neske, 1959), 182.

90) M. Heidegger, *Was ist Metaphysik?* (Klostermann, 1949), 50 이하.

91) H.-G. Gadamer, *Wahrheit und Methode*, 162-228 참조.

92) Gadamer, *Wahrheit und Methode*, 513.

93) Edwards ed., *The Encyclopedia of Philosophy*, vol. 7, 208.

94) Edwards ed., *The Encyclopedia of Philosophy*, vol. 7, 209.

95) Mullen, *Kierkegaard's Philosophy*, 28 참조.

96) S. U. Zuidema, *Kierkegaard*, 50; 17, 22 이하, 27, 45 참조.

## 제2장 키에르케고르의 실존 개념

1) A. N. Whitehead, *Process and Reality* (Cambridge University Press, 1929), 63.

2) M. Heidegger, *Nietzsche* I, II(Harperone, 1991); O. Pöggeler, *Der Denkweg von Martin Heidegger*, 131 참조.

3) FT, 55; 56 참조.

4) SD, 121 각주.

5) K. Jaspers, *Der philosophische Glaube angesichts der Offenbarung*, 118-121.

6) Jaspers, *Der philosophische Glaube andgesichts der Offenbarung*, 195.

7) PhB, 60, 72, 77, 121; UN, 358, 540 이하, 553 이하 참조.

8) PhB, 98.

9) UN, 514.

10) UN, 517.

11) UN, 519.

12) UN, 518; 681 참조.

13) PV, 131.

14) Hegel, *Phänomenologie des Geistes*, 58 이하.

15) Enzykl.

16) FT, 56, 62, 81.

17) SD, 120.

18) SD, 119.

19) Zuidema, *Kierkegaard*, 21.

20) UN, 241, 245, 252, 255.

21) SD, 121 각주; FT, 55, 56 참조; PV, 89 각주 참조.

22) SD, 5, 83, 121.

23) FT, 55, 56, 81.

24) UN, 518; 523 이하 참조.

25) R. Thomte, *Kierkegaard's Philosophy of Religion*, 117.

26) UN, 523 이하.

27) O. Fr. Bollnow, *Existenzphilosophie*, 49 참조.

28) UN, 261.

29) 누가복음 15:7.

30) SD, 123 각주; 121, 124 참조.

31) SD, 121.

32) Pap. V, A 53.

33) UN, 393. 하이데거의 "das Man"에 해당함.

34) UN, 179; 144 이하, 146, 261, 282, 283, 294 참조.

35) SD, 5.

36) SD, 117 이하.

37) PV, 61.

38) PV, 130.

39) PV, 135.

40) PV, 136.

41) PV, 131.

42) PA, 37.

43) PA, 43.

44) PA, 42.

45) PV, 114; 112 참조.

46) PV, 112, 114, 115.

47) PV, 121.

48) PV, 32 이하.

49) PV, 33 이하; PA, 23 이하, 33 이하, 48 이하.

50) PV, 37.

51) PV, 136 이하.

52) UN, 393.

53) CA, 90.

54) FT, 55.

55) FT, 56; 62, 81, 120 참조.

56) 마태복음 10:30.

57) FT, 30.

58) FT, 71.

59) FT, 80.

60) FT, 67.

61) FT, 112.

62) FT, 56.

63) FT, 36.

64) FT, 53.

65) FT, 40, 46.

66) FT, 48 이하.

67) SD, 79 이하.

68) SD, 115.

69) SD, 120 각주.

70) SD, 113 이하.

71) Copleston, *A History of Philosophy* VII, 341.

72) SD, 120.

73) SD, 120.

74) SD, 121.

75) SD, 123.

76) CA, 35; 36 참고.

77) CA, 28.

78) CA, 29.

79) CA, 32; 62 참조.

80) CA, 112.

81) A. Hannay, *Kierkegaard*, 171 참조.

82) CA, 48; 54, 60 이하 참조.

83) SD, 13; Pap. VIII, 2 B 168:5.

84) SD, 30.

85) SD, 15.

86) SD, 29 이하 참조.

87) SD, 14.

88) Pap. VIII, 2 B 168:2.

89) SD, 13 이하; 29 이하 참조.

90) Pap. VIII, 2 B 168:5.

91) SD, 15.

92) SD, 29-42.

93) SD, 42-74.

94) SD, 30.

95) SD, 32.

96) SD, 33 이하.

97) SD, 35.

98) SD, 43.

99) SD, 43.

100) SD, 42-47.

101) SD, 51.

102) SD, 49, 67, 68.

103) SD, 79 참조.

104) SD, 69.

105) SD, 77.

106) SD, 18.

107) SD, 18.

108) SD, 89.

109) SD, 95.

110) SD, 95.

111) SD, 82.

112) SD, 131.

113) SD, 82.

114) 로마서 14:23.

115) SD, 30.

116) SD, 114.

117) SD, 125.

118) SD, 125 이하.

119) 마태복음 12:31-32 참조.

120) SD, 125.


제3장 인간 실존의 여러 단계

1) UN, 694.

2) EO, 738.

3) EO, 746.

4) EO, 765.

5) EO, 768.

6) EO, 715.

7) EO, 718.

8) EO, 715, 718.

9) EO, 728.

10) EO, 727 이하.

11) FT, 98 각주.

12) St., 477.

13) UN, 424 각주.

14) Malantschuk, *Kierkegaard's Thought*, 202; 212, 274 이하 참조.

15) Fr. Kirchner und C. Michaelis, *Wörterbuch der Philosophischen Grundbegriffe* (Leipzig, 1944), 267.

16) UN, 424 각주.

17) UN, 756; 753 참조.

18) UN, 778, 647.

19) UN, 283.

20) UN, 286.

21) UN, 273, 293.

22) UN, 722 참조.

23) UN, 453.

24) Pap. VI, B 41, 10.

25) UN, 694.

26) UN, 615; 338, 570, 605 각주 참조.

27) UN, 560; Pap. VII, B 235, 20 참조.

28) St., 162.

29) UN, 760.

30) UN, 766.

31) UN, 790.

32) UN, 760, 781 참조.

33) UN, 790.

34) UN, 785.

35) UN, 761 참조.

36) UN, 163.

37) UN, 344.

38) UN, 133-529

39) UN, 345, 484

40) UN, 559-759.

41) UN, 643.

42) UN, 559, 583, 611.

43) UN, 647.

44) UN, 647, 778.

45) UN, 559.

46) UN, 611, 646, 724.

47) UN, 659.

48) UN, 611.

49) UN, 617.

50) UN, 756; 753, 757 참조.

51) UN, 724.

52) UN, 728; 732, 757 참조.

53) UN, 352, 353, 356.

54) UN, 352 이하, 780.

55) UN, 781 이하, 785, 790.

56) UN, 777, 779.

57) UN, 356 이하 360, 756-796.

58) UN, 353, 358, 379, 547, 762, 767, 775, 776; PhB, 60, 72, 77, 121.

59) UN, 763 이하.

60) UN, 778, 779.

61) UN, 361, 362; 351 참조.

62) UN, 353, 354; CI, 195.

63) UN, 345, 346.

64) UN, 346.

65) SD, 99.

66) CI, 199.

67) UN, 341.

68) UN, 353.

69) UN, 347.

70) UN, 345, 353.

71) UN, 346, 351.

72) UN, 347.

73) UN, 353.

74) UN, 362.

75) UN, 350.

76) UN, 361 이하.

77) UN, 793 이하.

78) UN, 791.

79) UN, 777.

80) UN, 780.

81) UN, 793 이하.

82) UN, 791.

83) UN, 792; SD, 89, 96 참조.

84) UN, 761.

85) UN, 791.

86) UN, 339.

87) UN, 437.

88) UN, 761.

89) UN, 328-349.

90) UN, 345.

91) UN, 346.

92) UN, 350.

**제4장 실존적 변증법**

1) Platon, *Sophistes*, 263e. "모든 사유 활동은 대화 과정이다."

2) Platon, 『국가론』, VII, 537.

3) Platon, 『국가론』, VII, 537 참조.

4) Hegel, *Phänomenologie des Geistes*, 20.

5) Enzykl., 81 절.

6) Pap. VII, A 84.

7) EO, 784.

8) UN, 464.

9) Pap. V, A 73.

10) F. Thilly and L. Wood, *A History of Philosophy*, 488.

11) Copleston, *A History of Philosophy* VII, 243 이하.

12) J. N. Findlay, *Hegel: A Re-examination* (Oxford University Press, 1976), 346 이하.

13) 예컨대 *Vorlesungen über die Geschichte der Philosophie* III, 455 이하.

14) Hegel, *Phänomenologie des Geistes*, 21.

15) E. Coreth, *Grundfragen der Hermeneutik*; R. E. Palmer, *Hermeneutics: Interpretation Theory in Schleiermacher, Dilthey, Heidegger, and Gadamer*; W. Pannenberg, *Wissenschaftstheorie und Theologie*.

16) 이와 관련해서 김종두, "키에르케고르에 있어서 지성과 신앙(II)", 「한세대학교 교수논총」 제10호, 204 이하 참조.

17) Fr. Heinemann, *Existenzphilosophie lebendig oder tot?*, 40.

18) UN, 476; Pap. IV, B 1-17.

19) UN, 460 이하; 517 이하.

20) UN, 337 이하, 460 이하, 476 이하; 517, 521 참조; *Diem, Die Existenzdialektik von Sören Kierkegaard*, 18 이하, 35 이하 참조.

21) UN, 461 이하.

22) UN, 476.

23) UN, 478.

24) UN, 518.

25) UN, 517; 461 참조.

26) Diem, *Die Existenzdialektik von Sören Kierkegaard*, 19 참조.

27) UN, 521. 앞서 살펴본 대로 키에르케고르는 SD에서 자기 자신과 맺는 관계라 할 수 있는 개인의 필생의 과제는 유한성과 무한성을 서로 이상적인 방법으로 연결하고 매개함으로써 유한한 것이 무한화되며 무한한 것이 또한 유한화되게 하는 데 있다고 서술한다. 그러나 이 저서보다 3년 앞서(1846년) 출판된 UN에서는 그것이 유한성을 극복하고 무한성을 쟁취하는 데 있는 것으로 묘사하는 듯하다(UN, 337 이하, 460 이하, 476 이하; 517, 521 참조; Diem, *Die Existenzdialektik von Sören Kierkegaard*, 18 이하, 34-38 참조).

28) UN, 337; 573, 587 참조.

29) UN, 222.

30) UN, 473.

31) UN, 587.

32) UN, 476 이하; 388 참조.

33) UN, 208-259, 328 이하.

34) UN, 223.

35) UN, 205; 200, 390, 537 참조.

36) UN, 390; 200, 447, 587 참조.

37) 특히 UN, 328 이하 참조.

38) PhB, 60, 72, 77; UN, 317, 379, 547.

39) UN, 492.

40) UN, 518.

41) SD, 30 이하.

42) UN, 518.

43) UN, 519; 520, 521 참조.

44) UN, 521.

45) UN, 518.

46) UN, 514.

47) UN, 515.

48) UN, 517 이하 참조.

49) SD, 30 이하 참조.

50) J. G. Fichte, *Grundriß der Eigentümlichen der Wissenschaftslehre*, SW I, 1, 386-
387 참조.

51) SD, 31.

52) SD, 30 이하.

53) SD, 31.

54) Diem, *Die Existenzdialektik von Sören Kierkegaard*, 5-38; Diem, *Sören
Kierkegaard*, 58-67 참조.

55) UN, 504 이하.

56) UN, 508 이하.

57) CA, 12 이하.

58) Pap. IV, C 47.

59) Diem, *Die Existenzdialektik von Sören Kierkegaard*, 31.

60) PhB, 60; UN, 337.

61) Platon, 『파르메니데스』, 156 d.

62) CA, 83 각주.

63) CA, 84 각주; 244 각주 14 참조.

64) CA, 84 각주.

65) CA, 90; PhB, 28 참조.

66) CA, 90.

67) CA, 87.

68) CA, 89; 87 참조.

69) PhB, 27 이하.

70) CA, 87.

71) CA, 87.

72) CA, 88.

73) CA, 89.

74) SD, 30.

75) PhB, 90.

76) UN, 337.

77) PhB, 23, 64, 71, 76.

78) PhB, 64, 129.

79) PhB, 60, 61; UN, 337.

80) PhB, 90.

81) PhB, 89; 91, 93 참조.

82) PhB, 97 이하, 99.

83) Diem, *Die Existenzdialektik von Sören Kierkegaard*, 35; UN, 517 참조.

84) Diem, *Die Existenzdialektik von Sören Kierkegaard*, 31.

85) CA, 79.

86) CA, 79, 85; UN, 140, 224 이하, 454, 552.

87) Malantschuk, *Kierkegaard's Thought*, 133 이하.

88) CA, 89.

89) SD, 30.

90) 고대 그리스 철학의 원조 탈레스의 지적.

91) Pap. IV, B 1, 146.

92) Diem, *Die Existenzdialektik von Sören Kierkegaard*, 22 이하; Diem, *Sören Kierkegaard*, 66 이하 참조.

93) UN, 208-400.

**제5장 지성과 신앙**

1) UN, 328.

2) UN, 327.

3) UN, 337.

4) UN, 241.

5) UN, 252.

6) UN, 345.

7) UN, 344, 345.

8) UN, 347 이하.

9) UN, 345.

10) UN, 343 이하.

11) UN, 204, 328, 345, 357.

12) UN, 205.

13) Heinemann, *Existenzphilosophie lebendig oder tot?*, 45 참조.

14) Zuidema, *Kierkegaard*, 17.

15) UN, 328, 344, 346.

16) UN, 200; 201 각주.

17) UN, 209.

18) UN, 390.

19) UN, 447.

20) UN, 358 이하.

21) UN, 345.

22) UN, 345, 354; 156, 342 참조.

23) PhB, 99 참조.

24) UN, 345.

25) UN, 353.

26) UN, 342 이하.

27) UN, 353, 354.

28) UN, 345.

29) UN, 200 이하.

30) UN, 208 이하.

31) UN, 342 이하.

32) CI, 195.

33) UN, 341.

34) UN, 346; 347, 348 각주 참조.

35) UN, 345.

36) UN, 346.

37) UN, 346.

38) Pap. II, A 755.

39) Pap. VIII-1, A 11.

40) PhB, 48.

41) PhB, 79.

42) FT, 55; 48, 53, 56, 62 참조.

43) FT, 71, 75; Pap. IV B 75 참조.

44) FT, 40; 34 이하, 46 이하, 49 참조; Pap. X-6, B 68 72; Thomte, *Kierkegaard's Philosophy of Religion*, 72 참조. "Repetition is a religious movement by virtue of the absurd, i.e., by faith."

45) CI, 255.

46) UN, 346.

47) UN, 297.

48) UN, 344, 345.

49) UN, 342.

50) UN, 340.

51) UN, 347, 349 각주.

52) UN, 349 각주.

53) UN, 347, 352 이하.

54) UN, 353.

55) FT, 34 이하, 46 이하; UN, 347, 353, 356.

56) PhB, 61 이하, 62 각주; SD, 125 이하; S. Kierkegaard, *Einübung im Christentum*, 68.

57) PhB, 48 이하; UN, 351 이하.

58) UN, 346 이하, 351 이하.

59) UN, 346 이하.

60) PhB, 57 이하.

61) SD, 122.

62) SD, 87.

63) SD, 90; PhB, 63 각주 10 참조.

64) SD, 89 이하.

65) SD, 89.

66) SD, 89.

67) SD, 95; 96, 98, 100 참조.

68) PhB, 22 이하; SD, 96.

69) SD, 98.

70) UN, 350.

71) UN, 349.

72) UN, 348-349 각주, 351 이하; PhB, 19 이하 참조.

73) Pap. V, B 49:14; FT, 36, 41, 42; UN, 224, 236, 414, 454, 552.

74) FT, 35, 40, 47.

75) UN, 357, 369, 373.

76) UN, 350.

77) UN, 353.

78) UN, 353.

79) PhB, 120.

80) PhB, 60.

81) PhB, 72; 75, 77, 121; UN, 379, 547, 762, 763 참조.

82) UN, 346, 379.

83) UN, 345.

84) PhB, 99.

85) PhB, 98 이하; 75, 100 참조.

86) PhB, 99.

87) UN, 362.

88) UN, 140, 165, 209.

89) PhB, 120.

90) PhB, 72.

91) PhB, 64, 129; UN, 408.

92) PhB, 60, 61.

93) PhB, 21 이하, 27 이하, 64, 71.

94) PhB, 104 이하; UN, 510 이하.

95) Thomte, *Kierkegaard's Philosophy of Religion*, 161.

96) UN, 762.

97) UN, 763 이하.

98) UN, 380.

99) UN, 379.

100) UN, 763.

101) UN, 763 이하.

102) PhB, 23 이하; 28, 29, 71, 79, 118, 123.

103) PhB, 77 이하.

104) PhB, 79; 120 참조.

105) PhB, 79.

106) PhB, 79 이하; UN, 408.

107) Pap. VII, A 649 이하, 663.

108) PhB, 76.

109) Thomte, *Kierkegaard's Philosophy of Religion*, 161.

110) PhB, 98 이하; 100 참조; Pap. IV, B 87:2.

111) PhB, 99.

112) PhB, 48 이하

113) PhB, 60.

114) UN, 345.

115) UN, 345.

116) UN, 346, 379.

117) UN, 261.

118) UN, 262.

119) UN, 264.

120) UN, 369 이하.

121) UN, 345.

122) PhB, 122.

123) UN, 189-529.

124) FT, 53.

125) FT, 54 이하, 82 이하 참조.

126) UN, 358.

127) UN, 550; 501, 502, 540 이하 참조.

128) UN, 765.

129) UN, 200; 205, 390, 587 참조.

130) UN, 447.

131) UN, 261.

132) UN, 552.

133) PhB, 79.

134) UN, 172.

135) UN, 174.

136) Pap. II, A 335.

137) UN, 209.

138) UN, 163 각주, 174.

139) UN, 202.

140) UN, 162, 163, 164.

141) UN, 411.

142) UN, 447.

143) 키에르케고르의 용어가 아니다.

144) FT, 71.

145) FT, 80.

146) CI, 236.

147) CI, 338 이하.

148) CI, 271.

149) CI, 278.

150) Pap. VI, B 35:24.

151) CI, 237.

152) Platon, 『국가론』, VII 참조.

153) UN, 347, 348 각주.

154) UN, 348 각주.

155) CI, 126 이하; UN, 348 각주.

156) 키에르케고르는 여기서 플라톤의 『향연』에 소개된 에로스의 본질에 대한 소크라테스
의 주장이 실제적으로 그의 주장이었는지 아니면 그의 입을 빌려 플라톤 자신이 제기
하는 주장인지에 대해서 별로 유의하지 않고 있는 듯한데, 일반적으로 철학사가들은 이
점을 확정할 수 없다고 본다.

157) 이와 관련해서 S. P. Lamprecht, 『서양 철학사』(을유문화사, 1986); K. Löwith,
*Wissen, Glauben und Skepsis* (Göttingen, 1956) 참조.

158) CI, 272.

159) CI, 264; UN, 997 참조.

160) M. Heidegger, *Platons Lehre von der Wahrheit*, 46; *Einführung in die
Metaphysik*, 138, 139 참조.

161) CI, 200.

162) CI, 88.

163) CI, 84.

164) CI, 134.

165) Diem, *Die Existenzdialektik von Sören Kierkegaard*, 12, 40, 43.

166) Pap. VII, A 74, 참조.

167) CI, 254.

168) UN, 205.

169) J. Hirschberger, *Geschichte der Philosophie* I; Copleston, *A History of Philosophy*
I 참조.

170) Pap. VII, A 74.

171) PV, 166.

172) CI, 279.

173) UN, 997.

174) 여기서 화살과 빙산의 비유는 키에르케고르의 것이 아니다.

175) Heidegger, *Platons Lehre von der Wahrheit*, 41.

176) Heidegger, *Brief über den Humanismus*, 110.

177) UN, 163 각주.

178) UN, 166.

179) UN, 202.

180) UN, 489.

181) UN, 550; 541, 551, 764, 765 참조.

182) UN, 358.

183) UN, 369.

184) Diem, *Die Existenzdialektik von Sören Kierkegaard*, 5.

185) UN, 518.

186) UN, 174.

187) UN, 189-260, "레싱에 대한 소고"에서.

188) UN, 238; G. E. Lessing, *Eine Duplik* (1778)에서 인용. 그러나 키에르케고르는 3년 후인 1849년에 기록한 일기에서 이러한 레싱의 입장을 오히려 하나의 "이기심"으로 비판했다(Pap. X, 1 A 478).

189) A. Hannay, *Kierkegaard*, 93 참조.

190) Hannay, *Kierkegaard*, 106.

191) UN, 133.

192) PhB, 92 각주.

193) Pap. II, A 335.

194) 출애굽기 3:13.

195) UN, 361, 392, 588 이하, 597 참조.

196) PhB, 59 이하; UN, 361 이하 참조.

197) PhB, 51, 57, 59.

198) Pascal. 이사야서 45:15 참조.

199) PhB, 59 이하; UN, 361 이하.

200) UN, 747 이하.

201) Pap. V, A 42.

202) UN, 157.

203) SD, 104.

204) UN, 156 이하.

205) PhB, 60, 72, 77, 121; UN, 378, 379, 547, 762, 765, 776; FT, 35, 36, 40, 53.

206) UN, 763 이하; 379, 380 참조.

207) UN, 392.

208) PhB. 51-58.

209) I. Kant, *Kritik der reinen Vernunft*, B 620-630.

210) Kant, *Kritik der reinen Vernunft*, 627, 630.

211) UN, 395.

212) UN, 391.

213) PhB, 53 각주 6.

214) UN, 663.

215) UN, 392.

216) UN, 392; 393 참조.

217) UN, 394.

218) UN, 392.

219) UN, 395.

220) Pap. VII, A 201.

221) Pap. X, 3 A 421.

222) UN, 341.

## 6장 평가와 결론

1) Kant, *Kritik der reinen Vernunft*, B 서론, B 832 이하; I. Kant, *Kritik der praktischen Vernunft*, A 219 이하 참조.

2) L. Wittgenstein, *Tractatus logico-philosophicus*, 6.432-6.552 참조.

3) M. Heidegger, *Vorträge und Aufsätze* I, 5-36.

4) Heidegger, *Vorträge und Aufsätze* I, 26, 27, 28.

5) Heidegger, *Vorträge und Aufsätze* I, 32.

6) Heidegger, *Vorträge und Aufsätze* I, 91.

7) M. Heidegger, *Vorträge und Aufsätze* II, 42, 54.

8) UN, 157; 200, SD, 103 참조.

9) PhB, 23, 71, 118.

10) PhB, 79.

11) PhB, 97 이하.

12) UN, 328-400.

13) PhB, 60, 77, 121; UN, 379, 547, 609.

14) PhB, 122.

15) 베드로전서 3:15.

16) UN, 342.

17) Augustinus, 『예정론』, II, 5.

18) Malantschuk, *Kierkegaard's Thought*, 105; 118, 182, 209, 251 참조.

19) Malantschuk, *Kierkegaard's Thought*, 209.

20) Malantschuk, *Kierkegaard's Thought*, 3 이하.

21) Pap. VII-2, B 235, 20.

22) Malantschuk, *Kierkegaard's Thought*, 246.

23) Malantschuk, *Kierkegaard's Thought*, 287.

24) S. Kierkegaard, *Philosophische Brosamen und Unwissenschaftliche Nachschrift*, 9, "편집자 권두언"에서 H. Diem이 한 말.

25) Regis Jolivet, *Introduction to Kierkegaard*, 219.

26) Kant, *Kritik der praktischen Vernunft*, A 54; I. Kant, *Grundlegung zur Metaphysik der Sitten*, B 52.

27) UN, 345.

28) Heinemann, *Existenzphilosophie lebendig oder tot?*, 40.

29) W. Stegmüller, *Hauptströmungen der Gegenwartsphilosophie*, 195.

30) UN, 394.

31) UN, 419.

32) UN, 663.

33) UN, 392.

34) E. Brunner, *Offenbarung und Vernunft*, 174 이하.

35) M. Heidegger, *Beiträge zur Philosophie*, 369 이하 참조.

36) UN, 345; 484 참조.

37) UN, 541, 550.

38) UN, 161.

39) UN, 156.

40) PhB, 76, 98 이하, 100 참조.

41) PhB, 60, 72; UN, 379, 763, 776.

42) Heidegger, *Was ist Metaphysik?*, 46 이하; *Brief über den Humanismus*, 56, 110, 111; *Einführung in die Metaphysik*, 20 참조.

43) Gadamer, *Wahrheit und Methode* 전권과 특히 그 부록 참조.

44) M. Heidegger, *Der Satz vom Grund* (Pfullingen, 1957), 95, 96.

45) Heidegger, *Der Satz vom Grund*, 146; *Platons Lehre von der Wahrheit mit einem Brief über den Humanismus*, 66 이하; *Vom Wesen der Wahrheit*, 11; *Vorträge und Aufsatze* II, 74 참조.

46) Heidegger, *Beiträge zur Philosophie*, 380; *Der Satz vom Grund*, 119, 151, 157, 185; *Identität und Differenz* 96, 104 참조.

47) 이와 관련해서 김종두, 『하이데거의 존재와 현존재』(새물결플러스, 2014), 제3부 "평가와 결론" 참조.

48) Ramm, 『변증학의 본질과 역사』, 136 이하 참조.

49) Ed. Husserl, *Cartesianische Meditationen und Pariser Vorträge*, "최종 결론" 참조.

50) M. Heidegger, *Sein und Zeit*, 87.

51) Heidegger, *Sein und Zeit*, 87

52) Heidegger, *Sein und Zeit*, 161, 366.

53) Coreth, *Grundfragen der Hermeneutik*.

54) Heidegger, *Sein und Zeit*, 4.

55) Heidegger, *Einführung in die Metaphysik*, 23-27.

56) 이와 관련해서 특히 Coreth, *Grundfragen der Hermeneutik* 참조.

57) 김종두, 『하이데거의 존재와 현존재』, 120 이하, 586 이하 참조.

58) M. Black, *A Companion to Wittgenstein's Tractatus*, 386.

59) Wittgenstein, *Tractatus logico-philosophicus*, 6.54.

60) 이와 관련해서 김종두, 『하이데거의 존재와 현존재』, 제3부 "평가와 결론" 참조.

61) SD, 43.

62) Kant, *Kritik der reinen Vernunft*, B xx.

63) Heidegger, *Brief über den humanismus*, 77; *Einführung in die Metaphysik*, 124, 156; *Was ist Metaphysik?*, 14 참조.

64) I. Kant, *Prolegomena zu einer jenen künfitigen Metaphysik*, 260.

65) Kant, *Kritik der praktischen Vernunft*, A 216 이하.

66) Kant, *Kritik der reinen Vernunft*, B XXX.

67) 이와 관련해서 김종두, "아우구스티누스와 철학 II", 「순신대학교 교수논총」 제5호(1994), 288 이하 참조.

68) W. Windelband, H. Heimsoeth, *Lehrbuch der Geschichte der Philosophie*, 237.

69) 김종두, 『하이데거의 존재와 현존재』, 26-45.

70) 고린도전서 13:12.

71) Augustinus, 『참된 종교론』, XXXIX, 72-73.

72) Augustinus, 『고백록』, IV, 12, 18.

73) Augustinus, 『삼위일체론』, XV, 21, 40.

74) Augustinus, 『고백록』, IV, 14, 22.

75) Augustinus, 『고백록』, X, 8, 15.

76) Augustinus, 『고백록』, X, 16, 24-25.

77) Augustinus, 『고백록』, X, 17, 26.

78) Augustinus, 『신국론』, X, 12.

79) Augustinus, 『신국론』, X, 12.

80) A. Richardson, *Christian Apologetics* (Harper & Brothers Pub, 1947), 234 참조.

81) Augustinus, 『아카데미아 학자들에 대한 반론』, II, 7, 16.

82) Platon, *Phaidon*, 74d.

83) 이것은 플라톤이나 아우구스티누스가 사용한 실례가 아니다.

84) Augustinus, 『삼위일체론』, X, 1, 1; X, 1, 3 참고.

85) 여기서 다루는 아우구스티누스의 두 문구와 관련해서 특히 『삼위일체론』, X, 10, 14; 『독

백』, II, 1, 1; 『참된 종교론』, XXX, 73 참조.

86) Augustinus, 『아카데미아 학자들에 대한 반론』, III; 『참된 종교론』, XXX, 56; 『삼위일체론』, XII, 2, 2 참조.

87) Augustinus, 『삼위일체론』, XII, 2, 2; VIII, 3, 4; XIV, 15, 21; IX, 6, 11; 『참된 종교론』, XXX, 55-57; XXXIX, 73; 『자유의지론』, II, 10, 28 이하; II, 16, 41 참조.

88) Augustinus, 『참된 종교론』, XXX.

89) Augustinus, 『참된 종교론』, XXX, 55-56.

90) Augustinus, 『아카데미아 학자들에 대한 반론』, III; 『자유의지론』, 제2권.

91) Augustinus, 『자유의지론』, II, 10, 28 이하; 『삼위일체론』, VIII, 3, 4; XIV, 15, 21.

92) Augustinus, 『자유의지론』, II, 16, 41; 『삼위일체론』, IX, 6, 11; 『참된 종교론』, XXX, 54-56 참조.

93) Augustinus, 『아카데미아 학자들에 대한 반론』, III, 10, 23.

94) Augustinus, 『아카데미아 학자들에 대한 반론』, III, 13, 29.

95) Augustinus, 『아카데미아 학자들에 대한 반론』, III, 13, 29.

96) Augustinus, 『아카데미아 학자들에 대한 반론』, III, 11, 25; 『자유의지론』, II, 8, 20-24; II, 10, 29.

97) R. A. Markus, "Augustine", in D. J. O'Connor, *A Critical History of Western Philosophy* (Free Press, 1985), 88 참조.

98) Augustinus, 『자유의지론』, II, 10, 28 이하.

99) Augustinus, 『삼위일체론』, VIII, 3, 4; XIV, 15, 21.

100) Augustinus, 『자유의지론』, II, 16, 41; 『삼위일체론』, IX, 6, 11; 『참된 종교론』, XXX, 54-56.

101) 김종두, *Wissen und Glauben bei I. Kant und H. Dooyeweerd* (Uitgabe CRW, Maarssen, Nederland), 23 이하 참조.

102) Kant, *Kritik der reinen Vernunft*, A 126 이하.

103) 김종두, *Wissen und Glauben bei I. Kant und H. Dooyeweerd*, 28-38 참조.

104) Kant, *Kritik der reinen Vernunft*, B 134 각주.

105) Kant, *Kritik der reinen Vernunft*, B 180 이하.

106) Kant, *Kritik der reinen Vernunft*, B 131.

107) Kant, *Kritik der reinen Vernunft*, A 117 각주.

108) I. Kant, *Reflexionen zur Kritik der reinen Vernunft*, 4.

109) Kant, *Kritik der praktischen Vernunft*, 288.

110) Augustinus, 『고백록』, X, 16, 25; X, 17, 26.

111) Heidegger, *Sein und Zeit*, 초두.

112) 이와 관련해서 김종두 "아우구스티누스와 철학", 「순신대학교 교수논총」, 제4호(1994) 참조.

113) Zuidema, *Kierkegaard*, 17 참조; 하이데거도 *Sein und Zeit*; *Einführung in die Metaphysik*에서 인간을 "시간성"(Zeitlichkeit)과 "역사성"(Geschichtlichkeit) 또는 "역사"(Geschichte)라 칭했다.

114) Heidegger, *Sein und Zeit*; *Vom Wesen des Grundes*; *Einführung in die Metaphysik*; *Was ist Metaphysik?*; *Brief über den Humanismus*; 김종두, *Wissen und Glauben bei I. Kant und H. Dooyeweerd* 참조.

115) Kant, *Kritik der reinen Vernunft*, A 180.

116) 이와 관련해서 김종두, 『하이데거의 존재와 현존재』, 250-257 참조.

117) 상기한 김종배, 『신비한 인체 창조 섭리』(국민일보사, 1994)에서 인용.

118) 뉴턴은 공간과 시간을 절대적인 그 무엇으로 보았을 뿐 아니라 심지어 신의 "감관"(sense organs)으로 간주하기까지 했다.

119) 이와 관련해서 특히 Kant, *Kritik der reinen Vernunft*, B xxx; B 395 각주; B 832 이하 참조; *Kritik der praktischen Vernunft*, A 192-263; 김종두, *Wissen und Glauben bei I. Kant und H. Dooyeweerd*; 김종두, "Kant 철학 연구", 「총신대학교 논문집」(1991) 참조.

120) Wittgenstein, *Tractatus logico-philosophicus*, 6.54

121) 창세기 28장.

Apel, Karl Otto. *Die Transformation der Philosophie* I-II, Frankfurt/M, 1973.

Barth, Karl. *Römerbrief: Erste Fassung*, Zürich, 1919.

_____. *Kirchliche Dogmatik* I-XIV, Zollikon-Zürich, 1932-1959.

Behe, Michael J. *Darwin's Black Box*, New York, 1996.

Black, Max. *A Companion to Wittgenstein's Tractatus*, London, 1965.

Blackham, J. J. *Six Existentialist Thinkers: Kierkegaard, Nietzsche, Jaspers, Marcel, Heidegger, Sartre*, London and Henley, 1978.

Bollnow, Otto Friedrich. *Existenzialphilosophie*, 1960.

Brunner, Emil. *Offenbarung und Vernunft*, Zürich, 1961.

Bultmann, Rudolf. *Glauben und Verstehen* I-IV, Tübingen, 1952-1965.

_____. *Theologie der Entmythologisierung*, München, 1962.

Collins, J. *The Mind of Kierkegaard*, Chicago, 1953.

Copleston, Frederick L. *A History of Philosophy* I-IX, London, 1963-1977.

Coreth, Emerich. *Grundfragen der Hermeneutik: ein Philosophischer Beitrag*, Freiburg, 1969.

Dilthey, Wilhelm. *Gesammelte Schriften* I-X, Stuttgart, Göttingen, 1922-

1977.

Diem, Hermann. *Die Existenzdialektik von Sören Kierkegaard*, Zollikon–
Zürich, 1950.

_____, *Sören Kierkegaard*, Göttingen, 1960.

Dooyeweerd, Herman. *A New Critique of Theoretical Thought* I–IV, New
York, 1953–1958.

Dressler, Hermigild, ed. "Saint Augustin's Works" in *The Fathers Of The
Church*, vols. 2, 4, 5, 8, 11, 12, 14, 16, 24, 35, 45, 59, 60, Washington, D.C.,
1984.

Gadamer, Hans–Georg. *Wahrheit und Methode*, Tübingen, 1960.

Hannay, A. *Kierkegaard*, London and New York, 1991.

Hegel, G. W. F. *Enzyklopädie der philosophischen Wissenschaften im
Grundriß*, Hamburg, 1959.

_____. *Die Grundlinien der Philosophie des Rechts*, Hamburg, 1955

_____. *Vorlesungen über die Geschichte der Philosophie*, Stuttgart,
1961.

_____. *Phänomenologie des Geistes*, Hamburg, 1952.

Heidegger, M. *Beiträge zur Philosophie (Vom Ereignis)*, Frankfurt/M, 1936–
1938

_____. *Einführung in die Metaphysik*, Frankfurt/M, 1935.

_____. *Erläuterungen zu Hölderlins Dichtung*, Frankfurt/M, 1936.

_____. *Holzwege*, Frankfurt/M, 1950.

_____. *Kant und das Problem der Metaphysik*, Frankfurt/M, 1929.

_____. *Platons Lehre von der Wahrheit: Mit einem Brief über den
Humanismus*, Bern, 1947.

_____. *Sein und Zeit*, Frankfurt/M, 1927.

_____. *Vorträge und Aufsätze*, Frankfurt/M, 1936–1953.

Heinemann, Fritz. *Existenzphilosophie Lebendig oder Tot?*, Stuttgart, 1963

Herrmann, Friedrich-Wilhelm von. *Heideggers Philosophie der Kunst*, Frankfurt/M, 1980.

Hirschberger, Johannes. *Geschichte der Philosophie* I–II, Freiburg, 1965.

Husserl, Edmund. *Logische Untersuchungen* I–II, Halle, 1900–1901.

_____. "philosophie als strenge Wissenschaft", *Logos* I, 1910–1911.

_____. *Ideen zu einer reinen Phänomenologie und phänomenologischen Philosophie*, Halle, 1913.

_____. *Ideen zu einer reinen Phänomenologie und phänomenologischen Philosophie* II, III, Haag, 1952

_____. *Formale und transzendentale Logik*, Halle, 1929.

_____. *Cartesianische Meditationen*, Haag, 1950.

_____. *Die Krisis der europäischen Wissenschaften und die transzendentale Phänomenologie*, Haag, 1954.

Jaspers, Karl. *Philosophie* I–III, Berlin. 1956.

_____. *Plato, Augustin, Kant: Drei Gründer des Philosophierens*, München, 1964.

_____. *Der philosophische Glaube angesichts der Offenbarung*, München, 1980.

Jolivet, Regis. *Introduction to Kierkegaard*, New York, 1960.

Kant, Immanuel. *Kritik der reinen Vernunft*, Hamburg, 1967.

_____. *Kritik der praktischen Vernunft*. Hamburg, 1967.

_____. *Kritik der Urteilskraft*, Hamburg, 1968.

_____. *Grundlegung zur Metaphysik der Sitten*, Leipzig, 1947.

Kaufmann, Walter. *Existentialism from Dostoevsky to Sartre*, Cleveland and New York, 1969.

Kierkegaard, Søren. *The Concept of Irony*, New York, 1966.

_____. *Entweder-Oder*, Wiesbaden, 1955.

_____. *Fear and Trembling*, Garden City, 1954.

_____. *Sören Kierkegaard's Journals and Papers* I-VII, Bloomington and London, 1967-1978.

_____. *Repetition*, Princeton, 1941.

_____. *Philosophische Brosamen*, München, 1976.

_____. *Stages on Life's Way*, Princeton, 1940.

_____. *The Concept of Anxiety*, Princeton, 1957.

_____. *The Point of View for My Work as an Author*, New York, 1962.

_____. *The Present Age*, London and New York, 1940.

_____. *The Sickness unto Death*, New York, 1954.

_____. *Unwissenschaftliche Nachschrift*, München, 1976.

Kim, Jong Doo. *Wissen und Glauben bei I. Kant und H. Dooyeweerd*, Maarsen. 1982.

Malantschuk, Gregor. *Kierkegaard's Thought*, Princeton, 1971.

_____. *Kierkegaard's Way to the Truth*, Minneapolis, 1963.

Macquarrie, John. *An existentialist Theology: A comparison of Heidegger and Bultmann*, London, 1965.

Moltmann, Jürgen. *Theologie der Hoffnung*, München, 1965.

Mullen, John Douglas. *Kierkegaard's Philosophy*, Lanham, 1995.

Müller, Max. *Existenzphilosophie im geistigen Leben der Gegenwart*, Heidelberg, 1964.

Ott, Heinrich. *Denken und Sein*, Zollikon, 1959.

Pannenberg, Wolfhart. *Grundfragen systematischer Theologie*, Göttingen, 1967.

_____. *Wissenschaftstheorie und Theologie*, Frankfurt/M, 1973.

Palmer, Richard E. *Hermeneutics: Interpretation Theory in Schleiermacher, Dilthey, Heidegger, and Gadamer*, Evanston, 1969.

Pöggeler, Otto. *Der Denkweg Martin Heideggers*, Pfullingen, 1963.

Rintelen, Fritz Joachim von. *Contemporary German Philosophy and its*

*Background*, Bonn, 1973.

Richardson, William J. *Martin Heidegger: Through Phenomenology to Thought*, The Hague, 1964.

Robinson, James M. and Cobb, John B., eds. *The Later Heidegger and Theology*, New York, 1963.

_____. *The New Hermeneutic*, New York, 1964.

Spiegelberg, Herbert, *The Phenomenological Movement* I-II, The Hague, 1965.

Stegmüller, Wolfgang. *Hauptströmungen der Gegenwartsphilosophie*, Stuttgart, 1978

Thilly, Frank and Wood, Ledger, ed. *A History of Philosophy*, New York, 1957.

Thomte, Reidar. *Kierkegaard's Philosophy of Religion*, Princeton, 1948.

Tillich, Paul. *Systematic Theology* I-III, Chicago, 1951-1963.

Tugendhat, Ernst. *Der Wahrheitsbegriff bei Husserl und Heidegger*, Berlin, 1967.

Van Peursen, Cornelius A. *Phänomenologie und analytische Philosophie*, Stuttgart, 1969.

Wittgenstein, Ludwig. *Tractatus logico-philosophicus*, London, 1963.

Windelband, Wilhelm und Heinz, Heimsoeth. *Lehrbuch der Geschichte der philosophie*, Tübingen, 1957.

Zuidema, S. U. *Kierkegaard*, Philadelphia, 1960.

기독교 인문
시리즈
003

# 키에르케고르의 실존사상과
# 현대인의 자아 이해

**Copyright ⓒ 김종두 2014**

| | |
|---|---|
| **1쇄 발행** | 2014년 10월 27일 |
| **2쇄 발행** | 2023년 7월 14일 |

| | |
|---|---|
| **지은이** | 김종두 |
| **펴낸이** | 김요한 |
| **펴낸곳** | 새물결플러스 |

| | |
|---|---|
| **편 집** | 왕희광 정인철 노재현 이형일 나유영 노동래 |
| **디자인** | 황진주 김은경 |
| **마케팅** | 박성민 이원혁 |
| **총 무** | 김명화 이성순 |
| **영 상** | 최정호 곽상원 |
| **아카데미** | 차상희 |

| | |
|---|---|
| **홈페이지** | www.holywaveplus.com |
| **이메일** | hwpbooks@hwpbooks.com |
| **출판등록** | 2008년 8월 21일 제2008-24호 |
| **주 소** | (우) 04114 서울시 마포구 신촌로28가길 29 |
| **전 화** | 02) 2652-3161 |
| **팩 스** | 02) 2652-3191 |

ISBN 978-89-94752-88-4 03160

책값은 뒤표지에 있습니다.